光田　剛　著

中国国民政府期の華北政治

一九二八—三七年

御茶の水書房

中国国民政府期の華北政治　目次

目次

中国国民政府期の華北政治

——一九二八—三七年——

序章　南京国民政府の中国統合と華北

（一）　国民党と国民革命

一七世紀から中国の統一を維持してきた大清帝国は、一九一一～一九一二（光緒三～民国元）年の辛亥革命によって倒壊した。その後、北洋軍の軍事力を背景に中国の統一を維持していたのは袁世凱だった。その袁世凱が一九一六（民国五）年、反袁護国戦争で失脚し、一九一七（民国六）年に「約法の争」で政府が分裂すると、中国の統一は失われた。その後、一九四九（民国三八）年に中国共産党が大陸統一を果たすまで、中国では、地方軍事勢力が各地に割拠する分裂状態がつづく。

この分裂期にも中国を再び統合しようという動きはつづいていた。その運動が大きな盛り上がりを迎えた時期が、国民革命軍による北伐であった。一九二八（民国一七）年六月、蔣介石を総司令とする国民革命軍は目的地の北京に到達し、北京に眠っていた孫文の霊に「北伐完成」を報告した。当時、中国国民党（以下、他の組織と混同の恐れのない場合には「国民党」と略称する）と、その指導下にある国民政府・国民革命軍の実質的な最高指導者は蔣介石だったが、一九二五（民国一四）年北京で病死した中国国民党の創始者孫文は、死してなお、国民党にとって永久に唯一の「総理」として最高の権威を認められていた。国民党・国民政府・国民革命軍は、いまは亡き孫文の権威と、現実に政府・軍を指導する蔣介石の権力によって結ばれていたのである。[1] 一二月の張学良の「東北易幟」によって、中国は、名目的にではあったが、国民党政権の下に統一されたのである。

国民党は孫文の三民主義を奉ずる革命政党であった。三民主義とは、反帝国主義を通じた国民的独立の達成をめざす「民族主義」、政治の民主化をめざす「民権主義」、社会改革をめざす「民権主義」である。その目的は「国民革命」の達成であった。国民党は国民革命を進めるための政党であり、国民政府・国民革命軍は国民革命を進めるための政府・軍隊であった。国民政府と国民革命軍が国民党の指導下に置かれるのはそのためであるとされた。[2]

国民政府は、革命政府であると同時に、「建国」・「建設」を最大の使命とする政府であるという自己認識を持っていた。国民党が国民政府・国民革命軍を指導するという一党支配（〝以党治国〟）の規定も、「建国」・「建設」を目的に設定してはじめて正当化されるものであった。[3]

北伐完成はたしかにその革命の完成に向けた大きな一歩であった。しかし、革命の完成と建国・建設の達成という目標はまだ遠いものだった。

（二）　南京国民党・国民政府の支配が及ばない地域の三類型

名目的に南京国民政府は全国の統一政府だった。しかし、北伐完成当時の国民党・国民政府は、現実には、南京と上海とを中心にした長江下流にしか実質的な支配を及ぼし得なかった。蔣介石・国民党による実質的な中国統一への苦闘は、この名目的な統一の後にもつづくのである。

南京国民党・国民政府の支配の及ばない地域には、三つのタイプがあった。

第一は、長江下流域から遠く、北京政府時代から独自の地方政府・地方軍事勢力が支配してきた地域である。東北、新疆、チベットなどである。

これらの地域には国民党の組織自体が浸透することができなかった。東北は北洋軍系の張作霖・張学良の勢力に支配されてきており、一九二八（民国一七）年に国民党にようやく服従したばかりであり、新疆は楊増新の支配下にあって国民党勢力の浸透を許さなかった。チベットにはダライ・ラマ政権があって、実質的な独立状態がつづいていた。

これらの地域に共通するのは、「辺疆」に位置するという点である。チベットはイギリス領インドと、新疆はソ連と、東北はソ連と日本（日本領朝鮮）と境界を接していた。とくに、東北では、北部にソ連が、南部に日本がそれぞれ「帝国主義」的権益を持っていた。ソ連と日本が東北をめぐって対峙するとともに、その双方が中国ナショナリズムの挑戦を受けているという複雑な状況のもとに置かれていた。

第二は、ある程度の国民革命の歴史があり、その地方で国民革命を支持する勢力が存在するために、かえって現存の国民党・国民政府の支配を拒絶する傾向のある地域である。華北や広東・広西両省などである。華北には、一九三〇（民国一九）年まで、馮玉祥・閻錫山などの北京政府時代末期の国民革命の指導者が強い影響力を持っていた。[4]また、広東・広西は南京に進出する以前の国民党・国民政府の本拠地であって、李済深・李宗仁・白崇禧らが地方に強い影響力を保っていた。これらの地方の地方軍事勢力の指導者は、国民革命を支持し、国民党・国民政府の支配を支持していた。しかし南京に現に存在する国民党・国民政府の支配は受容しようとしなかった。これらの指導者にとっては、蔣介石は国民党・国民政府の指導者として認め得ない人物だったのである。

第三に、江西省南部を中心に、湖南・福建・広東などの山岳地帯には共産党勢力が支配している「ソビエト区」（蘇維埃区、蘇区）が存在した。ソビエト区は、中国共産党・ソビエト政府・工農紅軍を柱とする体制を備えた、「中華民国」とは別の国家の体裁をとっていた。蒋介石は、中原大戦に勝利した後の一九三〇（民国一九）年から、共産党勢力に対して「囲剿」戦争（包囲殲滅戦争）を展開していた。しかし、共産党は「遊撃戦」（ゲリラ戦）で対抗し、共産党勢力撃滅という蒋介石政権の目標の達成は容易でなかった。

一九三一（民国二〇）年九月に始まった九・一八事変（満洲事変）により、第一のタイプの地域であった東北三省（遼寧、吉林、黒竜江）が日本の関東軍によって占領された。一九三二（民国二一、大同元）年に成立した満洲国は、日本側からは独立国として扱われたが（日本からは「日満議定書」以後）、中華民国側からは「日本軍（関東軍）に占領された地域」であり、いずれ中華民国の支配のもとに復帰させなければならない地域と見なされた。

このように、一九三〇年代前半の中国は、国民党・国民政府の支配に従う地域、中華民国の内部にありながら国民党・国民政府の支配を認めない地域、国民党・国民政府の支配を認めつつも現実の蒋介石国民政府の支配を拒絶する地域、中華民国とは別の国家であることを主張する地域から構成されており、複雑な様相を見せていたのである。

蒋介石の国民党・国民政府は、中華民国の領域にありながら南京の国民党・国民政府の支配を受け入れない地域にはそれを受け入れさせ、独自の国家であることを主張している地域も何らかの手段で中華民国の領域に復帰させて南京国民党・国民政府の支配下に置くことがその目標であった。

本書では、その南京国民党・国民政府による中国統合過程を、統合される側の地域に視点を置いて考察する。

（三）　国民政府期の華北

そのような地域のなかでも、本書はとくに華北に着目する。華北には、この国民政府による中国統合の問題点が集中して現れているからである。

なお、本書では、華北とは、河北（略称：冀《き》）・山西（晋）・山東（魯）・チャハル（察）・綏遠（綏）の五省を指す。地理的範囲としては、華北は、淮河以北の、黄河流域を中心とする地域である。しかし、政治的には、河南省は一九三〇（民国一九）年の中原大戦で南京国民党・国民政府が省政府の人事権を掌握し、その支配領域に入ったので、政治的には他の華北地域とは立場を異にする地域となった。いっぽう、チャハル・綏遠両省は地理的には南モンゴルに属し、現在もその大部分が内蒙古自治区に属している。本書で問題にする時期には、これらの省の政治は河北省・山西省の政治と密接な関連のもとに置かれていた。そこでこの両省は政治的には華北の一部として扱われることが多かった。

華北は、一九一二（民国元）年以来、北洋系軍事勢力・官僚勢力の本拠地であり、国民党・国民政府の影響力の及ばない地域であった。一九二八（民国一七）年以後、華北は国民党・国民政府の支配下には入ったが、華北を支配するのは馮玉祥・閻錫山・張学良ら北方系の勢力であり、蔣介石の南京国民党・国民政府の支配は依然として及ばなかった。

そのような状態のまま、一九三一（民国二〇）年以後、華北は関東軍占領地域と境界を接する辺境地帯となった。東北を中華民国のもとに回収するためにも、日本の影響力が東北に接する地域に拡大するのを阻止するためにも、華北は南京国民党・国民政府による統合が急がれる地域となった。

そのため、華北は、南京国民党・国民政府による統合のあり方が集中して現れる地域となった。統合が進んでいない地域でありながら、日本に対抗するために統合を進めなければならなかったからである。

それは容易な事業ではなかった。北京政府期からこの地域で活動してきた馮玉祥―旧国民軍系、閻錫山―山西系、張学良―東北系やそこから自立した大小さまざまの地方軍事勢力は、蔣介石の南京国民党・国民政府による統合の進展を欲していなかった。これらの地方軍事勢力は、一方では南京国民党・国民政府の地方支配機構のなかに入り込むことで地域への影響力を保持しようとし、他方では広東・広西地方の反南京国民党組織や日本の関東軍・天津軍（支那駐屯軍）、さらには中国共産党やその軍事勢力（紅軍）の影響力も利用して、南京国民党・国民政府による統合の進展をくい止めようとした。

（四）超省レベルの政治・軍事機構

実質的統合を推進しようとする南京国民党・国民政府と、それに対抗する地方軍事勢力のせめぎ合いによって生まれ、そのせめぎ合いの舞台になったのが、中央政府と省のあいだに設置された超省レベルの政治・軍事機構である。

この時期、華北五省、またはその中心地である河北・チャハル両省を管轄範囲として、中央政府の下、省の上に、中央政府の出先機関の形をとる超省レベルの政治機構・軍事機構が設置された。北平政務委員会（一九三一～三三（民国二〇～二二）年、筆頭常務委員：張学良、張学良が「委員長」就任を固辞したため）、軍事委員会北平分会（略称：北平軍分会、一九三二～三五（民国二一～二四）年、委員長代理：張学良→何応欽）、北平政務整理委員会（正式には行政院駐北平政務整理委員会、略称：政整会、一九三三～三五（民国二二～二四）年、委員長：黄郛《ふ》）、冀察政務委員会（一九三五～三七（民国二四～二六）年）などである。

この超省レベルの政治機構・軍事機構には、南京国民党・国民政府と地方軍事勢力、また関東軍・天津軍などの日本の諸勢力、反南京国民党組織、中国共産党勢力の複雑な関係が集中して現れた。南京国民党・国民政府はこれらの機構を統合の促進のために使おうとし、地方軍事勢力はこれらの機構を華北への影響力の確保のために使おうとし、日本の諸勢力、広東方面の反南京国民党組織、中国共産党はこれらの機構を華北への影響力拡大のために利用しようとした。したがって、この華北の超省レベル政治機構・軍事機構に視点を置いて、南京国民党・国民政府、地方軍事勢力、日本の諸勢力、反南京国民党組織、中国共産党勢力などとの関係を検討すれば、九・一八事変期から抗日全面戦争勃発（一九三七（民国二六）年七〜八月）までの中国の統合の実態を見通すことができるはずである。

（五）　先行研究について

抗日全面戦争までの南京国民政府期の政治・経済一般に関する研究や、この時期の華北に関係のある研究は、アメリカ合衆国では一九七〇年代から、中国・日本でも一九八〇年代から本格的に開始され、豊富な研究の蓄積がある。しかし、国民政府期の華北政治そのものに視点を置いた研究はそれほど多くない。

ここでは、問題の範囲を広げて、一　国民党・国民政府についての研究、二　地方軍・地方政治についての研究、三　華北政治に関係する研究　について、これまでの研究状況を整理する。それと照らし合わせて本書の問題意識を明らかにすることにしたい。

一　国民党・国民政府

南京国民政府期の国民党・国民政府についての実証的な研究は、アメリカ合衆国の中国研究者ロイド・イーストマンが先鞭をつけた。イーストマンは、それまでのイデオロギー的な国民党・国民政府の性格づけを再検討し、軍隊・農村・暴力組織（いわゆる藍衣社）などと国民党・国民政府との関係を個別に洗い直した。それによって、イーストマンは、国民党はいわゆるファシズム政党ともブルジョワ独裁組織ともちがう弱体な独裁政党であったことを明らかにした。また、近代的政党組織を装う国民党が、内部では、旧態依然とした中華王朝のお役所主義（衙門主義）に支配されている硬直した官僚組織に支配されていたということも明らかにした。イーストマンの果たした役割は、イデオロギー的に描かれることの多かった国民党・国民政府体制を実証的に検討しなおした点にある。イデオロギー的に描かれた国民党は、暴力組織を伴い指導者原理の貫徹する強力なファシズム政党という姿を見せる。しかし、イーストマンは、国民党は実質的には中華王朝時代の原理・価値観や制度を取り込むことで支配を安定させようとしたのであり、むしろ「弱い政党」であったことを明らかにした。冷戦期のアメリカで書かれたため、史料的制約が大きく、国民党・国民政府のある面だけが極端に誇張されている面もある。しかし、国民党・国民政府の性格についての見方は基本的に今日でも妥当なものだと考える。[5]

一九九〇年代に入って、西村成雄が、国民政府体制論の理論化に積極的に取り組み、当時の国民党の支配原理である「訓政」をキーワードとして使用した。国民政府は「訓政」を名目とした一党独裁制であったとするのが西村の主張である。この面ではフュースミスの権威主義的一党制の議論を継承し拡充したものであると言える。横山宏章もやはり「訓政」に注目し、「訓政独裁」という概念で国民政府期の政治体制を説明しようとしている。このような国民党組織の「強さ」を評価しようとする西村説・横山説に対して、久保亨は近著のなかで国民党の国民政府・軍などに対する弱さと基盤の脆弱さとを強調している。イーストマンから、西村、横山と進むにつれて軽視される傾向が強くなっていた国民党組織の「弱さ」の問題を再び提起した。[6]

国民党・国民政府論に関しては、二つの傾向がある。一つは、国民党・国民政府について近代ナショナリズムとの関係から論じようとするものである。李雲漢など民国の国民党・国民政府評価は、当然、この視点に基づいているという要素が強い。また、人民共和国での評価でも、国民党・国民政府を肯定的に評価する糸口を「民族主義」(ナショナリズム)に見出そうとする傾向がある。[7]

ここまでに言及した研究のなかでは、久保の研究がナショナリズムに注目しており、西村の政治体制論も基本を中国ナショナリズムに置いている。これに対して、イーストマンと西村の研究は政治体制論の視点からのアプローチに力点が置かれている。一九八〇年代前半までの中国共産党の立場からは蔣介石政権は「封建買弁ファシズム」と規定されてきたが、このような規定はあまりに図式的であり、学問的妥当性には大きな疑問が持たれてきた。しかし国民党・国民政府が民主主義政治体制を実現していたようには見えない。そこで、国民党・国民政府の政治体制について政治学の「権威主義」や「コーポラティズム」などの概念の導入が図られているのである。(8)

西村の研究は、一般理論としての権威主義一党独裁体制論に、国民党独自の「訓政」の枠組みを結びつけようとしたものである。また、西村の国民党・国民政府政治体制論は、次の地方軍・地方政治の問題と国民党・国民政府政治体制論とを結びつけたものである。これらの点の問題設定は注目に値する。

二　地方軍・地方政治

ジェローム・チェン（陳志譲）は、中華民国期の軍隊が「紳士」による農村支配を社会的な基盤にしていたことを明らかにした。なお、チェンが「紳士」（ジェントリー）と呼んでいるのは、科挙（王朝時代の統一国家公務員試験）に合格した在野の地主知識人階級のことである。大清帝国時代には紳士が主導権を握った「紳―軍政権」であったものが、中華民国期に入って軍が主導権を握る「軍―紳政権」へと変化したとチェンは論じる。この議論は、「軍閥」についての個別研究も進んでおらず、中華民国時代の中国農村についての史料も十分でない状況下でなされたもので、実証面には時代的制約が大きい。代表的な例を挙げれば、「聯省自治」についての議論は、「聯省自治」運動同時代の国民党・共産党の見方の制約を受けて単純な評価に過ぎるように思える。しかし、農村社会と地方軍の結びつきにつ

いて指摘した点は、現在でも示唆に富んだものである。(9)

これに対して、日本では一九七〇年代までは地方軍や地方政治が研究対象として採り上げられることはほとんどなかった。まとまったものとしては波多野善大の「中国近代軍閥」研究がもっとも目立つものである。この波多野の研究は、古代の兵制から説き起こして中国共産党による革命までを論じた総合的なものである。一般的に「軍閥」と呼ばれるのは、袁世凱系の北洋軍に起源を持つ地方軍諸派（北洋軍閥）と、それと同時代の他の地方軍であるが、この研究の対象はそれだけにとどまっていない。蔣介石・孫文・馮玉祥などまで対象を広げており、時期的にも「太平天国革命」期から西安事変までを扱って、史料的制約の大きかった一九七三（昭和四八）年当時としては緻密に実証的な叙述を展開している。この研究には、時代的な制約から共産党の革命に関する見方がやや平板に理想化されている部分がある。また、その共産党・西安事変などのテーマや、それ以外でも孫文・蔣介石などに関してはその後に研究が大きく進んでいる。けれども、それらを「地方軍」（「軍閥」）の観点から採り上げた視角は評価されるべきだろう。(10)

シーション・チー（斉錫生）は、中華民国時代の地方軍について、チェンよりいっそう踏み込んだ視点からの研究を進めた。チーは、近代中国の軍の成立から、そのなかに派閥（一般に「軍閥」と呼ばれるもの）が成立していく過程を論じ、軍内の派閥の構造や動態について、軍事力・経済力・支配の正統性（「規範面」normative aspects）の三つの点から検討した。軍事力についても、兵の補充、訓練、兵器と戦略の三つの観点から詳細に検討を加えている。チーは、このような地方軍の構造を崩したのは国民党による中国統一であると結論づけている。このチーの研究は、それまで十分に実証的に検討されていなかった地方軍のさまざまな側面を明らかにしたものである。そのなかでも地方軍支配の「規範面」の問題を採り上げた点が注目される。一九七〇年代までは、「軍閥」の支配は「規範」には関係のない無法な暴力支配だという見方が一般的であった。それをチーは否定し、地方軍もある「規範」の範囲のなかで地方を支配していたことをチーは明らかにしたのである。また、チーは、国民党・国民政府支配下での地方軍は、それ以前の地方軍とは明らかに違っているということを強調している。その違いとして、チーは三点を挙げている。地理的な情勢の変化したこと、国民党が出現したことによって敵味方関係が「蒋介石―反蒋介石」というように固定化されたこと（それより前には敵味方関係はより「柔軟」な組み替えが行われた）、同じく国民党の出現によって派閥内の反乱による勢力拡大が不可能になったこと（それより前は可能だった）の三点である。このような点で国民政府期より前の地方軍と国民政府期の地方軍とのあいだに違いがあったのは確かである。それによって国民政府支配下で地方軍どうしの混戦が起こりにくくなったのは確かであろう。しかし、それが、国民政府支配下で地方軍の反乱・反抗が起こらなかったことを意味するわけではないし、地方軍の地方支配が終わったことをも意味しない。国民政府下の地方軍のあり方についてはなお考察が必要である。[11]

いっぽう、チェンが地方軍の基盤として指摘した農村についてはデュアラの研究がある。また、デュアラは、王朝体制のもとでは、農村権力は宗教を通じて農村を掌握し、それを王朝体制に結びつけていたと論じた。それを前提に、二〇世紀に入って国家の近代化とともにその関係がくずれ、国家と農村エリートとの協調関係が成立しなかったと指摘したのである。近代化によって、農村エリートは国家から、一般農民は国家と農村エリートから遊離した。しかし、近代国家は農村から収入を得る必要があったので、その間隙を埋めるために農村ボスの支配が登場したのだ、というのがデュアラの議論である。[12]

これらの地方軍・地方エリート・農村社会の研究は、いずれも、二〇世紀の中国を大きな変革の時代と捉え、しかも、その鍵を農村に見出すという性格が強い。これらに共通するのは、二〇世紀の中国社会では農村が大きい部分を占め、中国社会の変革にとっては農村の変革が重要であったという視点である。毛沢東の革命のみを農村革命として捉え、それによってはじめて中国革命が完成したとする単純な歴史観は今日では維持できない。また、近年の都市史の研究が明らかにしているように、二〇世紀の中国にとって、都市社会の変革が決定的な意味を持っていたのも確かである。しかし、清末以来、今日までの中国社会の変動・変革のなかで、農村の変革が大きな重みを持っているということには変わりがないことをこれらの研究は示唆している。

三　華北政治に関係するもの

塘沽協定、日本の華北分離工作（「華北事変」と呼ぶことがある）、梅津―何応欽協定、盧溝橋事変などは、たしかに華北を舞台に起こった重要事件である。しかし、これらは、華北の地方政治史ではなく、日中関係史や抗日戦争史の一環として考えられることが多かった。また、華北政治に深くかかわった人物として、張学良・閻錫山・馮玉祥・宋哲元・韓復榘・胡適・丁文江らの名を挙げることができる。閻錫山・馮玉祥・胡適らに関しては、比較的、早い時期から伝記的研究があり、張学良・宋哲元・韓復榘も、近年、学問的研究の対象とされてきた。したがって、これらの人物研究の一環として華北政治についても研究が進んでいる。しかし、人物研究のなかでは華北政治は主要な主題ではなく、主題となっている人物を中心に解釈がなされるため、華北政治上の事件がつねに正当に位置づけられているとは限らない。

ここでは、日中関係史の業績と、人物に焦点を当てた研究の面からの業績について整理する。

日中関係史の業績のなかで、華北政治にもっとも詳しく触れたものは、日本国際政治学会太平洋戦争原因研究部『太平洋戦争への道』に収録されている島田俊彦「華北工作と国交調整」である。この論文は、史料上の制約から、出典の表記が完全でないという問題がある。また、中国の史料をほとんど利用していないので、中国政治に関する記述はほとんど日本の史料に頼っている。しかし、中国側史料からだけでは明らかにすることのできない一面をよく描写しているのも事実である。

この華北の日中関係史のうち、主として一九三五（民国二四）年から一九三七（民国二六）年までの時期に焦点をあてた最近の労作に、安井三吉『盧溝橋事変』と秦郁彦『盧溝橋事件の研究』がある。これらは、最新の史料を利用して、イデオロギー的色づけを極力排しつつ進められた質の高い実証研究である。ただし、この二つの研究は、日中全面戦争（中国側からいえば抗日全面戦争）の発端となった一九三七（民国二六、昭和一二）年七月七日の盧溝橋事件の解明が主題となっており、中国側の華北政治については、盧溝橋事件・日中開戦との関係に焦点を合わせた形での叙述となっている。[13]

コーブルによる ***Facing Japan*** は日中の史料をも精査して書かれた労作である。蔣介石の「安内攘外」政策を軸に、一九三一（民国二〇）年から一九三七（民国二六）年までの中国政治と日本の帝国主義との関係を追ったものである。コーブルは、蔣介石による中国の統合が進められたのは、日本の脅威と、日本勢力が蔣介石の敵対勢力を弱体化させたためであると論じる。しかし、そのために世論の獲得には十分に成功せず、抗日の主導権を毛沢東に奪われたとする。蔣介石の権力の成長を日本の脅威との関連に焦点を据えて論じたもので、説得力がある。[14]また、ドライバーグの研究は、地方軍事勢力の生存戦略と南京国民党・国民政府および日本勢力との関係を、宋哲元を軸に論じたものである。問題意識の面でも本書と重なる点が多いが、中国共産党勢力との関係についてはドライバーグはあまり重視していない。[15]鹿錫俊は、九・一八事変勃発から塘沽協定に至る中国中央政府の対日政策の変遷を詳細に検討し、汪精衛・蔣介石・黄郛の対日妥協政策の再評価を試みている。原史料を綿密に検討したすぐれた業績である。[16]ただ、鹿錫俊が汪精衛・蔣介石・黄郛の一体性を強調するのに対して、本書では、これらの政治家・政治勢力のあいだの対立点についても着目したい。この時期に対日妥協政策を選択した汪精衛・蔣介石・黄郛が、全体として対日強硬策を主張しつづけた宋子文・孫科などと対立していたのは事実であるが、それぞれの政治家のなかで対日妥協政策の位置づけや戦略は異なっており、それが塘沽協定以後の政治過程では重要な要素となると本書では捉えたいからである。

次に、人物研究に関して、張学良・閻錫山《えんしゃくざん》・馮《ふう(ひょう)》玉祥・黄郛・宋哲元・韓復榘《ふくきょ(く)》の伝記を採り上げる。

張学良の伝記は数多いが、そのなかで、司馬桑敦と西村成雄のものが政治史的な側面に留意して書かれている。西村のものは、ナショナリズムへの関心から、叙述の重点を九・一八事変と西安事変の関連づけに置いている。司馬桑敦のものは、大陸との交流がほとんどない時期に台湾で書かれたことからくる史料的制約はあり、西安事変に関する叙述などにはその点が影響しているが、華北政治に関しては、むしろ豊富な史料を駆使して述べられており、示唆に富む業績である。(17)

閻錫山についてはギリンの研究が詳細である。ギリンは、閻錫山を「開明的軍閥」と描き、限界はあるものの中国の近代化に貢献した地方軍の歴史的役割を評価している。蔣順興・李良玉によるものは、中国の一次史料を使った共同研究であり、事実の叙述としてはもっとも詳細なものの一つである。蔣順興・李良玉のものは、閻錫山を保守的・反動的な性格を強調している。(18)

馮玉祥についてもシェリダンの研究がある。馮玉祥は同時代から「クリスチャン・ジェネラル」として欧米に広く知られており、それだけ真偽の不確かな言い伝えも多い。シェリダンは史料に依拠して事実を確認し、そのうえで、やはり馮玉祥の「改革派軍閥」としての性格を強調している。中国での研究には、蔣順興・李良玉の閻錫山伝と同じ「中華民国史叢書」から出された郭緒印・陳興唐のものがある。シェリダンが馮玉祥を「改革派」ではあれ「軍閥」として捉えるのに対して、郭緒印・陳興唐は「軍閥」としての性格を強調せず、進歩性と「愛国」的性格、共産党との関係の良好さを基本に捉えようとする。[19]

黄郛については謝国興の研究がある。未公刊史料も含めた詳細な史料調査によって、黄郛が一貫した信念のもとに華北政治を指導したことを明らかにした労作である。[20] 本書も、謝国興と同じように、黄郛は場当たり的な対応を繰り返した政治家ではなく、一貫した信念の持ち主であったという見解に立つ。ただし、謝国興の場合は、蔣介石の対日政策に協力した点に重点を置いているが、本書では、黄郛の政治観・地方自治観にも注目したいと考えている。

宋哲元に関しては台湾（民国）では李雲漢の研究がある。李雲漢は、華北分離工作当時の蔣介石国民政府の対日政策の有効性を高く評価し、宋哲元の動きをその対日政策に即して評価しようとする。したがって、地方軍としての宋哲元と蔣介石中央政府との対立関係はあいまいにされる傾向がある。しかし、その点を除けば、きわめて詳細な実証的研究である。これに対して、人民共和国では、宋哲元の終焉の地となった四川省社会科学院で、一九八〇年代後半から陳世松を中心とするグループが研究を進めている。陳世松グループの研究では、逆に、宋哲元を高く評価しようとすると、そのぶん、蔣介石中央政府の反動性・「売国」性が論証抜きに強調される傾向がある。郭緒印・陳興唐の馮玉祥伝と同様で、「愛国」性を軸に宋哲元を評価しようとするからである。陳世松グループの研究の特徴は、馮玉祥との関係、学生運動との関係、中国共産党との関係など多様な勢力との関係のなかで宋哲元を捉えようとしていることである。そのなかで日本との関係も含まれているが、日本との関係については二次文献を利用した通説的なものにとどまっている。[21]

韓復榘は国民政府期の華北の地方軍の指導者として宋哲元と並ぶ存在である。韓復榘の出身地であり、省主席として支配した山東省の呂偉俊による伝記がある。山東省経営の事跡について詳しく述べられている。呂偉俊の叙述は、韓復榘の保守性・反動性の論証という視点に偏っているが、そのためにかえって地方軍指導者としての韓復榘の性格

が浮き彫りにされている。(22)

これらの人物研究のなかでは、閻錫山と宋哲元を除いて、華北政治への言及がまとまってなされているとは言いがたい。閻錫山の場合も、対象としているのは主として山西省の政治であり、それ以外の地域に対する閻錫山の支配についてはさほど重視されていない。宋哲元の場合のみ、宋哲元が冀察政務委員会委員長を務めた時期の華北政治について触れられている。したがって、これらの研究のなかで触れられている華北政治についての論述は断片的である。

また、いずれの場合も、中国全体の政治や日中外交の状況が「与件」として与えられ、地方軍・地方政治組織のそれに対する反応を描くというアプローチになっているので、地方が一方的に受け身であるか、一方的に「反中央」であるかのどちらかの像になってしまいがちである。それは、同時に、中央政権のあり方を、たとえば「蒋介石政権＝対日投降政権」というように固定してしまう傾向につながっている。

(六) 本書の構成

以上のような業績を踏まえて、本書では、全国政治と地方軍・地方政治との関係を、より相互的・具体的に捉えたい。その関係のなかでも、対日関係と、孫文の「建国大綱」体制を中心とした国家建設問題をめぐる関係に重点を置く。対日関係は、南京国民党・国民政府による中国統合の対外的側面、国家建設はその対内的側面を代表する分野だからである。

第一章では、南京国民党・国民政府の中国統合政策と政治改革との中心をなす孫文の「建国大綱」構想の検討と、同じく南京国民党・国民政府による対日政策の中心となった「安内攘外」政策を中心に、一九三二（民国二一）年までの中央と華北の状況を述べる。第二章から第四章にかけては、黄郛と北平政務整理委員会について、塘沽停戦協定締結まで（第二章）、塘沽協定で残された問題の処理（第三章）、憲政実施を視野に入れた一九三四（民国二三）年の動向（第四章）についてそれぞれ論じる。第五章では、南京国民党・国民政府による憲政実施と超省レベル地方機構の廃止、対日政策の変更の動きと、それに対抗する日本の華北分離工作のなかでの華北の動きについて論じる。終章では、宋哲元・冀察政務委員会について、新たに華北に登場したナショナリズム運動・中国共産党勢力との関係に力点を置いて論じる。

ところで、私が本書の出版を準備していた二〇〇六年一月、内田尚孝『華北事変の研究』（汲古書院、二〇〇六年）が出版された。『華北事変の研究』の著者は国民政府時期の華北政治研究の先達である。問題関心と研究対象は、『華北事変の研究』と本書とでは重なるところが多く、利用している史料は『華北事変の研究』のほうが幅広い。したがって、『華北事変の研究』が世に出た以上は、本来は、本書はそれを踏まえて、重複を排し、徹底的に書き改めた上で出版すべきものである。しかし、時間的余裕を十分に取ることができなかったことと私の怠惰とのためにその作業が十分に行えなかった。甚だ忸怩たる思いである。『華北事変の研究』と本書で重複する内容や指摘があれば（あるのだが）、学問的プライオリティーは『華北事変の研究』にあることをここにお断りしておきたいと思う。

●注

（1）「中国国民党接受　総理遺囑宣言」（『革命文献』六九輯、中国国民党中央委員会党史委員会、民国六五（一九七六）年）一三四頁。李雲漢『中国国民党史述　第二編　民国初年的奮闘』中国国民党中央委員会党史委員会、民国八三（一九九四）年、八六四―八六五頁。

（2）「中華民国国民政府組織法」（『革命文献』七九輯、中国国民党中央委員会党史委員会、民国六八（一九七九）年）第一条、八〇頁。

（3）中国国民党第二届中央執行委員会第四次全体会議（以下「二届四中全会」のように略する）「宣言」（『革命文献』六九輯）一八六―一九二頁、「国家建設初期方案」（『革命文献』七六輯、中国国民党中央委員会党史委員会、民国六七（一九七八）年）、一四八―一五七頁、野村浩一『現代アジアの肖像　2　蔣介石と毛沢東――世界戦争のなかの革命』岩波書店、一九九七年、二七〇―二七二頁。

（4）馮玉祥については、James E. Sheridan, *Chinese Warlord: The Career of Feng Yu-hsiang*, Stanford, Stanford University Press, 1966、郭緒印、陳興唐『中華民国史叢書　愛国将軍馮玉祥』河南人民出版社、一九八七年。閻錫山については、Donald G. Gillin, *Warlord Yen Hsi-shan in Shansi Province,1911-1949*, Princeton, Princeton University Press, 1967、蔣順興、李良玉（主編）『中華民国史叢書　山西王閻錫山』河南人民出版社、一九九〇年。

（5）Lloyd E. Eastman, *The Abortive Revolution: China under Nationalist Rule,1927-37*, Harvard University Press,1974.

（6）西村成雄『現代アジアの肖像　3　張学良――日中の覇権と「満洲」』岩波書店、一九九六年、西村『中国ナショナリズムと民主主義――二〇世紀中国政治史の新たな視界』研文出版、一九九一年。横山宏章『中華民国――賢人支配の善政主義』中公新書、一九九七年、横山『中華民国史――専制と民主の相剋』三一書房、一九九六年、横山『現代アジアの肖像　1　孫文と袁世凱――中華統合の夢』岩波書店、一九九六年、久保亨『戦間期中国〈自立への模索〉――関税通貨政策と経済発展』東京大学出版会、一九九九年。

（7）台湾（中華民国）・中国での研究は、李雲漢『宋哲元与七七抗戦』伝記文学出版社、一九七三年、郭緒印、陳興唐『中華民国史叢書　愛国将軍馮玉祥』河南人民出版社、一九八七年など。

（8）権威主義・コーポラティズムなどの概念の導入については、Joseph Fewsmith, *Party, state, and local elites in republican China : merchant organizations and politics in Shanghai, 1890-1930*, Honolulu, University of Hawaii Press, 1985. ただし、フュースミスの概念はかなりユニークなものであり、とくに「権威主義」の規定は独特の見解に基づいている。

（9）ジェローム・チェン／北村稔・岩井茂樹・江田憲治（訳）『軍紳政権――軍閥支配下の中国』岩波書店、一九八四年（原書　陳志譲 Jerome Ch'en『軍紳政権――近代中国的軍閥時期』三聯書店（香港）、一九七九年）。

(10) 波多野善大『中国近代軍閥の研究』河出書房新社、一九七三年。

(11) Hsi-sheng Ch'i〔斉錫生〕, *Warlord Politics in China*, Stanford University Press, 1976.

(12) Prasenjit Duara, *Culture,Power,and the State:Renal North China*, Stanford University Press, 1988.

(13) 安井三吉『盧溝橋事件』研文出版、一九九三年、秦郁彦『盧溝橋事件の研究』東京大学出版会、一九九六年。

(14) Parks M. Coble, *Facing Japan:Chinese Politics and Japanese Imperialism,1931-1937*, Cambridge, Mass.and London, Harvard University Press, 1991.

(15) Marjorie Drybough, *North China and Japanese Expansion 1933-1937: Regional Power and National Interest*, Richmond, Curzon Press, 2000.

(16) 鹿錫俊『中国国民政府の対日政策　一九三一—一九三三』東京大学出版会、二〇〇一年。

(17) 西村、前掲『張学良』、司馬桑敦〔王光逖〕『張学良評伝』星輝図書公司（香港）、一九八六年。

(18) Donald G. Gillin, *Warlord : Yen Hsi-shan in Shansi province, 1911-1949*, Princeton, N.J., Princeton University Press , 1967. 蔣順興、李良玉（主編）『中華民国史叢書　山西王閻錫山』河南人民出版社、一九九〇年。

(19) James E. Sheridan, *Chinese warlord : the career of Feng Yu-hsiang Stanford*, Stanford, Stanford University Press , 1966.

(20) 謝国興『黄郛与華北危局　一九三三—一九三五』国立台湾師範大学国史研究所碩士論文、一九八三年。

(21) 李雲漢『宋哲元与七七抗戦』伝記文学出版社、一九七三年。陳世松（主編）『宋哲元研究』四川省社会科学院出版社（成都）、一九八七年、陳世松『宋哲元伝』長春、吉林文史出版社、一九九二年。

(22) 呂偉俊『韓復榘』山東人民出版社（済南）、一九八五年。

第一章　華北政治をめぐる諸問題

本章では、華北政治について考察する前提として、中央政府の「国家建設」政策と、中央政府の地方政策とについて、まず検討を加えておくこととする。また、一九三一（民国二〇）年以後の華北が当面した対日・対関東軍交渉の前提になる中央政府の対日政策・軍事政策についても触れておく。

第一節　孫文の「建国大綱」と訓政体制

北伐後の国民党・国民政府の国家建設政策の基本となっていた綱領文書は、孫文が起草して一九二四（民国一三）年の国民党第一届全国代表大会（一全大会）に提案し、採択された「国民政府建国大綱」（以下「建国大綱」と呼ぶ）である。この「建国大綱」が北伐後の国民党・国民政府の国家建設政策の枠組みを決めていた。しかし、蔣介石の下で実行された政策は、「建国大綱」に記された名称を用いながら、内実には異なる点があった。[1]

蔣介石は、自らの権力の正統化のためには、孫文の後継者として孫文理論を忠実に実行していることを示さなければならなかった。[2] 国民革命軍の中央軍を基盤に権力を掌握した蔣介石は、汪精衛・胡漢民ら、一九〇〇年代から活動している孫文の高弟と較べると、新参の国民党幹部にすぎない。そのため党組織内部の基盤が弱く、なおさら自らが孫文理論に忠実であるところを示さなければならなかったのである。したがって、いかに「建国大綱」政策の内容を変更しても、「建国大綱」の明文の規定に明らかに反することは行いにくい。このことが、蔣介石主導下の国民党・国民政府にとって、つねに束縛として働くのである。

では、「建国大綱」に述べられた国家建設政策とはどのようなものであったか。また、それが北伐後の国民党・国民政府にどのように受け継がれたか。本節で論じるのはこれらの問題である。

「建国大綱」は全二五か条の簡潔な条文から構成されている。一九二四（民国一三）年四月一二日、国民党総理の地位にいた孫文が、改組後の党の最初の全国大会として開かれた一全大会に提出した文書である。[3]「建国大綱」の提出は、一九二三～二四（民国一二～一三）年の孫文・国民党の運動原理の転換に関連したものである。

中華民国初代臨時大総統の孫文は、一九一三（民国二）年の「第二革命」の敗北以来、ねばり強く反北京政府運動をつづけていた。北京政府を打倒することこそが、孫文にとって新たな「革命」の目標になったのである。

一九一七（民国六）年、孫文は、国民党（中国国民党）の前身である中華革命党を率いて護法運動に参加した。護法運動とは袁世凱政府下で制定された「新約法」に反対し、一九一二（民国元）年、南京臨時政府のもとで制定された臨時約法（旧約法）を擁護する運動であった。また、護法運動の参加者たち、すなわち護法派は、段祺瑞の支持によって就任した徐世昌大総統の正統性を否認し、その辞任を求めていた。一九一七（民国六）年、段祺瑞主導の北京政府のあり方に反対して広東省の広州に南下した国会議員が「非常国会」を開き、広州に護法軍政府が成立した。広東護法軍政府は広東・広西・雲南などの地方を支配する地方軍事勢力の軍事力に支えられていた。孫文はその護法軍政府の元首にあたる「大元帥」に就任し、護法運動のリーダーとなった。[4]

しかし、護法運動と孫文・中華革命党の関係は、広東護法軍政府樹立の翌年には早くも悪化した。一九一八（民国七）年五月、護法軍政府は大元帥制度を廃止して七総裁合議制に移行し、孫文は合議に参加する七総裁の一人として位置づけられた。孫文はこの待遇を不満として広東を離れた。(5) 孫文がこのような境遇にいた一九一九（民国八）年五月四日、日本の山東半島占領を契機とした大規模な反政府学生運動が北京で勃発した。五四運動である。五四運動の報に接した孫文は、新思想の発展が国家思想の「激変」をもたらし、それが革命成功への道を開くという確信を得たという。(6) 民衆運動を自分の側に組織することによって、北京政府に対する革命運動を有利に進める可能性を孫文は認識したのである。護法政府との関係悪化と五四運動の衝撃から、孫文は、一九一九（民国八）年、中華民国の創建当時の法を回復するという護法運動から、民衆運動に基盤を置いた「国民革命」運動へと、自らの革命運動の方針を変えていった。

一九二二（民国一一）年、孫文が北京政府の不法性の象徴としていた徐世昌大総統が大総統職を追われ、黎元洪が大総統に復帰した。護法運動が掲げてきた大きな目標は達成されたが、北京政府の内実や、北京政府が強大な軍事力を基盤に中国を広く支配しているという実態は何も変わらなかった。これ以上、「護法」を掲げて反北京政府運動を継続することは難しくなった。そこで、孫文は、民衆運動と民族主義を基盤として新たな革命運動の理論を作成することを迫られることになった。(7) これが、組織面では、ソ連との提携と中国共産党員の国民党への受け入れ（「聯ソ容共」、共産党側では「聯俄《ロシア》聯共」と呼ぶ）、全国代表大会と中央執行委員・監察委員制度の導入などの組織改革として帰結する。この新組織のもとでの新たな革命運動の方針として孫文が提示したのが「国民政府建国大綱」であった。

護法運動は基本法と北京政府の大総統の地位をめぐる争いとして展開された。その運動は、中央政府をめぐる政治運動の範囲にとどまっていた。しかし、民衆運動に基盤を置いた国民革命運動は社会全体の大規模な改革をめざす運動である。その運動の性格に対応するために「建国大綱」が作られたのであった。

「建国大綱」は、第一条で「国民政府は革命の三民主義・五権憲法に基づき、中華民国を建設するものである」と定める。なお、三民主義と並べられている五権憲法とは、行政・立法・司法・考試・監察の「五つの治権」の分立を定めたものであり、孫文は、これが列強の三権分立より完全な民主的制度だと自負していた。(8)

第二条から第四条までは、この三民主義の優先順位を定めている。ここで、優先順位は、第一に民生主義（第二条）、第二に民権主義（第三条）、第三に民族主義（第四条）と定められた。民生主義については、「全国人民」の生活の向上のために、政府は人民と協力しなければならないと定めている。この「建国大綱」の民生主義では人民生活に密接に関連する産業の振興が基本政策としてうたわれている。また、民族主義については、国内の弱小民族の保護（「扶置」）と自決自治の推進、国外からの侵略・強権に対抗しそれを防禦する（「抵禦」）こと、不平等条約改正を通じて国際的平等と国家独立を実現することという三つの義務を政府に課している。

民権主義については、政府に、人民を「訓導」する任務を負わせている。その「訓導」の目的は、選挙・罷免・創制・複決の権力を行使する政治知識と政治能力を人民に獲得させることにあるとされた。この人民の持つ選挙・罷免・創制・複決の四種の権力は、選挙権・リコール・イニシアチブ・レファレンダムに相当する。しかし、「選挙・罷免」は議員や首長だけではなく、すべての「官員」に及ぶ国民の権力である。「創制・複決」も、立法府の補完として位置づけられているのではなく、国民自身が直接に制度を提案して決定するものとして規定されている。(9)「建国大綱」の主眼は、この民権主義をどのような手順で制度のなかに具体化していくかという道筋をつける点に置かれていた。

第五条から、「建国大綱」は「軍政→訓政→憲政」という「建設程序（手順）」を定めている。国家建設は、すべてを軍政のもとに置く「軍政」期から、憲法に基づき民選政府が統治する「憲政」期へと進められる。この「軍政」と

「憲政」の時期のあいだに、人民を「政権」（選挙・罷免・創制・複決）の行使に慣れさせる段階が設定される。これが「訓政」である。以下の条文ではもう少し細かく時期と政治体制を規定している。「訓政」期は、「完全自治の県」成立前と成立後（「自治開創」期）に分けられ、また、「建国大綱」が定める「憲政」期は、「憲政開始」期と、憲法決定・頒布（公布）の時期に分けられる。憲法決定・頒布以後については定めていない。「国民政府」による建国は憲法頒布で目的を達成するとされていたからである。

軍政期については、「すべての制度は軍政のもとに置かれる」と規定しているだけで、具体的な政治制度については述べられていない。

訓政は、一つの省が完全に平定された段階で開始されると定められている（第七条）。したがって、訓政は省の単位で始められるものであり、他にまだ完全に平定されていない省があれば、その省ではまだ軍政が行われていないと解するべきであろう。訓政は、まず県のレベルで始められ（第八条）、県レベルでの地方自治制度の完成が目標とされる（第九条～第一二条）。政府は、政府が訓練し、政府が行う試験に合格した官員を県に派遣して、国民に四権（選挙・罷免・創制・複決）の行使を訓練する。この「訓練」の規定は、民権主義に関する「訓導」（第三条）の規定に応ずるものであり、「訓政」期の本質的な部分について定めたものである。

ある省のすべての県で地方自治制度が完成の段階に到達したときに、その省で「憲政開始」期が始まるものと規定されている（第一六条）。「憲政開始」期には、中央政府（「国民政府」）は暫定的に五院を設立する。五院とは「五権憲法」の「五権」を司る機関で、行政院・立法院・司法院・考試院・監察院がこの序列で設立される。このうち、立法院は、「建国大綱」と訓政期・憲政期（「憲政開始」期）の成績とをもとに憲法草案を議論し作成しなければならない。これを「民衆に宣伝」した後、憲法が決定される（第二二条）。憲法を「決定」するのは「国民大会」である。この「国民大会」は、全国過半数の省が「憲政開始」期に入り、すべての省で「地方自治完全成立」(県自治政府の成立)の時期に入ったことを条件として招集される(第二三条)。なお、国民大会議員選出の方法は定められていない。憲法が「決定」され、「頒布」されると、中央政府の官員はすべて国民大会が選挙・罷免し、中央政府の法律はすべて国民大会が創制・複決することとなる(第二四条)。「憲政完成期」には国民政府は解散し、国民大会を最高機関とする新たな民選政府に権限を譲ることとされている(第二五条)。国民大会は、国民の代表として政府に対する全権を握る議会として位置づけられていた。参加できる階級についての規定がないことを除けば、ソ連の最高ソビエトと同様の性格を持っている。

この「建国大綱」の特徴は、次のように整理することができる。

第一に、国家建設のための重要なステップとして「訓政」の期間を置いていることが挙げられる。国民に広い政権参加を認めるかわりに、その前段階で、「訓政」により政府が認めた「官員」が国民による政権の行使を訓練するのである。しかし、「訓政」は、省単位で宣言され、人民が「政権」の行使に慣れた段階で完全な県自治を行い、中央政治にも限定的ながら参加するという過程も想定されていることにも注意しなければならない。孫文の「建国大綱」にあっては、国民の政治的能力の向上とその政治参加の拡大とは並行して進められるべきものとされていたのである。

第二に、訓政期から「憲政開始」期について、自治の単位としての県の政治的役割を重くし、省の地位を補助的なものとしている点がその大きな特徴である。

訓政期の途中で県に設立される自治政府については、全体を通して簡略な「建国大綱」のなかでは、比較的詳しい規定が定められている。まず、県は独自の法律を制定できる(第八条)。また、県が中央政府から「協助」を受けて大規模事業を県が行う場合、その事業の利益は中央政府と県政府で配分すると定めている(第一一条)。県は中央政府と対等の事業主体と考えられているのである。県には広範な自治権と事業に関する権限が認められていたのである。

また、訓政期には、県自治政府成立後の各県から、県一人の割合で「国民代表」が選出されることが定められている（第一四条）。この「国民代表」が「国民代表会」を組織する。「国民代表会」はあくまで中央の政治に「参預」できるのみで、立法府や議会のような権限は想定されていないが、中央歳費に対する地方政府の負担を決定する権限は国民代表会が握っている（第一三条）。

これに対して、省の政治的役割についての規定は「憲政開始」期になってはじめて現れる。この段階では、国民代表会が省長を選挙し、その監督の下で省の自治が開始され、中央と省のあいだで「均権制度」が採用される。「均権制度」のもとでは、「全国一致の性質を有する事務」は中央が、「土地によって異なるもの」は地方政府が分担すると規定される（第一七条）。ただし、自治の単位はあくまで県であり、省は、中央と県とのあいだの「連絡」の役割を担うとされるのである（第一八条）[10]。

自治の担い手として県を重視し、省の役割を「連絡」にとどめようとするのは、当時、盛んに進められていた「聯省自治」運動を意識したものであろう。聯省自治運動はアメリカ合衆国をモデルとして、省をアメリカの各州に相当するものとみなし、それぞれが独自の憲法を持つ省の連合体として中国を再生させようという運動であった[11]。孫文は、一九一〇年代に北京政府で段祺瑞がとったような武力統一にも、それに対抗して起こされた聯省自治にも反対であった[12]。聯省自治では省が自治の単位として重視される。それに対して、孫文は、省より小さい県を重視し、省の役割を限定したのである。また、聯省自治が、省の政治権力を全国政府の政治権力より優先するものと捉えるのに対して、孫文は、その両者のあいだに優先・劣後関係はないとして「均権」を唱えたのであった。

孫文の「建国大綱」の定める国家建設構想は以上のようなものであった。しかし、孫文は、「建国大綱」の規定を何ら具体化することができないまま、一九二五（民国一四）年に死去する。「建国大綱」の実現は、孫文の後継者の手に委ねられたのである。

国民党は、北伐「完成」後の一九二九（民国一八）年三月、第三届中央執行・監察委員会第二次全体会議（三届二中全会。以下、同様の通称を用いる）[13]を開催し、正式に「訓政」の開始を宣言した。「憲政」期に先立って「訓政」期を置くのは「建国大綱」に則った順序である。しかし、そこで定められた内容と「建国大綱」とのあいだには違いがある。

まず、「訓政」を全国一律に宣言し六年間と定め、一九三五（民国二四）年三月までとしたことである[14]。「建国大綱」では、「訓政」は「軍政」の終結した省から開始するものであり、全国一律のものではなかった。また、六年という期限は「建国大綱」に定められたものではない。

次に、国民党は、「訓政」の時期であることを理由に民衆運動を「停止」し、国民党の一党支配（「以党治国」）を決定したことである[15]。政府や軍中央の最高決定権を党組織が掌握することとなったのである。ところが「建国大綱」には一党支配の規定はない。政府が官員を派遣して人民の政権行使を訓練するという規定はあるが、それは人民を訓練するという分野に限定されたもので、独裁的な一党支配を定めたものではない。

一方で、「建国大綱」では、行政院以下の五院と行政院の各部（中央省庁）は「憲政開始」期にはじめて試行的・暫定的に設置されることになっていた。しかし、現実には、国民政府の五院・各部は「訓政」開始と同時に設置された。国民党は、これによって、政府・軍の機構を整備し、その全体を国民党が指導するという体制を構築しようとしたのである。

北伐完成を受けて始まった国民党の訓政体制は、「建国大綱」の民主的・自治的な方向性を体制に反映させず、国民党による全国一律の強権体制をめざしたものであった。しかし、他方で、訓政体制は六年後の憲政への移行を定めた民主化のための体制という性格も持っていた。

この訓政体制の構築を主導したのは、同じ二届五中全会とそれにつづく三全大会で国民党・国民政府・国民革命軍に対する主導権を確立した蔣介石であった。

しかし、蔣介石は軍人出身であり、国民党内に十分な基盤を持っていなかった。党内では、辛亥革命期から孫文の同志であった胡漢民や、辛亥革命前から理論家として名を馳せた汪精衛（汪兆銘。兆銘が本名で精衛は筆名）、孫文の息子の孫科にくらべて基盤が弱かった。その蔣介石が訓政体制のもとでの主導権を発揮するためには、国民党の古参党員を抑え、さらに、蔣介石自身を支える支持基盤が必要になってくる。

北伐後の蔣介石は、その支持基盤を確保するために、地方を自らの主導下に置くことにその力を傾注した。しかし、地方の指導者は必ずしも蔣介石の支持基盤となることを肯んじたわけではない。そこで、次に、この蔣介石と地方指導者層との関係を見ていきたい。

❄注

（1）たとえば、「五院」（行政院、立法院、司法院、考試院、監察院）は、「建国大綱」では訓政期の制度ではないが、実際には訓政期に開設されている。「訓政開始応否設立五院案」（『革命文献』七九輯）九九―一〇〇頁。

（2）蔣中正（蔣介石）による二全大会「軍事報告」（『革命文献』七六輯）五七―五九頁。

（3）「建国大綱」の引用は以下による。秦孝儀（主編）『国父全集〔新〕』第一冊、近代中国出版社、民国七八（一九八九）年、六二三―六二五頁。

（4）「規復約法宣言」（『革命文献』六九輯）五三―五四頁、「就陸海軍大元帥宣言」（同前）五四―五五頁。

(5) 深町英夫「広東軍政府論——民国前期における「中央政府」」(中央大学人文科学研究所(編)『研究叢書二一　民国前期中国と東アジアの変動』中央大学出版部、一九九九年)三八〇—三八二頁。この論文は、「孫文の運動の一環としての広東軍政府」ではなく、広東軍政府史の一部として孫文の活動を位置づける視点で書かれている。なお、孫文は、一九一八(民国七)年に広東政府主流派と袂を分かってからも、広東政府とは関係を持ちつづけていた。孫文が完全に広東政府との関係を断絶するのは一九一九(民国八)年五月から六月にかけてである。深町、同論文、三八二—三八三頁。

(6) 李雲漢『中国国民党史述　第二編　民国初年的奮闘』(前掲)二九九—三〇〇頁。なお、横山宏章は孫文と五四運動を関連づけることに対して否定的である。横山宏章『現代アジアの肖像 一 孫文と袁世凱——中華統合の夢』岩波書店、一九九六年、一五二—一五三頁。しかし、横山も、孫文が五四運動に見られた「団結」の力を孫文自身の革命運動に利用できると考えたことは認めている。

(7) 「護法」・「臨時約法」からの訣別を対外的に宣言したのは、一九二四(民国一三)年九月の「制定建国大綱宣言」(『革命文献』六九輯、一一八—一一九頁)である。「建国大綱」が「護法」にかわる新たな革命運動の指針となっていることが理解できよう。

(8) 孫文『三民主義』「民権主義 第六講」(前掲『国父全集〔新〕』、第一冊)一二〇—一二二頁。

(9) 同上、一二三—一二六頁。

(10) 「均権制度」は、国民党一全大会「宣言」(一九二四(民国一三)年一月、『革命文献』六九輯、九三頁)で、「対内政策」の第一条として掲げられている。

(11) 聯省自治運動については、塚本元『中国における国家建設の試み——湖南一九一九—一九二一年』東京大学出版会、一九九四年、一〇八—一一〇頁、味岡徹「南北対立と連省自治運動」(中央大学人文科学研究所(編)『研究叢書一　五四運動史像の再検討』中央大学出版部、一九八六年)三四五—三五八頁。

(12) 国民党一全大会「宣言」(前掲)八六—八七頁。

(13) 国民党の執行部は中央執行委員によって構成される。第一次全国代表大会から第二次全国代表大会までの国民党執行部が「第一届《かい》」の中央執行委員会である。この第一届の中央執行委員会の総会を「中央執行委員会全体会議」といい、「中全会」と略称する。第一届の中央執行委員会の第一回の総会が「第一回中央執行委員会第一次全体会議」で、これを「一届一中全会」と略称する。以下、中央委員会の二回めの総会は「二中全会」、三回めの総会は「三中全会」……である。なお、国民党の場合には、執行委員会全体会議（総会）と同時に監察委員会も全体会議を開くのが通例なので、「中全会」は、監察委員会も含めて「中央執行・監察委員会全体会議」の略称として用いる。したがって、三届二中全会とは、第三次全国代表大会から第四次全国代表大会までの執行部のもとでの、二回めの中央執行委員会・監察委員会の総会のことである。なお、国民党と並んで、共産党も当時から今日に至るまで同様の呼称を用いている。

(14) 国民党第三届二中全会「宣言」（『革命文献』六九輯）二一〇頁。

(15)「民衆運動方案案」（『革命文献』七九輯）八八―九五頁。一九二八（民国一七）年八月一一日提出。

第二節　国民政府と地方政治

北伐完成後、蔣介石は、名簿掲載順位第一位の国民党中央常務委員（「総理」はすでに亡くなっている孫文であるから、事実上の最高序列である）、国民政府主席、国民革命軍総司令の職を兼務し、党・政府・軍の主導権を掌握した。そのもとで一党支配の「訓政」を行ったわけだから、蔣介石体制は、一見、非常に強力に見えた。だが、その支持基盤はじつは不安定で脆弱なものであった。

まず、党組織指導部は分裂を重ねて弱体化しており、かろうじて統一を保っている状況であり、強い指導力は発揮できなかった。しかも、これまで何度か述べたとおり、その党組織には、蔣介石はほとんど基盤を持っていなかった。胡漢民・汪精衛や「西山会議派」と呼ばれる右派長老グループ（謝持、林森ら）などは蔣介石を支持していなかった。

党に基盤を持たない蔣介石を中心とする一党支配体制を支えたのは、蔣介石自身が広東の黄埔軍官学校で育成した将校の率いるいわゆる「中央軍」であった。しかし、中央軍は、国民革命軍部隊のなかでもっとも精強ではあるものの、この時点ではまだ国民革命軍内で優越した地位にあったわけではない。

そこで、蔣介石は孫文時代からの国民党幹部に対抗するために、中央軍以外の地方軍事勢力の指導層を新たに国民党・国民政府体制に導入しようとした。したがって、蔣介石の国家建設政策にとって、地方軍事勢力の指導層の動向は、その成否にかかわる重要な問題であった。そこで、本節では、北伐期から南京政府期にかけての蔣介石政権と地方軍事勢力との関係の転変について論じる。

このような地方軍事勢力は、一九一〇年代後半以後、地方に基盤を置いて地方政治に大きな影響力を持ってきた「軍閥」の後継者である。これらの勢力は、中国では「地方実力派」と呼ばれ、また、「軍閥」との連続性を強調する場合には「国民党新軍閥」と呼ばれてきた。本書では、単に「実力派」ということばが日本語ではこなれない表現であるという理由から、「地方軍事勢力」と呼ぶことにする。

一九二〇年代から、中国の政治家のあいだには、軍閥の存在が中国政治を不安定にしており、軍閥を解消することが緊要な課題だという認識があった。その認識は、大軍閥の指導者出身の政治家の多くにも共有されていた。それにもかかわらず、恒常的に軍閥混戦が起こる状態が生じ、それが定着したのは、当時の中国社会にはこれらの地方軍事勢力(すなわち軍閥)が安定して存在しうる条件が整っていたからである(1)。

地方軍事勢力の兵士の多くは、余剰人口を抱える農村から集めた者である。農村で養えない人口のうち、男性が地方軍事勢力の兵士として地方軍事勢力の部隊に入隊した。しかし、軍隊が存続するためには、社会からその経費を調達しなければならない。そこで、地方軍事勢力は、名目を設けて、地方の都市・農村社会から収奪を行うことになる。

このような収奪は、地方の都市・農村社会の生産性をさらに低くし、兵士になる以外に生きる方法のない余剰人口をさらに多く生み出す。地方軍事勢力支配下の地方社会をモデル的に見ると、このような悪循環のプロセスが存在したのである。したがって、そのような地方軍事勢力を無理に解散させようとすれば、生計の途を失った将兵は匪賊化して、集団で掠奪や村への襲撃などの犯罪行為を起こすようになる。生活費を保障しないで軍隊を解散することは不可能だったのである(2)。

この悪循環から脱出するために、地方軍事勢力自身は、まだ地方軍事勢力によって収奪されていない地方を獲得してその地方社会から収奪するか、幹部が中央政府の役職を得て、中央政府の資金で地方軍事勢力の存続を図るかという方法をとった。そのため、地方軍事勢力は、基本的に地盤を拡大しようとする傾向を持っていた。勢力を拡大しなければ、隣の地方軍事勢力に地盤を侵食される可能性があったから、その意味でも勢力の拡大は必要であった。しかし、勢力拡大に伴う将兵数の増大は、将兵に支払わなければならない給料の増加を意味するから、それはさらなる地盤拡大への欲求に結びつく。また、多くの地方軍事勢力指導者は、中央政府との結びつきを求めて、軍事上・地方政治上の権限の大きな役職を獲得しようとした。それによって、中央政府に集まる収入を、自らの地方軍事勢力のために優先的に使うことができるからである(3)。

だが、軍隊の拡大、地盤の拡大、中央政府の争奪という過程が、地方軍事勢力の存立基盤である社会を疲弊させ、自滅につながることは、当時の地方軍事勢力の指導者自身が強く認識していた。そこで、一部の地方軍事勢力は、支配地域の産業振興・農村整備・産業振興を推進し、それによって存続を図ろうとした。呉佩孚（河南を拠点に華北一帯）・張作霖（奉天を拠点に東北三省）・閻錫山（山西）・馮玉祥（河南→西北）・陳炯明（広東）・孫伝芳（江蘇・浙江）などはそうした軍隊の一例である。一九二〇年代半ばになると、地方を侵食するだけの単純な地方軍事勢力は勢力を失い、たまたま勢力を獲得してもすぐに没落した。山東省の張宗昌が地方社会を一方的に収奪した軍閥の典型とされている。その張宗昌の山東支配は比較的短期間で終わって韓復榘に取って代わられた。

これらのいかにも「軍閥」らしい軍事勢力が没落すると、かわって社会建設に関心を示す「開明的な」地方軍事勢力が生き残ることになった。「開明派軍閥」などと呼ばれるものがこれである。これらの地方軍事勢力は、中央政府にも影響力のある官僚や知識人と密接な関係を持っている例が多かった。張作霖と顧維鈞（外交官）、閻錫山と趙戴文（儒教知識人）、馮玉祥と黄郛（教育総長、のち北平政務整理委員会委員長、第二章以下参照）、陳炯明と孫文（後に敵対するが）などはそのような関係ということができる。(4)

ただし、これらの「開明派軍閥」も、地方社会を収奪しつつ、その余剰人口を兵士として集めるという性格を依然として持ちつづけていた。この特徴は、貧困地帯を地盤とした馮玉祥系地方軍事勢力にとくに明らかである。馮玉祥系地方軍事勢力は、馮玉祥による厳格な規律と、地方社会での植林・工業育成・教育活動や対日ボイコットなどの「愛国」活動で知られており、「進んだ」地方軍事勢力としての評価が高い。だが、一方で、その部下には匪賊・博徒などの出身者が多かった。地方の匪賊をそのまま軍に組み込んだからである。そのため、馮玉祥軍は、兵員数にくらべて装備が著しく劣悪で、一部の部隊はきわめて腐敗した気風を持っていたとも言われている。(5)

北伐を柱とする国民党による中国統一は、国民党を中心に結集した新興地方軍連合体の、北洋軍の系統を色濃く残す旧地方軍に対する戦争と見なすこともできる。そして、このことが、北伐後の中国の地方政治に大きな影響を残すのである。

一九二六（民国一五）年、蔣介石は、自ら広州で育成した軍隊（中央軍）に加え、唐生智・程潜・広西派（李宗仁・白崇禧ら）・広東軍諸派（李済深・陳済棠・張発奎《はっけい》ら）などを加え、さらに華北の馮玉祥の呼応も得て、北伐を開始した。当初は、「聯省自治」形式で成立した北京の安国軍政府（張作霖を大元帥とする）に参加していた閻錫山も、北伐の進展とともに「北方革命軍」と称して国民党側に加わった。(6)

北伐に参加した諸派は、いずれも「開明派」の側面を備えた新興の地方軍事勢力であった。北伐軍は「開明派」勢力の連合体だった。これに対して、北伐の標的とされた呉佩孚・孫伝芳・張作霖なども、一部を除いて「開明派」の側面を持っていたが、すでに東北・華北・華中に大きな既得権益を持つ旧「軍閥」でもあった。北伐には、新興地方軍の旧「軍閥」に対する軍閥戦争という性格があったのである。

一九二八（民国一七）年に入ってその性格はさらに顕著になる。一九二八（民国一七）年二月、国民党二届四中全会で、蔣介石は、陸海空軍総司令・国民革命軍総司令として軍の最高権力を握った後、馮玉祥を国民革命軍第二集団軍総司令、閻錫山を第三集団軍総司令、李宗仁（広西派）を第四集団軍総司令に任命した。北伐は、蔣介石が自ら育成した軍隊に、馮玉祥派（国民軍または西北軍と呼ぶ）・閻錫山系（自称は「北方革命軍」。山西軍、晋綏軍などと呼ぶ）・広西派・広東諸派の各地方軍事勢力を加えた連合軍による反北京政府戦争という様相を強めた。

北伐戦争のこのような性格に強く影響されつつ、北伐期の蔣介石政権の地方支配体制が組み立てられていく。それは「政治分会」による地方分治制度である。これは、地方の主要都市——直截にいえば地方軍事勢力の拠点都市——に国民党の「政治分会」を設置し、その地方のいくつかの省の政治を指揮・監督させる制度であった。国民党中央が中央政府を指揮・監督するのと同様の体制を、地方を数省単位にまとめて整備したのである。その政治分会の主席には、各地の地方軍事勢力の指導者が就任し、分会委員も地方軍事勢力の指導層を構成する官僚・軍人が任命された。

政治分会は、当初は、蔣介石による四・一二クーデターと南京政府の設立によって表面化した国民党内部の対立のなかで設立されたものであった。このクーデターにより、国民党の中央組織は武漢・南京・上海の三系統に分裂した。また、国民政府も、従来からの左派各派中心の武漢政府と、新たに蔣介石が樹立した南京政府の二つに分裂し、たがいに激しく対立していた。初期の政治分会は、軍事的・経済的に優位に立つ南京系（蔣介石・広西派）の国民党・国民政府に対して、武漢系国民党・国民政府が影響力を確保するために設置したものであった。

政治分会のうち、馮玉祥を主席とする開封政治分会は、南京系国民党・国民政府に対抗するために、一九二七（民国一六）年五月、武漢国民政府（汪精衛主席）が設置を認めたものである。河南・陝西・甘粛三省に対する馮玉祥の独占支配を認め、その三省の政府を馮玉祥の配下の軍人・政治家によって組織することを認めることで、馮玉祥を武漢支持に繋ぎ止め、武漢による南京討伐（「東征」）に参加させようとしたのである。しかし、馮玉祥は、その後、徐州で蔣介石側代表団と接触し、武漢政府に先駆けて国共合作破棄の立場を明らかにして南京支持に回ったのであった。

その後、武漢系国民党・国民政府は、南京政府につづいて共産党との合作を破棄し、蔣介石の下野と引き替えに、南京への国民党組織・国民政府の統一を決めた。武漢政治分会は、武漢系国民党・国民政府解消の際に、それまで武漢政府に軍事的基盤を提供してきた唐生智が武漢政府を改編して存続させたものである(7)。

この二つの政治分会は、そのときどきの情勢に応じて武漢政府・武漢系国民党組織の働きかけで設立されたものであり、武漢政府消滅後のその存立根拠はあいまいだった。しかし、当時の国民党中央（中央特別委員会）も、南京・武漢・上海に分裂した組織の妥協の上に暫定的に成立していたものだったので、政治分会を解散させるほどの指導力はなく、政治分会は存立根拠のあいまいなまま存続した。

政治分会の存廃は、一九二八（民国一七）年二月の二届四中全会で、中央組織の再編とともに議論されることになった。この会議で、一九二四（民国一三）年に設立された国民党の「政治委員会」の系統を引く「中央政治会議」

の設置が認められた。「中央政治会議」と称する組織は武漢の国民党組織に存在したが、南京・武漢・上海のそれぞれの国民党組織が合同のために中央特別委員会を成立させた段階で活動を停止していた。二届四中全会で存在が認められた中央政治会議は、名称は武漢系組織のものを受け継いでいたが、実際には蔣介石の主導権のもとに新たに設立されたものである。四中全会では、中央政治会議の設置とともに、その「分会」として各地の政治分会の存続も確認された。事実としてすでに存在していた政治分会は、この決議ではじめて南京政府体制のもとに位置づけられたのである。ただし、中央政治会議・政治分会ともに、臨時組織とされ、第三次全国代表大会でその存廃はふたたび議論されることとなった。(8)

この政治分会の管轄範囲は、次のように決められた。

広州政治分会（主席：李済深）　広東、広西
武漢政治分会（主席：李宗仁）　湖南、湖北
開封政治分会（主席：馮玉祥）　河南、陝西、甘粛
太原政治分会（主席：閻錫山）　山西、綏遠、チャハル

この他の地域は、中央政治会議が直接に管轄することとされた。全国を、中央政治会議担当の地域と広州・武漢・開封・太原の各政治分会担当の地域に分割し、それぞれを蔣介石・李済深・李宗仁（広西派）・馮玉祥・閻錫山が、事実上、政治・軍事一致の体制で支配することを、国民党は認めたのである。

また、各分会は、政治を処理することのみ担当し、軍務にかかわってはならないと決議された。(9)しかし、現実には、これらの政治分会の主席には、各地の地方軍事勢力の指導者が選ばれている。すなわち、広州政治分会の李済深、武

漢政治分会の李宗仁（前年末まで唐生智）、開封政治分会の馮玉祥、太原政治分会の閻錫山は、すべて国民革命軍の有力部隊を率いる軍人党員であった。政治分会は、それぞれの政治分会の管轄地域での地方軍事勢力の支配を政治面で支える組織としての役割を果たすことが認められたのである。中央においてのみ、中央政治会議・国民政府と陸海空軍総司令・国民革命軍総司令とは、政治面は譚延闓《たんえいがい》、軍事面は蔣介石の分担がなされたが、これは蔣介石が中央政治会議主席・国民政府主席に選出されながら辞退して譚延闓に譲ったものである。湖南省政府から国民党に投じた譚延闓は蔣介石以上に党内に基盤を持たず、実質的には蔣介石が政治・軍事両面を指導していた。

北伐後の体制をどのようなものとして整備するかが、蔣介石の次の課題となった。

蔣介石は、北伐後、譚延闓にかわって国民政府主席となっており、新たに国民政府の体制を固める必要に迫られていた。党内基盤の弱い蔣介石が基盤としたのは、国民革命軍の中央軍とともに、国民政府の官僚機構に基盤を持つテクノクラート（専門技術官僚）層と、政治分会・国民革命軍集団軍に基盤を持つ地方軍事勢力幹部であった。テクノクラート層は国民政府行政院の機構に結集しており、宋子文がそれを統括する位置にいた。宋子文は、蔣介石の新しい妻である宋美齢の兄、孫文夫人宋慶齢の弟であり、アメリカで学んだ財政専門家であった。

北伐後の蔣介石と地方軍事勢力指導層との関係には、二通りの関係が考えられた。

ひとつは、政治分会を廃止して中央政府に権力を集中し、地方軍事勢力指導層の地方軍との関係も切断して、政治・軍事を中央の指導のもとに行うというものである。このように、政治・軍事の指導権を中央に集中する方針を「中央化」と呼ぶことにする。

これに対して、従来どおり、政治分会と地方軍事勢力の地方支配を基盤にして、中央政府の支配を確立するという方法も考えられる。一省から数省を統括する政治分会または類似の機構を設置する。政治分会の管轄範囲の省以下の政治は中央政府ではなく政治分会が指揮・監督する。そして、国家をいくつかの政治分会の支配する地域の連合体として構成する。このように、国をいくつかの大きな地方に分け、その地方の指導層が協調することで国の政治を動かしていくという方針を「分治合作」と呼ぶ。

このうち、「分治合作」を主張したのは、元アナーキストで、当時は国民党元老になっていた李石曽である。

李石曽は、「分治合作」は、孫文の民国初年の連邦制論や、一九二〇年代に国民党の張継（李石曽と同様にアナーキスト出身の国民党元老）の「聯省自治」論の系譜を引く、国民党にとって由緒正しい正論であると主張する。晩年の孫文が「聯省自治」論を否定したことはここでは無視されている。また、「分治合作」は「集権専政」の反対であるとも主張している。「集権専政」は、李石曽によれば、当時の国民党にとって敵になっていたソ連の体制である。「分治合作」と「集権専政」は「分（分権）―集（集権）」、「治（下からの自治）―権（上からの権力政治）」、「合（下からの協力）―専（上からの強制）」、「作（自発的な政治）―政（強制される政治）」という対照をなす。李石曽によれば、「分治合作」は、孫文の政治思想を継承し、ソ連の政治体制と厳しく対立する、国民党にとって由緒正しい政治体制なのだ。したがって、国民党は「分治合作」すべきである。

この李石曽の「分治合作」論は、社会の底辺でまず自治を実現し、それを基礎に全国を自治の原理で構成するという自治論である。省を超える地域を単位とする分治制度である政治分会制度とは内容が異なる。しかし、国民党史家の李雲漢によれば、李石曽の「分治合作」論は、南京―武漢統一問題が紛糾し、ことに汪精衛と蔣介石の「合作」の可否の議論が行き詰まった際に、妥協案として提出されたものである。すなわち、李石曽は、実際には、この「分治合作」論の提案によって政治分会制度の維持による国民党の地方分権化を提案したのであった。李石曽は、一連の「分治合作」論のなかで、そのモデル地域として、閻錫山支配下の山西省の名をとくに挙げている。山西省は太原政治分会が設置されており、閻錫山はその主席であったことを考えると、この「分治合作」論は政治分会制度による地方分治を正当化しようとする意図で主張されたものといえる。(10)

「分治合作」という概念は、張学良が「易幟」して南京国民政府体制への参加を表明した際にも、張学良によって語られている。すなわち、張学良は、引きつづき東北を支配する意思を明確に示しつつ、中央と「分治合作」していきたいと語っているのである。北伐後期から北伐終了後の時点で、「分治合作」は、地方軍事勢力指導者の地方支配を基盤にした国家体制として捉えられていたことがわかる。(11)

しかし、蔣介石は李石曽の提案を支持せず、「中央化」政策を推進しようとした。具体的には、地方軍事勢力の指導層を地方軍事勢力から引き離して中央政府に登用することで、国民党・国民政府内での自らの支持基盤を強化し、同時に、地方軍事勢力が割拠をつづけることを防止しようとしたのである。

蔣介石は、華北の二大地方軍事勢力から、閻錫山を内政部長に、馮玉祥を軍政部長に抜擢し、蔣介石新体制を支えさせようとした。そうした上で、遠くない時期に「国軍編遣会議」を開催し、軍隊を中央の指揮下に統一しようというのが蔣介石の意図であった。地方軍事勢力の指導者には、地方軍事勢力に対する支配権を手放すのと引き替えに中央政府の職を与えることで、新体制を政治・軍事両面で確立しようとしたのである。

しかしこのような蔣介石の動きは、地方軍事勢力指導者には受け入れられなかった。その結果、蔣介石は、一九二九～三〇（民国一八～一九）年にかけて、国民党系地方軍事勢力と激烈な内戦を戦い抜かなければならなかった。とくに、一九三〇（民国一九）年、それまで蔣介石を支持しつづけた閻錫山が反蔣派に転じ、蔣介石と閻錫山―馮玉祥―広西派など反蔣各派連合とのあいだで戦われた内戦は「中原大戦」と呼ばれ、民国成立後、最大の内戦となった。

反蔣派の国民党系地方軍事勢力指導者は、国民党・国民政府の支配という原則は認めても、蔣介石の国民党・国民政府の支配を認めようとしなかった。それに理論的根拠を提供したのは、汪精衛を中心とする反蔣派の国民党理論家であった[12]。一九三〇（民国一九）年の中原大戦に際しては、汪精衛ら左派とは対立してきた右派元老グループ「西山会議派」も反蔣派に参加した。一九二九～三〇（民国一八～一九）年に蔣介石に挑んだ「反蔣」派は、地方軍事勢力と、孫文時代からの国民党幹部との連合体であった。

蔣介石は、張学良の支持も得て、この大規模な内戦に勝利することができた。これによって、蔣介石は、懸案になっていた政治分会廃止を実現することができた。蔣介石に敵対した閻錫山・李済深・広西派（李宗仁・白崇禧）などの独立性を減殺することに成功し、とくに、最大のライバルであった馮玉祥勢力には壊滅的打撃を与えた。また、長江中流の要衝である武漢を影響下に収め、これによって、華北と華南・西南の諸勢力が南京を迂回して同盟するルートを封じることができた（もちろん海上を通じて連絡はできたし、情報は電報で送れるから、連絡自体を断つことはできなかったが、少なくとも「反蔣」地帯が渤海沿岸から広東省まで地続きになることは避けられるようになった）。

この勝利で、国民党内・国民革命軍内の反蔣勢力は大きな打撃を受け、蔣介石の指導力は確かに強化された。だが、蔣介石の「中央化」政策の完成までの前途はまだ遼遠であった。

政治分会の廃止によって「分治合作」制度は消滅した。しかし「分治合作」は形を変え、政治分会とは異なる制度に身をやつして生き存えた。政治分会の廃止で、「中央化」政策はじつは緒に就いたばかりだったのである。

広東・広西では陳済棠と広西派がなお勢力を保っていた。広東政治分会は李済深の下野により撤廃されたが、かわって蔣介石の同盟者だった陳済棠が広東に影響力を確立し、両省の政治・軍事両面を掌握した。

中原大戦の最後の段階で蔣介石の同盟者となった張学良は、東北四省・華北五省の政権と軍事権を蔣介石から一括して支配を委ねられた。この範囲全体を統括する政治・行政機関は設置されなかったが、陸海空軍副司令部が政治分会にかわる役割を果たすものとされた。張学良は、蔣介石の陸海空軍総司令に次ぐ陸海空軍副司令の職に任じられ、北平に副司令部を設置して、これを華北支配の拠点としたのである。[13]

このように、一連の内戦で蔣介石に敵対しなかった勢力は、かえって、支配範囲を拡大し、地方支配を強化し、なお「分治合作」の実質を保持したのである。

蔣介石が張学良に華北五省の政治・経済・軍事問題の処理（「善後」と呼ばれる）を一括して委任した理由はいくつか考えられる。第一に、張学良に華北を委ねることが、中原大戦で張学良に同盟を求めたときに提示した条件であったからである。張学良は東北軍を保持しており、その約束を反故にすることはできなかった。第二に、張学良は、馮玉祥や閻錫山のような反蔣的傾向を持たなかったという点が挙げられる。第三に、蔣介石中央軍は、地方軍事勢力の協力なしに華北を制圧するだけの兵力や装備を持っていなかったからである。この点からも張学良の東北軍の協力が必要だった。第四に、内戦の被害を受けた華北経済の再建を行うだけの余裕も南京中央政府にはなかったからで、その経済再建の担い手として蔣介石は張学良に期待したのである。

張学良は易幟の時期から「分治合作」論者であった。張学良は、蔣介石全面支持の言動を繰り返した。しかし、東北四省（遼寧、吉林、黒竜江、熱河）と華北五省の地方軍事勢力の処遇に関しては、蔣介石の直接の介入を認めなかった。[14]

このように、張学良による東北四省・華北五省に対する支配は「分治合作」であった。「分治合作」の拠点として政治分会にかわって機能したのは陸海空軍副司令部であった。華北五省の政治・軍事に関係する重要事項は、省主席・軍長からまず北平の副司令部に伝達され、副司令部で決裁可能なものは副司令部から命令が返されるのが一般的であった。

なお、一九三一（民国二〇）年八月、不穏な動きをつづけていた山西軍（旧閻錫山軍）の指導部が、後述の反蔣派の非常会議・広東政府勢力に呼応する動きを見せた。山西軍を宥和するため、中原大戦に敗れて中国から追放されていた（実際には大連の日本租界に居住）閻錫山の部分的復権が認められた。それまでの閻錫山は、かつて孫文に背いた陳炯明と同じランクの反逆者と位置づけられており、中国国内――少なくとも中国政府の主権の及ぶ範囲――への帰還も認められていなかった。その本拠地への帰還を一転して認めたのである。

太原には太原綏靖公署が新設され、閻錫山はその太原綏靖公署主任に就任した。山西・綏遠両省は、事実上、太原綏靖公署主任閻錫山とその側近グループの管轄下に置かれ、張学良の影響力は名目的なものになった[15]。閻錫山直系の軍幹部の勢力は中原大戦の敗北で大きく後退していたが、この時期には、山西省主席となった徐永昌と綏遠省主席の傅作義とは閻錫山支持の立場を維持している[16]。

このように、華北には、北平に陸海空軍副司令部、太原には太原綏靖公署が設立され（この二機関の存在期間にはずれがあるが、そのことはとりあえず問題にしない）、中央との「分治合作」が行われたのである。

華北での「分治合作」の成立につづいて、華南・西南（「西南」とはいうが、範囲は広東・広西のみ）も、一九三二（民国二一）年の初めには「分治合作」のもとに置かれることになった。

中原大戦後、華南・西南では、陳済棠と広西派とそれぞれの地方軍事勢力が残存して、あいまいな半独立状態がつづいていた。そのような情勢のもとで、一九三一（民国二〇）年二月末に南京で湯山事件と呼ばれる胡漢民監禁事件が発生し、これが広東を拠点とする反蔣運動を引き起こすことになる。その経緯は次のようなものであった。

中原大戦で国民党・国民革命軍内の反蔣派連合を撃破した蔣介石は、権力基盤を固めるために、自らの主導のもとでの基本法「訓政時期約法」の制定をめざした。ところが、一連の反蔣戦争でも蔣介石を支持してきた国民党古参幹部の胡漢民が、この動きを強く批判した。胡漢民は、「建国大綱」を始めとする「総理の遺教」が存在する以上、訓政期の基本法として約法を制定する必要はないと主張したのである。胡漢民は、蔣介石が臨時約法制定によってその独裁を強化することを恐れていた。この批判を抑えるために、一九三一（民国二〇）年二月二八日、蔣介石は胡漢民を湯山に監禁した。これが湯山事件である。[17]

党内の胡漢民支持者・広東省出身者はこの蔣介石の強硬手段に対して抗議声明を発表した。広東省は、辛亥革命以来の胡漢民の活動の拠点であり、広東省出身の古くからの党員には胡漢民支持者が多かった。この胡漢民派党員と行動を共にした者のなかには、孫文の遺子の孫科も含まれていた。さらに、党組織には胡漢民の影響力が強かったため、中央執行委員・監察委員のなかに、胡漢民支持者が少なからず存在した。胡漢民支持の中央監察委員は、集会を開いて蔣介石弾劾を議決し、蔣介石支持派の監察委員がその弾劾を否決したことで、監察委員会は分裂した。胡漢民支持の中央執行委員・監察委員は、湯山事件から二か月ほど後の一九三一（民国二〇）年四月二五日、広東省に南下し、広州で「国民党中央執行・監察委員会非常会議」（「非常会議」と通称）を結成した。この非常会議を基礎にして、五月三〇日、広州に国民政府が設立された。この広東国民政府を陳済棠・広西派が支持し、さらに、中原大戦に敗れて下野していた汪精衛もこの運動に参加し、広東国民政府の主席となった。[18]

非常会議・広東国民政府は、蔣介石に対する非難をつづけた。また、この政権は、日本に対しては、外交部長の陳友仁を派遣して同盟を模索するなど、親日的な姿勢も示していた。しかし、一九三一（民国二〇）年九月に九・一八事変（満洲事変）が勃発すると、非常会議・広東政府は、日本の東北侵略を非難し、「国難」を理由に蔣介石との妥協を求めた。蔣介石側も、胡漢民を解放するとともに、李石曽・張継らを起用して、広東側との和解協議を進めた。この和解協議の結果、非常会議・広東政府の解消と引き換えに、広東派主導で南京に国民政府を組織することが決められた。この蔣介石（南京）派と広東派との和解協議は、一九三二（民国二一）年一月末に至って、右派元老の林森を国民政府主席、汪精衛を行政院長、蔣介石を国民政府直属の軍事委員会委員長、孫科を立法院長とする政権を樹立することで決着する。これを汪精衛―蔣介石合作政権と呼ぶ（「蔣介石―汪精衛」の順で呼ばれることも多いが、政府内では行政院長のほうがステイタスが高いので、ここでは汪精衛を先に呼ぶ）。なお、汪精衛―蔣介石合作政権樹立の過程で、個人への権力集中を避けて集団指導の原則を貫くために、廃止されていた国民党の中央政治会議が再び復活し、国民政府の最高意思決定機関と位置づけられていた。[19]

この妥協の一環として、非常会議・広東政府の組織が広州にそのまま残され、国民党西南執行部（非常会議を改編）・西南政務委員会（広東政府内政部門を改編）・軍事委員会西南分会（広東政府の軍事部門を改編、「西南軍分会」と略称）が設立された。これを本稿では総称して「西南政権」と呼ぶ。胡漢民は、これ以後、中国国内に立ち入らず、イギリス領の香港にとどまり、香港から西南政権を指導した。

このようにして、一九三二（民国二一）年の初頭には、次のような地方支配体制が、事実上、成立していた。

●「中央化」された諸地域

南京中央政府（汪精衛、蔣介石）……江蘇、浙江、上海（特別市）、江西、湖北、湖南、河南。

●「分治合作」のもとにおかれた諸地域

西南執行部（胡漢民、陳済棠、広西派）……広東、広西、福建。

張学良……熱河、河北、北平（特別市）、チャハル、山東、青島（特別市）。ただし、熱河（湯玉麟）・山東（韓復榘）・青島（沈鴻烈）は、張学良の支配からも独立傾向が強い。
閻錫山……山西、綏遠。

なお、これ以外の地域は、国民政府の支配は「分治合作」にも至らず、たんに地域の現状を国民政府が追認しているだけであった。

北伐中に成立した中央政治会議―政治分会による「分治合作」体制のもとで、政治分会は地方軍事勢力の地方支配の拠点として利用された。蔣介石は、その地方軍事勢力指導層を中央政府に取りこむことによって、党内基盤の弱体さからくる指導力の不安定さを補い、同時に地方軍事勢力の地方支配を終わらせて中央化を達成しようとした。「分治合作」は、張学良・閻錫山・陳済棠・李宗仁などの地方軍事勢力の最高指導者だけではなく、これらの指導者の下に組み入れられた中小の地方軍事勢力の指導者層が必要としていたために成立していたものである。その例を、一九三二（民国二一）年八月に発生した汪精衛と張学良のあいだの「刺し違え通電」事件に見ることができる。

一九三二（民国二一）年七月、関東軍嘱託が東北義勇軍によって熱河省内に拉致されて行方不明になる事件が起こった。これを契機として関東軍の熱河侵攻の危機がにわかに高まった。[20] この事態に対処するため、張学良は北平政務委員会の大会を開いた。大会には、韓復榘や徐永昌などの、必ずしも張学良系には属していない者も含めて、華北の軍指導者が集まり、北平政務委員会の名義で、行政院に、関東軍の熱河侵攻に備えるための軍費の支給を要求した。

これに対して、行政院長の汪精衛は、八月七日、突然、「刺し違え」通電を発して張学良に辞任を要求した。その「刺し違え」通電の概略は次のようなものであった。「この軍費請求は張学良が私腹を肥やすための資金である、自分（汪精衛）は着服されるとわかっている金銭を支出することはできない。そのことについて張学良に謝罪するために行政院長を辞任するから、張学良は東北喪失の責任をとって全国民に謝罪するために辞任せよ」[21]。

汪精衛が「刺し違え」通電を発した理由は十分には明らかになっていない。蔣介石系の秘密結社の活動で汪精衛の身辺が不穏になり、辞任せざるを得なくなったため張学良を巻き添えにしようとしたという説が当時からあるが、蔣介石のその後の対応を見ると、蔣介石自身が汪精衛を辞任させようとはしていない。ただし、汪精衛の側で蔣介石の意図をそのように解釈した可能性はある。張学良自身は、これより前、リットン調査団が北平を訪れた際に同行した汪精衛が張学良に対日宣戦を要求して、張学良がそれを断ったことに関する私怨がその発端であると考えている[22]。これを総合すると、行政院内で十分に主導権を握れないことに悩んだ汪精衛が、十分な裏付けのないまま対日強硬政策を断行して支持を集めようと考え、それへの協力を張学良に依頼したところ拒否されたことが、この事件の一因となっているようである。

汪精衛の「刺し違え」通電に対して、蔣介石は、汪精衛を慰留し、張学良を辞任させ、中央から後任を派遣して華北の中央化を進めようとした。このとき蔣介石が華北に派遣しようとしたのがのちに北平政務整理委員会委員長となる黄郛である。しかし、黄郛が固辞したため、この構想は実現しなかった[23]。

そのため、蔣介石は、張学良支配の拠点となっていた北平綏靖公署を廃止し、新たに軍事委員会北平分会（北平軍分会）を設置して自ら委員長を兼ねるという方針を固めた。ところが、北平軍分会の委員名簿の公表を待っていた華北軍事勢力の軍指導者は、そのなかに張学良が含まれていないことを知って強く反発した。名簿発表翌日の一九日、宋哲元を筆頭とする軍長（軍司令長官）・師長（師団長）・旅長（旅団長）クラス五七名の連名通電が発せられ、全員が張学良と進退をともにすると表明したのである。発表までの時間を考えると、文案は名簿発表以前から作成され、全員署名も集められていたものと思われる。なお、ここに署名しているのは東北軍に旧国民軍系・商震系を加えた張学良系の諸軍人だけであり、山東・山西などの軍人は参加していない[24]。関東軍との交戦の危機がなお継続するなかで、蔣介石は、この北平軍分会の委員長代理に張学良を任命するという方法で、二〇日、華北軍事勢力の宥和を図らざるを得なかった[25]。汪精衛にとってはこの結果は受け入れがたいものであった。汪精衛はなお諸方面から慰留されたが、病気を理由に休職し、行政院副院長の宋子文が院長代理に就任した。汪精衛―蔣介石合作政権発足後半年で、汪精衛は「合作」からいったん離脱したことになる。

この刺し違え通電事件での蔣介石の対応を見るかぎり、汪精衛の行政院長職を賭けた行動に直面して、蔣介石が華北の「分治合作」を解消し、「中央化」を実行しようと考えたのは確かである。しかし、蔣介石は、この「分治合作」体制を、地元の地方軍事勢力の同意を得ないで解消することには慎重であった。宋哲元が中心になってこの「分治合作」解消に反発を示したとき、蔣介石は、ただちに一転して「分治合作」体制の維持を決めたのである。蔣介石は、汪精衛を再び反対派に走らせることがないよう、行政院長の地位に慰留しつつ、汪精衛と張学良の二者択一では最終的に張学良を残したのであった。しかも、蔣介石は、この抗議行動の中心となった宋哲元を栄転させ、チャハル省主席に任命したのである（従来のチャハル省主席劉翼飛は北平軍分会委員に転出という形式で罷免。なお劉翼飛は東北系の軍幹部）。「中央化」を強く志向する蔣介石が「分治合作」を容認したのは、このような軍人の抵抗を熟知していたからである。汪精衛は、軍事勢力指導層の地方支配への執着の強さを読み誤り、職を賭して辞任させようとした張学良の留任と自らの事実上の辞任（形式的には休職）というまったく不本意な結果を招いたのであった。

以上に述べてきたように、一九二八～三二（民国一七～二一）年の蔣介石は、地方軍事勢力に対して、理念としては中央化を唱えつつ、現実には地方軍事勢力の「分治合作」を認めていた。国民党中央常務委員序列第一位でありながら党内基盤が弱い蔣介石は、政権を運営するために地方軍事勢力の力を借りる必要があったのである。蔣介石は、北伐に際して、武漢政府によって形成されていた政治分会制度を再編して、馮玉祥・閻錫山ら華北の実力者の支持を取りつけた。北伐完成後は、蔣介石は、各地の地方軍事勢力の指導層を中央政府に取りこむことによって、中央政府内での自らの権力基盤を強化しつつ、地方軍事勢力の指導層を地方から切り離して中央化を達成しようと試みた。しかし、この試みは地方軍事勢力指導層に拒絶され、中央化をめざす蔣介石派と、政治分会制度への固執を示す反蔣地方軍事勢力とのあいだで激しい内戦が戦われた。一九三〇（民国一九）年の中原大戦で蔣介石派が勝利した後も、蔣介石は、政治分会制度を廃止して名目上の中央化を達成しながら、実際には、張学良・閻錫山・西南諸派（胡漢民・陳済棠・広西派）との「分治合作」関係をつづけた。蔣介石が「分治合作」関係を継続したのは、「刺し違え通電」事件に際して華北の中小規模の軍事指導者が示した地方支配への強い執着が、地方軍事勢力最高指導者の地方支配を支えていることを熟知していたからである。

蔣介石は、中央化と「分治合作」を柔軟に使い分けることによって、一九二八〜三二（民国一七〜二一）年の間、地方軍事勢力の軍事的反抗を抑制することに成功した。しかし、この時期、蔣介石は、共産党軍事勢力の拡大と日本軍の東北侵略の問題に取り組まなければならなかった。

◉注

（1）Hsi-sheng Ch'i〔斉錫生〕, *Warlord Politics in China*, Stanford University Press, 1976,Chapter 3.,とくに pp.57-76. 軍閥については、ジェローム・チェン／北村稔・岩井茂樹・江田憲治（訳）『軍紳政権――軍閥支配下の中国』岩波書店、一九八四年（原書　陳志譲 Jerome Ch'en『軍紳政権――近代中国的軍閥時期』三聯書店（香港）、一九七九年）、波多野善大『中国近代軍閥の研究』河出書房新社、一九七三年。とくにチー（斉錫生）前掲書は、軍閥がどのような構造を通じて中国社会に定着し、変化・消滅しなかったかを、中国社会の構造分析を通じて解明しようとしている。

（2）波多野、前掲書、二七八―二八三頁。なお、農村史研究者のデュアラは、民国期の農村社会の荒廃について、軍閥による収奪よりも、王朝時代から農村を支えてきた社会制度の崩壊を重視している。Prasenjit Duara, *Culture,Power,and the State:Reual North China*, Stanford University Press, 1988, pp.246-250.

（3）Ch'i, op.cit., pp.152-167.

（4）波多野、前掲書、三二三―三三九頁、四〇三―四〇九頁。

（5）フィル・ビリングズリー『匪賊――近代中国の辺境と中央』山田潤（訳）、筑摩書房、一九九四年（原書 Phil Billingsley, *Bandits in Republican China*, Stanford University Press, 1988）三〇―六一頁。本書は、原題が示すとおり、民国期に重点を置いた研究であり、軍閥との関係についても詳しく考察されている。

（6）この時期の閻錫山の立場については、蔣順興、李良玉、前掲、八二―八五頁。国民軍・張作霖のあいだに立った閻錫山のふるまいは複雑であった。当初は張作霖を支持して、張作霖を元帥（国家元首）とする安国軍政府の成立に協力し、国民軍を攻撃していた。しかし、国民軍の脅威が去った後はしだいに張作霖・呉佩孚・孫伝芳らとの対立を深め、国民党側に立って張作霖軍主体の北京政府軍と戦うに至るのである。

（7）馮玉祥と開封政治分会については、李雲漢『中国国民党史述　第二編　民国初年的奮闘』（前掲）八三一―八三二頁。唐生智と武漢政治分会については、同前、八四一―八四五頁、『黄膺白先生年譜長編』一九二七・九・一九、二九九頁。なお、武漢政治分会は、南京との合同が決まる以前に武漢政府の訓令によって設置されていた。また、唐生智は、南京政府と対立を深めてまもなく辞任し、後任の武漢政治分会主席には李宗仁が就任している。

（8）以上の経緯は李雲漢『中国国民党史述　第二編　民国初年的奮闘』（前掲）八六四頁による。なお、三全大会に先んじて開かれた国民党二届五中全会では、存続・撤廃の両論が出て、一九二八（民国一七）年末に撤廃と決議した。「政治分会存廃案」（『革命文献』七九輯）一〇〇―一〇二頁。しかしこの決議は実行されず、政治分会はなお存続した。

（9）李雲漢『中国国民党史述　第二編　民国初年的奮闘』（前掲）八六三頁。

（10）李石曽「分治合作、〝専政集権〟二者之分析与比較」二五二―二五三頁、李石曽「分治合作問題（二）」二五二頁。晩年

の孫文が聯省自治に反対の立場をとっていたことを李石曽は無視し、「分治合作」は「孫文（民国初年の連邦制の主張）―張継（聯省自治）―李石曽（分治合作）」と受け継がれたと論じる。張継はやはりアナーキスト出身の国民党元老で、李石曽から北平政治分会主席の地位を受け継いでいる。李雲漢『中国国民党史述　第二編　民国初年的奮闘』（前掲）八四七―八四八頁。

(11) 西村、前掲書、五〇頁。

(12) 蔡徳金『汪精衛評伝』四川人民出版社、一九八八年、一六四―一七〇頁。

(13) 西村、前掲書、七一頁。

(14) 尾形洋一「華北における東北軍」（『早稲田大学大学院文学研究科紀要別冊』3集、一九七七年）二三五―二三六頁。

(15) 山西省政協文史資料研究委員会『閻錫山統治山西史実』太原、山西人民出版社、一九八一年、一七三頁。

(16) 山西軍では軍幹部の出身地がその序列を決める基準となり、出身地による階統とでも呼ぶべきものが存在した。閻錫山にもっとも近い側近は、山西省内でも閻錫山の出身地に近い地方の出身者、次いで山西省内ではあるが閻錫山の出身地とは異なる地域の出身者であった。また、閻錫山の下での「生え抜き」と、後に閻錫山の下に参加した軍幹部とでは「生え抜き」のほうが閻錫山に信頼されており、さらに、後から参加した軍幹部でも、山西省出身者のほうがそれ以外の地域の出身者より信頼されていた。閻錫山の性格に加えて、閻錫山が辛亥革命以来長期にわたって山西省を支配し、外部の動きに左右されなかった（いわゆる「山西モンロー主義」）という閻錫山支配の安定性が、このような序列を生んだ要因であろう。徐永昌は「生え抜き」ではないが（旧馮玉祥系）山西省出身、傅作義は「生え抜き」で山西省出身であるが省内の出身地域が閻錫山とは異なっていた。呉振漢『国民政府時期的地方派系意識』文史哲出版社（台北）、一九九二年、二〇―三六頁。

(17) 胡漢民の蔣介石体制批判については、野村、前掲書、一〇七―一一一頁。

(18) 蔡徳金、前掲書、一八八―一九二頁。

(19) 第三届中央執行委員会「工作報告書」（第四次全国代表大会、南京、『革命文献』七六輯）一八一―一八二頁、「中央政治会議組織原則並請推挙中央政治会議常務委員案」（『革命文献』七九輯）二六八頁。

(20)『国聞週報』九巻二九期「一週間国内外大事述評」。

(21)『国聞週報』九巻三一期「一週間国内外大事述評」。

(22)「国民政府の内紛」（『支那時報』一七巻三号、一九三二年）一五―一六頁による。および一八一三三暗／一八一三〇暗、一九三二年八月一五日、上海村井総領事→内田外相（外務省史料A.6.1.3.1-3-2）、司馬桑敦、前掲書、一七八―一七九頁などに、汪精衛が「刺し違え」に走った理由が挙げられている。張学良の発言は、NHK取材班〔長井暁、塩田純〕、臼井勝美『張学良の昭和史最後の証言』角川書店、一九九一年（ハードカバー版）、一四五―一四七頁。

(23)『黄膺白先生年譜長編』一九三二・八・七―八・一五、四九四―四九六頁。同書の記述によると、蔣介石は、黄郛に拒否されると、黄郛を故宮博物院の院長として派遣し、非公式に華北政治を指導してほしいという希望も持った。しかし、黄郛はこれも固辞した。

(24)『国聞週報』九巻三三期「一週間国内外大事述評」、九巻三四期「一週間国内外大事述評」。

(25)中共に対する囲剿戦を前線で指揮している蔣介石が華北に赴任するのは不可能なので、代理を置く必要は、蔣介石を軍分会主席に決めた時点から明らかだった。しかし、蔣介石は代理をだれにするかを公表しなかった。これは、中央系の軍人を代理に派遣するか、それとも張学良を留任させるかという決断を留保していたからと考えられる。一七七五一暗、一九三二年八月九日、北平中山書記官→内田（外務省史料A.6.1.3.1-3-2）、一八〇五五暗、一九三二年八月一二日、北平中山書記官→内田外相（外務省史料A.6.1.3.1-3-2）には、張作相（東北軍旧派の代表）、万福麟（黒竜江省主席）、韓復榘（山東省主席）などの名が挙げられている。

第三節　「安内攘外」政策

中原大戦が終わり、国民党内の対立と中央軍と地方軍事勢力との対立がいちおう終息した後の国民党・国民政府にとって、重大な問題として浮上したのが、中国共産党にどう対処するかという問題である。

共産党は、一九二七（民国一六）年四月に蔣介石の四・一二クーデターで弾圧されて、都市部の組織は壊滅した。武漢の国民党組織とも七月に訣別した。その直後の一九二七（民国一六）年八月一日に、共産党は、独自の軍隊「紅軍」（赤軍）を結成して国民党・国民政府に対する武装決起に踏み切り、各地の支配地域に「ソビエト」を設立していった。それ以来、国民党・国民政府と共産党・ソビエト政権との内戦状態が継続していたのである。

南京国民党・国民政府の実権を握っていた蔣介石は、武力による共産党勢力の包囲殲滅（囲剿）を目指した。蔣介石は、一九三〇（民国一九）年九月の中原大戦終結後から、中原大戦で中央軍に投降した部隊を優先的に共産党勢力に対する囲剿戦争に投入した[1]。

しかし、この囲剿戦争の効果が上がらないうちに、万宝山事件とそれに伴う朝鮮での華僑虐殺事件、つづいて起こった中村大尉事件によって対日関係が緊張してきた。中国国内では、対日関係の緊張の解決と囲剿戦争とどちらを優先するかが問題となった。蔣介石は、日本に対して強硬な対応を示すことよりも、国内問題の解決を急ぐという方針を出した。これがいわゆる「安内攘外」政策の起点である[2]。その国内問題のなかでも重視されたのが共産党軍事勢力の撃滅であった。

「安内攘外」ということばそのものは、「国内を安定させ、外敵を撃破する」という意味である。その内容を蔣介石は「先安内、後攘外」または「攘外必先安内」(「外敵を撃破するためには、まず国内を安定させなければならない」)と表現した。このことから、この当時から、「安内攘外」政策とは、国内の敵(共産党・紅軍)を撃破することを外敵(日本・関東軍)を撃破することより優先するという政策を指すことばとなった。(3)

蔣介石の方針にしたがって、張学良は、一九三一(民国二〇)年九月、関東軍が瀋陽を攻撃した際にも軍事的抵抗を行わなかった。ただし、このときの蔣介石の判断は、この関東軍の動きは一時的なものであり、国際連盟を通じた調停によって関東軍を満鉄附属地に撤収させることは可能だという見通しに基づいていた。幣原外交を国際協調主義外交と捉え、幣原外交を採る民政党内閣が国際連盟の調停に応じることを期待したのである。この見通しの非現実性が明らかになったのは、一一月、関東軍の黒竜江省への侵攻と、それに対する馬占山・蘇炳文らの抵抗が本格化してからである。対日宣戦布告に踏み切らない蔣介石国民政府に対して、全国各地から学生が南京・上海に押し寄せ、対日宣戦を求めて激しい請願運動を展開した。蔣介石はこの運動を宥める方法を持たず、一九三一(民国二〇)年一二月一五日、国民政府主席・陸海空軍総司令をはじめとするすべての役職を退いた。この九・一八事変に際する蔣介石・張学良の不抵抗政策は、「安内攘外」政策の形成過程の一段階ではあるが、日本の東北侵略を、ごく一部の勢力(関東軍)のみによる孤立した行動と見なし、その情勢判断に基づいた政策であったことなど、一九三二(民国二一)年以後の本格的な「安内攘外」政策とは違う点がある。(4)

一方の中国共産党は、九・一八事変を、帝国主義のソ連への侵攻の第一段階と捉え、「ソ連を防衛せよ」というスローガンを掲げた。その認識のもとで組み立てられた当時の中国共産党の論理は、反蔣戦争がすなわち反日戦争であるというものであった。この論理は、瀋陽を占領した日本は帝国主義全体の一部に過ぎず、一方で、共産党に対する囲剿戦争を進めている蔣介石は中国における帝国主義の手先であるという認識に基づいていた。日本も蔣介石政権も、帝国主義の一部であり、その走狗であることには違いないのだから、蔣介石と戦うことは日本帝国主義と戦うことと同じだという論理であった。[5]

そのため、九・一八事変下でも国民党と共産党との和解はまったく進まず、対立関係はつづくことになった。その状況下で、一九三二（民国二一）年一月二八日、一・二八事変（第一次上海事変）が勃発した。この危機的状況のもとで、蔣介石は中央政府に復帰し、これまで反蔣運動の中心となってきた汪精衛との「合作政権」（「協力政権」という意味）樹立に踏み切った。

汪精衛―蔣介石合作政権は、上海では日本の侵攻に対して軍事的に抵抗し、諸列強の調停により、五月五日、一・二八事変を停戦に持ち込んだ。停戦後は、対日宥和を先行させ、共産党に対する囲剿（包囲殲滅）を激化させるという方針を採った。ここに本格的な「安内攘外」政策が確立されたのである。

汪精衛―蔣介石合作政権にとって、「安内攘外」政策のモデルとなったのは一・二八事変（第一次上海事変）の停戦である。外敵（具体的には日本）の侵略に直面した場合、限定的に抵抗しつつ、諸列強を加えた「談判」によって比較的短いあいだに和平に持ち込む。共産党軍事勢力撃滅までは、ある程度の譲歩はやむを得ないとするのである。汪精衛が好んで使った表現によれば「一面抵抗、一面談判」である。[6] 日本の侵略に直面した場合には「一面抵抗、一面談判」で時間を稼ぎ、そのあいだに共産党軍事勢力撃滅に全力を挙げて取り組むのが「安内攘外」政策の基本であった。

汪精衛―蔣介石合作政権のなかで、「安内攘外」政策をリードする立場にあったのは汪精衛と蔣介石である。このうち、共産党軍事勢力を撃滅して国内を安定させる（安内）段階から、日本の侵略を撃退する（攘外）段階への移行について、具体的な構想を持っていたのは、軍を統括する蔣介石であった。

蔣介石は、今後起こりうる侵略に対しては一・二八事変と同じ「一面抵抗、一面談判」の有効性を認めつつも、すでに失われた東北の回収については、軍事力を使った戦争か、十分な軍事力を背景にして戦争を辞さない強硬な姿勢を示すことによってしか可能ではないと考えていた。一・二八事変後の蔣介石は、関東軍の東北占領を、ともかくも日本全体が認め、支持している政策だと位置づけていた。この点は九・一八事変直後の蔣介石の情勢認識とは異なっていた。当時の中国には、日本に対して東北占領政策を変更させるだけの軍事力はないと蔣介石は判断していた。したがって、その軍事力の建設が急務とされた。なかでも、蔣介石に忠実な指揮官の養成がその中心であった。

また、蔣介石は、中国社会全体が分裂しやすい前近代的な性格を持っていることを認めた。日本は、中国が分裂しやすい特質を持っており、統一された近代国家（蔣介石のことばでは「現代国家」）としての資格を持たないという論理で、満洲国樹立を正当化しようとしていたことを意識したものであった。これを認めた上で、蔣介石は、中国社会を「最高統帥への絶対服従」を原理とする軍隊の論理ですみやかに再編しようとした。これが蔣介石のいう「国家の軍事化」であった。蔣介石は、「国家の軍事化」の完成こそが、中国が「近代国家」（蔣介石のことばでは「現代国家」。中国語の「現代」は日本語の「近代」に相当する）となるための要件と考えていたのであった。(7)

蔣介石の論理では、「安内」段階から「攘外」段階への移行は、共産党軍事勢力を撃滅して国内の安定を実現するとともに、対外戦争が可能な軍隊（とくに指揮官）を養成し、「国家の軍事化」の原理で中国社会全体を編成し直すことによって始めて可能であった。蔣介石はその目標を囲剿戦争によって一挙に達成しようとしたのである。蔣介石は囲剿戦争を通じて新たな軍の指揮官を養成し、囲剿戦争の指揮を執っていた廬山に将校訓練組織を新設した。かつて、広州で国民革命軍の幹部を育成し、これを基幹にした北伐によって、国民党の支配を確立することができた。それを、囲剿戦争の幹部養成を通じて再現しようとしたのである。(8)同時に、共産党支配によって失われた社会秩序を回復するという名目の下で、ファシズム的な国民運動「新生活運動」を展開した。これにより、「国家の軍事化」の原理で中国社会を再編しようとしたのである。囲剿戦争にこのような過程を組みこむことで、囲剿戦争が終わった段階で、「安内攘外」政策を「安内」段階から「攘外」段階へと移行させる。蔣介石の構想は以上のようなものであった。なお、一九三二（民国二一）年夏、囲剿戦争を再開した当時の蔣介石は、囲剿戦争に要する時間を一～二年と推計していた。

なお、行政院長汪精衛の対日政策には、蔣介石の対日政策のような計画性は感じられない。一九三二（民国二一）年八月にいったん行政院長の職を退くまでの汪精衛はかなり対日強硬政策に傾いていたようである。[9] ところが、一九三三（民国二二）年三～四月に行政院長職に復帰して以後、汪精衛は蔣介石・張学良よりも対日宥和を主張する指導者として再登場する。

また、汪精衛・蔣介石と並ぶ合作政権の指導者であった立法院長孫科は、陳友仁とともに体制内反対派を構成し、対日強硬論を主張しつづけた。さらに、蔣介石派のなかにも、南京国民政府のテクノクラート層を代表する宋子文のような対日強硬論者が存在した。

一九三二（民国二一）年前半までの国民政府の対共産党・対日政策は以上のようなものであった。

この「安内攘外」政策は、とくに蔣介石の場合、国内での共産党軍事勢力の撃滅から外敵日本の撃退へという移行構想に裏付けられたものであった。だが、「安内攘外」政策は、汪精衛―蔣介石合作政権にとって危険な政策でもあった。国民政府は「反帝国主義」を実行するための政府であり、対日妥協政策はその「反帝国主義」に反するからである。しかも、「反帝国主義」は三民主義の民族主義に根拠を持つものであるから、国民政府にとって「反帝国主義」の実行はその本質にかかわる重大な任務であった。

汪精衛―蔣介石合作政権は、共産党・共産党シンパを含む在野勢力らに対してみずからの「安内攘外」政策を弁護しなければならなかっただけではなく、国民政府内部にも、孫科・宋子文など対日強硬論者を抱えていた。このような状況で、対日強硬論を唱えることは、汪精衛―蔣介石合作政権に打撃を与える効果的な方法であった。「反帝国主義」の原則に反しない範囲で対日妥協政策を進めるという困難な課題が「安内攘外」政策を採る汪精衛―蔣介石合作政権には課せられたのである。

一九三三（民国二二）年一月、河北省と関東軍占領地域（満洲国）の境界をなす山海関で、東北軍何柱国部隊と関東軍部隊との衝突事件が起こった。これを山海関事件と呼ぶ。中国と関東軍との関係は緊張の度を増した。

この山海関事件以降の対日関係の緊張により、華北を舞台として、「安内攘外」政策は試練にさらされる。関東軍のこれ以上の侵攻を許せば、国民党・国民政府は「反帝国主義」の目標を達成できなかったことになり、「安内攘外」政策の正統性は失われかねないからである。

また、山海関事件以後の対日関係の緊張は、張学良の「分治合作」の原則のもとでの華北支配の有効性を試す機会ともなった。すでに東北喪失の責任を負わされている張学良も華北の支配者としてとどまることはむずかしくなるであろう。二月、関東軍が熱河に侵攻すると、中央政府も張学良もそれを阻止することはできず、熱河省は陥落した。つづいて関東軍は長城線に攻撃を加え、関内（山海関の華北側）への侵攻の姿勢も示した。中央政府の「安内攘外」政策と張学良の「分治合作」の危機は現実のものになった。

次章では、その危機への南京国民党・国民政府の対応と、それが華北政治にもたらした影響について、その動きの中心人物となった黄郛を中心に見ていくことにする。

注

（1）姫田光義『中国革命に生きる――コミンテルン軍事顧問の運命』中公新書、一九八七年、一二八頁。
（2）「安内攘外」政策については石島紀之「国民政府の「安内攘外」政策とその破産」（池田誠（編著）『抗日戦争と中国民衆――中国ナショナリズムと民主主義』法律文化社、一九八七年）。その発端については、同上、六〇―六一頁。
（3）同上論文、五九―六三頁。
（4）同上。また、鹿錫俊『中国国民政府の対日政策』東京大学出版会、二〇〇一年。鹿錫俊は、この時期の蒋介石の対日政策の特徴を「国際的解決への固執」と捉え、そのことと当時の「安内攘外」政策の関連を論じている。
（5）「中国共産党為日本帝国主義強暴占領東三省宣言」（一九三一年九月二〇日発表、中共中央党史史料徴集委員会（編）『中国共産党歴史資料叢書　第二次国共合作的形成』中共党史資料出版社（北京）、一九八九年）三五―三七頁。
（6）蔡徳金、前掲書、一九八―二〇〇頁。
（7）野村、前掲書、一八九―一九〇頁。
（8）同上、一七八―一八四頁。
（9）ＮＨＫ取材班、臼井勝美、前掲書、一四五―一四七頁。

第二章　北平政務整理委員会の成立

形式的に中央化を達成しながら、華北に実質的に「分治合作」を残存させた体制は一九三三（民国二二）年年頭まで存続した。これを突き崩したのは日本軍の熱河侵攻の危機であった。危機に対応するため、蔣介石は実質的な「分治合作」をも廃止し、華北の中央化を意図した。しかし、「刺し違え通電」で見たように、張学良のもとでの華北の「分治合作」は地方軍事勢力指導者の支持を受けており、日本軍の影響も考えられるため、蔣介石・国民政府の意図のとおりに順調に進まないことも予想された。そこで、中央化に反対する華北の地方軍事勢力指導者と日本軍からの圧力に対処しつつ、中央化を進めるために北平に新機関が設立されることになった。これが行政院駐北平政務整理委員会である。北平政務整理委員会または政整会という略称も用いられた。北平政務整理委員会の委員長となったのは黄郛であった。

北平政務整理委員会は、委員によって運営される組織とされており、政務処・財務処・秘書処などの官僚機構が従属していた。しかし、北平政務整理委員会の委員は、二年間のあいだに五回しか開かれなかった「大会」に出席したのみで、常時の活動にはほとんど無関係であった。また、官僚機構は、主として国民政府に委託された事務を行うのみであった。中央政府との交渉に関しても、関東軍との交渉に関しても、華北の地方政治に関しても、政策の立案から調整、実行まで、委員長の黄郛と黄郛側近のスタッフが行っていたのである。

したがって、中央政府・関東軍・地方軍事勢力と北平政務整理委員会との関係を検討するという本稿の課題から見るとき、黄郛はきわめて重要な位置を占める。

そこで、本章では、最初に、黄郛の政治的経歴について略述し、その後、北平政務整理委員会の過程で黄郛が中心となって行った塘沽停戦協定締結の経過について論じる。

第一節　黄郛の政治的経歴

黄郛は一八八〇（光緒六）年一月二八日（旧暦）に浙江省紹興府上虞県百官鎮に生まれた。孫文の一五歳下であり、また、李石曽より一歳、馮玉祥より二歳、汪精衛・閻錫山より三歳、宋哲元より五歳、蔣介石より七歳、韓復榘より一〇歳、張学良より二一歳、年上である。曾祖父が「実業」によって興した家で、父親は地方官吏であった。紹興府は、清代を通じて、省と県とのあいだに位置する「府」の力が強く、地方行政に携わる専門家を輩出した土地として知られている。(1)黄郛の地方政治への関心は、生まれ育った紹興府の環境によってはぐくまれたものであろう。

北平政務整理委員会委員長に任じられるまでの黄郛の経歴は、革命派軍人として活動した辛亥革命期（一九〇五〜一九一三（光緒三一〜民国二）年）、亡命期をはさんで、在野の言論人として活動した一九一八〜一九二一（民国七〜一〇）年、北京政府の閣僚を務めるなど政治家として活動した一九二一〜一九二六（民国一〇〜一五）年の三つの時期に分けることができる。

一九〇四（光緒三〇）年、黄郛は浙江武備学堂に入り、軍人としての生活を始めた。翌一九〇五（光緒三一）年、黄郛は、北京練兵所の命により、浙江省からの留学生として日本に渡り、東京の振武学校に入学した。当時、振武学校には中国からの留学生として、中華民国建国後に孫文側近・国民党元老として活動する李烈鈞、山西軍の指導者閻錫山、蔣介石側近で一九三〇年代半ばに外交部長として活動する張群らが在籍していた。また、一九〇八（光緒三四）年には、卒業した黄郛と入れ違いに、蔣介石がこの学校に留学してきた。一九〇八（光緒三四）年、振武学校を卒業した黄郛は、日本陸軍で測量に関する研修を継続した。これは数学の才能を見込まれたためとされる。黄郛が近代式軍隊の教育のなかで身につけたのは、戦闘や指揮の能力よりは、むしろ技術者としての能力であった。一九〇九（宣統元）年、黄郛は日本から韓国を経て帰国する。(2)

振武学校は黄郛にとって中国革命との出会いの場ともなった。黄郛は、この振武学校で同盟会に加盟し、みずからも同盟会への勧誘活動を積極的に行った。また、黄郛は黄興とともに「丈夫団」を結成した。この「丈夫団」は、のちに辛亥革命期の革命軍の指導者・指揮官を輩出した。(3)

日本留学で黄郛は日本についてその二面性を強く印象づけられた。侵略国家としての一面と、国民の愛国心とである。

黄郛は、韓国を経由して帰国する際に、韓国の「学童」が「日本国歌」を歌うのを聴いて、韓国の、また、韓国「学童」のために「感じること万端であった」という。黄郛は日本を韓国を併合しようとしている侵略国家とみなし、その矛先はやがて中国の青島にも向けられるであろうとこのころから予期していたという。(4)

黄郛は日本国民の愛国心にも注目していた。黄郛は、帰国後の一九一〇（宣統二）年に、日露戦争の戦記である『肉弾』を『旅順実戦記』というタイトルで翻訳・刊行した。黄郛は、この翻訳を通して、国家の存亡の危機を切り抜ける意思と力を持った国家としての日本の姿を描いた。(5)

黄郛の辛亥革命前の日本イメージは、日本は「若い」近代国家であり、そのために、それは国家的危機を果敢な戦争によって乗り切ることのできる意思と力を持ち、同時に傍若無人な侵略国家としても振る舞うというものであった。

黄郛は、帰国後、中国革命に身を投じ、軍職を歴任する。

黄郛は、帰国後、南京で江蘇省の「革命同志」と会い、一九一一（宣統三）年には、黄郛は、陳其美らとともに、武昌の辛亥革命に呼応して、上海に革命軍の政治・軍事機関として上海軍都督府を樹立した。陳其美が都督に就任し、黄郛は第二師（師＝師団）師長で参謀長を兼任した。上海軍の第五団（のち第九三団、団＝連隊）団長には蔣介石が就任した。このとき、陳其美・黄郛・蔣介石の三人は義兄弟（「異姓昆弟」）の契りを交わしている。一九一二（民国元）年、孫文を臨時大総統とする南京臨時政府が成立すると、黄郛は兵站総監を兼任した。ところが、袁世凱に臨時大総統の地位が譲られると、陳其美は上海軍を江蘇都督程徳全に譲渡せざるを得なくなった。程徳全は引き続き黄郛を参謀長として起用した。程徳全のもとで、黄郛は、革命でふくれあがった軍隊の規模の縮小を主導した。黄郛は、みずから師長を務めていた第二三師を解散して一独立団（独立連隊）に縮小し、江蘇の全軍を三個師に縮小した。軍の縮小には成功したが、黄郛には非難が集中した(6)。

一九一三（民国二）年に、袁世凱の革命派排除の動きに対抗して第二革命が勃発すると、黄郛も陳其美とともにこれに参加した。しかし、上海での戦闘では敗北を喫し、第二革命自体も挫折して、黄郛は、孫文・陳其美ら多くの元同盟会員とともに日本に亡命した。孫文は亡命先の日本で中華革命党を結成し、孫文の強い指導のもとに革命運動の立て直しを図った。しかし、黄郛は、孫文を中心とする元同盟会員の日本での運動からは距離を置き、一九一四（民国三）年にはシンガポールに移った(7)。この年に第一次世界大戦が勃発した。一九一六（民国五）年には、袁世凱の帝制計画に対して第三革命が起こされ、袁世凱は帝制を断念して失意のうちに死去した。

黄郛の言論人としての時期は、袁世凱死亡後の一九一八（民国七）年に帰国した時期から始まる。黄郛は、主にシンガポールで得た第一次世界大戦に関する知識をもとに「欧戦之教訓与中国之将来」を著した。「欧戦」は「ヨーロッパ戦争」の意味で第一次世界大戦のことである。

「欧戦之教訓与中国之将来」で、黄郛は、中国には実業・教育などの分野で根本的な「救国事業」が必要だとし、その前提として中国に分治制度を確立することを訴えた。

黄郛によれば、実業・教育などの事業は「政潮」（政治の混乱）の終息を待ってはじめて可能である。「政潮」の原因は、第一に中央と地方の衝突であり、第二に政府と国会の衝突である。その両者を解決する方策として、黄郛は「分治」を提唱する。黄郛によれば、「欧戦」のなかで、大国であるロシアが（ロシア革命によって）崩壊し、同じく大国であるアメリカ合衆国や大英帝国が強盛に至ったのは、ロシアが「統一を強言」したのに対してアメリカ合衆国が「分治を実行」したからだという。ロシアのように、大国で強いて「統一」を求めると、その国土で起こるひとつひとつの事項について中央の命令が必要となり、地方官吏の任免にも、些末な公文書の往来にも、いちいち中央がかかわらなければならなくなる。国土が大きいうえに地方ごとに状況が異なるので、中央はそれをいちいち詳しく観察して対応することができず、適切な統治を行うこともできなくなる。そのために、情報や同時代に対する見かたに食い違いが生まれ、政治的混乱が発生する。これに対して、アメリカ合衆国は、細かい行政を地方に委託しているので、中央は外交・財政などの「大きな仕事」に力を集中することができ、上下の協調が図られ、中央と地方は責任を分担しあってともに発展することができる。黄郛は大英帝国についても「自治領連合体」としてアメリカ合衆国と同様の性格を持つ国家として位置づけていた。したがって、中国についても、分治制度の確立がなければ紛擾は絶えることはない。分治の実現なしには中国で紛争が絶えることはないと黄郛は書いた(8)。第一次世界大戦後の黄郛が、社会を改革するためには政治の効率化が必要で、政治の効率化のためには分権・自治が必要であるという意見を抱いていたことがわかる。

この「欧戦之教訓与中国之将来」によって黄郛は北京政府大総統の徐世昌に認められた。それが契機となって、黄郛は、北京政府の政治家としての活動の時期に入る。徐世昌の要請で一九二一（民国一〇）年にはワシントン会議の代表団に参加し、アメリカに渡った。しかし、全権代表の一人であった施肇基（駐米公使）と不和になり、黄郛は代表を辞してヨーロッパ経由で帰国した。この経験を通じて、黄郛は、一九二二（民国一一）年には、戦後の各国経済が凋落し、アメリカが国際連盟に加盟しなかったことから、国際連盟は十分な仲裁機関・安全保障機構にはなり得ないという見通しを抱いたという。[9]

帰国後の一九二三（民国一二）年、張紹曽が組閣し、黄郛が外交総長（「総長」は大臣にあたる）の事務を担当した。外交総長に施肇基を任命しようとしたが、国会の同意が得られなかったための措置であった。しかし、正式に外交総長の事務担当となってからひと月も経たないうちに、黄郛は辞表を提出して辞任した。[10]黄郛は、つづく高凌霨《りょううつ》内閣では教育総長を担当し、一九二四（民国一三）年一月の内閣総辞職まで在任した。

北京政府の閣僚を務めていたこの時期に、黄郛は、当時は直隷派の中堅軍幹部であった馮玉祥と知り合った。馮玉祥は、陸軍巡閲使として北京郊外の南苑に軍を置いていた。この馮玉祥が、黄郛に軍の幹部への学問の講義を依頼してきた。これが両者の接触の始まりである。馮玉祥によれば、第一次大戦後、黄郛の著書「戦後之世界」と「欧戦之教訓与中国之将来」を読んで感銘を受け、部下への講義を依頼したのだという。[11]

馮玉祥はクーデターによって北京政府を倒すことを計画していた。当時の北京政府は、大総統の曹錕を選出した国会の議員が全国的な買収選挙によって選出されたのではないかという「賄選」疑惑によって全国的な強い批判にさらされていた。また、当時、この北京政府を実質的に指導する直隷派の呉佩孚と馮玉祥との関係が悪化していた。馮玉祥がクーデターを決意したのはそのような理由からである。黄郛はこの馮玉祥のクーデター計画に参加した。馮玉祥は孫文の国民革命の思想に共鳴しており、自らのクーデターをその国民革命運動の一環に位置づけていた。したがって、このクーデター計画は、黄郛が国民革命とかかわりを持つ契機となった。

黄郛は、この後、馮玉祥、陝西軍第一師師長の胡景翼、第五混成旅旅長の孫岳とのあいだで、反直隷派軍事行動の計画を進めた。馮玉祥は黄郛に暗号書を渡して、馮玉祥の北京からの出撃後も緊密に連絡を取り合っていた。当時、黄郛の側近であった袁良によると、書簡・電報のやりとりのない日はないほどに頻繁に連絡を取っていたという。いっぽう、黄郛は、クーデターの打倒対象となるはずの北京政府顔恵慶内閣にも教育総長として入閣していた。馮玉祥が政府内部の情報を収集するために入閣を要請したとされている。[12]

馮玉祥は北京でのクーデター実行期日を一〇月二三日と決定し、黄郛に通知した。これに先立ち、黄郛は、一〇月二二日、側近の袁良の協力で秘密裡に北京を脱出し、密雲県の高麗営で馮玉祥に会った。この席で、黄郛は、馮玉祥がクーデター後に発する通電の草稿を検討し、その決定稿を仕上げた。この通電（「漾電」）で、胡景翼・孫岳の部隊を含む馮玉祥軍ははじめて「国民軍」を称することとなった。[13] この時間にはすでに馮玉祥の部下の鹿鍾麟・蔣鴻遇・孫良誠・張維璽らが孫岳の協力のもとに北京に入り、クーデターを決行していた。このクーデターを「北京政変」と呼ぶ。

このとき、「賄選」大総統曹錕の一族が逮捕され、直隷派に近い政治家は東交民巷の公使館・領事館地域に逃げこんでいた。そのなかには、のちに北平政務整理委員会委員長となった黄郛のもとで財政改革を担当し、一時は委員長代理も務める王克敏もいた。

北京政変後、黄郛は、国務総理の地位で大総統の職を行うこととなった。この内閣を、国務総理が大総統の職を代行するという意味で「摂政内閣」と呼ぶ。黄郛の国務総理（代理）任命は一〇月三一日、黄郛内閣の成立は一一月三日の曹錕退職を受けてであった。

なお、教育総長は当初は黄郛の兼任（顔恵慶内閣からの留任）であり、黄郛は李石曽をその後任に推した（李石曽が辞退し、易培基が就任）。また、交通部の司長（局長）に後に国民政府の外交部長となる張群が起用されている[14]。しかし、その後、段祺瑞が執政として大総統・国務総理にかわる職に就任したため、摂政内閣はわずか半月足らずの短命政権に終わった。

一九二六（民国一五）年、黄郛は、張作霖・奉天派が勢力を伸ばしてきた北京政府に見切りをつけ、「義弟」である蔣介石のもとに投じた。蔣介石のもとでは、蔣介石政権の基盤である上海市の市長に任命され、「特別市」制度の創設に関与した。また、一九二八（民国一七）年では北伐期の外交部長（外務大臣）を務めて、済南事変では現地で事件の解決に協力した。

その後、黄郛は政界から引退し、杭州近くの保養地莫干山で農村建設に尽力した。なお、蔣介石の協力者となってからも、黄郛は、国民党への加入を拒否しつづけた。その理由は、黄郛夫人沈亦雲の回想によれば、国民党内部の人脈本位の派閥対立への反発があったからである。黄郛は、中国には政党はないほうがよいと考えていた[15]。

黄郛は、軍人として経歴をスタートさせ、言論人、政治家という経歴を経てきた。そのなかで、軍隊縮小の困難さや「若い」近代国家日本の二面性を身をもって経験した。シンガポール滞在の時期の経験から、中国の直面している危機的状況を認識し、そこからの脱出策として「分治」策を構想した。この「分治」策への傾斜は、同じ国際情勢に直面して「分治」策に反対するに至った孫文と鋭い対照をなしている。蔣介石とは義兄弟の関係を結び、馮玉祥とは危険を冒してクーデターに参画し、深い信頼関係で結ばれた。これらの経験や人間関係が、のちの北平政務整理委員会委員長として活動するにあたって黄郛の資源となる。

なお、ここまでの黄郛の経歴を見てわかるように、黄郛は、一つの職に長くとどまる専門家ではなかった。それまでの経験と知識を生かして、ワシントン会議代表、クーデター後の国務総理、特別市制度創始期の上海市長、北伐期の外交部長など、変革期の重要な時期に短期間だけ職務を担当し、その職務が終わると職を離れるのを常としていた。黄郛は、与えられた仕事に自分の教養を生かすジェネラリストであり、専門分野を持ってその仕事に専従するテクノクラートとは違うタイプの政治家であった。

政界からの引退を決意した黄郛は、九・一八事変後の困難な情勢のなかで、義弟関係を結んでいた蔣介石の要請を受けて、北平政務整理委員会委員長の職を引き受けることになる。黄郛は、委員長として、東北を占領する日本軍当局との交渉や、華北軍の削減など、南京中央政府が自らの手で行うことのできない任務を遂行していく。次節からは、黄郛が北平政務整理委員会委員長に就任するまでの経緯と、就任直後に取り組んだ課題について論じる。

❖注

（1）『黄膺白先生年譜長編』二―五頁。紹興府については、Paul Cohen／佐藤慎一訳『知の帝国主義――オリエンタリズムと中国像』平凡社、一九八八年（原書：*Discovering History in China*, Columbia University Press, 1984）、二四三―二四四頁。

（2）『黄膺白先生年譜長編』一一頁、一三頁、一八頁、二〇頁。

（3）『黄膺白先生年譜長編』一三頁、葛敬恩「辛亥革命与浙江」『黄膺白先生年譜長編』二五頁。

（4）『黄膺白先生年譜長編』二〇頁、四七―四八頁。

（5）『黄膺白先生年譜長編』二二頁。

(6)『黄膺白先生年譜長編』二〇頁、二四—二五頁、三一—三二頁。
(7)『黄膺白先生年譜長編』四〇—四一頁、四六頁。
(8)『黄膺白先生年譜長編』七七—七八頁
(9)『黄膺白先生年譜長編』一一六—一一七頁、一三三頁。
(10)『黄膺白先生年譜長編』二〇頁。
(11)『黄膺白先生年譜長編』一六二頁、馮玉祥「紀念黄膺白先生」『黄膺白先生年譜長編』一六八—一六九頁。なお、一九二二(民国一一)年に馮玉祥の軍に伝道に行った馬伯援の回想によると、このとき馮玉祥の書架に「欧戦之教訓与中国之将来」があったという。「追憶黄膺白先生」『黄膺白先生年譜長編』一四三頁。馬伯援は、一九三三(民国二二)年の抗日同盟軍事件の際に、黄郛と馮玉祥の連絡役を果たすことになる人物である。また、当時の国務総理張紹曽は直隷派に属する軍幹部で、馮玉祥の庇護者でもあった。馮玉祥と黄郛との接触は、この張紹曽が仲介したものであった可能性もある。
(12)『黄膺白先生年譜長編』一八四頁、一九〇—一九一頁、袁良「一代之大政治家」『黄膺白先生年譜長編』一一五頁。
(13)『黄膺白先生年譜長編』一九二—一九三頁。
(14)『黄膺白先生年譜長編』一九四—一九五頁、二〇九頁。
(15)『黄膺白先生年譜長編』二一三頁。

第二節　九・一八事変期の黄郛と中央政府

一九三一(民国二〇)年、政界から引退していた黄郛を再び政治の場に復帰させようとしたのは蔣介石であった。当時の蔣介石は解決しなければならない三つの大きな課題に直面していた。第一に、蔣介石は、広東で再燃した国民党・地方軍事勢力の反蔣運動に対処しなければならなかった。第二に、蔣介石は、共産党軍事勢力に対処しなければならなかった。第三に、蔣介石は、日本の東北侵略に対処しなければならなかった。蔣介石は国民党内で孤立していた。胡漢民に連なる広東省出身の国民党元老、汪精衛派に加えて、鄧演達らの最左派、孫文の息子の孫科など、国民党の主要幹部が広東政府側に回ってしまったからである。蔣介石国民政府を支えるのは、宋子文の主導の下に抬頭しつつあった国民政府内テクノクラート層と蔣介石直系の軍幹部、北京政府から移ってきた旧官僚層のみであった。そのようななかで、蔣介石は、李石曽・張継ら、孫文の革命運動や広東の革命派とは縁の薄い元老クラスの幹部をブレーンとして登用した。黄郛もそのような人物の一人として蔣介石から政治の場への復帰を要請されたのである。

黄郛は政治の場への復帰は翌一九三三（民国二二）年の北平政務整理委員会成立まであまり積極的ではないが、蔣介石に対しては、一九三一～一九三二（民国二〇～二一）年にかけて政治的な提言を何度も行っている。これらのなかから、黄郛がこの時期の政治に対して抱いていた見かたをうかがうことができる。本節では、この九・一八事変期の蔣介石体制に対する黄郛の見かたについて整理してみたい。

九・一八事変発生後、黄郛に政治の場への復帰を促したのは張静江・張群・黄伯樵・袁良であった。袁良は北京政変の時期からの黄郛の腹心であり、他の三人は一九二〇年代前半から蔣介石を支持していた国民党蔣介石派の幹部である。一〇月五日、黄郛は蔣介石の諮問に答えられるように莫干山を離れて上海に移った(1)。

しかし、その蔣介石は、一二月の初めから辞任することを検討し始めていた。日本軍を東北占領地域から撤退させる方法を見出すことができず、広東派との和平交渉も息詰まっていたためである。黄郛は、蔣介石の辞任に反対の立場から、蔣介石による憲政移行の提言をまとめ、蔣介石に送った(2)。

この黄郛の提案は、解決しなければならない問題は、対日政策よりもまず憲政の実施であると主張したものであった。現状のままで、日本軍への対処法として主戦論を採っても和平論を採っても世論を納得させることはできないと黄郛はいう。広東派や共産党などの反蔣派が蔣介石政府を打倒する手段として主戦論を主張している現状では、主戦論を採ると反蔣派に主導権を奪われ、和平論を採れば反蔣派の蔣介石非難は強まる。必要なのは、これらの党派の妨害を受けずに蔣介石が対日政策を執行できる条件を確保することであって、そのためには、国民党の一党支配を終結させ、憲政に移行することだ。蔣介石の主導権の下で憲政を実施することで、国民は一致して蔣介石を強く支持するはずであり、その国民の支持のもとに行うことで対日政策も順調に進展するのだというのが黄郛の提言であった。(3)

黄郛の提案の第一の特徴は、国民党一党支配による訓政体制への不信である。国民は国民党の一党支配に不満を抱いており、しかも、蔣介石派と広東派の対立に見られるような国民党内の対立がその不信感をいっそうあおっているというのが黄郛の見かたである。「訓政」の目的は国民に「憲政」施行のための十分な能力を獲得させることにあるとされるが、黄郛は、国民を民選議会を通じて政権に参加させ、責任を分担させることによってその目的ははじめて実現することができると考えていた。

黄郛の提案の第二の特徴は、憲政実施の可能性についてきわめて楽観的なことである。孫文の「建国大綱」によれば、憲政実施のためには憲法制定と国会開設が必要であるが、黄郛は、憲法草案の作成には一五日、国会議員の選挙から国会召集まで三か月あれば十分であるとする。ただし、現状のまま民選政府に権限を譲渡しようとすると国民党の抵抗が大きいことに配慮して、民選国会を下院とし、現在の中央党部をそのまま上院とすることを黄郛は提案している。

黄郛の提案の第三の特徴は、この構想が対日政策を軸として構想されていることである。憲政以降までの三か月半という時間は、その程度の時間であれば対日情勢が大きく変化することはないという判断のもとで決められている。その時間を膠着したまま進展しない広東派相手の交渉に費やすより、憲政体制のもとで宣戦・講和の権限の所在をはっきりさせて日本への対処法を決めたほうがよいと黄郛は判断したのである。なお、黄郛は、宣戦・講和の「大権」は国家元首（蔣介石を予定）が持つが、上院（現在の国民党中央党部）・下院（新しい民選議会）の「翼賛」が必要であるという制度を構想している。

黄郛の提案の第四の特徴は、憲政移行後の指導者として引きつづき蔣介石を想定しているということである。訓政から憲政への移行を果たした蔣介石は、そのことに対する国民の支持を得て、国家元首として引きつづき国制を指導することが予定されている。黄郛は、蔣介石を国民党から切り離し、蔣介石の指導力を強化しつつ、国民党の勢力を封じ込めることを構想しているのである。このことは、逆に見れば、黄郛が国民党を蔣介石が指導力を発揮することに対する障害物と見なしていることを示している。

蔣介石はこの提案を受け入れなかったかわりに、黄郛に首都南京を含む江蘇省の主席への就任を要請した。黄郛はその要請を拒否し、かわりに、張群・熊天翼らとともに外交方針について話し合いをしている。この一連の動きに、蔣介石の黄郛に対する期待と、黄郛が蔣介石に対する自分の役割と考えていることとのあいだのずれが現れている。蔣介石は黄郛が自ら官職を担当することで蔣介石政権を支えてくれることを期待しているのに対して、黄郛は、自ら官職に就くことなく、蔣介石への提言役として役割を果たしたいと望んでいるのである。なお、この直後に対日宣戦を求める学生運動が激化し、蔣介石は国民政府主席・行政院長・海陸空軍総司令を辞任し（一二月一五日、中央常務委員会臨時会議で承認）、黄郛の江蘇省主席就任は立ち消えとなった。(4)

一九三二（民国二一）年一月一日、国民政府主席に林森、行政院長に孫科が就任し、広東派を基礎とする孫科政権の成立となった。だが、広東派の指導者である汪精衛と胡漢民とは、蔣介石政権打倒が実現したにもかかわらず、孫科政権に非協力的であった。広東の非常会議・広東政府の実質的な存続が図られ、非常会議は国民党西南執行部、広東政府は西南政務委員会として、南京政府のもとで半独立政権として存続することが決められた。胡漢民はこの後も香港に在ってこの西南国民党と密接に関係を保ちつつ反蔣活動を続けた。一方の汪精衛は、「均権共治」を主張して、蔣介石との妥協を模索し始めた。孫科は、自らを行政院長の地位に押し上げた各派から早々と支持を失い、第一次上海事変の勃発に先立つ一月二五日に行政院長を辞任した。一月二九日の中央政治会議で後任の人事が決定され、行政院長の後任には汪精衛が就任した。前行政院長の孫科は立法院長に就任し、また広東政府の外交部長だった陳友仁が担当していた外交部長の後任には、宋子文の支援を受けた羅文幹が就任した。さらに中央政治会議は三月六日に蔣介石を軍事委員会委員長・参謀総長に指名し、蔣介石は一八日にこの職に就任した。これで、汪精衛＝行政院、孫科＝立法院、蔣介石＝軍という、汪精衛の主張した「均権共治」が実現することになったのである。これを汪精衛―蔣介石合作政権と呼ぶ。

行政院長は汪精衛だが、軍を蔣介石が掌握し、行政院副院長には蔣介石派の宋子文が、軍政部長にはやはり蔣介石派の何応欽が入るなど、実際には行政院にも蔣介石派の勢力が大きく入りこんでいた。蔣介石派と汪精衛派の対立は潜在的につづいた。これに加えて立法院を基盤とした孫科も、陳友仁らとともに、立法院を拠点に独自の動きを見せた。成立当初の汪精衛―蔣介石合作政権は不安定な要素を抱えていた。

汪精衛―蔣介石合作政権成立後の一九三二（民国二一）年四月一七～一八日、黄郛は蔣介石から対日政策を話し合う会議に参加するよう求められた。日本とのあいだでは、一月末に一・二八事変（第一次上海事変）が勃発しており、その収拾をめぐる会議であった。黄郛は、まず蔣介石・張群・蔣作賓（駐日公使）と、ついで鉄道部で汪精衛・陳璧君（汪精衛夫人、国民党幹部）と、建設委員会で李石曽・張静江・呉稚暉と議論している。蔣介石は、この会談以外にも、未来の国防計画について黄郛と話し合いを持った。蔣介石は外交または国防の分野で黄郛の起用を考えていた。

しかし、この時点ではそれが具体化することはなかった。[5]

一九三二（民国二一）年八月、関東軍嘱託石本権四郎の行方不明事件を契機として関東軍の熱河侵攻の観測が流れ、熱河情勢が緊張した。この熱河情勢の緊張を背景に「刺し違え通電」事件が起こった。この汪精衛と張学良の対立の実質的な調停役となったのは蔣介石であった。蔣介石は、軍事委員長として汪精衛を支える立場にあったとともに、一九三〇（民国一九）年に中原大戦の戦後処理の一環として張学良を華北の支配者として認め、以後、張学良の華北に対する支配を支持してきたという立場にあったからである。蔣介石は、張学良を辞任させて汪精衛を慰留し、黄郛を張学良にかわって華北の指導者に起用しようと務めた。[6]

八月一三日、蔣介石は、黄郛に、張学良辞任後の華北の支配体制についての構想を報告するとともに、黄郛に、蔣介石の代理として華北に北上することを求める電報を送った。このなかで、蔣介石は、張学良を慰留せず辞任させるだけでなく、張学良がその華北支配の根拠地としてきた北平綏靖公署を撤廃し、かわって軍事委員会北平分会を設置する意向であることを伝えた。これとともに、華北では、今後、外交・軍事・政治を問わず重要性が増すとして、黄郛に、華北での蔣介石の代理としての役割を果たしてほしいと要請した。この文面は、軍事委員会北平分会（北平軍分会）委員長代理を務めてほしいという意味に読める。[7]黄郛は、大筋ではこの要請を受諾する意思を示したが、なお「各方面の形勢」（汪精衛の意向）が不明であるという理由で態度表明を留保した。北平にいた張群に対しても黄郛は電報で同様の意思を伝えた。[8]黄郛は華北での「蔣介石の代理」の役割を果たすことについて前向きであった。八月一七日には、中央政治会議で北平綏靖公署の廃止と軍事委員会北平分会の設置が決議された。ところが、宋哲元を筆頭とする華北将領が、張学良の留任が決まらなかったことに強く反発し、連袂辞職するという通電を発したため、黄郛の華北への起用は議決されないままに終わった。なお、張学良を辞任させられなかったため汪精衛は病気療養を口実に休職し、かわって宋子文副院長が行政院長代理に就任して、国民政府での汪精衛派の勢力は一時的に大きく後退した。

蔣介石は、引きつづいて、黄郛に、対日関係打開のために非公式の交渉を担当するように要請した。蔣介石は、駐日公使蔣作賓の報告に基づいて、関東軍司令官の更迭を機に対日関係を改善できるのではないかと判断していた。(9)

この工作は、一〇月に入って、リットン報告書の発表と鈴木貞一の中国来訪を機に具体化することになる。蔣介石は、鈴木貞一に誠意があるかどうかを探り、適切に対応するよう黄郛に求めている。これを受けて、黄郛側近の李択一が日本人と黄郛の接触を仲介する活動を始めている。鈴木貞一は一〇月一五日に上海に黄郛を訪問し、一六日には黄郛と鈴木とのあいだで「世界の大勢、東亜の将来」のために「中日問題をいかに解決するか」(黄郛の日記の表現)という趣旨の詳しい話が交わされた。つづいて、一八日には、黄郛・李択一・鈴木・岡田有明のあいだで、東北問題の解決策が話し合われた。それは以下のような案であった。

「中国と日本から委員を出して委員会を開き、連盟からも人を派遣して列席させる。上述の委員会で東北問題の善後方法を話し合う。中国側は東三省を中国主権下の永久中立区域であることを発表する。日本も、満洲国の存在はまったく東三省の人民の意志により日本は何の先入観も持たないこと、中国が満洲執政府に独立解消を勧告した場合には日本は干渉しないことを発表する。中日間でこの永久中立自治区の安全と反映を保障するために、経済互恵と政治防御に関する同盟を締結する。平時には、この自治区内には、中国側は保安隊を用いて治安を維持し、正式の軍隊を置かない。日本も同様に即座に撤兵する」。

これはリットン報告書を踏まえた東北問題の解決策ということができる。中国側の立場からすると大幅に連盟・日本に譲歩した案である。(10)

二〇日午後、鈴木貞一は再度来訪し、東北問題解決案を再び提出した。これは一八日の話し合いに基づくもので、東三省に「外交調整委員会」を設立し、中日からともに委員を出してこの委員会を組織すること、日本は「中国本部」（華北以南）に対して一切の特権を放棄することなどを内容としていた。一八日の会談内容からは、日本が満洲国の解消に干渉しないという項目が落ちている。黄郛は、これを「満洲を放棄したくないという欲望が明らかである」と見なし、交渉の中止を申し入れた。鈴木貞一を通じた工作は不調に終わった。(11)

引退を表明していた黄郛は、一九三一〜一九三二（民国二〇〜二一）年、東北を占領されるという「国難」のなかで、徐々に政治の場への復帰に積極的になってきた。蔣介石の度重なる働きかけと、「国難」に対する黄郛の危機感がその理由であろう。ただし、黄郛は、正式に役職を担当することにはなお消極的であった。鈴木貞一らを相手とする対日交渉も非公式のものであった。正式に役職を担当することに消極的だったのは、東北派や汪精衛派など、蔣介石とは異なる系統の政治家・軍人から支持を受けられるかどうかという点に不安があったからである。

この時期の黄郛は、同時代の中国について、厳しい批判を持ち、改革案を抱いていた。これらは、この時期から北平政務整理委員会委員長を担当する時期の黄郛の言動に強い影響を与えている。

一九三二（民国二一）年に黄郛は言論人としての活動も再開している。黄郛は、一九三二（民国二一）年に入って、財政エキスパートの張公権らとともに「広義の国防の中心計画を研究すること」を目的として「新中国建設学会」を組織し、ここを言論活動の拠点とすることを計画した。(12)

一九三二（民国二一）年当時の黄郛の考えかたを知るためのひとつの史料が、六月二九日に開かれたこの新中国建設学会第一回大会での演説である。(13)

この演説で注目される点は二つある。

第一は外交論である。黄郛は、理想的な外交は、世論の一致した支持を受けた「政治首領」自身による外交であるとし、同時に「政治首領」は世論を指導して内部の精神の団結を図らなければならない。このような観点から、黄郛は、当時の外交を、世論の支持を得ておらず、しかも「遠交近攻」「近交遠攻」といった外国に依存しきった外交論が横行していると批判した。他方では、一方で、黄郛は、「媚外」（外国に媚びる）と「外交的礼譲」は異なるとして、「外交的礼譲」をただちに「媚外」と見なす外交交渉を全面的に否定する排日論をも批判した。

第二は「法制」論である。黄郛は中国には「法制がない」と批判する。その内容は、地方支配制度の問題であった。黄郛は清代の「多級制」が望ましいと主張する。黄郛の認識によれば、清代の地方支配では、県と省の中間に「府」が設置され、府の支配範囲のなかで県のあいだの格差が調整されていたとする。省政府はそうした府のあいだの調整を行えばよく、省政府の負担は軽減される。また、清代には、各省と中央政府のあいだで、二～三省を単位として総督が置かれていた。これも同様の役割を果たす。このような「級」分けによってそれぞれの級の政府の負担を軽減することが政治の実効性を高めることになると黄郛は主張する。これに対して、現在の政府は、国民政府主席一人が、五院・各委員会・各部などの国民政府の機構、中央党部、二〇以上の省のすべてに注意を払い、監督しなければならない。また、現在の省政府も、一省で五〇～七〇県を監督しなければならない。これでは国民政府主席・省政府の負担が大きすぎて行政の効率が上がらない。そこで、黄郛は、「万の轡を一手に握る」ような「中央―省―県」の三級制による集権支配を廃し、「中央―超省レベルの地域機構―省―府―県」という清代と同様の「多級制」の採用を提唱しているのである(14)。

いずれの主張でも、黄郛が重視したのは、世論の支持を受けた「政治首領」の外交・内政両面でのリーダーシップであった。「政治首領」が世論以外の機構から掣肘を受けることを排し、内政上の負担が過重になってその政治指導の効率を低下させないような制度を作ること、そのかわり、自ら外交を担当し、そのために世論を指導しその支持を受けるように努力することを求めたのである。なお、この構想では「訓政」の主体としての国民党には何の役割も割り振られていないばかりか、中央党部は現在の国民政府主席に不必要な負担を強いるものとしてマイナスの評価を与えられている。これは、中央政治会議が国民政府を指導するという国民党・国民政府の体制とは正反対の考えかたである。

黄郛の批判はモラルや国民経済についての議論にも及ぶ。

黄郛は、独裁か民主政治かという政治制度の形式や、国家資本主義か私人資本主義かという経済制度の形式は、現在の世界ではさして大きな問題ではないと論じている。独裁と国家資本主義の成功の例としてはイタリアのファシズムを、民主政治と私人資本主義の成功の例としてはイギリス・アメリカ合衆国を挙げている。これに対して、中国では、袁世凱の独裁も北洋政府の議会制も「全民族の公」の実現より「一個人の私」を求めて中国社会に大きな害を与えたとする。問題は、その「全民族の公」に対する国民のモラルであり、就中、それを指導する立場にある政治家のモラルである。黄郛は、このような観点から国民党・共産党の掲げる「革命」というスローガンを非難する。現状では「革命」とは内争の正当化のための口実にすぎなくなっている。黄郛は、「自分の心を革める」という意味で「革心」を「革命」というスローガンに置き換えることを提唱する。この国民的モラルに関する問題提起は、中国の国民経済のあり方への黄郛の批判につながる。黄郛は、世界市場の競争で勝ち抜くためには、安くてよいものを生産しなければならず、後進国である中国でそれを実現するためには、「勤倹奉公」の思想により労資が協調することが重要だとする。労資双方が節約し、労力を集約して生産量を向上させ、賃金を上げて貯蓄を増加させることが救亡のために必要だというのである。すなわち賃金を上げるのは貯蓄を増加させて外貨への依存を止めるためであり、けっして消費の活性化をめざすものとは位置づけられていない。国民の消費が活発になることよりも、安い労働力を武器にして国際市場で中国国民を単位にした経済が自立することを優先すべきだと考えたのである。[15]

このような情勢認識から、黄郛は、東北問題については、原則として東北回収の意思を貫きつつ、急進的な対日策は逆効果として避ける「臥薪嘗胆」論を主張した。

黄郛は、原則論としては、日本の「民族自決」論による「満洲偽国」の存在の正当化はもちろん、国際連盟による「高度の自治政府」論も認められないとしている。黄郛はそのように論じる理由を次のように述べる。第一に、日本は、中国の軍閥混戦を日本の東北侵略を正当化する理由として掲げているが、これは東北侵略を正当化する理由にはならない。第二に、台湾との比較で、台湾は「四面を海に囲まれた島に過ぎ」ず、民族も「半数以上は文化も歴史も持たない番（蕃）民」であるが、東北は大陸の一部であり、人口も台湾の数十倍もあり、その民族の「血液のなかにも、実に中国四千年の古い文化と古い歴史の痕跡が流れている」ことを挙げる。台湾が日本の植民地になっている現状は受け入れるが、それは日本が東北を植民地にする根拠にはならないというのである。第三に、日本の「公理」無視による領土獲得を認めることは世界のあらゆる紛争地域をかかえる国にとって大きな関心事であり、他の国家も日本に倣って「公理」無視の侵略戦争を起こしかねない。現実政治の局面では黄郛は「高度の自治政府」で妥協することを、一時期、模索したのであるが、国民に対しては東北回収の必要を強く訴えるのである。ただし、いたずらな「国権回復運動」は逆効果であると警告する。このような「巨大規模の外力の圧迫」に対しては、「巨大規模の内力の膨張」がなければ防御することも不可能である。そのため、ひそかに、精神を集中させ、意志を固く持ち、あせることなく時機を待つことが重要である、と黄郛は述べている。この「臥薪嘗胆」論はソ連をモデルにしたものである。黄郛はソ連の「五か年計画」について、対外的には諸国と不可侵条約を締結して和平謹慎につとめ、対内的には建設に努力し、激動のなかでも国家の基礎を固めていることを高く評価したのである。[16]

日本の東北占領をやめさせ、東北を回収するためには、国の「内力」の充実が必要であるというのが黄郛の考えである。その「内力」充実のために、経済面では「勤倹奉公」の国民的モラルが必要であり、政治面では「政治領袖」への権力の集中が必要であり、そのためには、国民党権力の縮小と地方政治への「多級制」の導入が必要であるというのが、九・一八事変下の黄郛の考えであった。蔣介石への憲政早期移行の提案にもこのような考えかたは共通している。

黄郛は、九・一八事変下で、中国の現状に対するこのような批判を抱き、独自の改革案を持つに至っていた。また、九・一八事変勃発当初は政治の場への復帰に消極的だったが、一九三二（民国二一）年八月ごろには、国民党内の派閥対立や地方軍事勢力の対立に巻きこまれることへの懸念を持ちつつも、徐々に対日交渉や華北政治の問題を処理することに積極的になってきている。黄郛は、そのような状況で、一九三三（民国二二）年に北平政務整理委員会委員長の職を引き受けることになる。その過程を次節で見ることにする。

注

（1）『黄膺白先生年譜長編』一九三二・一〇・五、四五二頁。

（2）この内容を記した蔣介石に宛てた一二月四日付の黄郛の書簡の原稿が残されている。発信日ははっきりしないが、六日に蔣介石から返事が届いているので、四日中か五日に発送したようである。『黄膺白先生年譜長編』一九三一・一二・六、四六〇頁。

（3）『黄膺白先生年譜長編』一九三一・一二・四、四五八―四六〇頁。また、黄郛がこの構想を抱いたときの情勢判断については、「亦雲回憶」同書、四六五頁。

（4）『黄膺白先生年譜長編』一九三一・一二・六、一二・一〇、四六〇―四六一頁。学生運動は、馬占山の果敢な抗日戦闘に触発され、蔣介石政府に即時対日宣戦を求めるものであった。国民政府は、南京市内にあふれる学生によって政務遂行が困難になった。国民政府閣僚は、外出すると学生に暴行を受けるおそれがあるので身動きがとれなかった。黄郛の滞在する上海でも、一二月九日から一〇日にかけて、市政府が学生運動に包囲される事態となった。黄郛は、この学生運動を広東派の策謀と考えていたようで、張群・李石曽のほか広東派の陳銘枢とも連絡を取りあって事態の収拾を図ろうとしたが、成功しなかったという。『黄膺白先生年譜長編』一九三一・一二・九、一二・一〇、四六〇―四六一頁。

（5）『黄膺白先生年譜長編』一九三一・四・一五―一八、四八〇―四八一頁。

（6）蔣介石は、刺し違え通電事件が起こる以前から、黄郛を華北政治の指導者の地位に起用しようと努めていた。一九三二（民国二一）年の夏、熱河情勢が緊張し、熱河での対日開戦が懸念される事態になった八月三日、中央政治会議が黄郛を李石曽にかわって北平の故宮博物院の理事長に任命することを決議した。これに対し黄郛は辞退する意向を示した。『黄膺白先生年譜長編』一九三二・八・三、四九四頁。なお、ここで辞退したにもかかわらず、黄郛は故宮博物院長に任じられ、就任までは張群が代理を務めることが決められた。ところが張群が代理に就任しなかったことから、北平政務委員会から黄郛に院長就任の要請があった。年譜の記述によれば、このとき黄郛ははじめて自分が故宮博物院長とされていることを知ったという。黄郛は、国民政府文官長に対して、故宮博物院の院長は常に「北」にいられる人であることが必要だという意見をつけて、重ねて辞退を申し出た。『黄膺白先生年譜長編』一九三二・九・五、五〇〇頁。黄郛を故宮博物院長として北上させようとしたのは、華北の政治機関の人事が北平政務委員会（東北系が主）に握られているなかで、故宮博物院は国民政府が人事権を握っており、しかも北平政務委員会との摩擦が避けられる職であったからではないかと考えられる。蔣介石は、黄郛を「常に「北」にいられる人」と考えていたようであるが、黄郛自身はそうは考えていなかった。

（7）『黄膺白先生年譜長編』一九三二・八・一三、四九五頁。黄郛夫人の回想によると、私人としての資格で蔣介石の代理の役割を果たしてほしいという要請だったというが、文面を読むかぎり、北平軍分会か、それと並立する機関（のちの北平政務整理委員会のようなもの）の指導者への就任を求めているように読める。「蔣介石から正式就任の要請→黄郛の態度保留→蒋介石から私人としての協力の要請」という過程をたどったのではないだろうか。

(8)『黄膺白先生年譜長編』一九三二・八・一三―一五、四九五―四九六頁。

(9)蒋作賓の電報は以下のようなものであった。「軍部はなお偽組織〔満洲国〕を承認するよう主張しているが、以前ほど強硬ではなく、議会の閉会後、態度は軟化したように見える。私は総力を挙げて偽組織の解消ができるように求めていくことにしており、それ以外の問題の議論はそれが達成されてからのこととする。私たちの目的が達成されないならば世界大戦は避けられないものになるであろう」。また、蒋作賓は、つづく八月二六日の電報（黄郛への転送は二七日）、荒木陸相に「第一に日本が満洲を放棄すること、第二に中国の統一を破壊する政策を放棄すること」を要求したことを伝え、荒木が第二点について同意したことを伝えている。同時に、第一点の要求に関しては非常に困難を感じていると伝え、連盟各方面への働きかけとともに行うことを蒋作賓は提唱している。『黄膺白先生年譜長編』一九三二・八・二五、八・二七、四九七―四九八頁。

(10)一〇月にはすでに蒋作賓の楽観的な判断は通用しなくなっていた。しかし、蒋作賓は、なお軍部とのあいだの交渉ルートを探っていることを伝える電報を転送してきている。蒋作賓は日本でイギリス・ドイツ大使ともそれぞれ会談し、イギリス大使からは、日本が国際連盟を脱退することはありえないという見通しを得ていることを伝えている。このような情勢判断をもとにした交渉であった。また、ここで話し合われている妥協案は、夫人の回想によると、黄郛が提出した案であった『黄膺白先生年譜長編』一九三二・一〇・一一、一〇・一三―一四、一〇・一八―一九、五〇三頁、五〇五―五〇六頁。「亦雲回憶」同書、五二二頁。

(11)黄郛は、「アジアは一つの経済単位である」という鈴木貞一の所説を「当然のこと」と認め、中日はかならず合作しなければならないと主張した。この「合作」（協力）ということばを黄郛は「独覇」と対照して使っており、日本の姿勢を批判したものであった。黄郛は、鈴木に対し、「経済合作を求めるのであれば東北占領をやめよ」との意図を伝えようとしたのだが、鈴木は経済面での「合作」と満洲国の問題とをそのように関連させて考えてはいなかった。なお、鈴木は、二一日に黄郛に別れを告げに訪れたとき、根本博を連れてきて黄郛に引き合わせている。根本は、北平政務整理委員会時代に北平政務整理委員会・北平軍分会と関東軍との交渉を担当する人物である。『黄膺白先生年譜長編』一九三二・一〇・二〇、五〇六頁。「亦雲回憶」『黄膺白先生年譜長編』五一九―五二二頁。鈴木貞一の側の談話記録は、機密公三三八号、一九三二・一〇・二六、上海（有吉）、『日本外交文書・満洲事変』第三巻、六二九―六三〇頁。日本側は、和平交渉のような本格的なものとしてではなく、単なる談話として処理している。

(12)「亦雲回憶」『黄膺白先生年譜長編』五一九―五二〇頁。ただし、黄郛は翌年には華北に赴任してしまうので、あまり活発な活動は行えなくなる。

(13) 以下、引用は『黄膺白先生年譜長編』一九三二・六・二九、四八八―四九〇頁による。

(14) 黄郛の主張は清代の地方制度の理解としては正しくない。清朝はそのような「多級制」を採用してはいたが、中央政府各部・総督・巡撫（省の長官）・知県（県知事）は形式上はすべて皇帝直属であり、上下関係に基づく役割分担や指揮系統が定められていたわけではない。坂野正高『近代中国政治外交史』東京大学出版会、一九七三年、一七頁、三〇―三四頁。

(15) ここで引用するのは黄郛の一二月一〇日、上海大夏大学教育学院の特別講座「救亡教育」での「革心救亡」と題する講演である。この「革心救亡」の発想について、沈亦雲（黄郛夫人）は、鈴木貞一と接することで得た日本の軍人の印象の影響があるとする。黄郛は、農民生活を基準とする日本軍人の勤倹の風気が、工商界の行きすぎた金儲け主義生活に対立するものであるとし、鈴木の軍人生活を自分の理想に近いと高く評価したという。『黄膺白先生年譜長編』一九三二・一二・一〇、五一五―五一七頁、「亦雲回憶」同書、五二二頁。

(16)『復興月刊』（一巻四期）に掲載した「東北問題我見」（『黄膺白先生年譜長編』一九三二・一二・一、五〇九―五一二頁より）。ソ連については、一九三三（民国二二）年一月の新中国建設学会の第二回会員大会での演説で論じている。『黄膺白先生年譜長編』一九三三・一・一五、五三一―五三三頁。

第三節　黄郛の華北赴任と塘沽停戦協定

一九三三（民国二二）年一月一日、山海関で関東軍と東北軍何柱国部隊とが武力衝突事件を起こした。この山海関事件は中国には新たな対日戦争の始まりを予想させる事件であった。その危惧は、二月中旬からの日本軍の熱河侵攻によって現実のものとなる。以後、熱河での戦争、長城線をめぐる戦争、関東軍の関内（山海関以南）侵攻と、五月三一日に塘沽停戦協定が締結されるまで、熱河・河北省北東部（「冀東」と呼ばれる地域）をめぐって戦争はつづく。この戦争の各段階を、中国では、熱河抗戦、長城抗戦、関内抗戦と呼んでいる。

一連の抗戦に、国民党中央・国民政府および華北軍幹部らはどう対応しようとしたか。また、そのなかで北平政務整理委員会委員長に任じられた黄郛は、国民党中央・国民政府と華北軍幹部と関東軍との三者の勢力のあいだに立って、何を目標として活動したか。それをどのように実現しようとしたか。本節では、これらの点に焦点をあてて、山海関事件から塘沽協定締結までの黄郛の動きを中心に考察を進めたい。

この過程は次のような時期に分けて整理することができる。第一の時期は熱河抗戦の段階で、熱河省主席湯玉麟が熱河省からほとんど無抵抗で逃亡した二月下旬までがこれにあたる。第二の時期は、長城抗戦の段階で、中国側の対日対応策が大きく変化を遂げ、それとともに中央政府・華北の組織が再編された時期である。ほぼ三月いっぱいがこの段階である。第三の時期は、関東軍が関内に侵攻してから、いったん撤退するまでの第一次関内抗戦の段階である。この時期に、黄郛の北平政務整理委員会委員長就任が決まり、黄郛は上海で対日停戦の方途を模索する。四月がほぼこの時期に相当する。第四の時期は、関東軍が再び関内に侵攻した第二次関内抗戦の段階である。黄郛は北平に赴任し、華北軍幹部・関東軍と停戦について協議を行い、塘沽停戦協定締結に至る。

以下、この段階ごとに区切って議論を進める。

（一）　熱河抗戦期

山海関事件から、二月に熱河に関東軍が侵攻して抗戦が勃発し、熱河省が陥落するまでの時期である。国民党中央・国民政府は、熱河での抗戦が華北の陥落につながるのではないかという懸念を、関東軍の熱河侵攻が具体化する以前から持っていた。この段階では、関東軍の華北への侵攻よりも、華北の旧北洋系の軍幹部が関東軍の動きに呼応して華北の独立を画策することを警戒していた。

国民党・国民政府がとくに警戒したのは、関東軍の動きに呼応するかのように華北に入っていた北洋派長老の段祺瑞・呉佩孚であった。一月二二日にはこのうち段祺瑞が天津から南下して南京に入って蔣介石と会談し、そのまま上海に居を定めて華北には戻らないことを決めた。呉佩孚も親日的態度を示そうとしなかったため、関東軍の謀略の中心は、段祺瑞系の張敬尭と馮玉祥系の宋哲元・方振武などに移る(1)。

国民党・国民政府は、同時に、一月一七日、故宮の文物を南に送ることを決定した。この決定は、華北社会には中央が華北放棄を決意したものとして広く受けとめられ、華北社会の不安と南京中央政府への不信感を煽ることとなった。西南執行部・西南政務委員会にとって、熱河の緊張は、国民政府を攻撃するための有利な要素となった。一月一七日、西南執行部・西南政務委員会は、国民政府に抗日の態度を明らかにするように電報で要請している(2)。

このような情勢のなかで、蔣介石—宋子文（行政院長代理）政権は、共産党軍事勢力に対する第四次囲剿戦を継続しながら、華北での抗戦にも備えるという選択を行った。華北・東北での対日策を張学良に委ねて、結果的に東北喪失をもたらした九・一八事変の失敗に鑑みた選択であり、「攘外必先安内」という意味の「安内攘外」政策から、いわば「安内・攘外」を同時に行う政策への転換であった。また、それは、対日強硬論者である宋子文の主張に沿った選択でもあった。華北の張学良・閻錫山も国民党・国民政府の決定に協力し、華北の対日抗戦部隊は張学良の指揮下に編成された。その主力はなお張学良系の軍隊であり、山西軍・中央軍がこれに部分的に加わるという態勢になっている。熱河省主席湯玉麟に対しては、宋子文・張学良がともに東北に赴いて督励し、財政部長でもある宋子文は抗戦のための破格の軍費の支給を湯玉麟に約束した。しかし、二月一八日の関東軍の熱河への侵攻開始によって、共産党軍事勢力と関東軍の双方と同時に戦うという政策は破綻した。湯玉麟は、日本に対する抵抗をほとんど行わないまま省会の承徳を無血で関東軍に委ね、自らは天津に逃亡したのである。熱河省内ではわずかに孫殿英が軍事的抵抗を実行したのみであった。(3)

華北世論は、瀋陽を無抵抗で喪失し、熱河を再び無抵抗で喪失した責任者である東北軍の指導者の張学良を厳しく非難した。瀋陽の無抵抗での放棄は、蔣介石との協調の上に立った苦渋の決断であったとはいえ、張学良自身の意思で行われたものであった。だが今回の熱河陥落は湯玉麟の独断であり明らかに張学良の意思に反したものであった。しかし、東北軍内部の事情はどうあれ、この行動は「抗日に対する中央の（とくに財政的な）支援を要求しながら対日抵抗を行わない張学良」というかつての汪精衛の非難を自ら実証する結果となってしまった。

熱河陥落により、抗戦の焦点は長城線へと移る。同時に、蔣介石・宋子文指導部は、「分治合作」体制下での抗戦を断念し、華北を中央のもとに掌握することをめざすようになる。

（二）　長城抗戦期

蔣介石・宋子文は、まず、華北を自らの手で掌握するため、張学良を華北の政治・軍事指導者から解任した。三月六日、蔣介石は囲剿線の指揮にあたっていた南昌から漢口に飛び、自ら「抗日軍事」を指揮するためと称して漢口から平漢線で北上した。蔣介石は八日に石家荘に到着し、九日、張学良が参加して蔣介石・宋子文・何応欽とともに保定で今後の華北体制についての会談が行われた。この会談で張学良の辞任が決まり、東北軍は于学忠・万福麟・王以哲・何柱国によって分担して指揮されることとなった。張学良の北平軍分会委員長代理・北平政務委員会常務委員からの辞任は三月一二日に正式に国民政府から発令された。張学良が務めていた北平軍分会委員長代理の職は、何応欽（軍政部長）が兼任することとなり、何応欽は現地に赴任している(4)。

保定会談が行われていた三月九日には、二九軍を率いる宋哲元が喜峰口の戦闘で勝利を収め、熱河陥落と張学良更迭の予測で暗転していた世論を、ことに華北世論を沸き立たせることとなった。宋哲元はこの一戦で「喜峰口の英雄」の称号を与えられ、前年、「刺し違え通電」事件に際して決定的な段階で強硬な連袂辞職通電をとりまとめたことと並んで、華北の諸軍のなかで指導的な地位に登るひとつの契機となった。ただし、長城抗戦は、この宋哲元の喜峰口での勝利以降に本格化する。華北社会では、蔣介石の指揮のもとで、中央軍が日本軍の侵略に対して全面的に抗戦するものと期待していたが、蔣介石は張学良を辞任させた後、何応欽に後事を託して再び南下する。この行動は、華北社会に重ねて幻滅を味わわせ、その後の華北の混乱の一要因となる。

蔣介石の南下後、中央政府で大きな動きがあった。張学良の辞任を承けて、三月一七日、汪精衛が行政院長の職務に復帰し、かわって宋子文は行政院長代理の職務を停止して外遊に出発した。汪精衛は、二〇日、対日政策の方針として、国民党の「中央記念週」で「一面交渉一面抵抗」論を訴えた。これに対して、香港では胡漢民が談話を発表し、汪精衛の「一面交渉一面抵抗」論を強く批判し、その復職に異議を唱えた。復職に対する批判が強いことを感じた汪精衛は、二三日、南京から上海に戻り、行政院長を辞任し宋子文を正式に後任に任命するよう求めた。このとき、上海に滞在していた黄郛が、その汪精衛に復職を強く勧めた。これに対して、汪精衛は、黄郛に汪精衛の非公式の顧問として活動することを求めた。黄郛はこの条件に同意し、これをうけて、三月三〇日、行政院長職に復帰した。黄郛は、汪精衛から、蔣介石と汪精衛の関係の調整役を期待され、黄郛もそれに応じたのである。同じ蔣介石派でも、国民政府テクノクラート層との関係が強く、対日強硬派の宋子文とは異なり、黄郛とならば協調が可能だと汪精衛は判断したのである。(5)

汪精衛の復職と同時に、蔣介石を筆頭委員とする国民党の中央常務委員会は、七月一日に臨時全国代表大会を開き、前倒しで国民大会を開くことを決議した。全国代表大会の開催から国民大会の開催は、訓政から憲政への移行のための手続である。これは、汪精衛―蔣介石体制によって憲政移行を果たし、リーダーシップを確保しようという狙いによるものである。一九三一（民国二〇）年に黄郛が蔣介石に提案した方針がようやく実現へと動き出したわけである。(6)

長城抗戦では、物資と軍費の補給がつづかなくなった中国軍側が次第に不利になりつつあった。その情勢下で、華北にとって新たな問題が浮上した。馮玉祥が張家口に入り、抗日のためと称して中央とは無関係に軍事行動の準備を進め始めたのである。

チャハル省主席の宋哲元が対日抗戦のために張家口を離れ、しかも任地とは北平をはさんで反対側での軍事活動を余儀なくされるなかで、宋哲元の旧上官という権威を持つ馮玉祥のチャハルでの行動を妨げるものはなかった。三月二八日、内政部長黄紹竑と軍政部の熊斌が張家口に赴き、その馮玉祥と交渉し、事態の収拾を図った。黄紹竑も熊斌もこの時期には中央政府の幹部であったが、黄紹竑は広西派、熊斌は馮玉祥の旧国民軍の出身で、馮玉祥にも受け入れうる人物であった。しかし交渉の成果は上がらず、宋哲元は四月七日、チャハル省主席を辞任する意向を表明した。(7)四月に入ると、長城線での抗戦が中国軍劣勢の状況がつづくなか、関東軍は河北省内への侵攻を開始する。

(三) 第一次関内抗戦期

関東軍は、河北省で張敬尭にクーデターを起こさせ、実質的な華北独立を宣言させるという謀略を進めていた。この張敬尭クーデターに呼応するためもあり、関東軍は長城線を越えた河北省内への攻勢を強めた。この攻勢は、中央政府および華北の政治・軍事指導者に強い危機感を持たせるに至った。

この危機に際して、蔣介石は、四月一一日、黄郛に華北への赴任を要請した。これと並行して、中央政治会議が、張学良の辞任と華北での抗戦ですでに有名無実となっていた北平政務委員会を廃止することを決議している。北平政務委員会の代替機関に黄郛を起用するための準備である。黄郛が選ばれたのは、前年の「刺し違え通電」事件以来、蔣介石が華北の政治長官として想定していた人物であることと同時に、馮玉祥を説得するためには、馮玉祥と関係の深い黄郛を起用することが有効だと考えたからであろう。(8)

蔣介石の要請に対して黄郛が消極的な態度を示した理由は、華北に黄郛に対する反対勢力が多いことだった。黄郛は、この華北への赴任の目的を、関東軍に対処するだけではなく、華北の中央政府からの離反を抑えることをその目的のひとつであると考えていた。しかし、黄郛は、東北軍に根強い不信を持っていた。九・一八事変勃発後、華北からのある来客が、黄郛に向かって「山西軍はまだ望みがあるが、奉天軍(=東北軍)につける薬はない」という話をしており、黄郛も、中原大戦に際して張学良が華北に留まって日本の侵略に対応できなかったことに強い失望感を感じていた。また、黄郛は、華北の国民党党部が黄郛に敵意を持っていると判断しており、党部との協調が困難だと感じていた。[9]

黄郛が逡巡しているあいだにも戦況は悪化していた。その状況に直面した山西省主席徐永昌は、四月二〇日、汪精衛に宛てて、早く和平を決断すべきだという内容の電報を送った。徐永昌が危惧しているのは平津の陥落であった。平津が陥落すれば華北全体が取り返しのつかない危機に陥ると徐永昌は述べている。[10]

汪精衛は、この電報を承けて、行政院長復職当時の約束により黄郛を南京に招いた。この直後、黄郛は、張群とともに、蔣介石の再度の呼び出しをうけて、南昌へ向かった。四月二六日、黄郛は南昌に到着した。黄郛は、ここで、蔣介石をはじめとして、唐有壬・蔣作賓・張群・何成濬とも会談し、新設の華北政治機構の長官の地位を引き受ける決心を固めた。ここでは、日本に対してどこまでの妥協が許されるかという限度についても話し合われた。黄郛の起用が対日和平を前提としたものであったことがうかがえる。五月一日、黄郛は南京に戻り、汪精衛と意見を交わした。汪精衛も、華北に政治機構を新設することと、黄郛がその長官となることに同意した。[11]

五月三日、国民政府は、中央政治会議の決議に依拠して、行政院駐北平政務整理委員会（北平政務整理委員会、略称：政整会）を設立することを発表し、同時に黄郛を委員長とすることを発令した。委員は、黄紹竑・李石曽・張継・韓復榘・于学忠・徐永昌・宋哲元・王伯群・王揖唐・王樹翰・傅作義・周作民・恩克巴図・蔣夢麟・趙恒惕・張志潭・王克敏・張伯苓・劉哲・張厲生・湯爾和・丁文江・魯蕩平の（黄郛をのぞいて）二三人とされた。また、秘書処・政務処・財務処の三つの「処」（部局）が設けられ、何其鞏が秘書長に、王樹翰が政務主任に、王克敏が財務主任に選ばれた。また、その管轄範囲は、河北・山東・山西・チャハル・綏遠の五省、北平・青島の二市（特別市）とされた。[12]

これにより、黄郛の行政院駐北平政務整理委員会（北平政務整理委員会、略称は政整会）委員長への就任と、北平政務整理委員会の組織が決められた。五月二日、黄郛は華北への赴任に備えて、同行するスタッフの人選にかかった。臨時に何傑才を秘書に、傅墨正を庶務員に、王大綱を訳電員（暗号電報の翻訳係）に選んだ。黄郛は、さらに二種類のスタッフを必要としていた。第一は「敵情を探る人」、すなわち関東軍当局との接触が可能な人材であり、第二は、「対内的に懐柔し、取りなしのできる人」、具体的には、華北で反中央の動きを示す可能性のある政客・「軍閥」などと関係があり、その反中央運動を抑えることのできる人であった。[13]

黄郛がこの要請を受け入れた理由と、華北での役割についての認識について、黄郛にインタビューした新聞記者の回憶が残されている。

黄郛を南昌に招いた蔣介石は、自分の机の上に積まれたふた山の電報の束を指さし、「こちらには剿匪の軍事についての十万の火急の電報がある。そちらにはそちらで華北で日本軍が平津に迫っているという十万の火急の電報が寄せられている。一人でこのふたつの方面に対応できるだけの精力が私にあるとお思いか」と語り、「私は兄〔黄郛〕に火のなかに飛び込んでいただきたいと思っているのだ」と出馬を要請したという。黄郛は、「火のなかに飛び込む」ということばを、対日停戦を実現する役割を担当してほしい、という意味だととったという。黄郛はつづけて、「日本軍が迫ってくるのは、まさに家が密集している市街が大火に遭ったようなもので、どんなにすぐれた消防機材を完備していても、どんなに勇敢で熟練した消防人でも、火がついた地区内の火種を消すのは不可能だ。いまできる唯一の救急法は、ただ火をもらいそうな家を打ち壊すことだけだ」として、中国軍の撤退による非武装地帯の設置という譲歩案を持っていることを示唆した。しかし、他方で、「日本軍閥の横暴は、一歩を得ればさらに一歩を進めようとして止まるところを知らない」として、この和平交渉を「戦火の勃発を遅らせよう」という時間稼ぎの外交であると位置づけている。そして、「抗日のためには戦わなければならないと政府は早くから決心している」とも言っている。なお、黄郛の「家伝」は、「政府」（南昌の蔣介石・唐有壬・蔣作賓・張群・何成濬および南京の汪精衛を指すのであろう）は、党務・政治・軍事を統一して担当することを黄郛に期待していたと伝える。しかし、黄郛は、国民党員でなく、軍人の職も長いあいだ離れていたという理由でそれを断った。また、「政府」は、一省の主席または一市（北平市であろう）の市長を兼任してそこを活動の基盤にするよう提案した。これはのちに冀察政務委員会創設時（宋哲元が冀察政務委員会委員長と河北省主席を兼任）に採られるのと同じ方式である。しかし、黄郛はこれも断り、華北の政治機関の長にかぎって就任要請を受け入れたという。[14]

以上のことから、この時期の黄郛の認識を次のようにまとめることができるだろう。

一　関東軍の関内作戦に伴う戦況の苛烈化に対応して、蔣介石を囲剿戦に専念させつつ、華北での和平をみずから主導することが黄郛の任務である。蔣介石が「安内」＝囲剿戦と「攘外」＝日本への対応の同時並行政策を遂行できるよう、「攘外」の問題を引き受けて和平に努めることが黄郛の役割である。

二　ただし、対日和平はあくまで臨時の措置であって、抵抗のための「時間稼ぎ」にほかならない。反政府運動の手段としての対日強硬論には反対するが、世論が対日強硬論を持つのは当然のことである。

三　これと同時に、華北「独立」の懸念が現実化しないように、華北での反中央運動が発生する可能性を抑制する。そのために、旧北洋派の政客・「軍閥」への監視と働きかけを重視する。

四　黄郛自身の役割はあくまで政治面に限定され、また、一時的なものにすぎない。

なお、黄郛が蔣介石・汪精衛の要請に応じてから、関東軍は関内（長城線以南・以西の河北省内）作戦をいったん中断して、長城線への撤退を開始していた。黄郛が要請に応じた段階では平津陥落の懸念が大きかったが、北平政務整理委員会設立発令の段階では関東軍はいったん後退したかたちになっていた。黄郛はその情勢をもとに北上を決意したのであって、具体的な平津陥落の危機に対処することは当初の目的ではなかったと考えられる。

（四）第二次関内抗戦期

しかし、北平政務整理委員会委員長を引き受けた黄郛が最初に対処しなければならなかったのは、日本軍の関内作戦再開による華北情勢の緊迫であった。

黄郛は、関東軍の関内作戦再開の原因が中央や現地の中国軍の側にもあると判断し、中国側の挑発行為を問題にした。その情報源は根本博であった。根本の情報は、関東軍は中国軍を密雲—玉田—豊潤—灤州の線まで押し戻すことを最初の目標にしているとしており、その理由は中国軍が前線でときおり「挑戦行為」を行っているからだというものであった。楊永泰からの電報で、蔣介石も同じ懸念を持っていることが黄郛に伝えられた。黄郛は中国側の挑発行為が関東軍を関内再進出に踏み切らせたと考えた。そこで、五月六日、黄郛は中央の強硬論・楽観論を汪精衛の権威によって抑えてほしいと要望した。これは、たんに日本側をこれ以上刺激しないための策であるにとどまらなかった。華北で対日講和を成功させたとしても、それを中央の強硬論・楽観論により覆されることを黄郛はおそれているのであった。[15]

黄郛は、中国軍の自発的撤退で停戦を実現するために上海での情報収集を進めていた。五月一三日、黄郛は、「関東軍某要人」（岡村寧次）が「上海の友人」（根本）にあてた電報の内容を聞き出し、それを蔣介石・汪精衛（陳儀経由）

に報告した。これによると、関東軍には平津まで進撃する意志はない、ただし中国軍が日本軍の守備区域から大砲の射程の外の地点まで後退することが必要だ、ということであった。黄郛は、この言を、陳儀の得た情報などと総合して、中国軍が密雲—玉田—灤州—灤河の線まで後退することを求められていると解釈した。そこで、古北口方面の中央軍を密雲後方の牛欄山まで後退させることが、犠牲を減少させ、華北政局を有利に運ぶ策だと蒋介石・汪精衛に提案した。また、汪精衛には、連日、飛行機が飛来して北平市に脅威を与えていると告げた。そのうえで、蒋介石・汪精衛には、自分と「ともに責任を負い、確実にことにあたってほしい」と懇請している。ところが、北平からは、黄郛の提案を受けた何応欽・黄紹竑が、「確実な黙契」か「相当な保証」があるかどうかを確認してほしいと返電を送ってきた。翌一四日、何応欽・黄紹竑からは「一八日以前に、密雲—平谷—玉田—薊県—唐山の線に撤退する」という案が寄せられ、中国軍が自発的にこの線に撤退すれば日本側が進撃を停止する保証があるかどうかを再び問い合わせてきた。[16]

同時に、前線での軍費不足も深刻になっており、とくにチャハル方面の部隊の士気が低下していることが伝えられた。黄郛は、軍費の財源確保のために、上海の銀行界との交渉を開始した。黄郛は華北の軍費問題についての対処をも蒋介石に要求している。ここで黄郛は、当面の軍費の確保について「ほとんど緒に就いた」としつつも、「二か月の光陰はまことに速い、七月以後の財政は、やはり中央に計画して支出していただくよう願うほかない」としている。つまり二か月間の軍費は確保したがそのあとのことはまったく目途が立たないということである。[17]

北平の張群は黄郛の速やかな北上を求めていた。張群は、北平政務整理委員会委員長である黄郛が北平に入らなければ、形勢が変化し、華北でクーデターが発生して親日派政権が樹立されてしまうことを強く警戒していた。[18]しかし、黄郛は、根本武官を介した日本側からの情報入手のためと、銀行界との交渉のため、北平政務整理委員会委員長に任じられながらも、上海を離れず、上海から黄紹竑・何応欽・張群による日本側との交渉を指揮する姿勢をとった。

何応欽は、北平の永津佐比重武官と交渉し、双方の「黙契」のもとで戦闘を停止することが可能であるという見通しを黄郛に送った。黄郛は、張群・何応欽（および黄紹竑）・陳儀の電報に対して、何応欽・黄紹竑の案に応じて、中国軍が速やかに自発的に撤退するという方針を採用することを要求した。抵抗しながら撤退すれば結果的に日本軍を平津に引き入れることになる。しかし、中国側が速やかに自発的に撤退し、密雲の後方、大砲の射程外の牛欄山などに撤退すれば、犠牲も少なく、何応欽のいうような停戦も可能であると判断したのである。黄郛は、永津武官との交渉が可能ならば、時機を失しないようこの提案を出すよう何応欽に指示している。しかし、陳儀（および汪精衛）は何応欽らの提案する方法は困難であると判断した。陳儀は、敵が密雲―玉田―豊潤―灤州の線からさらに進撃をつづければ戦線は平津に波及するという懸念を伝え、黄郛が速やかに北上して交渉を開始するよう求めた。汪精衛・陳儀も、張群と同様に、黄郛の北上が必要であると考えていたのである。(19)

この時点で、四月二〇日付徐永昌電報に示されていた「平津陥落」の懸念が、華北情勢に関心を持ち対日和平を主張する中央政府のスタッフに、南京・上海・北平のいずれの都市にいるかにかかわりなく共有されていることが注目される。平津陥落は華北陥落を意味するとして、冀東・察東地域での関東軍の南下は平津を危機に陥れるからこそ阻止しなければならないという認識が共有されている。そこで懸念されているのは、抽象的な領土喪失ではなく、具体的な平津喪失の危機であった。

黄郛は、黄紹竑・何応欽が中国軍の撤退ラインを決めたことを受けて、自ら北上することを決めた。五月一四日、何傑才を機要秘書に、傅墨正（傅孟）を庶務員に、王大綱を訳電員（暗号電報の翻訳係）に起用することを決定した。また、徐鼎年・許修直・李択一・傅墨正には、平津に先行して各方面と意見を交換するよう命じた。黄郛が華北に同行したスタッフは、何其鞏・何傑才（何其偉）・傅墨正（傅孟）・張寓鋒（張楚）の四人を含むごく数人であった。[20]

黄郛が華北への赴任に際して最初に行ったのは、急を要する停戦交渉ではなく、華北の省主席クラスの軍人政治家との顔合わせであった。まず、黄郛は、済南で山東省主席韓復榘および省政府各庁長・政府委員の出迎えを受け、この席で「華北の政務整理には各方面の一致した自覚があって始めて打開の道が開ける」と語ってやがて開設される北平政務整理委員会への協力を要請した。一七日には河北省会の天津に到着した。河北省主席于学忠は黄郛を省政府に招待して軍事情勢などを報告し、黄郛には中央の対策について熱心に問いただした。[21]

黄郛は、一七日夜、北平に到着し、北平軍分会で会議を開いた。この会議後、何応欽が、宋哲元・商震・龐炳勳・何柱国らを北平に召集する電報を発した。停戦へ向けての華北軍人のあいだでの合意作りのためであった。黄郛は、北平政務整理委員会を正式に成立させることよりも、対日和平の実現を優先したのであった。[22]

しかし、黄郛が対日和平の動きを始めると、それに対する反対の動きが、胡漢民の影響下にある西南から起こった。西南政務委員会から、日本の「参謀部」と北平軍分会が休戦交渉を始めたという内容の「通知書」がジュネーブ（国際連盟）に送られた。また、黄郛の行っている交渉の内容が、中国が偽国の治安を乱す活動を停止する、黄河以北の各省を中立区とするなどの条件とひきかえに不平等条約を撤廃し、アジアモンロー主義による平等互恵の協定を結ぶというものであるという情報もジュネーブに流れた。ジュネーブから顧維鈞がその真偽を外交部に問い合わせ、外交部がこれを黄郛・何応欽に転送した。この国際連盟を巻きこんだ和平反対運動の中心が西南執行部・西南政務委員会（および香港の胡漢民）であったのは確かだが、同時に、対日強硬派の羅文幹を部長とする外交部も黄郛の対日妥協政策に危惧を感じていた。このような対日講和反対の動きに対して黄郛の対日和平交渉を支えようとしたのは汪精衛であった。また、「国民政府記念週」での報告では、「広州の一部分の中央委員が根拠のないうわさを信じている」として、西南政務委員会の国際連盟への「通知書」送付に不快感を表明し、西南当局が「救亡の責任」をとろうとしないとして批判した。汪精衛は、和平実現のために対日強硬論を抑えるという、黄郛に委ねられた役割をひとまずは果たしたわけである。[23]

また、関東軍との戦争で窮地に立たされている華北の軍人自身が必ずしも和平に積極的ではなかった。そのため、五月一七日の黄郛の呼びかけで、二一日、各将領が集まって軍分会で会議を開いたときには、白河の線を決死の抵抗線と定め、それぞれがその最後の職責を果たすという結論が出たのみであり、和平への合意は得られなかった。[24]

このあいだに北平の危機感は募っていた。五月二一日、黄郛が北平の日本公使館に永津武官を訪問したところ、中国人の一青年が日本公使館の守衛に斬りつけるという事件が起こり、交渉が行えなかった。また、同じ日、「今晩、平津で便衣隊による暴動がある」という噂が流され、北平から脱出する住民も現れた。[25]

汪精衛・蔣介石は、和平がいっこうに進展しないことに関して強い懸念を示した。

汪精衛は、抽象的な表現ながら、「わが軍の対応の方法」について何応欽・黄紹竑・黄郛に「授権」すると告げ、また、「軍費は当然ながら全力を尽くして捻出する。政府が一日でも存在しているということは、その一日はけっして責任を放棄しないということである。捻出の方法は財政部と協議して、また告知する」と、財政面で黄郛を支持することを約束した。蔣介石は黄郛の活動が進展していないことに不快感と不安を表明した。蔣介石は、何応欽の報告を引用して、「敵が平津まで攻撃してくる意図はすこしもなくなっていないようだ」と黄郛に警告し、熊斌を送ったので緊密に連絡をとってほしいと要請した。蔣介石は、また、黄郛からの連絡があまり頻繁でないことに不満を示して、「すべての情勢・形勢は、その日ごとに電報でお示しいただき、遠方にいる弟（蔣介石）の懸念を払拭するようしていただきたい」と求めた。[26]

厳しい状況のなかで、黄郛は関東軍との直接交渉による打開策を考えた。そのために、黄郛は殷同を起用した。殷同は、江蘇省の出身で、日本陸軍高等経理学校を卒業しており、一九一三（民国二）年には陸軍第二師の参謀長をしている。黄郛とは古くからの知り合いではないが、日本の国情を熟知しているということで、とくに登用されたのである。この殷同が、その後の黄郛の活動で対日交渉を一貫して担当することになる。黄郛は、「今回の停戦は、局部の軍事行動についてのものであって、いささかも政治問題に渉るものではないことをかならず相手方にも了解させてほしい」という条件をつけて、殷同を長春（＝満洲国の新京）に派遣し、交渉を行わせた。[27]

殷同を派遣した五月二二日、北平軍分会は撤兵を命令し、徐庭瑶を北平城防司令に任命した（城防＝都市防衛）。白河防衛という計画は放棄され、自発的に撤兵して北平の防衛に集中することがようやく具体的に命令された。華北の軍幹部がようやく和平に同意し始めた。翌日、上海の『申報』に日本側の和平交渉に関する報道が現れた。[28]

しかし、日本軍は、辛丑条約（庚子戦争＝義和団戦争の和平条約）上の権利として、日本居留民保護のために北平城内に軍隊を合法的に送りこむことができた。殷同を派遣し、北平への撤兵が命令された五月二二日、天津軍が、北寧鉄路局長・鉄道部次長の銭宗沢に居留民保護のために北平に部隊を送りこむために北寧線に特別列車を走らせるよう要求してきた。中国軍を北平の防衛のために集中的に投入したとしても、もし日本軍が北平城内に入れば北平城は内外からの挟撃を受けかねない。銭宗沢から連絡を受けた黄郛は、何応欽と協議し、汪精衛に急を知らせるとともに、北平からの軍政機関の移転の準備にかかった。同時に、黄郛は、「北平はすでに戦区〔交戦区域〕の範囲に入っており、北平政務整理委員会に任務を遂行する余地は残っていない」と蔣介石・汪精衛に訴えた。また、軍費支給がこれ以上滞るようであれば、軍の士気も維持できなくなり、それは平津の動揺と華北の混乱につながるとして、軍費支給について具体的な策を示さない中央政府を批判した。[29]

これと行き違いに汪精衛は和平交渉に関する具体的条件を電報で送っていた。偽国を承認し、四省を割譲するという条約を調印すること以外であれば、その他の条件はすべて受け入れてよい、相手方（関東軍）に条件を明らかにするよう問いただし、「長官」（黄郛）の決定で受け入れるかどうかを決せよ、という内容である。二二日深夜、汪精衛の電報を（暗号から翻訳された後に）受け取った黄郛は、黄紹竑と協議し、黄郛・黄竑・李択一の三人で中山（詳一、代理公使）・永津・藤原（喜代間、海軍武官）らと電話を用いて午前二時まで話し合いを行った。[30]

この電話交渉の内容は、二三日には早くも『天津大公報』が号外で発表している。黄郛自身も、五月二三日、何応欽・黄紹竑と連名で、中山・永津・藤原との交渉結果を次のように報告した。これによると、日本側が提出した（「双方の合意した」ではない）条件は以下の四項だという。[31]

(1)中国軍は、延慶─昌平─順義─高麗営─通州─香河─宝坻─林亭鎮─寧河以南・以西に撤退し、今後いっさい挑戦行為をしない。
(2)日本軍もこの線を越えて進撃しない。
(3)何応欽委員長が正式に任命した停戦全権員を密雲に派遣し、日本軍の高級指揮官に対して停戦の意志を示す。
(4)以上のことが正式に約定された後、関東軍司令官の指定した日本軍代表と中国側の軍事全権代表が、何日何時と定めて、北寧線上のいずれかの地点で停戦に関する成文協定を作成する。

この停戦ラインは、一四日の何応欽・黄紹竑提案よりも南西寄りであり、中国側にとって不利なものとなっていた。

黄郛ら〔黄郛・黄紹竑・李択一〕は「汪院長の電報による指示の趣旨に則り、何応欽より日本の公使代理〔中山〕に以下のようにその四条件をすべて受け入れ、また、大佐・参謀の徐燕謀を停戦代表として今日中にも派遣することにしております」として、承認を求めた。黄郛らは、日本人は斉燮元・孫伝芳・白堅武ら「失意の軍閥」に多くの資金を援助して華北に「聯治政府」を組織しようとしているという現状を報告し、「傀儡に資源を得させて偽政府を組織されれば、華北は永劫に回復できない状態に陥るでしょう。停戦を協議して、華北を保全し、〔華北社会・民衆の〕休養を図り息を吹き返させて、党国の基礎を固めることこそが、利多く害の少ないやり方です」と書いて、なるだけ早く停戦を発効させるよう中央に求めた。(32)

ところが、黄郛が実際に停戦交渉に入ると、汪精衛・蔣介石の姿勢は和平に消極的なものに転じた。

蔣介石は、五月二四日、「事すでにここに至ったからには、「委曲求全」することはやむを得ざることであり、私が責任を負うべきであろう」としながらも、停戦を明文で取り決めることに関しては強い難色を示した。それは、東北三省・熱河省の地名が成文協定に記載されれば、中国が割譲を認めたと解釈されることになると懸念したからである。汪精衛も、国防会議の決定として、文字を用いた規定を作ってはならないこと、やむを得ざる場合にかぎって軍事協定は認めるが政治協定は認めないこと、その内容は中央の批准を得ることなどを何応欽・黄郛に命令した。黄郛に全権を委任するように読める二二日の電報とはニュアンスが大きく異なる。(33)

汪精衛・蔣介石は、さらに、北平政務整理委員会・軍分会の北平からの退出を決めた黄郛に平津死守を命令してきた。汪精衛は、江西の軍隊（囲剿軍）は北には回せないし、両広（西南）は「抗日」を唱えつつ出兵しようとしないので本格的応援はできないことを認める。しかし、平津は世界の注目を集める場所であるからわが国が怯懦な姿勢を見せれば「国家の人格」を疑われるであろう、また戦争が激烈になれば各国が干渉してくるであろうとして平津防衛を命じるというものであった。諸外国の干渉は一・二八事変〔第一次上海事変〕の例を念頭に置いたものである。蔣介石も「街〔北平〕を守ると心を固め、しっかりと足場を固めるのでなければ、おもむろに転機を図る〔不利な情勢を有利に変えていく〕ことなどできるはずがない」として、「最後の関頭に至るまで北平を離れてはならない」と、軍分会・北平政務整理委員会の北平からの退出を認めないと告げた。[34]

蔣介石は、五月二五日の電報でかさねて北平を死守すべきだと強調した。蔣介石は、その理由として、「弟〔蔣介石〕には倭寇に休戦の誠意があるとはとうてい思えない」ということを挙げている。瀋陽・承徳につづいて北平まで無血で敵手に委ねることは避けなければならないということが蔣介石の強い意向であった。蔣介石はこの電報を「弟は、北平での死戦がなければ、けっして倭寇の欲を満足させることもできず、また国人の了解も得られないものと考えている」と結んでいる。また、「文字方式」による協定を作成してはならないのは、「将来、これを例に引かれることになり、その〔日本の侵略拡大の〕端緒を吾人がみずから開くことになってしまう」ためであった。ただし、万やむを得ず明文の協定が必要となった場合には、「最大でも〔最大に譲歩しても〕去年の淞滬協定〔上海停戦協定〕の範囲を超えてはならない。また、絶対に偽国の〔偽国が存在するという〕事実を承認するようなことに渉ってはならず、〔内容が〕東四省の割譲や境界線の問題に及ぶようなことがあってはならない」としている。汪精衛も、英米の意見が接近してわが国に有利な解決が望めることを強調し、財政面でも宋子文が米英と折衝しているので希望がある、と、それまでの論調から一転して「英米の支持があるので一定の対日強硬策を維持せよ」という主張を強めている。[35]

平津を喪失すれば華北は極度の混乱に陥る。それを防止するためには対日和平を実現するしか方法がない。しかし、停戦を実現しても日本が侵略を止めるという保障はないばかりか、その停戦協定が日本の東北占領～満洲国樹立の正当化と華北へのさらなる侵略の足がかりに使われるおそれがある。停戦を決断せずに華北を混乱に陥れれば中央政府の支配の正統性は失われるが、停戦を決断してなお華北を喪失すれば中央政府はさらに苦境に陥る。汪精衛・蔣介石のジレンマはそこにあった。黄郛はそのジレンマの解決を押しつけられたかたちとなったのである。黄郛は、対日交渉を継続する一方で、蔣介石・汪精衛をも説得しなければならないという立場に置かれた。

黄郛は、五月二七日付電報で、対日交渉の経過を報告するとともに、蔣介石の対応に対して強い不満を示した。蔣介石が「最後の関頭に至るまで北平を離れるな」と命じたことに対しては、「日本大使館〔ママ〕は天津から二個連（大隊）を増援に迎え、前線各路〔の抗戦軍〕からは急を告げる報がつぎつぎに舞い込み、市内の反動団体もまたうごめき出してことを起こそうとし、天津では暴動がありました。このようなことがあいついで、一時は人心もパニックに陥り、秩序はひどく混乱し、そのときの環境の険悪さは、かつて済南で市街から退去したときの程度とくらべても、それ以上ということはあってもそれ以下ではありませんでした」と、かつて黄郛が蔣介石とともに処理にあたった済南事変の例を引き合いに出して、一時は北平退去を考えた理由を説明している。また、領土の問題に触れてはならないという指示に対しては、対日停戦協定が、国家対国家ではなく、あくまで軍対軍の協定として結ばれるという点に注意を促している。蔣介石・汪精衛が、いったん黄郛にフリーハンドを許したはずの停戦交渉に対して条件をつけたことに対しては、「弟（蔣介石）はしいて私にこの重任を担うよう求められました。それならば、それと同じ程度はぜひ私を信用していただきたい」と強い不快感を示し、また汪精衛の楽観論の根拠に対しても批判を加え、汪精衛が西南の姿勢を華北を援助できない理由に挙げることにも不快感を示した。黄郛は、最後に「もっぱら表面的な激励のことばに終始するのみで、後世、電文だけを読んだ者に、弟（蔣介石）は愛国者であり私が国を誤った者だと疑わせるようなことはしないでいただきたい」と述べている[36]。

しかし中央政府の慎重姿勢はかわらなかった。汪精衛は、二七日にも「成文協定は関係が重大であり、一字一句がじつにのちの禍福の起こる源になりかねない」という理由で、蒋介石との協議が終わるまで待つように命令し、しかも、風が強くて飛行機が飛べず、蒋介石との協議ができないという理由でさらに期限を一日延期した。五月二八日、汪精衛・孫科（立法院長）・羅文幹（外交部長）・馬超俊・曽仲鳴・王世杰・陳紹寛・梁寒操は、牯嶺で蒋介石と華北問題に関して協議を行った。しかし、これは、従来、「偽国との境界線問題」などと表現されていたものを「長城以北の領土を放棄するような協定は認められない」というように表記を変えたのみで、何の進展もなかった。(37)

中央の態度が定まらないなかでも、黄郛は関東軍との交渉を進めていた。二二日深夜の合意に従い、北平軍分会の参謀徐燕謀が黄郛・何応欽側を代表して、二五日、密雲に赴いた。交渉相手は永津・藤原両武官であった。ここで永津武官が提示した条件は、二二日深夜〜二三日早朝の電話交渉と基本的に同じであった。ただし、この交渉で、「日本軍は［中国側の］誠意を確かめるため、まず、随時、飛行機によって偵察する、あるいはその他の方法で中国軍の撤退状況を視察する。ただし、中国側はこれに対して、保護といっさいの便宜を図ることとする」という条件がつけ加えられた。この確認の後、はじめて関東軍司令官と何応欽委員長との双方の全権代表による「停戦に関する成文の協定を作成する」としていた。(38)ここで注目されるのは、まず飛行機による中国軍撤退の偵察が終わってから交渉を始めるとされていたこと、すなわち、協定締結後の偵察ではなく事前の偵察が要求されていることである。永津が、ここで何応欽・黄郛・黄紹竑が訳したように実際に求めたかどうかには疑義があるが、少なくとも中国側にそう受け取られるような文章であったとは判断してよいであろう。また、日本側は明らかに「成文による停戦協定」を求めている。停戦協定締結の概要が固まった二八日、中央との調整を行い、停戦協定について承認を得るために、黄紹竑が廬山へ向かった。黄紹竑は二九日夜に牯嶺に到着し、蒋介石・汪精衛・孫科・羅文幹と協議した。(39)

華北軍・関東軍両軍の代表は、塘沽に集まり、五月三〇日午後四時から交渉を開始した。「政治協定」の内容を含まない停戦協定として、軍と軍の協定という形式をとった。華北軍の代表委員は、北平軍分会総参議参謀本部庁長熊斌（陸軍中将、委員長）、鉄道部政務次長銭宗沢、北平軍分会高級参謀徐燕謀（上校＝大佐）、軍事委員会顧問李択一・雷寿栄、華北軍第一軍団参謀処長張熙光（于学忠が派遣）の六人であった。日本側は、関東軍副参謀長岡村寧次、関東軍から喜多誠一・遠藤三郎・藤本鉄雄・河野悦次郎・岡本英一、北平公使館付武官永津佐比重の七人である。

五月三〇日の夜になって、蔣介石は、ようやく「中央内部は一致することができた」と書いた電報を黄郛に送っている。蔣介石によれば、孫科・羅文幹・王世杰らに加えて、汪精衛も、協定の形式・内容・手続に疑問を持っており、それが中央政府が和平を決断できなかった理由だという。この会議で、中央の批准を必要とするというこれまでの条件はようやく撤回された(40)。このときすでに塘沽での停戦協定交渉は引き返しのきかない段階まで進んでいた。協定は、三一日午前中の会議で議決された。協定の正本は、中文・日文各二通ずつ作成され、熊斌・岡村によって調印された(41)。

協定では、全文で、武藤信義が「昭和八年五月二十五日」（「民国二二年」の表記はない）に密雲で何応欽の派遣した参謀徐燕謀から正式に停戦の提議を受け、双方代表の岡村と熊斌によって協定が締結されたことを述べている。協定は、中国軍の撤退ラインを延慶―昌平―高麗営―順義―通州―香河―宝坻―林亭鎮―寧河―蘆台と定め、その撤退が確実に実施されていることを確認するために日本軍が飛行機その他の方法で「視察」を行うことができるとし、しかも、この「視察」には中国側が保護と便益を供与しなければならないと定めた。これに対し、日本軍の撤退については、中国軍の撤退完了後、自発的に、「概ね」長城線まで「帰還」するという、条件付であいまいな部分を残した規定になっていた。また、この撤退ライン以北・以東には、中国側は軍隊を進入させることができないとされ、治安維持には中国の「警察機関」があたることとされ、しかもその「警察機関」には「日本の感情を刺激する武力団体」を使ってはならないとされた。この規定は関東軍や天津特務機関が育成した親日系軍隊をこの「警察機関」に転用するための伏線であった。

この協定の文章は、読み下し文として読めばそのまま日本語として読めるもので、完全に日本案の中国語への直訳である。

塘沽協定の停戦ラインは、当初、黄郛が考えていた「密雲―玉田―豊潤―灤州」の線よりさらに平津に近い線に決まり、停戦ラインから長城線のあいだが非武装地帯として設定された。いわゆる「戦区」である。しかも、第三項は、戦区に日本軍を残留させることを容認する内容であり、第四項は、別文の覚書とともに、戦区の治安維持について関東軍に介入の口実を与えることとなった。さらに、第二項は、「確悉第一項実行之情形」つまり中国軍の撤退状況の確認という目的を越えて、平津の上空を日本軍の飛行機が飛ぶことで市民に不安を与え、中国側に圧力をかけるという目的で使われることになる。

この塘沽協定の評価は中央政府内でも分かれ、また、予想されたことではあるが華北社会からは強い批判を浴びせられた。

交渉担当者の熊斌自身は、何応欽・黄郛に経過を報告した後、「国民全体の了解を得ることは期しがたいが、みずから良心に問うてなお心安んじることができるものである。双方がこの誠意に基づいて、日々親善に向かうことを望むのみである」という談話を発表した。(42)

中央政府でこの停戦協定をいち早く支持する声明を発表したのは汪精衛である。当日中に書面談話が出ていることから、停戦協定の内容を知る以前にあらかじめ用意しておいたものであろう。この談話は、「昔は抵抗せずに失地を出し、いまは抵抗して失地を出した」として、今回の「失地」は九・一八事変・熱河抗戦とは性格の違うものであるとしたうえで、中央が全面的に抵抗することができなかったのは「赤匪」と「その他の牽制」によるものであるとした。「昔は抵抗せずに失地を出し」たというのは東北軍に対する非難、「その他の牽制」とは西南当局に対する非難で、九・一八事変・熱河抗戦での東北四省喪失は東北軍の責任であるが、長城抗戦・関内抗戦での敗北は「赤匪」と西南当局の責任であるとする。停戦協定そのものについては「局部的な緩和によってであれば、領土主権や国際的に得た地位には影響を及ぼさない。そこで、久しく疲弊しきった軍隊と困窮しきった人民の回復のための計を行うことには、政府が毅然と責任を負う」と擁護する姿勢を示している。(43)

しかし、国民政府でも、外交部長羅文幹は、この日、「密雲で調印された条款」への駐外公使（施肇基・顧維鈞・郭泰祺）の反応を何応欽・黄郛に送ることで、塘沽協定への抗議の意思を表した。その批判の要点は、第一に、塘沽協定は日本側が片面的に押しつけたものであり、条件も日本にのみ有利なものが多く、対等の協定とは言えないということ（顧維鈞・郭泰祺）、第二に、日本軍の暴虐を認め、平津の危機をかえって固定するものであること（郭泰祺）、第三に、関東軍司令官は駐満洲国大使を兼ねており停戦協定が日本側に「中国は満洲国を承認した」と宣伝するための材料となりかねないこと、第四に、第三者による保証がない協定を二国間で締結したことはかえって国際社会の中国への信用を失うことにつながること（顧維鈞）などであった。なお、施肇基は全体に「政府の現在の政策にはまったく同情を表すことができない」とコメントしている。これらの駐外公使は、外国、ことに国際連盟への窓口の役割を果たす人材とともに、羅文幹外交部長も含めて中華民国の長老政治家であったから、これは塘沽協定肯定派にとっては軽視できない問題であった。(44)

このような反対意見も意識して、汪精衛は、翌六月一日、国民党中央常務委員会の席で、協定は軍事的にも屈服を意味しないし政治には無関係であること、抗戦から停戦に至る過程での問題はむしろ西南の反中央の動きであり「危殆ここに極まったというべきである」こと、今後の中日問題については「この事件は国際連盟が受理したのだから、連盟自身が存在しているならば、終始貫徹させて責任を持って解決すべきである」と、塘沽停戦協定についての見解をあらためて述べた。汪精衛はその翌日にも塘沽協定について「中国の領土主権と世界平和に関する各種の公約を害しない範囲で局部の休戦を許した」と説明し、停戦協定は「わずかに軍事についてのものであり、政治にはかかわらないものであるので、政府がこれまで持ってきた根本方策にはなんら影響しないものである」という談話を繰り返した。さらに六月五日にも、九・一八事変では不抵抗で東北三省を喪失したが華北での戦闘は三か月も敵を支えたという論理で塘沽協定を擁護した。このように汪精衛が繰り返し塘沽協定を擁護する発言を繰り返さなければならなかったことは、国民党・国民政府内部に停戦協定への根強い反対があったことをうかがわせる。また、塘沽協定を擁護するに際して東北軍や西南当局などに対して非難を繰り返しているのも汪精衛の発言の特徴である。(45)

華北の世論も停戦協定には厳しい評価を与えた。『天津大公報』は、塘沽協定が戦勝国対戦敗国の協定の実質を持っていることに注意を喚起し、また日本軍による中国軍の撤退監視を認めたことに強い非難を向けている。ただし、社説全体の論旨は、敗北を認めることから立て直しを始めようというもので、「政治の改良、民力の回復、軍備の充実、物質の進歩などの条件が揃えば、恥辱を雪ぐことは絶対に可能である」というもので黄郛の主張を擁護する方向性を持つものであった。(46)

この塘沽停戦協定の成立後、北平政務整理委員会が公式にその組織を設立する六月一三日までなお半月あまりが経過する。北平政務整理委員会の下部組織の戦区救済委員会のほうが行政院命令で北平政務整理委員会の正式成立に先んじて成立している。北平政務整理委員会の正式成立が遅れた理由は、黄郛の活動は北平政務整理委員会の組織とは別にすでに開始されていたこと、黄郛にとって当面の任務であった塘沽協定の締結には北平政務整理委員会の組織は必要なかったこと、停戦に関する華北の地元軍人との意思疎通は黄郛が軍分会の会議に出席することで果たすことができたことなどの理由による。(47)

黄郛の起用は、張学良の辞任と汪精衛の中央政府への復帰とともに決定したものであった。しかしその起用は四月下旬にずれこんだ。したがって、黄郛は、日本軍が関内からいったん撤退した時点で北平政務整理委員会の委員長を引き受けたのである。ところが引き受けとほぼ同時に日本軍の関内への再侵入が開始され、黄郛はその状況への対処に追われることになった。北平政務整理委員会の成立前に、委員長の黄郛は対日停戦を実現するために尽力した。そのために、北平政務整理委員会は塘沽協定の善後処理を行うための機関であるという性格を持つことになった。

黄郛の起用を決定したのは汪精衛・蔣介石である。それは対日和平の実現のための起用であった。ところが、その危機的な局面に際して、かえって汪精衛・蔣介石は停戦断行を躊躇し、黄郛の停戦工作に条件をつけるなど、和平に消極的な態度に転じた。これは、和平の成否よりも日本軍が平津を侵略しないことの保証を得ることを優先する汪精衛・蔣介石と、一刻も早く和平を達成しなければ北平を失うという危機感を強く感じていた黄郛との認識のずれによるものであった。また、汪精衛・蔣介石には孫科の立法院や外交部を中心とする和平反対論を抑制する必要があった。

このこととの関連で、北平政務整理委員会が行政院の出先の体裁をとりながら、その命令を汪精衛・蔣介石の両方から受けているという点も注目される。行政院の出先機関であれば、本来は行政院長汪精衛の命令によってのみ動くべきであり、軍事委員長蔣介石には北平政務整理委員会に命令を下す権限はないはずである。ところが、現実には、汪精衛と蔣介石の両方の命令が黄郛のもとに届いており、それが必ずしも一致しないときには、汪精衛ほかの中央政府のスタッフが囲剿戦を指揮する蔣介石のもとに赴いて協議して方針を決定しなければならなかった。中央のこのような決定過程が、一刻を争うはずの黄郛の停戦工作の大きな障害となったのである。

さらに、黄郛の停戦工作に対する障害となったのは、華北社会や地元の軍幹部との認識のずれや意思疎通の欠如であった。関東軍との戦闘で疲弊しきっていながら、張学良系の幹部は黄郛のもとでの停戦に必ずしも積極的でなかった。華北社会には、中央政府が華北を犠牲にして日本と講和することを策しており、黄郛はそのために華北に来たという不信感が根強くあった。また、黄郛の意図する華北地方の整理とは、抗戦によって膨らんだ軍隊の整理をも意味していたから、停戦は華北軍幹部の重要な資源である軍隊の削減をも意味するものであった。停戦は白河防衛線を破られ北平近郊に日本軍が迫るという事態によって迫られたやむを得ざる選択であった。

北平政務整理委員会の活動が塘沽協定締結から始められたこと、黄郛の活動にとって中央政府内部の結束の欠如が障害となったこと、華北社会や華北軍幹部と黄郛とのあいだで利害が一致せず、十分な信頼関係がなかったことなどは、この後の黄郛と北平政務整理委員会の活動にも強い影響を及ぼしつづける。

その状況のもとで、黄郛と北平政務整理委員会は、華北の抱える多くの問題の解決を迫られることとなる。主要な問題には、塘沽協定後の対日・対関東軍（満洲国）関係の調整、戦区に拠点を広げている親日派中国軍の整理、チャハルで抗日決起の計画を進めつつある馮玉祥軍への対処、華北の都市・農村の再建、来るべき憲政施行に向けての適切な地方制度の模索などがあった。

◉注

（1）『黄膺白先生年譜長編』一九三三・一・一八、一・二二、五三三頁。

（2）『黄膺白先生年譜長編』一九三三・一・一七、五三三頁。『申報』一九三三・一・一八。

（3）なお、北伐時に敗北したきわめて「軍閥」色の強い山東軍閥張宗昌から独立した部隊で、自らも「軍閥」的な性格を持つということでこれまで悪評の高かった孫殿英は、この抗戦で評判を回復した。このことが、孫殿英のその後の抗日同盟軍への加入という行動を決定したものと思われる。孫殿英の抗戦については『申報』一九三三・三・一二など。孫殿英は、『申報』に、抗日に関する声明文を出している。「孫殿英啓事」『申報』一九三三・五・一九など。

(4)『黄膺白先生年譜長編』一九三三・三・六―一一、五三六―五三七頁。東北軍の指揮を分担した四人のうち、于学忠は一九三〇（民国一九）年から北平衛戍司令・河北省主席（一九三一（民国二〇）年八月～）を務め、また、万福麟も一九三一（民国二〇）年の九・一八事変前に華北の緊張に対処するために任地の黒竜江省から華北に動員されていた。于学忠の河北省主席就任は、宋哲元のチャハル省主席就任と同時に行われた。この両名に対して、王以哲は瀋陽での限定的抗戦を指揮して東北軍を退却させた司令官であり、何柱国は山海関事件で日本軍と衝突したときの責任者である。この二人は、関東軍との戦闘の経験者で、張学良の幹部としては新しく抬頭したメンバーである。

(5)『黄膺白先生年譜長編』一九三三・三・二〇、三・二三―三〇、五三七―五三八頁。

(6)『黄膺白先生年譜長編』一九三三・三・三〇、五三八頁。『申報』一九三三・三・三一。

(7)『黄膺白先生年譜長編』一九三三・四・七、五三九頁。

(8) 四月一一日、蒋介石は「あらゆることについて会って相談したい」と電報を送り、黄郛を南昌に呼んだ。黄郛はこれを婉曲に断った。蒋介石はなおも「兄（黄郛）が北での事務を担任することを願わないのなら、私人の名義で北方に赴き、力を貸していただくわけにはいかないでしょうか」と重ねて要請を行った。『黄膺白先生年譜長編』一九三三・四・一一―一二、五三九―五四〇頁。なお、なぜ黄郛が選ばれたのかについて、黄郛夫人の沈亦雲は次のように説明している。「今回、国難が重くのしかかったことについては、内外から、党治の責任を問う声が集中せざるを得なかった。膺白（黄郛）は党員ではなく、しかも訓政に賛成していなかった。しかし革命の長い歴史を生きてきており、〔革命の〕領袖たちとも深い親交を結んでいた。日本人のなかでも、比較的自由主義的な者はだいたい彼を知っていた」。「亦雲回憶」『黄膺白先生年譜長編』六八三頁。

(9)「亦雲回憶」『黄膺白先生年譜長編』六七九―六八二頁。なお、この「来客」が誰かは不明であるが、張公権・何亜農ら北洋政府期から黄郛と親しい人物の一人と思われる。

(10) 徐永昌→汪精衛（電報、一九三三・四・二〇）『黄膺白先生年譜長編』五四〇―五四一頁。この徐永昌の電報は、日本の謀略による張敬尭クーデター予定日（四月二一日）の前日に発せられているので、徐永昌はその情報を知り、それに対処するためにこの電報を発したと考えられる。徐永昌電報については、鹿錫俊、前掲書、二〇〇―二〇二頁。

(11)『黄膺白先生年譜長編』一九三三・四・二一―二九、五四一―五四二頁。黄郛日記、同書、一九三三・四・二一、五四一頁。黄郛が先に華北への赴任を断った後に、中央政府の一部では、段祺瑞を華北の長官に起用するという案が検討されていた。汪精衛はこの段祺瑞起用に反対した。汪精衛は、黄郛を呼んだとき、黄郛にその経緯を伝えた。

(12)『黄膺白先生年譜長編』一九三三・五・一―三、五四二―五四三頁。『申報』一九三三・五・五。「家伝」では、この秘書・政務・財務の三「処」の体制はそれまでの北平の各政治組織（北平政務委員会を指したものであろう）を引き継いだものであるとする。『黄膺白先生年譜長編』六七九頁。夫人の回憶では、北平政務整理委員会の「メンバーは、上述の七つの地方〔河北・山東・山西・チャハル・綏遠の五省、北平・青島の二市〕の行政首長のほかに、中央・地方の党・政の名流、銀行界、教育界の知名人、それに北方軍閥時代に関係のある失意の人物で、すべて中央が指定した」となっている。「亦雲回憶」『黄膺白先生年譜長編』六八五頁。

(13)「亦雲回憶」『黄膺白先生年譜長編』六七九―六八二頁。第一の種類のスタッフとしては殷同、第二の種類のスタッフでは薛之珩が典型的である。

(14)『黄膺白先生年譜長編』一九三三・五・一八、五五三頁。「家伝」同書、六七八頁。なお、五月一八日の北平での記者会見でも、華北の記者「諸君は南方の状況をよく知らない」と中共の脅威を強調し、中共には中央政府が、華北の日本軍には黄郛が対処するという役割分担があると答えている。同書、五四三―五四五頁、『申報』一九三三・五・一九。

(15) 根本から入手した情報と、それに関する情勢判断については、黄郛→陳儀（電報、一九三三・五・六）『黄膺白先生年譜長編』五四六頁。陳儀は軍政部次長である。軍政部長何応欽が北平に赴任しているため、南京軍政部の実質的な長官であった。その後の対応については、楊永泰→黄郛（蔣介石→黄紹竑・何応欽、電報、一九三三・五・六）『黄膺白先生年譜長編』五四五―五四六頁。黄郛の情報源として、相手方の名が判るのは根本博武官だけであるが、ほかにも南京には陳儀を通じたルートがあり、さらに殷汝耕を通じた情報収集も行われていたようである。関東軍の関内作戦の再開に関する情報も黄郛は上海で収拾している。楊永泰→黄郛（電報、一九三三・五・八）『黄膺白先生年譜長編』五四六頁、同書、一九三三・五・一二、五四八頁。黄郛は日本の有吉明公使とも接触している。第二五七号、一九三三・五・一三、上海（有吉）、『日本外交文書・満洲事変』第三巻、八四七―八四九頁。

(16)「関東軍某要人」は岡村寧次、「上海の友人」は根本博だとするのは、黄郛夫人沈亦雲の回想に基づく。この点も含め、『黄膺白先生年譜長編』一九三三・五・一三―一四、五四九―五五〇頁。なお、黄郛は、この前日、日本軍関係者に探りを入れたところ、日本軍は密雲まで進撃を停止しないようだという感触を得たと蔣介石に報告している。黄郛→蔣介石（電報、一九三三・五・一二）『黄膺白先生年譜長編』五四八頁。なお、中国側が灤河の防衛を重要視したことについては、『申報』一九三三・五・一七「時評」。

(17)『黄膺白先生年譜長編』一九三三・五・一二、五四八頁。五月一五日には新聞記者のインタビューに「華北の政治財政整理の計画は汪院長と協議しないとなんとも言えない」と答え、明確な答えを避けた。同書、五五〇頁。

(18)『黄膺白先生年譜長編』一九三三・五・一一、五四七頁。

(19)『黄膺白先生年譜長編』一九三三・五・一二、五四七―五四八頁。陳儀・黄郛の日本側との接触については、関東軍司令部「北支における停戦交渉経過概要」『現代史資料　七　満洲事変』みすず書房、一九六四年、五一二―五一三頁。なお、五月一一日の陳儀の黄郛宛電報（『黄膺白先生年譜長編』五四七頁）および五月一三日の黄郛の陳儀宛電報（『黄膺白先生年譜長編』五四九頁）を見ると、第二次関内抗戦期には、黄郛・蔣介石・陳儀・何応欽・黄紹竑のあいだには暗号電報が直接に交わされているにもかかわらず、汪精衛のみは暗号書を持っておらず、もっぱら陳儀の翻訳に頼っていたことがわかる。すなわち、黄郛と汪精衛のあいだの電報での連絡は自動的に陳儀経由となる。

(20)『黄膺白先生年譜長編』一九三三・五・一四、五五〇頁。「亦雲回憶」同書、六七九―六八二頁、六八四頁。傅墨生は、このときまで北平におり、報告のために南京に来ていた。

(21)『黄膺白先生年譜長編』一九三三・五・一六―一七、五五一―五五二頁、「亦雲回憶」同書、六八三頁。なお、黄郛の下

車後、天津で黄郛の乗ってきた列車に爆弾が投げつけられるという事件が発生した。黄郛はこの爆弾事件に関して「私が北平に着けば日本と妥協するという説が流れているが、これはちがう。私は、この情勢下に、中華民国の国民ならばだれ一人として日本と妥協しようなどとは考えないものと思う」というコメントを発表し、「私は、中央の一面交渉一面抵抗の趣旨にそって華北の危機に対応するつもりである」と結んだ。また、一八日の記者会見でも、かさねて、「中央の意思に従って処理し、相互了解という程度のものの下に和平解決の方法を探り、それによって大局を維持したいと希望しているのであって、これは絶対に妥協ではないし、こちらから和を請うというものでもない」と強調した。『黄膺白先生年譜長編』一九三三・五・一七—一八、五五二—五五三頁。爆弾事件および黄郛のインタビューについては、『申報』一九三三・五・一八。

(22)『黄膺白先生年譜長編』一九三三・五・一七—一八、五五二—五五三頁。黄郛が、北平政務整理委員会の組織より対日和平を優先したことについて、黄郛夫人沈亦雲の回想がある。「北平政務整理委員会が成立せず、膺白が〔委員長に〕就任する以前に、〔黄郛は〕先に塘沽停戦協定を成立させることに協力しなければならなかった。その原因は三つある。第一は、戦闘がすでに平津に近づいており、国家の急を先にしなければならなかったこと、第二は、平津が陥落すると、華北全体が陥落することになり、北平政務整理委員会など存在し得なくなる〔平津保全が先である〕ということ、第三に、華北のそのときの情勢のために努力することがもともと中央の最大の目的であり、政務整理などというのは仮につけたタイトルに過ぎなかったということである」。「亦雲回憶」同書、六八五—六八六頁。

(23)『黄膺白先生年譜長編』一九三三・五・一八、五・二〇、五・二二、五五三—五五六頁。

(24)『黄膺白先生年譜長編』一九三三・五・二二、五五五頁。この時期の前線の様子について、黄郛夫人沈亦雲は「前線で〔日本軍の攻撃を〕支えきれる時間は、すでに、日ではなく、時間で計るようになっていた。宋哲元将軍は、その兵が、喜峰口のときは虎のようだったけれども、退却するときには犬のようで、いまでは綿羊のようになって駆り立てても動かないと言った。商震将軍はそのときある場所〔不詳〕を一日のあいだ支えきったために、その場でいちばん責任を負える人であったが、形勢がこうなったうえは撤退して平津を捨てる準備に入っていた」と回想する。「亦雲回憶」『黄膺白先生年譜長編』六八四頁。なお、「亦雲回憶」では一七日の会議としているが、この日の会議には宋哲元・商震らは参加していないので、二一日の会議のことであろう。なお、華北の軍幹部のなかで、山西省主席徐永昌だけは、以前と同じように対日和平推進論であった。徐永昌は、関東軍が「密雲—玉田」の線まで進出すると、そこで進撃を停止せずに平津を脅かすであろうという見通しを述べ、密雲で関東軍が進撃を停止するという楽観的な和平論を批判した。徐永昌がおそれたのは、抗戦が長引き、中国軍が平津から撤退せざるを得なくなり、十万の敗残兵が華北から南下するという展開であった。徐永昌→蒋介石（電報、一九三三・五・一七）『黄膺白先生年譜長編』五五二—五五三頁。

(25)『黄膺白先生年譜長編』一九三三・五・二一、五五五頁、『申報』一九三三・五・二三。なお、黄郛は、この緊迫した情勢下での北平市の地元官僚の怠慢な職務態度に憤りを覚えていた。「停戦前のある夜、人民はもう逃げ場もないほどの〔追いつめられた状況の〕ときに、北平市政府が便衣隊がことを起こすという情報を報告してきた。膺白は地方の治安に責任のある人すべてに電話してみたがだれも出なかった。なんと、食事後の余興に麻雀をしていたというのである」。「亦雲回憶」『黄膺白先生年譜長編』六八六頁。

(26)『黄膺白先生年譜長編』一九三三・五・二二、五五六—五五七頁。

(27)『黄膺白先生年譜長編』一九三三・五・二二、五五七頁。

(28)『黄膺白先生年譜長編』一九三三・五・二二—二三、五五七—五六〇頁、前掲『申報』一九三三・五・二三。黄郛→蒋介石・汪精衛（電報、一九三三・五・二二）同書、五五七頁。『申報』に報道された和平案とは、(1)中央軍は黄河以南に撤退する、(2)長城内八〇里には中国は兵を駐屯させてはならない、(3)〔中国側は〕抗日組織の撤廃を命令する、(4)中国側軍事当局は日本に対して謝罪するというものであった。『黄膺白先生年譜長編』一九三三・五・二二、五五七—五五八頁。793.94/6315 Telegram, Peiping, 1933.5.24.*FRUS*. 152（1933vol.III）, p.344.

(29)『黄膺白先生年譜長編』一九三三・五・二二、五五八—五五九頁。黄郛が移転の準備にかかったのは、翌日の蒋介石電報が「両機関」と表現しているので、北平政務整理委員会（この段階では黄郛の私的な事務所でしかないが）と軍分会であろう。日本側の藤原喜代間（公使館付武官輔佐官）「停戦交渉経過概要」は「何応欽以下全く狼狽の極に陥り北平脱出の準備さえ整え」としている。『現代史資料　七　満洲事変』五六一頁。これに対し、二三日、蔣介石は返電を送り、移転を不可とした。同前書、一九三三・五・二三、五六〇頁。この前後、黄郛が中央政府に不満を抱いている理由の一つは、蔣介石のこの返答である。なお、移転先はここでは保定としているが、長辛店としている電報もある。黄郛→蔣介石（電報、一九三三・五・二七）同前書、五六四―五六五頁。なお、一九三三・五・二三、北平輔佐官→関東軍参謀長、北京五九二電報「関東軍参謀部第二課機密作戦日誌抜萃」『現代史資料　七　満洲事変』五五六―五五七頁は、同日、何応欽は保定に移動したという情報を伝えている。

(30)『黄膺白先生年譜長編』一九三三・五・二二、五五九頁、黄郛→蔣介石（電報、一九三三・五・二七）『黄膺白先生年譜長編』五六四―五六五頁。なお、何応欽は徐庭瑤と協議中で、不在だった。

(31)『黄膺白先生年譜長編』一九三三・五・二三、五五九頁。『天津大公報』の報道も要点は同じである（文言や項目分けなどに異同がある）。日本側記録は一九三三・五・二三、北平輔佐官→関東軍参謀長、北京五九二電報「関東軍参謀部第二課機密作戦日誌抜萃」『現代史資料　七　満洲事変』五五六―五五七頁、第二二一―二二三号、一九三三・五・二三、北平（中山詳一）、『日本外交文書・満洲事変』第三巻、八六五―八六六頁。原案は五月二一日の北平輔佐官→関東軍参謀長、北京五八三電報、同前書、五五四―五五五頁。

(32)『黄膺白先生年譜長編』一九三三・五・二三、五六〇頁。黄郛は、黄郛・黄紹竑・李択一連名のこの報告とは別に、黄郛個人の名義で蔣介石に事情説明の電報を送っている。ここでは、日本軍が本日（二三日）払暁に大挙攻撃をかけることを決定していたとして、交渉が急を要するものであったと説明するとともに（この攻撃決定については他には見えない）、平津喪失が大きな不利をもたらすことについてあらためて論じている。同前書、一九三三・五・二三、五六〇―五六一頁。この電報で、黄郛は蔣介石に「私は涙が目に溢れ、胆が裂ける思いです。弟（蔣介石）にもまたかならずご想像いただけるものと存じます」とその心中を告白している。当初から「城下の盟」を結ぶために派遣されていた黄郛にとってさえ、日本との停戦は大きな心理的負担と感じられたのである。また、和平への合意ができた後にも、日本軍は北寧鉄路局への要求通りに北平に軍隊を送りこみ、牛欄山に攻撃を加えた。牛欄山は密雲からの自発的撤退先として黄郛が考えていた場所である。同前書、一九三三・五・二三、五六一頁。また、第二九六号、一九三三・五・二三、南京（日高）、『日本外交文書・満洲事変』第三巻、八六六—八六七頁は、何応欽はこのときの黄郛の対応を「準備なき妥協」と非難したと、「真偽確ナラサルモ御参考迄」との注釈つきで伝える。

(33)『黄膺白先生年譜長編』一九三三・五・二四、五六一—五六二頁。

(34)『黄膺白先生年譜長編』一九三三・五・二三—二四、五六一—五六二頁。

(35)『黄膺白先生年譜長編』一九三三・五・二五、五六三—五六四頁、五・二三、五六一頁。『申報』一九三三・五・二五は、華北情勢についての汪精衛の「絶対に妥協しない」というコメントを掲載している。この記事によれば、二四日、中央政治会議が開かれ、つづいて対日強硬論者の孫科ら三十数人と協議したことが、汪精衛の態度の強硬化につながっているようである。

(36)『黄膺白先生年譜長編』一九三三・五・二七、五六四—五六五頁。

(37)『黄膺白先生年譜長編』一九三三・五・二八—二九、五六六頁。ところが、汪精衛は、黄郛が不満を表明すると、中央は両兄の停戦交渉を掣肘しようという意図はないと釈明し、停戦交渉を進めるよう指示してもいた。汪精衛の決意が停戦論と停戦慎重論のあいだで揺れ動いていることが看取される。蔣介石は、何応欽・黄郛に、戴笠が入手した関東軍の内部情報を転送し、中央が停戦に対して慎重になっている事情を説明した。蔣介石は、これによって、関東軍が平津への攻撃を断念したわけではないこと、依然として反蔣謀略を進めていることを交渉当事者に伝達したのである。側近に戴笠やいわゆるCC系（陳果夫・陳立夫兄弟周辺）の情報網を持っている蔣介石と、それを持たない汪精衛の立場の違いがここに表れている。『黄膺白先生年譜長編』一九三三・五・二八—二九、五六六頁。

(38)『黄膺白先生年譜長編』一九三三・五・二五、五六三頁。蔣介石は、戴笠を介して、関東軍が「成文の協定」を求めていることを察知していた可能性がある。

(39)『黄膺白先生年譜長編』一九三三・五・二八、五六六頁。

(40)『黄膺白先生年譜長編』一九三三・五・二五、五六三頁、五・二八—二九、五六六頁。

(41)『黄膺白先生年譜長編』一九三三・五・三〇―三一、五六七―五六八頁。以下、中国文正文は『黄膺白先生年譜長編』一九三三・五・三一、五六八―五六九頁による。日本語の正文は『日本外交年表並主要文書（下）』二七四頁。

(42)『黄膺白先生年譜長編』一九三三・五・三一、五六九頁。

(43)『黄膺白先生年譜長編』一九三三・五・三一、五七〇頁。『申報』一九三三・六・一。

(44)『黄膺白先生年譜長編』一九三三・五・三一、五七〇―五七一頁。

(45)『黄膺白先生年譜長編』一九三三・六・一―二、六・五、五七一―五七四頁。

(46)『黄膺白先生年譜長編』一九三三・六・一、五七一―五七二頁。全体に、黄郛に対しては、天津『大公報』とその関連誌『国聞週報』は好意的で、プロテスタント系団体が発行していた『益世報』は厳しい態度をとっている。

(47)『黄膺白先生年譜長編』一九三三・六・一三、五七六頁。

第三章　北平政務整理委員会の活動

北平政務整理委員会の主な役割は三つあった。第一に地方軍事勢力をめぐる諸問題の解決、第二に塘沽協定後の対日・対関東軍（満洲国）関係の調整、第三に地方の都市・農村社会の再建である。

第一の地方軍事勢力をめぐる問題には、不正規の軍事勢力への対処と、地方軍事勢力が強い影響力を持つ地方政治に関する問題とがある。二ヵ月以上にわたる抗戦のあいだに、日本軍占領地域とその周辺に多くの不正規軍が生まれていた。北平政務整理委員会には、これらの不正規軍の処置を早急に決めることが求められた。また、不正規軍以外の地方軍事勢力についても、解決しなければならない問題があった。地方軍事勢力が地方政治全般に強い影響力を握っているという状態は、都市の治安問題などの他の問題の解決を困難にしていた。また、完全な地方自治と全国的な民主政治の上に成り立つはずの憲政を施行するためには、軍が地方政治に影響力を持つ状況は改めなければならなかった。

第二の対日・対関東軍関係の調整は、塘沽協定で定められた冀東・平北（北平の北）の非武装地帯、に関するものが中心である。この非武装地帯は「戦区」と呼ばれていた。戦区には、停戦後も親日的な不正規軍が多く残存していたし、関東軍の部隊も引きつづき駐留していた。中国中央政府にとっても、河北省政府にとっても、「戦区」は中国の完全な支配のもとに取り戻したい地域であった。しかし、関東軍・満洲国側にとっては、戦区は満洲国の国境に隣接する地帯であり、関東軍はこの地域の治安には強い関心を持っていた。関東軍にとっては、西方の内モンゴル地方への進出のための策源地ともなるべき場所であった。この戦区をめぐる交渉のほとんどを担当したのが北平政務整理委員会である。また、戦区問題がいちおう解決した後には、満洲国とのあいだの鉄道と郵便をめぐる交渉（通車・通郵交渉）が大きな問題として持ち上がる。

第三の都市・農村の再建の問題は、都市の治安政策と農村の復興が重点となる。華北の社会は、北京政府時代から、繰り返された内戦、地方軍事勢力の苛酷な収奪、危機的な財政状況などのために、深刻な打撃を蒙っていた。北平・天津などの都市には麻薬が蔓延していたし、治安も悪かった。また、戦区の農村は、さらに春先の戦争で農業が大きな打撃を受けており、その支援が必要であった。

本章では、その善後処理期の政治を三つの時期に分けて検討する。第一の時期は、戦時からの脱却と戦区再編へ向けての模索から始まり、それがいちおうの決着を見るまでの時期である。第二の時期は、一九三三（民国二二）年一一月の北平会議と一二月の福建事変を中心とする時期で、戦区善後問題の華北当局側の大幅譲歩による最終的解決と、福建事変に端を発する地方社会・地方軍事勢力との軋轢の表面化の時期である。第三の時期は、一九三四（民国二三）年四月に黄郛が上海に移ってから、一九三五（民国二四）年北平政務整理委員会が解消されるまでで、対日交渉は関東軍占領地域との交通・通信分野の強化の問題に入り、また、蔣介石による「分治合作」の最終的解消の動きと重なる時期である。

ここでは、このように多岐にわたる北平政務整理委員会の活動について、中央政府との関係および地方軍事勢力との関係に焦点を置いて通観したい。

この時期の中央政府にとって、華北と関連する重大な問題は、第一に対日政策であり、第二に憲政移行に伴う地方政治の再編の問題である。また、この時期の中央政府は、汪精衛―蔣介石合作の枠組みは定まっていたものの、合作政権内部の諸勢力の関係はなお複雑であった。北平政務整理委員会と中央政府との関係には、このような中央政府内部の諸勢力の動態が影響を及ぼしてきた。また、中央政府が進める地方政治再編の動きには、各地の地方軍事勢力が反応を示し、それが北平政務整理委員会にも否応なく影響を与えた。

華北の地方軍事勢力にとっては、日本軍（とくに関東軍）との緊張関係と恒常的な財政難のもとで、いかに影響力を維持していくかが最大の関心事となった。地方軍事勢力の影響力の源泉は軍であり、その軍を維持する費用が十分に支給されないのであれば、地方社会の収奪に依存しなければならない。だが、それは、北平政務整理委員会執行部の進める地方建設政策と衝突を起こさざるを得ない。地方軍事勢力による地方社会の収奪こそが、北平政務整理委員会が改革しようとした社会の悪習の根源だからである。一方で、農村建設を主体的に進めることで生き残りを図る地方軍事勢力も存在した。だが、地方建設の面では北平政務整理委員会と協調しうる政策を執っていたこれらの地方軍事勢力も、中央化の推進という点では、必ずしも北平政務整理委員会に協力的であるとはいえなかった。

第一節　北平政務整理委員会成立期

一九三三（民国二二）年六月一七日、北平政務整理委員会は、北平市の外交大楼（旧北京政府外交部）で典礼を開き、正式に成立を宣言した。典礼の出席者は、韓復榘・于学忠・徐永昌・傅作義・宋哲元・張伯苓・蔣夢麟・劉哲・張志潭・王揖唐・湯爾和・王樹翰・魯蕩平、委員以外の列席者は何応欽（北平軍分会）・何其鞏（秘書）・呉家象らであった。宣誓も行わず、総理遺嘱の「宣読」も行わない簡素な典礼であった(1)。

これより先の六月六日には、北平政務整理委員会の設立に先んじて、華北戦区救済委員会の設立が行政院で決定された。委員長は黄郛、副委員長は于学忠（河北省主席）、黄郛・于学忠に加えて周作民・張伯苓・章元善・王克敏・銭宗沢を常務委員とし、夏清貽を秘書長とした。周作民は銀行家、張伯苓は教育界の名士、章元善は華北の言論人で、農村問題を専門としていた。王克敏は黄郛の財政面での協力者、銭宗沢は鉄道部次長・北寧鉄路局長であった。戦区救済委員会には農賑（農業救済）・急賑（緊急を要する救済）・財政の三「組」（部会）を置くことが決められた。(2)

また、北平政務整理委員会正式成立の後、黄郛は、北平特別市市長の周大文の辞任を認め、北洋政府時代から黄郛の協力者であった袁良をその後任に任じた。天津市については、六月二五日、市長周龍光を北平政務整理委員会参事に転出させ、河北省主席于学忠を後任の市長（兼任）に任命した。于学忠は、一一八日、兼任天津市市長に就任した。(3)これらに加えて、北平政務整理委員会の運営を支える組織には、何応欽を蔣介石委員長の代理とする北平軍分会が存在した。

この一連の人事は、黄郛が北平政務整理委員会の基盤を安定させるために行ったものであった。委員会の有力委員は各省主席と地元名士であった。各省主席は通常は北平には不在であるし、地元の名士は実質的に名誉職として委員に名を連ねているのみで、王克敏・周作民・張伯苓・章元善ら一部を除いて委員会の活動を積極的に支えることは期待できない。そこで、積極的な委員を中心に戦区救済のための組織を設置し、同時に、北平政務整理委員会の所在地である北平市の市長に袁良を置いてその活動を支援させようとしたのであった。また、この人事で注目されるのは于学忠の位置づけである。黄郛は東北系軍人に深い不信感を抱いていたが、それにもかかわらず、于学忠を、河北省主席に加えて戦区救済委員会副委員長・天津市長の要職に就任させ、北平政務整理委員会を支える一翼を委ねたのであった。

では、北平政務整理委員会正式成立の時点で、北平政務整理委員会の果たすべき役割はどのようなものだったのだろうか。また、それについて、黄郛はどのような認識を持っていたのであろうか。

北平政務整理委員会に委ねられた役割は、最初に述べたように、第一に地方軍事勢力をめぐる諸問題の解決、第二に塘沽協定後の対日・対関東軍（満洲国）関係の調整、第三に地方の都市・農村社会の再建である。この時期、第一の問題に関連する問題としては、戦区に展開し、戦区の行政権も握っている親日派不正規軍（「偽軍」と呼ばれた）の処置と、張家口で決起した馮玉祥の抗日同盟軍に対する対策があった。これらの問題は、直接・間接に第二の対関東軍交渉に深くかかわりを持ってくる。第三の地方社会の再生に関しても、先に見た戦区救済委員会の設置に見られるように、春先の戦争で農業に壊滅的打撃を蒙った戦区農村の再建が最優先課題であり、ついで、北平政務整理委員会の所在地である北平市の治安の確立が問題となってくる。

いっぽう、黄郛は、成立典礼で、その任務を次の三項目であると説明している。(1)人心の安定、国境の保全。(2)戦区の常態復帰、戦区から流出した流亡者を呼び戻すための対策。(3)各省・市の政務を漸次的に整理する。[4]第一は主として対関東軍交渉、第二は戦区偽軍・抗日同盟軍問題の解決と戦区農村の再建、第三は、都市社会の再建と、憲政実施に向けた省政治の再編を意味していた。

当時の状況と黄郛の発言を対比させると、黄郛が「各省・市の政務の再編」を持ち出しているのがやや先走った印象を与える。関東軍との本格的交渉を開始するより前に戦区接収のための組織を設立していることも同じである。これは、黄郛が、北平政務整理委員会正式成立の時点で、事態の展開を楽観視していたためだと考えられる。とくに、抗日同盟軍問題について、六月一五日に馮玉祥が宋哲元に電報を送って妥協的とも取れる姿勢を示したため、黄郛はこの問題は解決したと判断したようである。[5]

では、現実に、これらの問題はどのような展開を示したであろうか。戦区接収問題、抗日同盟軍問題、北平市治安対策の三つの問題を、対関東軍交渉、地方軍事勢力の再編、地方社会の再建という北平政務整理委員会の任務との関連に留意しながら検討することとしたい。

（一） 戦区接収問題

塘沽協定締結後も、戦区には、交戦中に地方の支配権を確保した不正規の地方軍事勢力がそのまま存続し、行政権をも握りつづけていた。これを、中国の中央政府側では「傀儡軍」という意味で「偽軍」と呼んでいた。戦区の接収とは、この偽軍を整理し、同時に、その偽軍の手から行政権を回収し、また、塘沽協定で決められたとおりに戦区から関東軍を撤退させることを目標としていた。

有力な偽軍には、李際春軍と趙雷軍があった。これらはいずれも灤東地区にその本拠を置いていた。また、旧国民軍の幹部であった石友三も偽軍の領袖として活動していた。北平政務整理委員会・軍分会は、李際春軍は関東軍が、石友三軍は天津軍がそれぞれ育成したものであると認識していた。(6)

黄郛は、偽軍の解散・再編問題に関しては、黄郛・何応欽と両者の側近のみで対応しようとした。北平政務整理委員会・関東軍と戦区の偽軍は、塘沽協定に定められた戦区内の警備隊への再編が考えられていた。北平政務整理委員会・関東軍とも、戦区内の偽軍のうち素質の悪いものは解散させ、比較的、素質のよいものを選んで戦区内の警備隊に採用しようとする点では共通していた。

当初、北平政務整理委員会・軍分会は、塘沽協定交渉に引きつづいて偽軍解散・再編問題の交渉を進めようとした。塘沽協定の両当事者である熊斌と岡村のあいだでの解決を図ろうとしたのである。天津で、まず熊斌が岡村寧次とこの李際春・趙雷の軍隊の再編に向けて話し合いを進めた。だが、この話し合いでは結論が出ず、岡村は六月四日に長春（満洲国の新京）に帰った。(7)

これにつづく第二の交渉は、北平政務整理委員会の正式成立後の六月二二日に、長春（新京）で行われた。華北側からは、北平政務整理委員会から殷同が、軍分会からは雷寿栄が、北平の永津佐比重武官に同行してこの交渉に参加している。関東軍側当事者は小磯国昭参謀長と岡村総参謀副長である。

黄郛は、戦区接収に関して、殷同に、関東軍に戦区接収を速やかに認めるよう要請させた。また、戦区を縦貫して、本来は瀋陽まで通じている幹線鉄道の北寧線の速やかな接収を認めさせることも求めた。これに対して、日本側の回答は次のようなものだった。戦区接収については「好意によって」中国側の自由処理を認めたいが、李際春軍については、そのうち三〇〇〇～四〇〇〇人の優良分子を中国の警察隊に改編し、戦区内に配置することを要望し、その駐屯地などは後日協定によって決めることを求めている。他の偽軍も身分の保障を与えて他の場所に移すこととし、これらの交渉には関東軍が幕僚を派遣して協力すると回答している。また、北寧線については、北寧鉄路局と満洲国側の奉山鉄路局との交渉によって解決すべきだと回答した。奉山鉄路局は、北寧線のうち関東軍占領地域（満洲国）に含まれる奉天～山海関間を満洲国の奉山線として分離し、その部分を管轄する部門である。この奉山鉄路局を交渉相手として認めることは、満洲国を承認することへの突破口にもなり得た。(8)

この関東軍の回答を、黄郛・何応欽は、蔣介石・汪精衛に宛てて次のように簡潔に報告している。戦区の「接収と難民の帰郷については〔関東軍が〕極力援助する」。「李際春軍は三〇〇〇～四〇〇〇の保安隊に改編し、その他は解散させる。関東軍は幕僚を派遣して援助する」。「鉄道については当局の直接折衝に任せる」。同時に議論された北平・天津上空の日本軍機の飛行に関する報告もあわせ読むと、黄郛・何応欽は、問題になりそうな箇所は具体的に触れず

に報告していることがわかる。(9)

黄郛は戦区接収を北寧線の接収から着手した。北寧線の接収は、北寧鉄路局が天津軍と連絡を取り、天津軍の「衛隊」と中国側の護路隊（鉄道警備隊）を同じ列車で唐山に派遣して李際春軍を移駐させ、灤州に、最終的には山海関まで進むという方法で進められることになった。輸送の確保が必要だったうえに、天津軍の協力が得られたことと、山海関まで到達しないかぎり奉山鉄路局との関係は回避できることから、北寧線接収が優先されたのであろう。鉄道部次長・北寧鉄路局長の銭宗沢は、長春会談の翌日の六月二三日から接収に着手した。黄郛は、この銭宗沢には「灤東の情勢はきわめて複雑であり、文章や電報で詳しく述べられるようなものではない」と、楽観を戒める電報を送っている。(10)

黄郛は、北寧線接収が完了ししだい、戦区接収を開始したいと汪精衛・蔣介石に要請した。銭宗沢にも、「鉄道開通の時期はそんなに遠くないだろうから、準備を進めておくように」と指示するとともに、灤東の接収はけっして容易ではないと注意を促した。とくに黄郛が警戒したのは、天津軍とのあいだで「連絡不足」による行き違いが生じることであった。(11)

六月二九日、北寧線接収につづく戦区接収を進めるために、黄郛と何応欽の協議で、戦区接収委員会を設置することが決められ、北平政務整理委員会の名で発令された。委員長には河北省主席兼天津市市長の于学忠が任命された。委員は魏鑑・薛之珩・雷寿栄・銭宗沢・劉石蓀・李択一・陶尚銘・殷同である。この委員会は七月一日に河北省政府内に設置された。また、接収委員会が職権を行使すべき範囲は次に挙げる未接収の二三県と定められた。(12)

臨楡・撫寧・昌黎・遵化・遷安・薊県・懐柔・密雲・順義・盧龍・灤県・豊潤・玉田・楽亭・寧河・興隆・平谷・通県・

北平政務整理委員会は戦区の状況の把握にも務めていた。七月一日、接収委員会の設立時の状況は、順調に接収に移行できる状況とはいえなかった。すなわち、寧河・蘆台の日本軍は依然撤退せず、通州・順義の日本軍はいったん撤退したものの、その後も小部隊が派遣されてきて紛争を起こしていた。灤東方面では、日本軍が撤退した後の土地は、李際春軍が引き継いでおり、李際春は「抗日救国軍」総司令を自称して行政組織を組織し、独自に県長を派遣して事実上の独立地域を作り上げていた。李際春は、夏になると諸外国の外交官が滞在する避暑地の秦皇島に政務庁を設置し、劉錦標を政務庁長に任命していた。戦区には、他に、石友三・郝鵬・趙雷などの偽軍も存在していた。なお、関東軍に育成された李際春軍が「抗日救国」を称するとは、一見、奇妙な事態であるが、塘沽協定下で「抗日救国」を主張することは、反北平政務整理委員会・反中央政府の意味を持つ[13]。

黄郛は、困難が予想される事態を打開するため、北平の永津武官と交渉し、北寧線の接収と戦区接収を議題とする会議を大連で開くことを決定した[14]。塘沽協定締結直後の交渉、六月二二日の長春会談につづいて、三度めの交渉である。

大連会議には雷寿栄・殷同・薛之珩が参加した。雷寿栄・殷同の二人は、長春会談につづいての参加で、大連会議には「接収委員」の名義で赴いていた。薛之珩は李際春と旧知の仲であったため加えられた。さらに、正式の代表ではないが、李択一も一行に参加し、情報収集などの活動にあたり、また、李際春との細部の交渉も行っている[15]。

殷同は、七月一日から、大連大和ホテルに入り、情報収集活動を開始した。殷同は、即日、「板垣の残党」（塘沽協定前に板垣の工作に協力していた白堅武らか）、謝呂西という台湾人が組織していた「東亜同盟軍」など雑多な偽軍の活動を報じ、これらが関東軍の松室孝良大佐を通じて馮玉祥と連絡を取っているとも伝えている。殷同は、同時に、天津軍幹部は石友三にさほど好意を持っていないので、李際春の件とともに一挙に解決できるであろうという見通しを伝えていた。これを受けて、黄郛は、工作を李際春に集中させることにし、薛之珩に李際春への働きかけを依頼した。[16]

大連会議は七月二日に開始された。会議参加者は、中国側からは先に述べた雷寿栄・薛之珩・殷同、関東軍側からは岡村寧次・喜多誠一・後宮淳（満鉄嘱託、大佐）であった。偽軍からは李際春が参加し、さらに奉山鉄路局局長闞鐸も参加した。北寧線接収の協議のためであった。関東軍は、長春会談で受け入れさせた奉山鉄路局との接触を中国側に認めさせたのである。関東軍側はさらに満洲国代表も出席させるよう求めたが、中国側は拒否した。[17]

議論の中心となっている李際春が七月二日に到着すると、新たな問題が持ち上がった。北平軍分会では、李際春部隊を一個独立旅（独立旅団）に再編し、他の場所に移駐させる方針でいた。ところが、李際春軍は、抗戦終了後も部隊を拡大し、その人数は「独立旅」の規模をこえる一万人にも達しようとしていた。しかも移駐をかたくなに拒否した。この日、接触した李択一に対して、李際春軍の総参議の肩書きを持つ劉冠豪は、月四〇万元を李際春軍に支給すること、李際春軍が鉄道収入を截留することを認めること、李際春を「特区行政長官」に任命することを求め、河北省政府の下に編入されることは拒否した。李択一はその要求を拒否し、黄郛に経緯を報告した。七月三日、岡村・喜多と李択一・雷寿栄・殷同とのあいだで交渉が行われた。華北側では、この席での決定をつづく偽軍再編交渉の基礎と定めた。この決定は以下のようなものであった。[18]

偽軍の再編について

（一）「補充旅」は再編に参加させない。解散に際しては、六〇〇〇人を限度とし、徒手の兵は二〇元、歩兵銃に四〇元、拳銃に五〇元、将校は一〇〇元を支給することとする。

（二）保安隊には四〇〇〇人を改編する。

（三）移駐先は、豊潤のほか、永平・灤県・昌黎の三か所ならば希望に従う。

（四）李際春には外遊の意思はなく、「保安督弁」の名義を求めている。

（五）政府の解消、撫恤金の支給には、日本側は五万元の善後費の支出を求める。

（六）保安隊の給料などは七月分（当月分）から支給する。

（七）李際春は、外遊、「保安督弁」就任、政府解消などには、薛之珩の仲介を求める。

（八）議論がまとまれば覚書を作成したいと日本側は求めたが、中国側は拒否し、「談話記録」に留める意向を示した。

（九）議論がまとまれば、七月中に実施を完了すること。

（十）鉄道交渉は順調。

このうち、「補充旅」とは、李際春が新たに集めた隊員を指し「再編に参加させない」とは、補償を支払わずに解散させるということを意味した。六〇〇〇人の補償を支給して解散し、四〇〇〇人を保安隊（戦区警備隊）に改編するということは、華北側・関東軍側ともに李際春軍を合計一万人として捉えていたことを反映しているようである。移駐先の指定は、李際春が移駐を拒否する姿勢を示していることに対するものである。李際春の「保安督弁」という「名義」要求は、形式的にであれ、戦区の保安隊全体の指揮官の地位を保ちたいという意図であった。保安隊への改編の人数を四〇〇〇人としたことについては岡村も了承し、関東軍司令官に承認を求めた。李際春が求めている「保安督弁」に関しては婉曲に拒絶した。関東軍が必ずしも李際春の主張を全面的に支持しなかったことと、薛之珩・李択一が説得をつづけたため、李際春は三日のうちにやや態度を軟化させた。李際春は、次のような条件を出した。第一に、部隊の後任指揮官は李際春自身が推薦すること、第二に、黄郛の指揮は受けるが河北省主席の指揮を受けるわけにはいかないこと、第三に、改編終了後に下野を通電すること、ただし、これに際しては何らかの「名義」を与えてほしいということである。[19]河北省主席の指揮を受けることを拒否するという主張は変えていない。黄郛・北平政務整理委員会・北平軍分会と河北省主席于学忠のあいだの立場の違いを衝こうとしたのであろう。

黄郛は、ここまでの交渉経過を、七月三日当日、蔣介石に報告している。しかし、その重点は、大連会議の「談話記録」が対満洲国の文書を伴う協定ではないことを強調する点に置かれていた。とくに、ここで黄郛が強調したのは、相手方に満洲国の者が含まれていないこと、会談場所が満鉄付属地であることである。大連は満洲国領なので、そこで交渉を行うことは満洲国を承認していることにつながりかねない。しかし、満鉄付属地であれば、最初から日本側の権益地なので、満洲国を承認したことにならないという論理である。また、偽軍については「周辺の談判はすでに相当進歩している」とだけ報告している。北寧線接収についても、その最大の障害は自然災害であると報告するなど、全体的に、やはり楽観的な要素を選んで報告しているという面が強く見られる。[20]

一方で、黄郛は、八〇〇〇名であるとされていた李際春部隊がなぜ一万名にまで膨れ上がったのかを殷同に問い、同時に、保安隊が四〇〇〇名では多すぎるので、李際春軍以外からの再編も含めて三五〇〇名にできないか交渉するよう要求した。また、李際春軍の移駐先を、遷安県城と盧龍・豊潤県城のいずれか一つおよびそれぞれの県内の鉄道線路から四〇―五〇里の距離の地点と定めた。李際春が開通後の北寧線に影響力を行使することを懸念したためである。李際春が求めている「名義」については、改編終了後に、薛之珩を仲介に立てて協議するとしている。黄郛がとくに懸念したのは、李際春軍の解散・再編条件を緩いものにすれば、それが華北の他の軍隊の再編に影響を与えてしまうことであった。黄郛は戦区の保安隊再編を特別扱いせず、華北の他の軍隊の解散・再編と同じ問題として処理しようとしていたのである。これに対して、殷同・雷寿栄は、李際春軍は実際には一万二〇〇〇名の規模にまで及んでいることを報告した。殷同らは、岡村・喜多の仲介によって、保安隊を四〇〇〇名とし、八〇〇〇名を補償つきで解散させるという案で決着を図った。(21)

黄郛は、四日、再び、蔣介石・汪精衛に報告を送った。ここで、黄郛は、偽軍の解散費に関して、それを半減させるよう指示したと書き、また、保安隊への再編分も三五〇〇名まで圧縮するよう指示したとし、その移駐先を永平県城のみ認めたとした。いずれも、実際の交渉結果を華北側にとって有利な方向に解釈したものとなっている。また、黄郛は、日本軍が五万元の善後費の支出を求めていること、北寧線の修復に二〇万元が必要なことを報告した。殷同の報告によれば偽軍解散・再編に二四万元が必要だということだったから、この報告も食い違いがある。北寧線修復費用として要求した費目を偽軍解散・再編に流用するという目算とも考えられる。いっぽうで、五日、黄郛は、殷同への指示のなかで、偽軍の解散・改編費用を二〇万元、李際春の政務処解散費用その他まで含めて二五万元にできないかと諮った。(22)

偽軍から改編する保安隊の数を三五〇〇名に減らす件について、殷同は、黄郛の指示にもかかわらず、五日になっても四〇〇〇名という数で交渉するよう李択一に命じた。ただし、李際春軍の総数を一万名と認め、解散人数には六〇〇〇名という上限を設け、一万名を超えた二〇〇〇名を補償なしで解散することにした。また、改編後の保安隊は河北省政府に属することとし、ただし、総隊長は李際春の推薦した者を採用するとした。李際春の希望の一部だけを容れたわけである。李際春軍の移駐先は、豊潤・灤県を一時的な駐屯先として、訓練は鉄道線路から離れた場所で行うこととした。殷同は、関東軍が李際春を持て余していることを利用し、まず関東軍とのあいだで条件を折り合わせ、それを利用して李際春との交渉に臨むという交渉術を採っていた。殷同は、これを日本軍の最終提案であり、華北側も受け入れていることを明らかにし、李択一に、これ以外の個別交渉を行わないように命じている。[23]

この報告を受けた黄郛は、殷同に対して、平北（北平の北）の密雲・懐柔などの李際春軍と関係のない地域の接収を急ぎたいという意向を伝えた。黄郛が平北の接収を急いだのは、平北が、李際春らの偽軍が活動している地帯と、馮玉祥の抗日同盟軍の活動地帯とをつなぐ位置にあたるからである。[24] 黄郛は、李択一の報告にあった偽軍と抗日同盟軍との連絡を警戒し、また、偽軍で解散された兵が平北を経由して抗日同盟軍に流入することを警戒したのである。

大連会議は六日の会議で結論を得て終了した。この結論では偽軍の三分の二を解散させ、三分の一を河北省保安隊に改編するという表現で、あいまいな表現ながら、華北側の意向が採り入れられ、李際春軍の河北省への帰属も決められた。平北の接収も、灤東と同時に、一〇日から開始することも取り決められた。ただし、黄郛の指示どおり、文書による結果発表はなされていない。[25]

大連会議によって戦区偽軍再編問題の方針は定まった。しかし、同時に、大連会議は新たな問題の出発点にもなった。日本側は、大連会議の過程で、北寧線の蘆台から山海関までの区間を中国・日本・満洲国の共同管理とするよう提案していた。[26] この要求は退けられ、北寧線は管理権まで含めて中国側への返還ということでまとまった。だが、今度は、山海関で北寧鉄路局管轄区間と奉山鉄路局管轄区間が接することになり、北平—瀋陽（奉天）間の直通運転をめぐる「通車」問題がのちに発展する素地を作った。

大連会議の結果は七月八日に雷寿栄・殷同・薛之珩によって黄郛と軍分会に報告された。中央政府では、大連会議終結当日の六日に汪精衛がいち早く「大連談判は塘沽協定の原則を守っている」と談話を発表し、黄郛・北平政務整理委員会を支持する立場を明らかにした。なお、黄郛の報告に基づいて、汪精衛が中央政治会議に大連会議について報告して、その同意を得るのはその後のことである。[27]

大連会議が終結したのを承けて、七月九日、黄郛は戦区接収委員を召集して偽軍の改編について会合を開いている。翌一〇日から、灤東・平北での戦区接収が開始されることになっていた。また、薛之珩が李際春と一〇日から交渉を始めることになっており、そのためにも九日に偽軍改編の方針や具体的な手順を具体的に決めておく必要があったのである。[28]

薛之珩はこの会議を承けて一〇日から唐山で李際春との交渉に入った。この唐山交渉の焦点は、李際春に実際に支払う費用の問題であった。李際春は豊潤の出身であったが、北伐に際して豊潤の財産を没収されていた。これを返還することが薛之珩とのあいだでまず決められた。しかし、李際春はこれに満足せず、さらに多くの資金を要求した。この要求の内容は「聞き損ねた」として薛之珩は黄郛に伝えず、自分の推測というかたちで再編費用が二〇～三〇万元では不足のようだと報告した。後述の妥結結果と照らし合わせれば、四〇万～五〇万元程度の要求を突きつけられたのかも知れない。薛之珩は、また、一五日、李際春部隊の六〇〇〇人を解散するということに決定したと黄郛に報告した。黄郛はいったんこれを受け入れたが、一八日、改めて雷寿栄・薛之珩に、李際春部隊の改編費の追加を認めないという命令を出した。やはり他の軍隊の再編に及ぼす影響を恐れたためであった。黄郛によれば、六〇〇〇人の削減に対して約三〇万元を支払うことは、一人あたり五〇元をかけることであり、これでも前例がないほど多いという。まして、一人あたり八〇元以上をかけることになれば、それは他の軍隊の解散・再編を不可能にするほどの悪い前例を開くというのである。だが、この黄郛の意思は、結果的には貫徹されなかった。一九日の交渉で、合計四八万四〇〇〇元の解散・改編費が李際春に支給されることに決定した。その内訳は、改編費一四万元、他に善後費二〇万元、私的な貸付金として七万五〇〇〇元、保安隊として残る四〇〇〇名分の七月の警備費四万八〇〇〇元、解散される部隊の兵士六〇〇〇名の給料として二万一〇〇〇元である。保安隊兵士の七月分の給料（一人一二元）が支払われたのは当然として、解散部隊の兵士に七月分の給料が支払われた（一人三・五元）のは、七月にも解散までは任務に従事したという理由によるのであろう。李際春が求めてきた「名義」は、喜多誠一大佐の説得で「戦区軍事編練委員長」と決まり、北平軍分会から国民政府に要求することになった。李際春の旧部下四〇〇〇名は二つの「保安総隊」に分けられ、第一保安総隊長には鄭燕侯が任命された。第二保安総隊長には接収委員会が任命することとなった。また、秦皇島の石友三部隊九〇〇名は、五〇〇名を保安隊に改編、残りは解散することとなった。(29)

なお、これらの再編費用の捻出方法の詳細については、七月一二日の戦区接収委員会の会議（天津の河北省政府で開催）で決められた。改編費用の支払いは北寧線（北寧鉄路局）から三分の二を、北平政務整理委員会から三分の一を出費することになった。(30)これによって戦区接収は具体的に動き出し、華北全体の改革とも関係しながら、七月後半から本格的に展開されることになる。

偽軍の解散・再編は、長春会談―大連会議―唐山交渉で李際春との交渉を進めることで、比較的、順調に進んだ。費用の面では華北側（北平政務整理委員会・軍分会・接収委員会）が大幅に譲歩を強いられたのはたしかである。しかし、後の境界線交渉や通車・通郵交渉とくらべると、強い反対に逢うこともなく、中国側の意思を通すことができた。

だが、これは、関東軍が李際春軍をはじめとする偽軍の存続に必ずしもこだわらなかったことによるものであった。また、偽軍問題のいちおうの解決により、北平政務整理委員会・軍分会と関東軍――すなわち満洲国――は直接に支配領域を接することになり、偽軍問題の下に隠れていた問題点がはっきりと浮かび上がることになる。通車・通郵問題や境界線問題がここに発生することになるのである。

この過程では、また、華北の各省政府を握る地方軍事勢力とのあいだに対立は顕在化していない。戦区救済委員会・戦区接収委員会では于学忠が黄郛を補佐する立場を担当し、両者の協調関係は順調なように見える。しかしこの問題も戦区接収をめぐってすぐに浮かび上がることになる。その焦点のひとつは、李際春が交渉のなかで提起した、戦区は北平政務整理委員会に直属するのかそれとも河北省の支配下に入るのかという問題点である。この問題が、黄郛と河北省政府の構想の違いや、行政院長汪精衛の根強い東北軍不信と絡み合って、その後の北平政務整理委員会のあり方に大きな影響を与える。

北平政務整理委員会と中央政府との関係もこの問題をめぐっては大きな問題にはなっていない。それは、一つには、黄郛が情報を選択して、なるだけ楽観的な予測のできる材料を中央政府に報告していたからである。銭宗沢・殷同など、北平政務整理委員会の指揮を受ける立場の者に対しては事態の楽観視を戒めながら、蔣介石・汪精衛には明るい材料だけを送っていた。また、汪精衛も、黄郛の交渉を中央から積極的に支持する姿勢を見せた。だが、中央政府との軋轢の要素がこの時期に伏在していたのもたしかである。その大きなものが財政問題である。北平政務整理委員会の成立に際して、汪精衛は、各省・市政府に、華北人民の救済事業への財政的協力を要請した。中央では戦区救済のための資金を賄いきることができないので、地方政府に出費を求めたのである。戦区接収に先んじて行政院で戦区救済委員会の設置を決めたのは、この資金を運用するために必要だからでもあった。汪精衛は、上海慈善団体賑災〔災害救援〕東北難民連合会の熊希齢（民国の元老の一人）らにも電報を送り、協力を要請した。政府も銀行界もそれぞれ一〇〇〇万元を支出することが決定しているから、上海の慈善団体も援助費用の拠出に協力してほしいという内容である。なお、この政府・銀行界それぞれ一〇〇〇万元の支出という約束はやはり履行されなかった。[31]

このように、日本・関東軍に対しても、地方軍事勢力に対しても、中央政府に対しても伏在させつつ、戦区接収交渉は順調に推移した。関東軍との交渉と、戦区内の地方軍事勢力の整理にはいちおう成功の目処がついた。

次には、戦区情勢や日本・関東軍の動向とも関連しつつ、戦区接収交渉と並行して展開した馮玉祥の抗日同盟軍への対処について検討したい。

(二) 抗日同盟軍問題

戦区の偽軍にくらべて、馮玉祥の抗日同盟軍(正式名称は「察綏民衆抗日同盟軍」)の性格は複雑である。この抗日同盟軍が、その名のとおり抗日義勇軍の性格を持っていたのは事実であり、しかも、抗日同盟軍は多倫に進撃することでその遺志を全国に向けて証明した。地方軍事勢力系国民党の元老の一人である馮玉祥が「抗日」を主張するということは、たんに偽軍が「抗日」を称した場合と異なり、全国的反響を呼び起こした。しかし、その軍隊の多くが、偽軍とあまりかわりのない貧困層の出身であり、常に匪賊化の危険をはらんでいた。さらに、抗日同盟軍には中国共産党が協力の姿勢を見せていたことも、問題の処理を困難にしていた。

ここでは、北平政務整理委員会・北平軍分会の抗日同盟軍への対処を、華北の地方軍事勢力、中央政府、他地方の地方軍事勢力との関係を視野に入れて検討したい。

抗日同盟軍決起に至る経緯は、おおよそ次のようなものであった。旧国民軍の指導者であった馮玉祥は、中原大戦に敗れた後、軍隊をすべて失い、旧部下の韓復榘の庇護のもとで隠棲生活を送っていた。しかし、熱河の危機が高まり、宋哲元が二九軍を率いてチャハル省省会の張家口を離れると、馮玉祥は行動を起こした。宋哲元不在のあいだに、馮玉祥は張家口に入り、抗戦の敗残軍や、蔣介石側の再編を受けつつある軍隊を募って、「抗日」を標榜し、決起を計画した。馮玉祥の掲げた「抗日」のスローガンのもとに参集した部隊には、旧国民軍系で、長城抗戦・冀東抗戦のさなかに日本軍に何度も決起を期待されながら果たさなかった方振武や、素質不良の軍閥とされながらも熱河抗戦で奮戦した孫殿英の部隊があった。また、共産党からは、やはり旧国民軍系で、一九三一（民国二〇）年に囲剿戦の途中で共産党に投降していた吉鴻昌が参加していた。他に張慕陶・宣侠父らの共産党党員も参加している。この動きに気づいた中央（蔣介石）は、三月二八日、内政部長で抗日戦の指導に当たっていた黄紹竑を熊斌とともに張家口に派遣し、馮玉祥を説得させたが、効果はなかった。また、旧上官の行動で窮地に立たされた宋哲元は、四月七日、チャハル省主席を辞任することを表明した。(32)

五月二六日、馮玉祥は「（察綏）民衆抗日同盟軍総司令」を自称し、チャハル省の武装保衛を主張する通電を発して決起した。すでに塘沽停戦協定交渉が進んでいる段階であった。六月二日、馮玉祥は、チャハル省政府の大幅な改組に踏み切り、佟麟閣を代理省主席・民政庁長に、吉鴻昌をチャハル警備司令・公安局長に、張礪生をチャハル警備副司令・自衛軍軍長に任命した。同時に、馮玉祥は、苛捐雑税の撤廃、政治犯の釈放、国民党費の公費からの支出の停止などを発表した。いっぽう、宋哲元の辞任後も省政府に残っていたチャハル省のスタッフは張家口を脱出し、北平に向かった。「張家口はスローガンだらけで、その痕跡は赤化を心配させるものがある」という見かたが強まった。また、日本からの新聞報道として、「ソ連の将校が張家口で軍隊を訓練している。武器も庫倫〔ウランバートル〕から張家口に運ばれている」といううわさも流れた。中央政府が塘沽協定を結んで日本と妥協したことは、「抗日」を唱えて、中央政府からの独立を図ろうとする馮玉祥に恰好の口実を与えた。同時に、六月四日、対日協力軍である劉桂堂部隊がチャハル省に侵入したことで、抗日同盟軍が「抗日」を実行しうる条件が生まれていた。馮玉祥は、佟麟閣・吉鴻昌・高樹勲を軍長に任命して、劉桂堂との戦闘に備えた。(33)

馮玉祥は、九・一八事変以後、「抗日」を主張しつづけ、一九三二（民国二一）年には対日強硬姿勢を見せた孫科政府を支援する立場にも立った。抗日同盟軍はその主張をみずから実践するための行動であった。同時に、華北の反蔣勢力に加えて囲剿戦で苦戦を強いられていた共産党勢力をも結集して、「抗日」のスローガンのもとで中原大戦で失った地方政治への影響力を回復しようとする試みでもあった。

黄郛は、馮玉祥がチャハル省政府を改組した直後の六月三日から、宋哲元と龐炳勲を招いて「チャハル省問題」についで話し合いを始めた。つづいて、九日、北平軍分会が、やや遅れて馮玉祥への対応に動き出した。軍分会は、中央の意思として、馮玉祥に、チャハルを離れて南京に入り、訓練総監を担当するよう求めた。閻錫山も馮玉祥に自発的に抗日同盟軍を解消するよう求めた。旧部下にあたる李鳴鐘・劉郁芬・熊斌も同様の勧告を行った。龐炳勲・傅作義・馮欽哉らはチャハル接収に向けた軍隊出動の準備を整えた。黄郛と軍分会から抗日同盟軍解消への働きかけをうけた馮玉祥は、一一日、通電を発してみずからの立場を釈明した。「聯俄投共」はデマであること、佟麟閣をチャハル代理主席としたのはやむを得ない一時的な措置であって、宋哲元が主席に復帰することを求めていることを明らかにした。また、馮玉祥・孫殿英・方振武の本意は「禦侮」にあるとし、「割拠称雄」が目的ではないとその「割拠」の意図を否定した。軍分会は、この通電を承けて、張吉墉・雷季尚を軍分会の代表として馮玉祥のもとに派遣することが決められた。張吉墉らの来訪をうけて、馮玉祥は、六月一五日、宋哲元に七項目の意見を記した電報を送った。この電報で、馮玉祥は、自分の「民衆抗日同盟軍総司令」の「名義」は撤回してもよいという姿勢を示し、また、宋哲元のチャハル復帰を求めるとも書いた。同時に、馮玉祥は、抗日同盟軍に参加している孫殿英・方振武などの部隊の処遇について善処を求めている。[34]

北平政務整理委員会は、六月一七日の成立典礼の直後、第一回の全体委員会議（大会）を開いた。典礼に参加した于学忠・宋哲元らの華北各省主席も出席した。この大会で、宋哲元のチャハル省への復帰と、黄郛・何応欽から馮玉祥を中央に林墾督弁に推薦することが決められた。また、北平政務整理委員会は、方振武・孫殿英や蘇炳文軍・馬占山軍（一九三一年末の黒竜江抗戦で最後まで関東軍に抵抗した）の帰国部隊の処遇は馮玉祥の望んだ通りに措置するという解決策で、抗日同盟軍問題を決着させようとした。六月一九日、以上の条件に沿って交渉すべく馮玉祥のもとに張吉墉・劉治洲が派遣された。(35)

ところがこの交渉は不調に終わった。北平政務整理委員会・北平軍分会に対して妥協的な態度を示した馮玉祥に対して、部下の軍指導者が妥協に強硬に反対したからであった。二〇日、抗日同盟軍の方振武・孫良誠・佟麟閣（代理省主席）・鄧文・吉鴻昌・張厲生・阮玄武・鮑剛・高樹勲が通電を発し、「失地を修復するためには、たとえ内外から挟撃されても恐れるところではない」と、あくまで抗日同盟軍の「義旗」を守り抜く意思を明らかにする。これによって宋哲元のチャハル復帰の実現は困難になり、抗日同盟軍問題の解決は再び遠のくことになった。(36)

国民党中央常務委員会は、六月二二日、抗日同盟軍に加わっていた馬占山・蘇炳文を軍事委員会委員に加えることを決議した。六月一五日の馮玉祥の要求に応えたものである。(37)

北平政務整理委員会・北平軍分会と馮玉祥との協議が不調に終わった直後、馮玉祥は「抗日」の軍事行動を実行に移した。六月二三日、抗日同盟軍は軍事行動を起こして劉桂堂軍と戦い、康保・宝昌を占領した。馮玉祥は、方振武を北路前敵総司令に、吉鴻昌を総指揮に任命した。方振武・吉鴻昌は、就任に際して通電を発し、部隊を張北（張家口の北方）に集中して進撃し、「抗日の旗幟」を決して下ろさないと表明した。馮玉祥も、一〇日以内にチャハル―熱河省境の要地である多倫（ドロンまたはドロンノール）を攻略し奪回して抗日の素志を遂げたいと称していた。(38)

同じ二三日、張吉墉・雷季尚は、張家口から馮玉祥のことばを伝えてきた。それは、多倫を一〇日以内に回復するという決意を述べるとともに、宋哲元が部隊を率いて復帰することを求め、抗日同盟軍の名義の解消はその後に考慮したいとしていた。また、孫殿英・方振武・鄧文などの抗日に功績のあった部隊には、それ相応の名義か地位を与えるよう求めていた。馮玉祥は、また、李炘を代表として派遣し、宋哲元・秦徳純らにその意思を伝達している。(39)

これに対して、六月二六日、軍分会と北平政務整理委員会は、馮玉祥が抗日同盟軍の「名義」を解消し、宋哲元の復帰によって整理を実行すること、馮玉祥が張家口を離れ、「衛隊」を率いて北平に来て、「救国の方法について話し合う」ことを求めることに決した。李炘には、馮玉祥にこの結論を伝え、相談するように命じている。抗日同盟軍の攻撃を受けた劉桂堂は、通電を発し、中国（中央政府）側に復帰すると称して沽源に退却した。国民政府は、六月二七日、馮玉祥が西北開発に従事させるよう求めていた孫殿英を青海西北屯墾督弁に任命した。同日、馮玉祥も鄧哲熙を北平に派遣し、チャハル省についての協議をつづける意思を示した。七月二日、黄郛は、一九二四（民国一三）年の北京政変前に、黄郛と馮玉祥のあいだの橋渡し役となった伝道士の馬伯援をチャハルに派遣した。この間に、さきに触れたとおり、黄郛は李択一・殷同から馮玉祥と関東軍の松室孝良の関係に関する情報を得ていた。馮玉祥は馬伯援に対して、馮玉祥は、中央に、抗日と失地回復に関する具体的な意思表明を行うよう求めると語り、同時に、李炘には、かさねて宋哲元のチャハル復帰を要請するよう命じた。黄郛・何応欽は、馮玉祥の条件は受け入れがたいとして、中央に指示を仰ぐことになった。これに対して、蔣介石・汪精衛は「和平の原則に基づき最後の努力をする」ことを命令してきた。(40)

ここまでの馮玉祥の対応を見ると、中央には「抗日」を主張し、北平の黄郛・何応欽（軍分会）には宋哲元の復帰を要求して和平解決の意思を示しつづけ、しかも、部下には抗日同盟軍内部の「名義」を与えて鼓舞するという、複雑な言動を見せている。多倫攻撃に際しても、抗日行動で部下の軍人の実績をつくり、抗日同盟軍内部での地位を与え、しかも抗日同盟軍が本格的な攻撃を受けないように和平の意思を示し、抗日同盟軍が解散した場合でも部下にはなんらかの「名義」や地位が残るように働きかけをつづけたのであった。

大連会議が終結した七月六日、何応欽は、居仁堂（何応欽の北平での住居）で会議を開き、馮玉祥に対して最後の交渉を行うとともに、武力攻撃の準備も進めるという方針を決定した。馮玉祥もこれまでより強硬な姿勢を見せ始めた。九日、馮玉祥は孟憲章を派遣し、宋哲元のチャハル復帰を求めるとともに、復帰後は宋哲元が行政を担当し、馮玉祥自身は「失地回復に努力する」と提案した。宋哲元復帰後も馮玉祥はチャハルにとどまり、抗日のための軍事活動も続行するというのである。馮玉祥は、いっぽうで、黄郛に対しては、書簡で、「抗日工作が完全に終了したら、すぐに軍事的な動きを終わらせ、各方面の誤解に対して釈明したいと望んでいる」と書き、善処を依頼した。黄郛は、一一日、馮玉祥に返書を送り、抗日軍事行動の終結と「同盟軍総司令」の「名義」の撤回、宋哲元のチャハル復帰、馮玉祥の全国林墾督弁への就任を求めた。九日の馮玉祥の要求を拒否したのである。閻錫山も、チャハル事件の和平調停を主張し、馮玉祥に抗日同盟軍を解散するよう要請した(41)。

この緊張した情勢のもとで、抗日同盟軍の吉鴻昌部隊が多倫に進撃し、多倫を「回復」した。馮玉祥は「勝利を告げる」通電を発し、政府に塘沽協定解消を提案した。また、馮玉祥は、塘沽協定撤廃の提案が受け入れられなければ、自ら、一〇万の、飢え、疲弊した軍隊を率いて東北四省を回復するつもりであると主張した。他方、日本公使館付武官は、馮玉祥が多倫を奪回したことについて、「塘沽協定に違反する」と抗議してきた。軍分会は、このことが日本軍のチャハル攻撃の口実になることを恐れ、馮玉祥に「抗日」の「名義」を解消するように命じ、同時に、龐炳勳部隊にチャハルへの進出を命じた(42)。

だが、この多倫回復の報に、馮玉祥に対する支持は全国に広がった。全国の抗日団体や反中央政府の立場をとる国民党・国民政府組織である上海各団体救国連合会は、一五日、馮玉祥の多倫奪回に対して祝電を送った。また、李済深・陳銘枢は、香港から、国民政府の四院長（行政・立法・司法・監察）にあてて、馮玉祥に対する攻撃を断念するよう要請する電報を発し、閻錫山・韓復榘・炳勳・宋哲元にも平和的解決を要請した。李済深らとは一線を画する西南政務委員会も中央に質問を送り、チャハルへの軍事攻撃を牽制し、チャハルでの内戦反対という立場を明確に打ち出した。馮玉祥が具体的に「抗日」の成果を挙げたことで、問題は華北の地方問題・軍隊再編問題にとどまらなくなった。華北での地方割拠の問題として、馮玉祥と北平政務整理委員会・軍分会・宋哲元のあいだで処理すべき問題から、一挙に、馮玉祥の「抗日」を支持するかどうかという問題に発展した。領土を侵略されながら停戦協定を結んで抗日を実行せず、「抗日の全体計画など立てようがない」と語る中央政府と、短期的でいかにも無謀な挙であれ、その「抗日」を実行して見せた馮玉祥との対比は、当時の世論の目にはあまりに鮮やかであった。また、華中・華南の都市部を中心とする世論が「抗日」という問題に敏感であったことをこの反応から伺うことができるだろう。汪精衛―蔣介石政権に対する党内野党的立場をとっていた諸勢力もこの「抗日」世論を利用しようとした。[43]

行政院長の汪精衛は李済深・陳銘枢への返電のかたちで反論を加えた。まず、汪精衛は、多倫は日本に占領されていたのではなく、取るに足りない偽軍が入りこんでいたにすぎないとして、馮玉祥は多倫を「奪回」などしていないと批判する。また、国境を守る軍隊が中央の命に従わないことこそが領土喪失につながると批判した。これは、馮玉祥批判であるとともに、東北軍に対する批判をも含んだ表現である。汪精衛は、馮玉祥の行動が全国の「人望」をなぐさめたことは認めるとし、この機会にチャハル省を中央に返還することでその人望はさらに上がるであろうとして、馮玉祥に抗日同盟軍解消を求めた。この電報で、汪精衛は、抗日同盟軍を含む戦区の実態を暴露している。汪精衛によると、多倫喪失のそもそもの原因は、熱河からの敗残軍が流れこんで食糧を食い尽くし、掠奪のあげく火を放ったためであった。また、抗日同盟軍は、解散された軍隊の兵士を集めているとしていた。戦区で偽軍や匪賊が猖獗をきわめている背景を作っていたのは、熱河抗戦からのたび重なる敗北で生まれた敗残兵の集団であること、そういった兵士が同時に抗日同盟軍にも流入していたことがうかがえる。抗日同盟軍は、そのような、行き場のない兵士を底辺に持ち、やはり行き場のない群小地方軍事勢力を幹部とし、ほかに行き場のない国民政府の名士を最高指導者に戴き、そして国家的課題でありながら国家が遂行できないでいる「抗日」を主張する軍隊という構造を持っていたのである。

全国的に馮玉祥に同情が集まるなか、北平軍分会の指揮のもとに、「チャハル省剿匪総司令」に任命された龐炳勲（旧国民軍系）が平綏線に沿ってチャハル省へと進撃した。中央軍の関麟徴も北へと移動し、平綏線に沿って張家口を南から包囲する態勢に入った。それに対して、抗日同盟軍側も、馮玉祥配下の古くからの幹部である張人傑・孫良誠が宣化方面で対決姿勢をとった。軍分会が動員を急いだのは、関東軍が満洲国軍とともに行動を起こし、多倫を攻撃する動きを示し始めたからであった(44)。

軍事行動に対しては反対の世論が根強かった。先に触れた西南政権主流派（陳済棠ら）・反主流派（李済深・陳銘枢ら）はそれぞれ「内戦反対」を繰り返し要請した。七月二一日には、上海に滞在している中央委員程潜らが連名で中央に譴責の電報を送り、チャハルに対する軍事行動を停止するよう要請した。薛篤弼は旧国民軍系だが、その他は馮玉祥系とは言えず、とくに李烈鈞は孫文時代からの元老である。また、各地の国民党系・非国民党系の知識人・名士が組織している内戦廃止大同盟も、七月二二日、馮玉祥の抗日の意思を抑圧すべきでないこと、もし馮玉祥に抗日以外に何かの主張があるのであれば政治的に対抗すべきであることを主張し、「国家の元気をまたみずから傷つけるようなことがあってはならない。実力を溜めて外侮に立ち向かうべきだ」としてチャハル攻撃反対の立場を明らかにしていた。馮玉祥も積極的にその情勢を利用し、汪精衛・蔣介石および黄郛・何応欽の動きを牽制しようとした。馮玉祥は、七月二三日、葉夏声を代表（使者）として広州に派遣し、抗日の経過を報告させて、西南政権との連絡を取ろうとした[45]。

日本軍の動きと世論とに挟まれるかたちになった中央政府では、七月二五日、蔣介石が召集した廬山軍事会議でこのチャハル問題への対応を協議した。蔣介石は、会議に参加していた汪精衛・顧孟余・朱家驊・朱培徳・黄紹竑・曽仲鳴らとチャハル問題について話し合った。その結果、汪精衛が張家口に親書を送るいっぽう、蔣介石・汪精衛が陳済棠・李宗仁ら西南政権主流に、馮玉祥に対して内戦を仕掛ける意図はないという電報が発せられた。また、会議終結後の二八日、国民党中央は「時局通電」を発し、内戦の意図を強く否定し、馮玉祥に自発的に軍事行動を中止し抗日同盟軍の組織を解散するように要求した。このなかで、国民党中央は、馮玉祥の行動を「チャハル省を中央から離脱させようとし、政令の統一を妨げ、第二傀儡政府になりかねない」、「解散された軍の兵士や土匪を集めて、民力の負担を増し、地方秩序を乱す」、「共匪の頭目を引き込み、赤い炎をあおり立てている」などと強い表現で非難している。華北では、龐炳勲軍（編制単位としての軍）を中心とするチャハル接収部隊がすでに準備を整え待機していた。馮玉祥が自発的に「時局通電」に従わなければ即座に攻撃を開始する態勢が整った[46]。

馮玉祥は「時局通電」に対してただちに反論の通電を発した。馮玉祥は、内戦の意図を否定し、自分は徹底的に抗日しようとしているだけだとした。中央の命令に従わないという主張には、中央は宋哲元をチャハルに復帰させて平和解決を図らずに、最初から武力討伐で臨もうとしていると非難を返す。共産党との連合を非難する主張に対しては、抗日同盟軍は、「抗日」によって失地を回復したけれども、地方の赤化など少しも進めていないと反論している。同時に、馮玉祥も、平綏線の列車の運行を止めて、軍分会側の攻撃に備えた[47]。

だが、軍分会軍が張家口に対する包囲網を狭めるなかで、馮玉祥はついに態度を軟化させた。八月二日、劉治洲を派遣し、「時局通電」の受け入れを表明した。同時に平綏線の交通を回復させた。軍分会側は、これを受けて、張家口・宣化からの馮玉祥軍の退出を求めた。軍分会は、馮玉祥の撤退が宋哲元の帰任の条件だとして馮玉祥の主張を拒否しながら、張家口・宣化一帯の治安維持は佟麟閣の役割であるとして、馮玉祥の人事を、暫時、認める姿勢を示した。[48]

八月五日、宋哲元は、蔣伯誠（軍事委員会総参議）・熊斌（軍分会総参議）・秦徳純（二九軍参謀長）・張吉墉らとともに沙城に向かい、馮玉祥側代表（使者）の邱山寧とともに佟麟閣・孫良誠と協議した。その結果、以下のことが決定された。

（一）馮玉祥は即座に通電を発し、軍事行動を終結させ、政権を政府に返すことを通電によって公表する。

（二）張家口・宣化の雑軍は張北に移動させ、張家口地方・宣化は宋哲元が引き継ぐ。

（三）宋哲元の張家口入りまでは佟麟閣が地方の維持にあたる。

三日の何応欽談話の線に沿った決定である。宋哲元らは馮玉祥の通電の原稿を作成し、これを邱山寧・佟麟閣に持たせて馮玉祥の同意を求めることとした。邱山寧・佟麟閣は、深夜にもかかわらずその日のうちに張家口に戻り、馮玉祥と協議した。その結果、馮玉祥の同意が得られたとの電話が翌六日朝に入り、宋哲元は復職することを通電で発表した。馮玉祥も、六日、「ここに、本日から、チャハル省のすべての軍事・政治事務は、宋主席にその処理の責任を譲ることとした」との通電を発表した。[49]

馮玉祥は、なおも抗日同盟軍の解消を明言せず、中央政府に「全体的な抗日計画」の策定を求めてチャハルを離れようとしなかった。しかし宋哲元によるチャハル省接収は進みつつあった。八月七日、宋哲元軍の馮治安部隊が張家口地方を接収し、九日には、秦徳純・過之翰が、チャハル省各機関の接収を完了した。一二日、宋哲元は蔣伯誠とともに張家口で馮玉祥に会い、馮玉祥が張家口を離れること、その後の行き先は馮玉祥の自由であることを確認する談話を発表した。黄郛は宋哲元の行動を支持した。馮玉祥はチャハルを離れざるを得なくなり、一三日、北平を経て済南へと出発した。馮玉祥は一七日に泰安から泰山に上り、その「五賢祠」に居を定めた。北平では何其鞏（北平政務整理委員会）・劉健群（軍分会政訓処長）が馮玉祥を出迎え、済南では、市を挙げての歓迎を受けた(50)。馮玉祥は再び韓復榘の庇護下に入ったのである。

抗日同盟軍は、再起を図る馮玉祥、宋哲元・韓復榘などの抬頭で地位を失った旧国民軍の古い幹部（孫良誠・李鳴鐘ら）、地方で解散・再編の危機に直面した群小軍事勢力、囲剿戦の苦境からの脱出を図る共産党、そして熱河・長城・冀東抗戦での敗残兵や解散された軍隊の兵士が寄り集まって構成した軍隊であった。馮玉祥は、中央軍を含む軍分会との軍事衝突を避けつつ、「抗日」の正当性をアピールすることで、これらの軍隊に「名義」やなんらかの役職が与えられるように尽力した。この点で、馮玉祥の言動には、李際春ら戦区の偽軍と共通するものがあった。

しかし、その影響力は戦区偽軍とは較べものにならないほど大きかった。現実に抗日を実行に移すことで、馮玉祥は西南の支持と同情を取り付けることに成功した。黄郛・何応欽だけでなく、行政院長の汪精衛も馮玉祥の行動を抑制することができず、囲剿戦の最前線の蔣介石のもとでの合意によってしか事態を打開することができなかった。けれども、馮玉祥の側も、国民党中央の支持を受けた軍分会・宋哲元が実力でチャハル接収を実行すると、屈服せざるを得なかった。西南の支持は得ることができても、華北に地盤を持つ地方軍事勢力からは最後まで支持を得ることができなかったのが馮玉祥にとっての弱みであった。すでに華北に地盤を確立している于学忠・宋哲元・閻錫山らと、新たに華北を地盤として「抗日」の軍事活動を展開しようとする馮玉祥とでは、利害が相容れなかったのは当然である。

また、戦区偽軍に関する交渉は黄郛の側近グループが中心となって行ったが、抗日同盟軍問題の解決では、大会を開いて華北地方軍事勢力の指導者層の意見の集約が必要であった。黄郛の活動も、馮玉祥とのかつての関係を利用した側面的なものにとどまり、交渉のほとんどは軍分会の何応欽が宋哲元とともに主導したものであった。このことは、黄郛・北平政務整理委員会の地方軍事勢力への影響力の限界を示している。

この事件は、また、対日妥協―囲剿という「安内攘外」政策がかならずしも全面的な支持を得ていなかったことを明らかにした。北平政務整理委員会・軍分会も中央政府も馮玉祥が共産党と結んでいることを暴露して、中央政府の対応の正当性を強調しようとしたが、それには世論からも国民党・国民政府各機関からも十分な反応を得られなかったのである。馮玉祥は、共産党と手を結んだとして非難されるのではなく、「抗日」を実行したという点で全国的な同情を集めた。これは、中央政府の「安内攘外」政策の一環として設けられた北平政務整理委員会にとっては、その存在理由の根幹にかかわる問題であった。

一九三三（民国二二）年六月から八月にかけて、黄郛・北平政務整理委員会と何応欽・軍分会は協調して偽軍解散・再編問題と抗日同盟軍問題とをいちおうの解決に導いた。軍事的基盤を持たず、軍以外でも、協力者といえば、殷同・李択一・袁良（北平市長）・殷汝耕など少数しか持たない黄郛が、とりあえずこれらの難問を切り抜けられたのは、何応欽・軍分会の支持があったからである。また、その軍分会に結集する各省主席クラスの協力をとりつけられたからである。

加えて、中央政府も、塘沽協定締結過程とちがって、北平政務整理委員会・軍分会にかなりのフリーハンドを許し、その政策を概ね追認し、北平政務整理委員会・軍分会の行動を支援した。とくに、行政院長汪精衛は、黄郛が採った政策について、重要な局面ごとにいち早く支持の談話・発言を発表し、黄郛を支えた。これは、中央政府にとって、黄郛の活動が囲剿優先・対日妥協の安内攘外政策の重要な一環をなすものだったからにほかならない。同時に、黄郛が、とくに対関東軍交渉の現状に実際にはシビアな認識を持ちつつも、中央にはつとめて楽観的な見通しを送っていたことも影響しているであろう。

だが、関東軍との関係も含め、このような協調関係がいつまでもつづくという保証はなかった。潜在していた対立のうち、地方軍事勢力指導層との対立が、北平市治安対策問題をめぐって表面化する。

(三) 北平市公安局長問題

戦区接収、抗日同盟軍問題の解決、財政中央化という大きな課題を解決した黄郛は、八月はじめ、北平を離れて南京に向かう。黄郛の第一次南下である。その理由を黄郛自身は汪精衛と蒋介石に報告を行うためと説明している。当時、孫科が立法院で戦区救済のための内債募集問題を取り上げており、汪精衛がその対応に追われていた。この内債問題は、汪精衛が戦区救済のために支出すると称していた資金が中央政府から支出できなくなり、それを内債で募集することになったために起こった問題である。黄郛は、このことから、戦区救済の問題の焦点は、北平よりも南京に移ったと考えていたようである。なお、これに先立って、黄郛は、王克敏の支持によって、華北の財政を、北平政務整理委員会から中央の国民政府へ移管している。(51)

ところが、黄郛南下の前後から、北平政務整理委員会と、東北系を中心とする地方軍事勢力の軋轢が噴出し始める。その問題の中心になったのが北平市公安局長の人事をめぐる問題であった。黄郛が、北平市の治安回復のために青島市から公安局長に余晋龢を招いた問題をめぐり、東北系軍人と北平政務整理委員会のあいだに対立が発生したのである。

この北平市公安局長問題に先立って、北平政務整理委員会と東北系地方軍事勢力の対立が顕在化したのは、戦区各県県長の赴任と戦区保安隊の交替をめぐる問題であった。先に述べたように、北平政務整理委員会による戦区接収・救済は、北平政務整理委員会と于学忠の河北省政府との共同事業として行われることになっており、これまで両者は協力関係を保っていた。ところで、黄郛は、偽軍から行政権を回収した後の戦区に派遣する県長に、十分に訓練・教育を施したいと考えていた。新県長が戦区の郷村社会を再建する中核となるべきだと考えたからである。ところが、この新県長を任命した于学忠は、赴任前夜に、慣例どおりの「請訓」儀式のためだけに新県長を集めて黄郛のもとに出頭しただけであった。黄郛は、于学忠が自分の地方再建政策をまったく理解していないと考えて、于学忠の措置に対して大きな不満を抱いた。(52)

つづいて戦区保安隊交替問題が発生した。七月二七日、于学忠が、黄郛・何応欽に電報で戦区接収の進行を遅らせるように要請してきた。その理由として于学忠が挙げたのは、交通を一時に回復することは不可能であること、接収員・警察あわせて九〇〇人にすぎず人数が不足していること、唐山・遷安などに日本軍や偽軍の部隊が残っていることだった。そのため、戦区各県の行政権を回収しても職権が行使できないと于学忠は訴えている。また、同時に、于学忠は、「沿辺」（満洲国と「国境」を接する）各県にはまだ李際春軍が残存しているうえ、北戴河が避暑期間に入って治安の保持が重要になっているため（北戴河には欧米各国の外交官が避暑のために滞在していた）、保安隊の行動が抑制され、戦区接収のための処理が何もできなくなってしまっているということも述べ、接収作業を、暫時、遅らせるよう求めている。なお、于学忠が「保安隊が制限を受けている」と言っている保安隊は于学忠の指揮する東北軍系の保安隊である。さらに、列車によって回送されてきた東北籍の李際春軍兵士一五〇〇名の処置にも困っていると于学忠は述べている。この対立の原因について、黄郛夫人の沈亦雲は、于学忠は東北派のなかでも立場が弱いので、戦区の保安隊を自らの権力基盤にするために、すこしでも訓練期間を稼ぎ勢力を拡張したかったのだろうと述べている。たしかに、于学忠にとって、戦区に東北軍系の部隊の勢力を拡張することは重要な目標であった。戦区は河北省のなかで東北軍の本来の地盤である東北にもっとも近い地域であり、東北回収の際には重要な拠点になるはずの地域だからである。新県長赴任の際のトラブルも、戦区の県長に黄郛の影響が及ぶのを好まない于学忠の姿勢の反映だと見ることができる。やはり戦区の行政も東北系の影響下に置きたかったのであろう。(53) この点に、戦区を軍閥的社会構造から脱却した新たな郷村社会として建設したいという黄郛の構想と、戦区を東北系勢力のもとに把握したいという于学忠の意思との鋭い対立を見ることができる。

しかし、この対立の原因は、このような于学忠の軍閥的配慮にのみよるものではない。根本的な問題は、黄郛が戦区接収の進展を実際以上に楽観的に見ていたことにある。黄郛のもとには戦区接収が順調に進んでいるという報告が寄せられていた。北寧線沿線最北端の臨楡までが接収されたと黄郛は報告を受けていた。黄郛は、少なくとも戦区の東側(「東路」)の接収は順調に進んでいると判断したようである。しかし実際にはそれにはほど遠い状態であった。黄郛は楽観的な見通しを中央政府に送っていたのであるが、戦区接収の進展状況については、黄郛のもとにもまた現地から楽観的な見通しが送られていたのである。(54)

これらの問題につづいてすぐに北平市公安局長問題が発生した。これが北寧鉄路局長問題にも波及した。

黄郛は、北平市長に袁良を就任させたのにつづいて、これまでの公安局長の鮑毓麟を更迭して、新たな公安局長を採用することに決めた。新たな公安局長には、青島市の沈鴻烈市長のもとで麻薬対策に功績のあった余晋龢《よしんわ》を任命した。黄郛は余晋龢に北平での麻薬問題の解決を期待したのである。ところがこの人事に東北系の軍人が一斉に反発し

た。列車で北平に到着した余晋龢は、東北軍将兵の妨害で市内に入ることもできなかった。(55)

北平市公安局長の更迭に反発が出たのは、公安局長のポストが準軍事的なポストと考えられていたためである。一九三〇（民国一九）年に張学良が華北の支配権を獲得した際、天津市公安局長に弟の張学銘を任命したことに典型的に見られるように、大都市の公安局長は地方軍事勢力の軍幹部が任命されるポストだったのである。(56)北平市の従来の公安局長だった鮑毓麟も東北系の軍幹部であった。それを不用意に更迭したことが、張学良更迭で人事問題に敏感になっている東北軍の軍人を強く刺激したのであった。

この北平市公安局長問題はさらに北寧鉄路局長問題につながった。黄郛は、北寧線が山海関まで開通したのを受けて、関東軍の通車交渉要求に対処するため、関東軍との交渉に実績のある殷同を北寧鉄路局長に任命した。関東軍に対する交渉を、北平政務整理委員会と北寧鉄路局の協調のもとで展開するのが狙いである。(57)なお、殷同も余晋龢と同じく山東省での功績によって黄郛に抜擢された人物であった。この人事に対しても、東北軍の将兵から、北方の役職を南方人が握るものだという反発が出た。これに対し、黄郛は、もともと北寧鉄路局長は鉄道部次長銭宗沢の兼任であり、銭宗沢も南方出身であったから、これまで北方人が握っていた役職を南方人に譲ったわけではないと不満を漏らしている。しかし、ここで非難されている「南方人」とは、余晋龢・殷同ではなく、浙江省出身の黄郛その人であった。(58)

東北軍将兵の反発を受けて黄郛のもとに何応欽が報告を送ってきたのに対して、黄郛は人事問題で譲歩する意思のないことを明らかにした。蒋介石は黄郛の対応を支持した。地方官が反対したからといって、いったん発令した人事を変更するようでは、中央の威信が失われるという理由からであった。汪精衛も黄郛支持の電報を送った。しかし、その内容は「東北軍が東北を失い、熱河を失い、また華北を混乱させている」という感情的なものの域を出ず、「政府の命令を貫徹せよ」という以上の具体的な対策を示してはいなかった(59)。

ところが、南京の黄郛・蔣介石・汪精衛の強硬姿勢にもかかわらず、何応欽の態度は妥協的であった。何応欽は、黄郛・蔣介石の強硬な回答を得ても、なお妥協の方法を探りつづけた。何応欽は、たしかに地方官に譲歩すれば中央の威信は落ちるが、地方官に拒否される人事を押し通そうとしてけっきょく押し通せないのでは同じことだとして、東北系にも受け入れ可能な人材として門炳岳を一時的に代理に立てる妥協案を提案している。しかし黄郛はこの妥協案を拒否した(60)。

そのため、余晋龢が正式の公安局長に任命されたまま北平市に赴任できないという状態がつづいた。この問題が解決するのは、後述の北平会議が開かれることになって、北平政務整理委員会と河北省政府とが再び協力しなければならない状況になってからであった。

この北平政務整理委員会と于学忠・東北系との対立は、現実に地方を支配する東北系と、その東北系の支配を中央化し、東北系支配下の地域社会を変革しようとする北平政務整理委員会との対立であったとまとめることができる。東北系の地方支配の論理は「分治合作」体制のものであった。東北系以外の者が、東北系軍事勢力の支配する範囲に入りこむことを東北系軍人は極端に嫌った。ことに、東北喪失・張学良更迭と二度の打撃を受けた後の東北系地方軍事勢力の華北の人事権に対する執着は非常に強いものであった。新県長問題、保安隊問題、北平市公安局長問題、北寧鉄路局長問題のすべてにこの点が関係している。

黄郛は、北平市長更迭がさしたる抵抗もなく実現したことから、このような人事権の行使に強い抵抗があることを予想していなかったようである。しかし、その北平市長更迭に関しても、于学忠に天津市長を兼任させることとの取引により成功したのであった。今回の公安局長更迭・北寧鉄路局長問題ではそのような慎重さを欠いていた。これに対して、北平市公安局長問題での何応欽の対応は、地方軍事勢力の代弁者としての一面も兼ね備え、柔軟な姿勢で解決を模索するというものであった。抗日同盟軍事件に見るように、軍分会の活動を進めるためには、華北の地方軍事勢力の協力を得ることが不可欠であった。両者の対応の違いは、このような立場の違いによるものであった。

(四)　新たな問題

北平政務整理委員会の成立時に黄郛が解決しようとした問題のうち、北平市治安問題を含む地方社会の再建を除いては解決への道が開かれた。戦区の最大の懸案であった李際春軍の再編は実行され、抗日同盟軍問題でも馮玉祥を辞任に追いこむことができた。黄郛が南下したのは、これによって、華北での対関東軍交渉と地方軍事勢力の整理という目標は達し、残る問題は地方社会の再建と、南京での華北財政の基盤をめぐる問題であると考えたからであろう。

しかし、地方社会の再建をめぐって、それまで協調関係にあった于学忠・東北軍とのあいだで北平市公安局長をめぐる対立が発生し、県長赴任問題・戦区接収問題・北寧鉄路局長問題と相まって、両者の不信感は一挙に増幅された。

これにつづいて、戦区をめぐる新たな問題が顕在化した。黄郛は、偽軍を再編・解散し、行政権を中国側に回収すれば、戦区接収の問題は解決するものと考えていた。ところが、接収後の戦区についての構想は、北平政務整理委員会と関東軍ではまったく異なっていた。北平政務整理委員会では、戦区の行政権が中国側に移された以上は、関東軍は長城線外（関東軍側から言えば満洲国領内）に撤退するものと考えていた。しかし関東軍は戦区を「親日満地帯」として育成することを構想しており、関東軍は戦区への関東軍の影響をできるだけ残そうとした。逆に北平政務整理委員会は戦区に関東軍の影響が残存することを異常な状態と見なした。(61)大連会議での戦区問題の解決について、黄郛はそれを関東軍占領地域（満洲国）回収へのステップとみなしたが、関東軍にとっては、満洲国と華北との新たな関係の出発点であった。ここに、再び、戦区接収をめぐる関東軍との協議の必要性が生じたのであった。加えて、抗日同盟軍の残存部隊が平北地域で活動をつづけ、中国中央政府に帰順したはずの劉桂堂も不穏な動きを見せていた。[62]戦区をめぐる新たな問題を処理するため黄郛は再び北上しなければならなくなった。汪精衛・蔣介石らも黄郛の北上を望み、華北世論も、あるいは黄郛が北平を離れていると社会不安が昂進するとし、あるいは黄郛は塘沽協定の履行に責任があるとして、黄郛の北上を促していた。[63]戦区問題を解決するために、黄郛は、一〇月四日、北平に復帰した。

次節では、復帰後の黄郛の活動を、関東軍との交渉と地方軍事勢力との関係を中心に見ていきたい。

◈注

（1）『黄膺白先生年譜長編』五七七頁。『申報』一九三三・六・一八。総理遺嘱を「宣読」しなかったのは、孫文を特別扱いすることに反対という黄郛の主張に沿うものであるが、同時に、日本軍・公使館を刺激しないための方策であったと考えられる。

（2）『黄膺白先生年譜長編』五七六頁。委員は以下の通り。黄郛・李石曽・張継・王樹翰・王克敏・陶孟和・呉鼎昌・宋哲元・龐炳勲・王揖唐・周作民・蔣夢麟・張伯苓・湯爾和・魯蕩平・卞白眉・周詒春・何其鞏・荘楽峯・魏鑑・魯穆庭・方炘・章元善・李欽・張志潭・銭宗沢。

（3）『黄膺白先生年譜長編』一九三三・六・一七、五七七―五七八頁（北平）、同書六・二五、六・二八、五八三頁（天津）。袁良については「家伝」『黄膺白先生年譜長編』六七八頁。

（4）『黄膺白先生年譜長編』一九三三・六・一七、五七七頁。『申報』一九三三・六・一八。

（5）『黄膺白先生年譜長編』一九三三・六・一五、五七六―五七七頁。『申報』一九三三・六・一六は、「馮玉祥が兵権を手放し、チャハル問題解決へ」と伝えている。また、同紙一九三三・六・一八の北平政務整理委員会成立に関する記事も、北平政務整理委員会成立時の主たる関心が馮玉祥問題に向けられていたことを伝えている。

（6）電報（黄郛・何応欽→蔣介石、一九三三・六・二三）『黄膺白先生年譜長編』五八二頁。石友三は、韓復榘らと並ぶ馮玉祥国民軍の幹部であったが、一九二九（民国一八）年の内戦の際に蔣介石の工作で韓復榘とともに国民軍を離脱し、馮玉祥の反蔣戦争を挫折させた。しかし、その後、韓復榘が少なくとも表面上は反蔣の立場に立つことを慎重に避けて山東省の地盤固めに専念したのに対し、石友三は、一九三〇（民国一九）年の中原大戦では反蔣派に参加し、中原大戦末期には再び蔣介石側に帰順するなど、蔣介石と反蔣派のあいだでめまぐるしく立場を変えた。一九三一（民国二〇）年七月に、当時の広東政府の軍職に就任することを宣言して再び反蔣決起を起こしたものの、東北軍と山西系の商震軍に挾撃されて軍を失い、以後、韓復榘の保護下にあった。

（7）『黄膺白先生年譜長編』一九三三・六・二、六・四、五七三頁。『申報』一九三三・六・四の記事によれば、岡村が北平を離れる以前に、協議の進めかたなどについてある程度の合意はできていたようである。

（8）『黄膺白先生年譜長編』一九三三・六・二三、五八一頁。この妥協案に関しては、『申報』一九三三・六・二三「時評」。

（9）『黄膺白先生年譜長編』一九三三・六・二三、五八二頁。

（10）『黄膺白先生年譜長編』一九三三・六・二三、五八二頁。

（11）黄郛・何応欽→蔣介石・汪精衛（電報、一九三三・六・二三）、黄郛→銭宗沢（電報、一九三三・六・二三）『黄膺白先生年譜長編』、五八二頁。なお、北寧線の開通については、793.94/6412. Telegram, Tientsin, 1933.7.1.(3?). *FRUS*. 1522 (1933vol.III) pp.369-370.

（12）『黄膺白先生年譜長編』一九三三・六・二九、五八三—五八四頁。『申報』一九三三・六・三〇。接収委員会の設置は関東軍側が北平政務整理委員会に働きかけて実現したものともいわれる（島田、前掲論文、五三頁）が、関東軍の働きかけに関して正確な経緯は不明である。なお、先行する袁良の北平市長発令と戦区救済委員会の設置は行政院が決定したのに対し、于学忠の天津市長発令と戦区接収委員会の設置は、その出先機関である北平政務整理委員会が決定した。

（13）『黄膺白先生年譜長編』一九三三・六・一九、五八〇頁、一九三三・七・一、五八四頁。『申報』一九三三・六・二〇。

同紙一九三三・六・一八は「偽軍が灤東で偽組織を樹立している」という報道を載せている。
(14) 電報（黄郛→蔣介石、一九三三・六・二九）『黄膺白先生年譜長編』、五八四頁。『申報』一九三三・六・三〇。
(15) 『黄膺白先生年譜長編』一九三三・六・三〇、七・二、五八四―五八五頁。『申報』一九三三・七・四。
(16) 電報（殷同→黄郛、一九三三・七・二）『黄膺白先生年譜長編』五八五頁。黄郛→殷同（電報、一九三三・七・三）『黄膺白先生年譜長編』五八六頁。
(17) 『黄膺白先生年譜長編』一九三三・七・二、五八五―五八六頁。
(18) 電報（殷同→黄郛）『黄膺白先生年譜長編』一九三三・七・二、五八六頁。『申報』一九三三・七・四。
(19) 『黄膺白先生年譜長編』一九三三・七・三、五八六―五八七頁。書簡（李択一→黄郛、一九三三・七・三）『黄膺白先生年譜長編』五八七頁。
(20) 電報（黄郛→蔣介石、一九三三・七・三）『黄膺白先生年譜長編』五八七頁。
(21) 『黄膺白先生年譜長編』一九三三・七・四、五八八頁。
(22) 『黄膺白先生年譜長編』一九三三・七・四、五八六、五八八―五八九頁。
(23) 『黄膺白先生年譜長編』一九三三・七・五、五八九―五九〇頁。
(24) 『黄膺白先生年譜長編』一九三三・七・五、五八九―五九〇頁。
(25) 『黄膺白先生年譜長編』一九三三・七・六、五九〇―五九一頁。
(26) 『黄膺白先生年譜長編』一九三三・七・六、五九〇―五九一頁。殷同は、会議中に、北寧線を中国が日本に委託経営させることに決まったという説が流れたことについて、事実無根と反駁していたが、実際にはそれに近い提案があったのである。
(27) 『黄膺白先生年譜長編』一九三三・七・六、五九一頁。電報（汪精衛→黄郛）『黄膺白先生年譜長編』一九三三・七・一三、五九二頁。
(28) 『黄膺白先生年譜長編』一九三三・七・一〇、五九一頁。

(29)『黄膺白先生年譜長編』一九三三・七・一〇、七・一三、七・一八―一九、五九一―五九六頁。黄郛は、解散に必要な費用を（約）三〇万元とすることの根拠として、軍隊の解散・改編費二四万、政務処などの解散費が五万で合計二九万であるとしており、大連会議中の推計よりもやや多い。この間の事情は不明であるが、黄郛もある程度李際春の要求に歩み寄ったからであろうか。

(30)『黄膺白先生年譜長編』一九三三・七・一二、五九一―五九二頁。イギリスのランプソン公使は大連会議の結果を伝え、黄郛がその成果を楽観的に捉えていると報告している。No.17. Peking, 1933.7.9. *DBFP*. Second Series. vol.XX, pp.32-33.

(31)『黄膺白先生年譜長編』一九三三・六・一七、五七八頁。六・一九、五八〇頁。七・一二、五九二頁。

(32)『黄膺白先生年譜長編』一九三三・三・二八、四・七、五三八―五三九頁、五・二六、五六四頁。馮玉祥は、四月六日、「抗日は蔣に協力するため」というコメントを発した。また、宋哲元は、新聞記者には「抗日に専念するため」と辞任の理由を語った。『申報』一九三三・四・七、四・八。

(33)『黄膺白先生年譜長編』一九三三・六・二、六・四、五七三頁、六・一一、五七五頁。馮玉祥はチャハルで徴兵を開始した。『申報』一九三三・六・三。また、山西軍（閻錫山系）の騎兵旅旅長（騎兵旅団の旅団長）の趙承綬は、馮玉祥が「土匪」を受け入れて軍に編成していると報告している。『申報』一九三三・六・四。

(34)『黄膺白先生年譜長編』一九三三・六・九、六・一一、六・一五、五七五頁。『申報』一九三三・六・一三、六・一六。これより先、軍分会は、宋哲元にかえて龐炳勳をチャハル省主席とする妥協案を出していたようである。『申報』一九三三・六・一二。

(35)『黄膺白先生年譜長編』一九三三・六・一七、五七八頁、六・一九、五八〇頁。

(36)『黄膺白先生年譜長編』一九三三・六・二〇、五八〇頁。なお、『申報』一九三三・六・二一―二二の報道によれば、この間、何応欽・宋哲元・龐炳勳は、事件は基本的に解決したという前提で、チャハル接収の準備を進めている。

(37)『黄膺白先生年譜長編』一九三三・六・二二、五八二頁。『申報』一九三三・六・二三。

(38)『黄膺白先生年譜長編』一九三三・六・二三、五八三頁。『申報』一九三三・六・二五によると、張家口の北（張北）に駐屯する山西軍の趙承綬騎兵部隊は、この時点で馮玉祥軍に対して警戒態勢をとっている。

(39)『黄膺白先生年譜長編』一九三三・六・二三、五八二頁。

(40)『黄膺白先生年譜長編』一九三三・六・二六、五八三頁。『黄膺白先生年譜長編』一九三三・七・一、五八五頁、七・二、五八六頁。孫殿英についての馮玉祥の要求は『黄膺白先生年譜長編』一九三三・六・一五、五七六―五七七頁。なお、劉桂堂の退却は、ちょうど、長春会談で偽軍解散・再編の方針が決まった後であり、劉桂堂の行動はそれを承けたものであった可能性がある。沽源は、チャハル省の最東部で、塘沽協定の停戦ラインにかかる微妙な場所である。一九三五（民国二四）年に関東軍とチャハル省軍とのあいだで紛争が頻発する場所である。劉桂堂の動きとそれに対する馮玉祥の反応は『申報』一九三三・六・二五、六・二七。

(41)『黄膺白先生年譜長編』一九三三・七・六、五九〇頁、七・九―一〇、五九一頁、七・一二、五九二頁。『申報』一九三三・七・一〇。No.17. Peking, 1933.7.9. *DBFP*. Second Series. vol.XX, pp.29-31.なお、『申報』一九三三・七・一〇によれば、馮玉祥は何応欽のもとには秦徳純を派遣している。

(42)『黄膺白先生年譜長編』一九三三・七・一二、五九二頁。

(43)『黄膺白先生年譜長編』一九三三・七・一七、五九四頁、七・一九、五九六頁。李済深・陳銘枢は、西南の地方軍事勢力指導者のなかでも反蒋傾向が強かった。この年の年末に福建人民政府を樹立する中心人物である。前掲 No.17. Peking, *1933.7.9. DBFP*. Second Series. vol.XX, p.29も西南と馮玉祥の関連に注目している。

(44)『黄膺白先生年譜長編』一九三三・七・一九―二〇、五九六頁。

(45)『黄膺白先生年譜長編』一九三三・七・二一―二二、五九六―五九七頁。

(46)『黄膺白先生年譜長編』一九三三・七・二五、五九八頁、七・二七、七・三〇、五九九頁、七・三一、六〇〇頁。『申報』一九三三・七・二八には、馮玉祥の「多倫奪回」と題する電報が掲載されている。

(47)『黄膺白先生年譜長編』一九三三・七・三一、六〇〇頁。893.00/12392: Telegram, Peiping, 1933.7.26. *FRUS*. 152 (1933vol.III), p.379.

(48)『黄膺白先生年譜長編』一九三三・八・三、六〇〇―六〇一頁。
(49)『黄膺白先生年譜長編』一九三三・八・六、六〇一―六〇二頁。『申報』一九三三・八・四―五。
(50)『黄膺白先生年譜長編』一九三三・八・七、八・九、八・一二―一三、八・一七、六〇二―六〇三頁。電報（蔣介石・汪精衛→馮玉祥）『黄膺白先生年譜長編』一九三三・八・七、六〇二頁。No.29. Peitaiho (北戴河), 1933.9.6. *DBFP*. Second Series. vol.XX, pp.59-61. なお、馮玉祥離任後の一三日、多倫は再び日本側の手に落ちている。また、抗日同盟軍の残された幹部方振武・吉鴻昌・張慕陶ら（吉鴻昌と張慕陶は共産党員）は、方振武を抗日同盟軍総司令代理として抗日軍事行動を継続することを決定したが、退勢を挽回することはできず、軍隊の大部分は一部の共産党系指導者とともに宋哲元軍（一部は傅作義軍）に吸収された。
(51)『黄膺白先生年譜長編』一九三三・九・一五、六一二―六一三頁。王克敏は北平政務整理委員会委員。北京政府期のいわゆる新交通系官僚の代表的存在で、一九一九（民国八）年の五四運動の際に「売国官僚」と名指しされた親日的傾向の強い官僚政治家である。内債募集の経緯については、同書、一九三三・一〇・四、六一九頁。
(52)『黄膺白先生年譜長編』六八七頁。『申報』一九三三・七・一八。
(53)于学忠→黄郛・何応欽（電報、一九三三・七・二七）『黄膺白先生年譜長編』五九八頁。「亦雲回憶」同書、六八七頁。
(54)黄郛→蔣介石・汪精衛（電報、一九三三・七・二九）『黄膺白先生年譜長編』五九九頁および年譜編者註釈五九九―六〇〇頁。
(55)『黄膺白先生年譜長編』一九三三・九・七、六〇八―六〇九頁。『黄膺白先生年譜長編』六九三頁。
(56)司馬桑敦、前掲書、一二四頁。
(57)蔣介石→黄郛（電報、一九三三・九・一二）に引く何応欽→蔣介石（電報、一九三三・九・八）『黄膺白先生年譜長編』六一〇頁。
(58)『黄膺白先生年譜長編』一九三三・九・一二、六一〇頁、九・一四、六一一頁。
(59)蔣介石→黄郛（電報一九三三・九・一二）『黄膺白先生年譜長編』六一〇頁。汪精衛→黄郛（電報一九三三・九・一一）

同頁。

(60)『黄膺白先生年譜長編』一九三三・九・一三—一四、六一一—六一三頁。

(61) 島田、前掲論文、五一頁。

(62)『黄膺白先生年譜長編』六二九頁、一九三三・九・二六—二九、六一六—六一七頁。『申報』一九三三・九・二六—三〇、「時評」同紙一九三三・九・二八。

(63)『黄膺白先生年譜長編』一九三三・一〇・五、六一九—六二二頁。

第二節　北平会議と福建事変

黄郛が一〇月四日に北平に帰任してから、翌年四月に黄郛が再び南下するまでの期間が、北平政務整理委員会の活動の第二期にあたる。

黄郛は、関東軍とのあいだで戦区問題の最終決着を果たし、農村の振興や都市の治安問題・麻薬問題などの抜本的解決といった華北社会の再建問題に着手しようとした。しかし、関東軍は、戦区問題で華北側に大幅譲歩を迫ったうえ、新たに通車・通郵問題の本格交渉へと重点を移そうという動きを示した。また、一一月二二日には福建事変（福建人民政府事件）が勃発し、黄郛と北平政務整理委員会は事件の華北への波及を阻止するために時間と労力を費やさなければならなかった。

（一）　北平会議

大連会議後、戦区接収は進んだが、戦区の一部には治安の悪い地方もあり、また、関東軍部隊が残存している地域もあった。とくに、長城に沿った地域では関東軍が退去しようとせず、黄郛ら中国側はこれを問題視していた。いっぽうの関東軍は、戦区接収につづいて華北・内モンゴルへの進出を求めており、華北側に交渉を求めて圧力をかけていた。そこで、一一月六日～九日、黄郛・何応欽以下の華北指導部と北平に来た岡村寧次・喜多誠一らとのあいだで会議が開かれた。これを北平会議と呼ぶ。

中国側の代表の中心となったのは殷同で、殷汝耕と陶尚銘が加わった。一一月六日、関東軍総参謀副長岡村寧次、参謀喜多誠一が書記官・副官を従えて北平に到着した。交渉過程では、この関東軍代表団に、根本博中佐、公使館書記官花輪義敬、中山詳一書記官らが参加した。会議は、七日から一〇日の早朝までつづけられ、あわせて六回の会合が行われた。

岡村は、黄郛・何応欽をそれぞれ訪問した後、記者に談話を発表した。それは、長城各口の中国への返還には何の問題もなく、また、現在、長城以南の地区に駐留する関東軍もすでに関外へ撤退を開始しており、二～三週間後に撤退を完了するであろうという見通しを述べたものであった。ところが、この日の夜、根本博が示した、岡村による「北支善後交渉に関する商定案」は、その談話とはまったく異なる、華北側にとって厳しい内容を含むものであった。しかも、根本は、「本案は関東軍が再三審議して決定したものであるから、貴方はただ文字の修正を行うことができるだけで、その実質は絶対に曲げることができない」と、これが最終案であることを強調した。(1)

この「商定案」は、「昭和八年十一月二日関東軍参謀部」の日付を持つもので、その内容の本文は以下のようなものであった。

一　関東軍は、北支政権の治安維持の機能が漸次充実を見つつあることにより、すみやかに長城線を含まない長城以南・

以西の区域を接収することを望む。本項に関する細目は左のように了解されたい。

（甲）長城線各関門の警備権は日満側に属する。

（乙）日本軍の駐屯している住民地〔ママ〕には〔中国側が〕武装団体を置いてはならない。

二　北支政権の接収区域内で、長城に接続または接近している地区には、満洲側が、諸般の事項を処理しあるいは経済上の便益を図るために必要とする各機関を置くことを容認し、最善の援助を与えることとする。なお、本項の主要地点は、とりあえず左の通りとする。

・山海関・古北口・喜峰口・潘家口・冷口・界嶺口

三　北支政権は、接収地域内〔「地域」「区域」の使い分けはママ〕で、日本軍にその必要とする土地建物を提供し、日本軍の暫時的な駐屯に備えることとする。本項の主要の地点は、とりあえず左の通りとする。

・山海関・石門砦・建昌営・抬頭営・冷口・喜峰口・馬蘭峪・古北口。

ただし、灤河の水運を利用した軍需品輸送の期間には、関東軍は、必要に応じて、灤州のほか、遷安・撒河橋などの地にも所要の施設を置き駐兵させることができることとする。

四　北支政権は、満洲国とのあいだの相互の通商貿易・交通通信・航空連絡などを設定するという観点から、以下の部門に関して、すみやかに必要な委員を決定し、交渉を開始することとする。

本項の交渉は、おおよそ左記の部門に渡るものとする。

甲　関税に関する件

乙　通商に関する件

丙　郵政に関する件

丁　電政に関する件〔電報・電話に関するものであろう〕
戊　航空に関する件
己　長城線の警備任務・〔長城線での〕検疫に関する件
（註一）本交渉の地点は山海関とする〔原註〕。
（註二）北支政権は、即時あるいはすみやかに、右記の交渉委員の姓名と交渉開始の期日を関東軍に通告しなければならない〔原註〕。

これに対して、黄郛・何応欽・殷同らは、「政治問題については論じない」、「停戦協定の善後案件の範囲以外の問題は討論しない」という華北側の二原則を取り決め、また、満洲国に関する文言は削除させるという方針を決めて、七日からの交渉に臨んだ。(2)

会議の進行については、まずその概略を述べた後、この会議の主要な論点であった、一　長城線警備権問題、二　関内の関東軍残留問題、三　通商・貿易・航空連絡問題　について検討することとする。

最初の会談で、岡村は、戦区内の住民が満洲国の版図に組み入れてほしいと請願していると言い、また、失意の軍閥や反中央各派が大連・天津などで策動していることなどには関東軍はまったく関係していないと強調して、中国側を牽制した。また、日本の満洲国承認を取り消すことはできないが、北平政務整理委員会・軍分会側に承認を要求するものではないとその立場を述べた。これに対して、黄郛は、華北側の二原則を述べるとともに、これまで華北側が日本の行動を強いて受け入れてきたのであるから、戦区接収については関東軍側が譲歩して華北側の意見を容れ、戦区問題を最終的に決着させるべきであると主張した。(3)

この要請に対して、岡村は、満洲国という文言を避けることは差し支えない、文意から満洲国を指すことが明らかな部分もあるが、これも適当な文言で代替させるならば、文言を改めることを拒否しないとした。また、第一から第三までの三項目は新しい要求ではないし、第四項目は人民の便利のためにその必要な施設を正常な状態に戻すのみであると述べた。しかし、一方で、日本側は、この提案は最終案であって、中国側には修正する資格がないということを、交渉の途上で、再三、強調した。また、最初の会談で、黄郛は、今回の交渉では北平政務整理委員会・軍分会側は、交渉原案を昨夜（六日夜）に見せられたばかりで準備が整わず、また、成案を得ても中央の批准を求めなければならないことから、交渉期間を延長するように岡村に申し入れた。しかし岡村は「三日間以上の滞在はむずかしい」とこの要請を拒絶した。そのため、北平政務整理委員会・軍分会側は、短い期限で関東軍との交渉を妥結させなければならないという苦しい立場を背負い込むこととなった。[4]

第一次会談では警備権問題が紛糾し、第二次会談でしばしば議論が中断した。その後、黄郛・何応欽・殷同と対策を協議しているところに、根本武官がとつぜん現れ、関東軍の首脳部のなかで中国に同情しているのは岡村一人なのだから、岡村の立場を失わせるようなことをすれば、岡村は権威を失い、影響は甚大であると岡村の立場を説明した。中国側代表はこれを中国側に対する恫喝と解した。黄郛は、八日午前に直接に岡村と話し合い、その結果を会議場に伝えて、日本側交渉員の強硬論を牽制した。[5]

第三次会談は、日本側が中国側の提案に従って原案の修正に応じた。ところが、九日の第四次会談では、再び日本側が強硬姿勢に転じ、第三次会談で認めた譲歩も取り消して再び一切の修正を認めないという態度を示した。また、日本側は、岡村副長が自分の前途を悲観して、協議を中止して帰ることも考えていると発言し、中国側が岡村に頼ることを牽制した。殷同も同様に「私個人の意見から言えば、おそらく両委員長はこんなものに責任を持つことはなさらないでしょう」と、黄郛・何応欽の立場を持ち出して、日本側も強硬姿勢一辺倒では交渉相手を失うであろうとほのめかした。黄郛も、再び決裂の可能性を考えるに至った(6)。

第五次会談の後、黄郛・何応欽は、岡村の滞在期限が迫っていることを考慮し、中央に指示を仰ぐ前に北平政務整理委員会・軍分会で会談を進め、後に中央に報告することで合意した。しかし、第六次会談も行き詰まり、深夜一一時に至って、岡村・黄郛両代表間で最終案が決定された。会議は、交渉期限の最終夜までもつれ込んでようやく妥結したのである。

一　長城線警備権問題

黄郛は、最初の会談で、各関門（中国側は一般に「各口」と称する）の警備権について「最初の基本理念と合わない」として問題にした。これに対して、岡村の側は、最初の会談で、長城線の警備については、河北省には数十万の東北軍が存在し、解散も移動もされていない現状では、長城の警備は不可欠であると述べた。ただし、東北軍が解散あるいは移動し、中央軍がそれを引き継ぐのであれば、長城線の日本軍は　平・綏中などに撤退してもかまわないとした(7)。

本格的交渉に入って、第一次会談で、殷同は長城線全部の返還を求めた。関東軍の警備権については、暫定的に、中国側が接収を完了するまでの期間だけ認めることを規定するよう要請した。しかし、喜多は、長城の主要各関門（「大口」）は日本軍が警備しており、主要でない各関門（「小口」）も満洲国の警察が管理しているのだから、これを一律に返還することは不可能だと反論した。殷同はつづいて、「長城線を含まざる」を削り、「ただし、長城線各口の警備は双方の協議によって決定する」を加えるという譲歩案を示したのに対して、根本らは、殷同の提案は「行政上の

所属」の問題を持ち出すものだという理由をつけて反対した。殷汝耕もこの意見に同調したため、採用されなかった。(8)

第二次会談になると、喜多は、塘沽協定に「概ね長城の線に撤退する」という「概ね」の文言を盾にとって強硬に長城線の警備権を譲れないことを主張した。議論の結果、双方は、「長城線を含まざる」を削除し、「長城線各関門の警備権は日満側に属する」を「長城各関門の警備は双方が協議してこれを決定する」と改め、かつ「日本軍の駐屯している住民地には武装団体を置いてはならない」の項も削除するという案について検討することとなった。また、これに合わせて、殷同は、

(一)この会談で同意した日本軍以外の武装団体・警察などを戦区に入れることを禁止する
(二)協定線を蘆台から延慶まで延長して尊重すること
(三)長城各関門・戦区内の日本軍は中国の行政に関与してはならない
(四)北寧線沿線の天津日本駐屯軍は山海関事変の前の状態に復帰させる
(五)察東地方・ドロンノール〔多倫〕の接収のために、わが方がこの地方の土匪・抗命部隊を自由に剿することができることを承認する

などの要求を提出した。(一)は満洲国の軍隊・警察が戦区に入ることを禁じたもので、(二)・(五)は抗日同盟軍事件への反省から、(三)は日本軍の県政への関与に対して、(四)は北寧線沿線の日本軍が増強されている実態に対して、それぞれ提出されたものであった。なお、(五)は、抗日同盟軍とあわせて、湯玉麟・劉桂堂の紛争が念頭に置かれていたのかも知れない。これに対して、喜多は、(二)と(四)は塘沽協定・辛丑条約〔義和団事件後の北京議定

書）に関するものであるから権限外であるとし、その他の項は議論の後、「希望条項」「追加事項」として含めることも可能だという姿勢を示した。日本側の強硬化に対応して、華北側も第二次会談では強気の姿勢を示し、華北側の要求を前面に押し出した(9)。

第三次会談では、やはり「長城線を含まざる」は削除し、「長城線各関門の警備は、別に協議を行う以前は、暫時、現状を維持する」という「了解事項」を加えることで、日本軍の警備権を認めるという形式を採ることが検討された。第三次会談では日本側が妥協的な姿勢をとり、比較的、順調に進んだ(10)。

ところが、第四次会談では、喜多は、関東軍からの訓電を理由に一転して強硬姿勢に戻った。喜多は、「長城線を含まざる」の復活を強く要請し、認められないのであれば会談は決裂すると殷同らに伝えた。また、長城線各関門の警備を「別に協議を行う以前は、暫時」と定めた了解事項をも削除することを求めた。そこで、殷同が黄郛と協議するため退席し、残った陶尚銘・殷汝耕と喜多のあいだで、「追加事項」についての話し合いがつづけられた。それは、

（一）接収区域内に暫時駐留する日本軍は、その所在地の中国の一切の行政に関与してはならず、また、それを妨害する行動をとることもしてはならない。

（二）会談中、すでに中国が同意を与えた暫時駐留する日本軍のほかは、その他の長城以東以北のいかなる武装団体・警察も、任意に接収区域内に入ってはならない。

（三）接収区域内に、大規模な土匪が発生し、保安隊の力量が鎮圧することができないばあいには、中国の地方官は、随時、軍隊を派遣して囲剿することを〔関東軍と〕協議することができる。

（四）察東地区とドロンノール〔抗日同盟軍事件で問題になった多倫〕の接収の観点から、関東軍は中国がチャハル辺境の

抗命部隊と土匪を自由に囲剿することに同意する。

（一）・（二）・（四）はそれまでに出されたもので、（三）は、灤東剿匪問題で河北省保安隊が再三関東軍に阻止されたことを踏まえたものである。これに対して、喜多は、（三）に関しては決定する権限がなく、（一）と（二）は当然のことであるとし、また、（四）は原則的には異議がないがやはり関東軍に指示を求める必要があると回答した。また、この四項目を、「追加事項」ではなく「希望事項」にするよう要求した。陶尚銘・殷汝耕はあくまで「追加事項」とすることを主張したため、喜多も「そうすると、日本側がみずからこれまで駐屯軍が中国の行政に干渉していたことを認めることになり、穏当を欠く」と要求を拒否した。(11)

第四次会談が双方の主張が対立したまま終わった後、黄郛は、日本側の称する最終案で「長城線を含まざる」にあくまで固執するのであれば、「まず（先）」という一文字を追加することで、長城線を接収する可能性に含みを持たせることで打開を図ろうとした。しかし、第五次会談で、「まず」を認めると「将来は東北を接収する」という含みまで持たせてしまうとして喜多はこれを拒否した。これに対して、殷同も、わずか一文字の修正が高望みだなどと言われるのは心外だと応じ、「まず」と「長城線を含まざる」はセットなのだから、この提案は取り下げられない、として、逆に喜多に二者択一を迫った。そこで、喜多は、この「まず」は認められないが、その他の修正にならば応じると譲歩した。そのため、「まず」の問題は岡村から関東軍に問い合わせることとするというかたちで棚上げし、議論は満洲国諸機関その他の点に関する字句の修正に移った。これに関連して、殷汝耕が、華北側の「希望事項」についての見解を質した。これに対して、（三）（戦区内の剿匪）に関しては「停戦協定の精神」と関連するため認めるのは難しいだろうと個人の見解を述べた。また、（二）（関外武装団体の戦区進入禁止）に関連して、殷同は、本文の第三項（第二項であろう）の「諸機関」について、了解事項にその種類を列挙し、そのなかに「警察」を含めないことを主張した。喜多はこの提案を拒絶し、交渉は物別れに終わった。[12]

二　満洲国諸機関および戦区内の日本軍について

黄郛は、最初の会談で、関内に関東軍が駐留することには半年または一年という一定の期限をつけられないかと求めた。これに対して、岡村は、喜峰口・界嶺口などでは、長城の外側の交通が不便なため、建築資材を運ぶのが容易でないため、関外に兵舎を新築して関内からそちらに引き上げるまでの期限は定められないとした。ただし、山海関では兵舎を建設しており、二〜三か月で落成する予定なので、それにつづいて各関門でも門外に兵舎を新築するであろうと見通しを述べた。また、遷安・撒河橋駐兵に関係する灤河の利用についても、満洲から熱河につづく鉄道が来年（一九三四（民国二三）年）夏〜秋には完成するはずであるから、それまでにはこの方面の日本軍も撤退すると述べた。また、岡村は、日本の軍隊教育は連隊を単位としているので、現在、戦区で行っているような、連隊より小さい少数部隊を分遣して辺境を防衛するなどということは、本来、日本軍側の望むところではないと強調した。以上のように、岡村は、黄郛の要請をある程度は受け入れつつも、確約は何も与えなかった。[13]

第一次会談で、殷同は、第二項の「満洲側諸機関」（「各種機関」）について、これが満洲国を承認する表現にあたるうえに、「諸機関」とするとどのような機関でも許されることになるとして削除を求めた。これに対して、関東軍側は、現在の実際の状況を追認したまでであると応じようとしなかった。第二次会談で、第二項に、「関外の住居が欠乏しているときには暫時」の表現を加え、さらに「具体的な事項は別に定める」として制限を加えることが検討された。第三項では、中国側が「提供する」という表現を「借り上げることに同意する」と改めるという案が出された。さらに、

「満洲」を含む用語は、削除されるか、「長城外」などという表現で代替されることになった。第三次会談では、この第二項を「華北当局は関外の住居が不足していることに鑑み、暫時」と改め、また、「交通経済などの諸般の事項を処理するに必須の臨時機関」として、これに警察など武力団体が含まれないことを明文化しようとした。日本側が再び強硬姿勢に戻った第四次会談では、この変更部分を「満洲諸機関」に戻すことを関東軍側が求め、「満洲」が不可ならば「関東軍の承認した諸機関」とするよう要求した。第五次会談では、「まず」の表現を棚上げにした見返りに関東軍側が字句の修正に応ずるとしたため、殷同は、「満洲国」の代替として出された「関東軍の承認する」を「指定する」と改め、また、日本軍が戦区内の土地家屋を「使用」するという表現を「借り上げ」（租用）と改めるなどの要求をまとめて提出した。[14]

三　通商・貿易・航空連絡など

第一次会談で、殷同は、これは現在談判する必要はなく、また談判が可能でもないとして、議題として取り上げることに難色を示した。そこで、第二次・第三次会談ではとくにこの点は取り上げられず、協定案も抽象的な表現のものに改められていた。ところが、第四次会談で、関東軍側が「航空連絡」は必ず盛り込まなければならないと強く主張したため、「了解事項」に再び「第四項の交通とは、「航空連絡」を含むと解釈すべきものとする」という一文が加えられた。[15]

以上のような議論の結果、決定された最終決定は以下のようなものであった。

まず、長城線警備問題は、長城線を含まない戦区の接収を関東軍側の「希望」と表現することで、華北側が長城線を放棄していないと解釈する含みを残すことにはかろうじて成功した。しかし、関東軍の長城線内への駐留は認めさせられ、関東軍部隊や部隊に付随する機関に対して中国側が交通・通信・経済などの便益を供与しなければならないとも定められた。さらに、華北当局が、長城線の内外、すなわち華北と満洲国との交易・交通・通信を発展させるために、関東軍側（満洲国側）と協議しなければならないと定められ、しかも、この「交通」には「航空の連絡」（「聯航」）が含まれるものという「了解事項」が加えられた。

中国側は、関東軍に対する「希望事項」を三項目にまとめた。第一点は、戦区の中国側未接収地域に駐留する関東軍と付随機関に対して、中国の行政に干渉・妨害を行わないこと、第二は、この会談で認めた以外の軍隊を日本側が戦区に進入させないこと、第三は、チャハル東部とドロンノール地方（多倫周辺）で中国側が匪賊などを討伐することに関東軍が同意することである。岡村は、これに対して、第一点と第二点は当然のことであると回答し、第三点については回答を保留した。中国側は、これらの作業がすべて完了した後、電報に翻訳して中央に報告した。作業が完了したのは一〇日の未明午前三時であった。なお、従来の方針どおり、この合意事項・了解事項・希望事項は、文書協定としての効力は持たないものとして処理された。[16]

なお、この北平会議の時期、宋子文が行政院副院長・財政部長を辞任した。対欧米協調・対日強硬論を主張し、綿麦借款（米麦借款）によるアメリカ合衆国との経済関係強化を推進しようとする宋子文の主張は、共産党軍事勢力に対する「囲剿」を優先し対日妥協策を採る汪精衛―蔣介石の「安内攘外」政策との食い違いを広げてきていた。宋子文は、綿麦借款の達成を期に副院長・財政部長を孔祥熙に譲って行政院から距離を置いたのである。これに伴う行政院の改組（内閣改造）で、黄郛が外交部長に任命されるという噂が立った。それは北平政務整理委員会委員長更迭を意味した。黄郛は南京の政情にも気を配りつつ交渉を進めなければならなかった。[17]

北平会議妥結後に、一一月一〇日早朝、黄郛は北平会議に関して汪精衛・蔣介石に北平会議に関する報告を送った

(日付は九日)。黄郛がこの中央宛の報告で強調しているのは、第一に、「長城線を含まざる」とセットになった「関東軍は〜同意する」という表現を「関東軍は〜希望する」に変更したこと、第二に、「満洲諸機関」を「関東軍の指定する諸機関」に置き換えたこと、第三に、「航空連絡」という文言を本文から削除して「交通」の解釈に含ませることを「了解事項」に記したこと、第四に「希望事項」三項目をつけ加えて最初の二項目を承認させたことである。

黄郛は、「郛らは精力を尽くし熟慮を重ねましたが、これ〔だけの成果〕しか得ることができず、国家のために大いに尺寸の失地を争おうとしたのですが果たせませんでした」とその心中を書き送った。唐有壬には、「連日の折衝の結果は別の電報で汪先生に報告してあります。汪・蔣両先生から指示のあった各点はすべて行いました。兄もご覧になることができるはずです」と、九日付で電報を送っている[18]。

北平会議の結果、北平政務整理委員会は戦区から関東軍の影響を排除することができなくなった。このことが、一九三五(民国二四)年に入ってからの陶尚銘事件(天津軍による行政督察専員陶尚銘の監禁事件)から戦区での冀東防共自治委員会(のち自治政府)の成立に至る前提となる。また、関東軍が戦区を熱河からチャハルへ進出するための基地として利用することが可能になり、これがのちに宋哲元と関東軍の摩擦へと発展する。この宋哲元との関係は、華北経済提携の問題とも重なり、のちの冀察政務委員会の成立への前提となる。北平会議で戦区接収をめぐる問題は最終的に決着したが、それは、中国側の大幅の譲歩によって成し遂げられたものであり、関東軍・天津軍はこの北平会議の成果を基礎に、一九三五(民国二四)年からの華北分離工作を展開することになる。

このようにして、黄郛としては不本意なものであったが戦区接収問題に関する関東軍との協議も完了し、抗日同盟軍残存部隊の問題も解決したところで、今度は福建事変(福建人民政府事件)が発生した。黄郛は事変の華北への波及阻止のために奔走しなければならなくなる。

（二）　福建事変への対応

福建事変とは、福建省に広東系の地方軍事勢力が中華共和国の人民革命政府（福建人民政府）と称する新政府を設立し「抗日反蔣」を訴えた決起事件である。この事件は、その中心となっていた軍隊が、第一次上海事変での「英雄」の蔡廷鍇らが率いる一九路軍であったこと、福建人民政府が中共の中央ソビエト政府と停戦・協力協定を結んだことなどでも知られる。[19]

福建事変は、北伐後の広東の地方軍事勢力の主導権争いに端を発している。北伐後、広東の地方軍事勢力では、李済深と陳済棠が二大指導者であった。このうち、北伐期から中原大戦の時期まで有力だったのは李済深であった。中原大戦期まで、陳済棠は李済深の一部下にすぎなかった。しかし、李済深は度重なる「反蔣」戦争の失敗で勢力を失うと、陳済棠が蔣介石との「分治合作」により勢力を伸ばした。一九三一（民国二〇）年の非常会議の成立の際には、この陳済棠も反蔣側に参加した。広東政府が改組されて西南政権が成立してからも、広東の主導権は陳済棠が握り、李済深は主導権を回復できなかった。そこで、李済深は、一九路軍と提携し、一九三三（民国二二）年一一月二二日、福建に「抗日反蔣」の独立政権「中華共和国人民革命政府」（通称：福建人民政府）を樹立するに至ったのである。この事件を福建事変と呼ぶ。[20]

中央政府では広東での李済深の動きを早い時期から察知していた。そのために塘沽協定締結後、それまで華北で何応欽・黄郛と停戦交渉のために協力してきた黄紹竑が広東に入り、陳済棠と李済深の関係の調停を図っていた。しかし、この中央の工作も失敗に帰した。[21]

一一月二〇日、福州体育場で「中国全国人民臨時代表大会」が開催され、中華共和国人民革命政府の設立が決定された。「人民政綱」「人民権利宣言」が議決され、中華共和国人民革命政府の設立が決議された。国旗として、上半分が赤、下半分が青、中央に黄色の五角星を配した旗が国旗として定められた。また、この「大会」で、李済深・陳銘枢・蔣光鼐《だい》・蔡廷鍇・馮玉祥（余心清が代理参加）・徐謙・方振武・陳友仁・戴戟・李章達・何公敢が政府委員に選任された。福建人民政府は、これに先立つ一〇月二六日に中華蘇維埃共和国臨時中央政府・工農紅軍とのあいだに停戦協定を結んだ(22)。

国号を中華共和国としたことからもわかるように、福建人民政府は国民党の訓政体制の主導権を否認し、国民党の支配する国家としての中華民国の正統性も否認した。これに対しては、陳済棠が批判的な立場に立ったのは当然として、「反蔣抗日」の主張には一定の理解を示す胡漢民も、福建人民政府の国民党・中華民国否定と中共との和平・合作には強い批判を浴びせた。「抗日反蔣」の決起であったということ、中共との一定の合作関係があったこと、その地方の地方軍事勢力のなかでも主流派の地位を失った勢力の集まりであったということなど、この福建人民政府事件には抗日同盟軍事件との共通点が多い(23)。

華北にとってこの福建事変が問題になった理由は、福建人民政府の発起人のなかに馮玉祥の名が含まれていたからである。馮玉祥は泰山に居を定めていて福建には行っていないから、直接の関係がないのはたしかであった。しかし抗日同盟軍事件の経緯があり、福建人民政府樹立の経緯が抗日同盟軍と似ている面もあるので、馮玉祥が福建事変にまったく無関係と言い切れない情勢であった。また、この福建人民政府に対して、蔣介石が、集会を開いている場に飛行機で爆撃を加えるなど非常な強圧手段で臨み、囲剿軍を動員してすばやく攻撃を加えたことも、華北の地方軍事勢力の不安を煽った(24)。

この情勢に最初に反応したのは韓復榘であった。韓復榘は、福建事変に際して、華北の意思を統一する必要を訴え、黄郛に北平政務整理委員会大会を開くことを要求した。韓復榘は、委員制による華北の意思統一の場として、分治合作機関としての北平政務整理委員会が役割を果たすことを要求してきたのである。黄郛の南下と北平会議のために、月一回と定めていた北平政務整理委員会大会は、黄郛の南下以後、開かれていなかった。黄郛は一九三四（民国二三）年一月の大会開催を決定した。(25)

ところが、この韓復榘が、大会開催決定と同時に大会への姿勢を消極化させた。それと同時に、閻錫山と徐永昌が北平を訪問する予定であったのを取りやめた。黄郛は、これを、黄郛が太原を訪問すると約束していたのに、北平会議の開催などで時間がとれず、その約束を果たしていないことに対する対抗措置であると理解している。しかし、韓復榘と徐永昌は連合して福建人民政府に呼応して決起することを予定していたのだが、蔣介石の対応が思いのほかすばやかったために情勢観望に転じたのだという風評も流れた。大会は一月四日から予定どおり開催されたが、福建事変への対応に関しては活発な議論はなかった。ただ、韓復榘は、この大会にあわせて南京から北上してきた李石曽と黄郛と私的に会談し、中央に対して「不安」を感じていることを訴えた。福建事変とそれに対する蔣介石の対応が、韓復榘の中央政府に対する不信を募らせたことが理解できる。(26)

これと同時に問題となったのは馮玉祥の処遇であった。もと部下の宋哲元は、馮玉祥は福建事変には無関係であることを黄郛に対して力説した。この点に関して黄郛が理解を示すと、つづいて、宋哲元・韓復榘は、馮玉祥の生活費をこの二人で分担して支出しているが、その負担が重いので、中央から支出してもらえないかと打診してきた。黄郛は中央とのあいだの斡旋に努めて、馮玉祥の生活費の中央からの支出を実現した。ここで宋哲元・韓復榘が馮玉祥の生活費問題を持ちだした意図は明確にはわからないが、馮玉祥に実際に福建事変に加担するような動きがあり、これを宋哲元と韓復榘が抑制したことに対する見返りを要求したものである可能性もある。(27)

福建事変は、蔣介石が一か月足らずのあいだに軍事力で人民政府を屈服させてしまったために、一九三一（民国二〇）年の非常会議成立時のような華北への波及は見られずに終わった。しかし、この事件への対応のなかで、韓復榘・閻錫山・徐永昌らは、黄郛が華北の地方軍事勢力の代表として中央政府との仲介に立とうとする志向に乏しいことを感じたようである。これ以後、黄郛はこれらの地方軍事勢力の地方支配への評価を変えてはいないが、地方軍事勢力の側との具体的な接触は少なくなる。当初からあまり頻繁でなかった大会の開催はますます不活発になっていく。また、これと同時に、華北の都市社会や華北軍隊には、南京系国民党の組織が進出しつつあり、一九三四（民国二三）年を通じて都市社会には国民党の影響が強まっていく。この過程で、北平政務整理委員会の華北社会での活動の余地は低下する傾向にあった。

なお、福建事変に際して、黄郛は、蔣介石に対して、訓政を廃止し、早く憲法を制定するように主張した。福建人民政府は認めないが、その蔣介石批判に正当な点があることを認め、訓政廃止・憲法制定を蔣介石が先取りすることでこのような地方独立事件が再発しないように求めているのである。これは、九・一八事変以前からの黄郛の主張の繰り返しであったが、同時に超省レベルの支配機関を主宰する立場からの中央政府への提言でもあった(28)。

黄郛は、この福建事変への対応が終わった一九三四（民国二三）年四月に再び南下した。今回は、報告のためという名目だった前回と違い、辞任の可能性を強く含ませた南下であった。

黄郛は、その自治論・分権論を実践する機会として北平政務整理委員会指導者の地位を引き受け、それを戦区を舞台として実践しようとした。しかし、それは、蔣介石の期待する中央化機関のあり方とも違っていたし、地方軍事勢力が望む分治合作機関としてのあり方とも違っていた。蔣介石は、黄郛の地域社会建設の方向性と重なるものを持っていたが、蔣介石が望んだのは中央の威信の貫徹であり、その自治論・分権論にはほとんど関心がなかった。むしろ、塘沽停戦協定締結過程に見られるように、必要な場合には黄郛の権限を制限することをためらわない傾向があった。地方軍事勢力の側は、北平政務整理委員会が分治合作機関の性格を持つことを期待したが、その期待が満たされないとわかると北平政務整理委員会に対しては無関心な態度を示すに至った。さらに、北平政務整理委員会の地域社会変革・改良政策には、その地域を支配する于学忠ら東北系勢力はあまり協力的ではなかった。県長に対して黄郛・北平政務整理委員会の影響が及ぶことを避けようとし、黄郛が華北の人事を動かそうとすると強い反発を示したのである。もっとも、この点については、現実に地方を支配しなければならない于学忠に比して黄郛があまりに情勢を楽観していたことと、東北軍を仇敵視する汪精衛が対立を煽るような言動をとったことも関係している。

黄郛は、積極的には支持されないにしても、消極的に受け入れられうるという点では理想的な人物として北平政務整理委員会委員長に任命された。しかし、黄郛がその自治論・分権論を実践しようとすると、たちまち軋轢を起こした。黄郛の自治論・分権論は地方軍事勢力の分治合作論とは明らかに違っていたからである。しかし、黄郛の南下にもかかわらず、北平政務整理委員会の支配はあと一年継続する。それは、黄郛（または黄郛側近の殷同）でなければ果たせない対日交渉の役割が残っていたからである。黄郛は、この一年を用いて、いかに北平政務整理委員会支配をつづけ、どういうかたちで終わらせようとしたのであろうか。

◉注

（1）『黄膺白先生年譜長編』六二七頁。

（2）同前。なお、交渉は、最初の顔合わせが七日午前九時から行われ、つづいて実務的な協議が次のような日程で行われた。

第一次　七日午後三時～

第二次　八日午前一〇時～

第三次 八日午後四時〜
第四次 九日午前一〇時三〇分〜
第五次 九日午後四時〜
第六次 九日午後九時三〇分から（岡村主催の宴会の後）

『黄膺白先生年譜長編』六三九頁、六四五頁、六四七頁、六四九頁、六五三頁、六五六―六五七頁。『中報』一九三三・一一・七―一〇。

（3）『黄膺白先生年譜長編』一九三三・一一・七、六三九―六四〇頁。

（4）『黄膺白先生年譜長編』一九三三・一一・七、六四〇―六四一頁。

（5）『黄膺白先生年譜長編』一九三三・一一・八、六四四頁、六四七頁。

（6）『黄膺白先生年譜長編』一九三三・一一・九、六五一―六五三頁。その後、殷同が黄郛との協議のために席を外した間に、喜多は、残った殷汝耕・陶尚銘に対して、「今回の会談は、停戦協定で未了のままになっている作業をつづけるものであり、つまり、停戦協定の細目だけを議論するものなのである。その停戦協定とは何か？ 張学良指揮下の東北軍が、故なくして日本軍を侮辱し、反抗的態度に出たために日本軍の怒りに触れ、討伐された。そのときすでに平津は掌握していたにもかかわらず、関東軍の寛大な思いやりで自発的に撤退した。そこで塘沽協定が成立したのである。今回の話し合いは、その塘沽協定のつづきであるからには、貴方が完全に対等の態度で、ことあるごとに弁論を争おうとするならば、それは大きなまちがいである」と露骨に恫喝を加えたと中国側の記録は伝えている。なお、岡村によると、八日夜に新京から申し合わせ案修正の訓電を受けたということで、これが日本側の態度が再び強硬に転じた原因であろう。岡村寧次「関東軍参謀副長時代」『岡村寧次大将資料』上、原書房、一九七〇年、三八一頁。

（7）『黄膺白先生年譜長編』一九三三・一一・七、六四〇―六四一頁。

（8）『黄膺白先生年譜長編』一九三三・一一・七、六四二―六四三頁。日本側の論理は、警備権問題で「長城線を含まざる」と規定するのは軍事上の警備権の問題であるが、長城線を返還すると規定するのは「行政」上の「所属」の問題になるというものであった。

(9)『黄膺白先生年譜長編』一九三三・一一・八、六四五—六四七頁。

(10)『黄膺白先生年譜長編』一九三三・一一・八、六四七—六四九頁。

(11)『黄膺白先生年譜長編』一九三三・一一・九、六五〇—六五三頁。

(12)『黄膺白先生年譜長編』一九三三・一一・九、六五三—六五五頁。

(13)『黄膺白先生年譜長編』六四〇—六四一頁。岡村寧次、前掲、三八一—三八二頁。

(14)『黄膺白先生年譜長編』六四二—六四三頁、六四五—六五〇頁、六五四頁。

(15)『黄膺白先生年譜長編』六四二頁。

(16)『黄膺白先生年譜長編』六五七—六五八頁。

(17)黄郛は、北平会議で「南京の政情がそれほど重大な（局面を迎えている）のなら、議して決しないという方法を用いて時日を遷延しようするのみです」と唐有壬に電報を送った。『黄膺白先生年譜長編』六四九頁。この時期の南京の動向については、No.37 Peking,1933.11.1. *DBFP*. Second Series. vol.XX, pp.71-72。また、宋子文の辞職をめぐっては、No.45 Tokyo,1933.11.19. *DBFP*. Second Series. vol.XX,pp.86-87。

(18)『黄膺白先生年譜長編』六五九—六六〇頁。ただし、唐有壬宛のものは、北平会議の終結を前提としている電文なので、日付にある「九日一二時」に送ったと見ることは不可能である（この時間にはまだ交渉はつづいていた）。一〇日早朝に送った汪精衛・蔣介石宛の電報が九日付になっているので、そのつづきとして九日の日付になったのではないか。北平会議については、No.42 Peking, 1933.11.15. *DBFP*. Second Series. vol.XX,pp.84-85, 793.94/6532（Memorandum), Nanking,1933.11.9., 893.00/12513, Telegram, Peiping, 1933.11.11. *FRUS*. 152（1933vol.III）, pp.450-452. 汪精衛は一〇日に北平会議について立法院に報告している。『申報』一九三三・一一・一一。なお、同紙一九三三・一一・一〇は、「長城各関門は中国側が接収」と報道しており、実際よりも楽観的なニュアンスで北平会議の結論を伝えている。

(19)唐純良、前掲書、一四三—一四七頁。

(20) 謝本書、牛鴻賓、前掲書、一〇二―一〇三頁。

(21)『黄膺白先生年譜長編』一九三三・六・一三、五七六頁。

(22) 893.00/12527, Telegram, Peiping, 1933.11.21., 893.00/12531, Telegram, Peiping, 1933.11.22., 893.00/12530, Telegram, Tokyo, 1933.11.22, 893.00/12534, Telegram, Peiping, 1933.11.23., *FRUS*. 152（1933vol.III), pp.466-469. 893.00/12666（Memorandum), Canton（広州）, 1933.11.27., *FRUS*. 152（1933vol.III), pp.469-470 は、アメリカの広州総領事と陳済棠らとの談話の記録。

(23)『黄膺白先生年譜長編』一九三三・一一・二一―二五、六六三―六六五頁。唐純良、前掲書。宇野「中国の動向（一九三三年～一九三九年）」（日本国際政治学会 太平洋戦争原因研究部（編）『太平洋戦争への道 開戦外交史 三』（前掲））二七一―二七三頁。

(24)『黄膺白先生年譜長編』一九三三・一一・二一、六六三頁。

(25)『黄膺白先生年譜長編』一九三三・一一・二七、六七三頁、一一・二九、六七四頁。なお、何応欽の対応はすばやく、一一月二二日には于学忠・宋哲元を軍分会に招いて、軍分会としての対応を協議している。『申報』一九三三・一一・二二。

(26) 黄郛→蒋介石・汪精衛（電報、一九三三・一一・三〇）『黄膺白先生年譜長編』六七四―六七五頁、一九三四・一・四、七一二頁。

(27) 宋哲元→黄郛（書簡、一九三三・一一・二五）『黄膺白先生年譜長編』六六五頁。黄郛→蒋介石（電報、一九三三・一二・一四）『黄膺白先生年譜長編』六六八―六六九頁。なお、年譜では日付が一一月一四日となっているが、明らかに誤植。黄郛→汪精衛（電報、一九三三・一一・二二）『黄膺白先生年譜長編』六七〇―六七一頁。馮玉祥の動向は早い段階から世論の注目を集めていた。『申報』一九三三・一一・二六。

(28)『黄膺白先生年譜長編』一九三三・一一・二一、六六三頁。

第四章　北平政務整理委員会解消への過程

一九三四（民国二三）年四月三日、黄郛は再び南下する。黄郛南下の直接の理由は、差し迫った関東軍（満洲国）との「通車・通郵」協議に備えるためであった。黄郛が南下している期間中に、蔣介石は、一九三二（民国二一）年三月以来の汪精衛—蔣介石政権の基本政策の大幅な転換を図り始める。一九三二（民国二一）年三月以来、汪精衛—蔣介石政権は、訓政の継続、抗日より囲剿を優先する「安内攘外」政策、華北・西南などの地域での超省レベル支配機関の存続という基本政策を守ってきた。第五次囲剿戦争では、トーチカ戦術の採用によって、共産党政権の支配する江西中央ソビエト地区奪回の目途が立ちつつあった。また、蔣介石は、軍事政策の重点を、終結しつつある（と蔣介石が判断した）囲剿戦争から、将来に予想される抗日戦争へと移しつつあった。「安内攘外」政策の「安内」段階から「攘外」段階への移行である。

蔣介石は、この政策の大きな転換に際してリーダーシップを確保するために、省の指導層を直接に掌握しようとする動きを始める。それは北平政務整理委員会を含む超省レベル支配機関の解消へとつながるものである。しかし、この蔣介石の政策転換への動きは、必ずしも、汪精衛・行政院や孫科・立法院との協調のもとに始められたものではなかった。そのため、一九三四（民国二三）年には汪精衛—蔣介石合作政権の内部対立が表面化し始める。この内部対立は、中央の汪精衛—蔣介石合作政権を支える地方機関としての北平政務整理委員会にも影響を与えた。ことに、北平政務整理委員会が、満洲国不承認政策のもとでの対関東軍交渉、すなわち、実質的には対満洲国交渉を担当しているという状況では、北平政務整理委員会は政争のための争点として採り上げられやすい立場にあった。

このような状況のもとで、黄郛は、関東軍との関係改善のために残された課題である「通車・通郵」交渉を行い、戦区接収を完成して戦区の社会建設を推進しなければならなかった。黄郛にとって、北平政務整理委員会解消を前提とした「残務処理」である。しかし、それは、訓政から憲政への移行によって時間を区切られ、中央政府の内部対立がもたらす混乱の影響を受けながらの困難な作業であった。

黄郛と北平政務整理委員会幹部による対関東軍（対満洲国）交渉の進展と、黄郛による戦区の社会建設の推進と、蒋介石の政策転換の過程とは、時期的に重なり合い、つねに複雑に影響を及ぼし合っている。そのなかで、蒋介石に注目すれば、軍事政策の転換が先行して四月の天羽声明発表の時期にあり、憲政移行に備えた地方政策の転換が一〇月に始まる。一方、黄郛・北平政務整理委員会の活動に注目すれば、通車交渉が蒋介石の軍事政策の転換とほぼ同時に始まり、通郵交渉が蒋介石の地方政策の転換とほぼ同時に始まっている。通車交渉は、蒋介石の軍事政策の転換前の構想に従って行われており、通郵交渉は蒋介石の地方政策の転換前の構想に従って行われている。黄郛は、それぞれの蒋介石の政策転換の影響を受け、みずからその転換に応じた動きをとっている。

本章では、「通車交渉―蒋介石の軍事政策の転換―通郵交渉―蒋介石の地方政策の転換」の順序で叙述を進める。これらを述べた後に、戦区の社会建設に関して、これらの期間を通じてまとめて論じることとする。

第一節　通車交渉

北平政務整理委員会委員長の黄郛は、一九三四（民国二三）年四月三日、北平を発ち、南昌へ向かった。この黄郛の南下は、政府に職務報告を行い、華北外交問題について指示を受ける（「請示」）ためとされていた。南昌に向かったのは、囲剿戦争を指揮している蔣介石にまず会うためである。黄郛は、北平から平漢線で漢口へ向かい、五日、漢口で張群（湖北省政府主席）と唐有壬（外交部次長）の出迎えを受けた。黄郛自身の談話によると漢口で張学良にも会っているようである。六日、漢口から南昌に向かって蔣介石に報告を行う。黄郛は、その後、南京で行政院長汪精衛に会う計画を立てていたが、蔣介石は汪精衛を南昌に招き、四月一一日、蔣介石・黄郛・汪精衛に、汪精衛に同行してきた曽仲鳴・陳紹寛が加わって、南昌で「華北の問題」を話し合っている。そのなかで最初に取り組まなければならなかったのは通車交渉をめぐる問題であった。(1)

通車交渉とは、北平—瀋陽（満洲国では奉天）間の直通列車運転に関する交渉である。北平と瀋陽を結ぶ鉄道は、中国にとっては、天津までが平津線、天津から瀋陽までが北寧線である。山海関は途中駅に過ぎず、本来は直通列車が運行されているはずの区間である。しかし、満洲国成立後、中国は、満洲国不承認の立場から、関東軍占領地域（満洲国）との直通列車の運行を行っていなかった。満洲国は山海関から奉天（中国側からは瀋陽）までの区間を「奉山鉄道」とし、満洲国の機関として奉山鉄路局を設立していた。中国側にとっての「北寧線の一部」が満洲国側にとっては「奉山鉄道」という別の鉄道として扱われることになったわけである。したがって、北寧線で瀋陽（奉天）に向かう旅客は、線路そのものは天津から瀋陽まで繋がっているのに、北寧線で山海関駅まで行き、山海関で奉山鉄道（中国側から言えば「北寧鉄道の被占領区間」）の奉天（中国側から言えば瀋陽）行きの列車に乗り換えなければならなかった。これを瀋陽まで直通運転させることを関東軍側は要求していた。また、国民政府は、満洲国が自ら切手を発行し、郵便業務を始めたことに抗議して、一九三三（民国二二）年七月二四日に関東軍占領地域（満洲国）内の郵便局を閉鎖し、関東軍占領地域に対する郵政封鎖を行っていた。関東軍はこの郵政封鎖の解除を求めていた。また、国際連盟でも満洲国経由の郵便物をどう扱うかが問題にされていた。大連から南満洲鉄道―中東鉄道―シベリア鉄道という輸送路は、当時のアジア―ヨーロッパ間を結ぶ郵便物輸送の幹線だった。そのため、満洲国不承認の立場から満洲国経由の郵便物が送れないことは、ヨーロッパ列強諸国にとって深刻な問題だったのである。(2)

この通車・通郵問題は、前年の北平会議の会談記録のなかで「華北当局は、長城内外の交易・交通・通信などの設定のために、必要な委員を定めて、関東軍指定の委員とすみやかに、逐次、協議しなければならない」と定められていた。しかし、その後、福建事変があり、また鉄道での関東軍占領地域との接点である楡関が二月一〇日まで中国側に正式に接収されていなかったこともあって、交渉は具体化していなかった。楡関接収により、北平会議で定められた戦区接収はいちおう完了したことになり、次に通車・通郵問題が解決すべき問題として関東軍側から提起されることになったのである。(3)

通車・通郵交渉を開始させるために、関東軍側は華北にさまざまな圧力をかけた。少なくとも戦区をめぐるさまざまな華北社会ではそう解釈された。この点は北平会議の場合と同様である。しかし、通車・通郵交渉では、これに加えて、国内からの圧力も交渉に強い影響を与えた。通車交渉では主に孫科・立法院が、通郵交渉では主に汪精衛・行政院が、それぞれ黄郛・北平政務整理委員会の関東軍との交渉に干渉する動きを示し、その交渉の円滑な進行を妨げることとなった。

まず、関東軍側の圧力と解釈されたものは、次に述べるような事件の続発である。

一九三四（民国二三）年三月後半、一月からつづいていた戦区内の開灤炭鉱での労働争議が激化し、三月一九日には、労働者側と保安隊が衝突して双方に死者が出る事件に発展した。この争議は、炭鉱の労働条件の劣悪さに加えて、民衆運動に強い制限が加えられているもとでの労働運動のあり方をめぐる対立や、親日派の労働運動指導者や一部の国民党組織による策動が絡んだ複雑な事件であった。しかしこの事件は日本人の策動だと一面的に伝えられた。黄郛はこれを通車・通郵交渉への圧力と受け取った。これにつづいて、四月九日には、日本の柴山武官が華北側が塘沽協定をめぐる「各種の問題」の解決を進展させていないとして、通車通郵問題の解決を迫る「声明」を発表した。黄郛南下後にも北寧線の各駅の日本軍が増強されたと伝えられ、華北では、通車・通郵を迫る動きだと受けとめられていた。(4)

なお、汪精衛は、通車・通郵交渉開始が遅れた理由として、二～三月のあいだ、満洲国の帝制移行（三月一日、溥儀が皇帝を称し、元号「康徳」を制定）をめぐって中国世論が憤激しており、関東軍相手の交渉が行える雰囲気ではなかったからだとしている。しかし、満洲国帝制移行の時期にも殷汝耕が古北口接収にあたるなど、戦区での関東軍との接触を含む事務処理は進められているので、この汪精衛の説明は、北平政務整理委員会の側からの理由づけとしては疑問がある。しかし、それは、中央政府にとっては正当な理由づけであった。対日世論の「憤激」が、体制内反対派である孫科・立法院の通車・通郵交渉に対する態度を硬化させる要因となったからである。(5)

国内からの反対の動きには、次のようなものがあった。

孫科は、記者に対して、華北では危機が高まっていると語っていた。黄郛は、漢口に到着した際、記者からその発言に対するコメントを求められている。これに対して、黄郛は「中国では情報が多すぎて、そのために損をすることもあります」と語り、孫科発言への不快感を表明した。黄郛が南昌にいた四月一三日、立法院は秘密会議を開き、通車・通郵に関する三項の「原則」を決定した。それは、(1)華北外交は必ずしも黄郛によって処理される必要はない、(2)通郵問題は、関外〔満洲国〕からの郵便物が日本の切手を使っているのならば通郵を許してもよい、(3)通車問題は絶対に協議してはならず、日本側が提起してきた場合も拒絶あるのみであるというものであった。ここでは、一見すると、通郵交渉は条件付きで容認するが、通車交渉は絶対に認めないという立場が表明されているようである。通郵は第一次大戦時にドイツ占領下のベルギーでドイツの切手が使われたことが先例にあるからかまわないが、通車は「偽組織」すなわち満洲国を承認することになりかねないからいけないという理由である。しかし、関外〔満洲国〕に対する郵政封鎖が行われているのは、満洲国で日本の切手を使っていることではなく、満洲国の切手を使っていることが理由である。したがって、この立法院の決議の通郵交渉に関する前提は非現実的なものであり、立法院は、通車交渉だけではなく、通郵交渉をも完全に否定していることになる。立法院はこの決議を中央政治会議に提出した。孫科・立法院は、国内世論の「憤激」を背景に、通車・通郵交渉反対の主張を、最高意思決定機関である中央政治会議に持ち込んだのである。[6]

体制内反対派である孫科・立法院だけでなく、汪精衛が主導する行政院の内部も通車・通郵支持で固められているとは言いがたかった。行政院で鉄道・郵政両面での満洲国封鎖を直接に担当していた交通部部長の朱家驊は、南昌で汪精衛・蔣介石・黄郛らの会談が行われた翌日の四月一二日、政策の「方式を変更する必要はない」と記者に語り、通車・通郵反対の意向をほのめかした。[7]

このようななかで、蔣介石・汪精衛・黄郛・曽仲鳴・陳紹寛による南昌会談が行われた。南昌会談は非公式の会談であるので、何が決められたかは確定できない。ただ、後の電報のやりとりを見ると、通車・通郵のうち、通車交渉だけをなるべく早く始めるということが決められたようである。一方の通郵交渉については、具体的に決められなかったか、通車交渉より後回しにすることが決められたかのどちらかのようで、汪精衛・蔣介石・黄郛ともに通郵交渉には八月の廬山会議まで具体的には触れていない。少なくとも黄郛は通車交渉と通郵交渉をまとめて一談判とすることを拒否しようとしていた。通車交渉を急ぐよう主張したのは汪精衛で、その理由は「時間が経てば経つほどまずいことになる」ということであった。ここで汪精衛が「まずいことになる」と表現しているのは、関東軍の動向ではなく、孫科・立法院の動きであった(8)。

このような孫科・立法院の強硬な姿勢を受けて、汪精衛・蔣介石・黄郛らの通車交渉への動きは動揺を繰り返す。中央政府の通車・通郵交渉への態度が固まらないなか、四月一七日、日本で、日本が「東亜」の平和・秩序維持を単独で行い、欧米列国の関与を拒絶するという「天羽声明」の発表があった。この天羽声明については次節で詳述する。黄郛は、日本による東アジア「独覇」を強く印象づける天羽声明が、蔣介石・汪精衛・黄郛の南昌会談の直後に行われたことから、南昌会談の内容が天羽声明と関連づけられて世論の揣摩憶測を招いていることを憂慮した。そのことを理由として、黄郛は通車協議の開始をほぼ一か月後の五月下旬以後まで延ばすよう汪精衛に具申している。しかし、黄郛にとって、この猶予期間は、じつは殷同とのあいだで今後の対関東軍交渉の方針を再検討するために必要な猶予期間であった。このなかで、黄郛と殷同は、塘沽協定廃止を要求することを関東軍に対する交渉方針として定めていたのである。しかし、この塘沽協定廃止の方針に沿って殷同が動き始めるのは七月の第二次大連会議からである。通車交渉を担当したのも殷同であるが、通車交渉の席では、記録によれば、殷同は塘沽協定廃止要求を出していないようである。黄郛は、殷同とのあいだで塘沽協定廃止の方針を決めると、一転して通車交渉早期開始論に転じた。

対照的に、この時期の汪精衛は逆に通車交渉開始を延ばすことを主張し始めている。四月一九日とはそれぞれの主張が逆転している。汪精衛が主張を変えたのは、国際連盟が満洲国経由の郵便物の取り扱いについて、五月一四日以後の会議で決議するはずであるから、それを待ってから通車交渉を再開したほうが有利であるという理由からであった。汪精衛は、イギリスが満洲国の「郵政当局」と公文を交換し、通常の郵便のやりとりを始めようとしているにもかかわらず、それを満洲国不承認の政策に抵触しないと見なそうとしていることに期待を見出したのである。「満洲国の一官庁との公式の関係を発生させることは満洲国承認を意味しない」という先例をイギリスが作り、それを国際連盟が承認すれば、通車協定で中国が満洲国の一機関とのあいだで公式の関係を発生させても満洲国承認を意味しないという立場をとることができると汪精衛は考えたのである。中央政治会議での孫科・立法院との対立を意識した対内的な配慮であった。これに対して、黄郛は、通車交渉を早く開始するように汪精衛に要請している。郵便物取り扱い問題での先例が成立した後に関東軍と交渉すれば、かえって関東軍が通郵交渉を通車交渉とセットにして持ち出して来て、中国にとって不利な条件を強いられることを警戒したからである。関東軍との交渉では議題を一つに絞るべきだというのが、北平会議を経験した黄郛の主張であった(9)。

黄郛は、国際連盟の会議が開かれる一四日より前に殷同と関東軍とのあいだで通車の方法について「大体の意見」を交換しておき、一四日の後に最終決定を行うという方法を汪精衛に提案している。黄郛は、これによって、通郵交渉と通車交渉をまとめて行わされることを防止し、あわせて、関東軍を待たせて関東軍側に疑念を抱かせないようにしたいとしている(10)。

黄郛の提案を受けた汪精衛は、中央政治会議で苦境に立たされており、通車交渉に関する提案を提出しても否決されかねない情勢に直面していた。黄郛の主張する通車交渉の早期再開が可能な状況ではなかった。汪精衛の電報で情勢を知った黄郛は、蔣介石に汪精衛に対する支援を依頼した。蔣介石は、通車に関する提案を「中央政治会議に提出しても可決が困難だと予想されるのであれば、提出しないほうがよい」と返答している。黄郛はこの蔣介石の返答を汪精衛に転送した。あわせて、通車に関する提案を中央政治会議で議論するのであれば、蔣介石に南京に戻ってもらい、反対派を説得してもらうよう助言した。蔣介石は、つづく五月一九日の電報のなかで、蔣介石は、蔣介石個人の名義で通車に関する提案を中央政治会議に提出し、汪精衛がその説明を担当するという方法を私案として提案している。蔣介石は、蔣介石名義の提案として通車提案を提出する方針を決めたようである。蔣介石は、この電報で、中央政治会議に通車提案を出した場合に可決できる見通しがあるかどうか、どのように根回しすればよいか、いつ提出すればよいかなどを詳細に尋ねている。(11)

この間の五月一六日に国際連盟で満洲国経由の郵便物の取り扱いについて決議が行われた。国際連盟所属各国（したがって中国も含むことになる）の郵政機関と満洲国の郵政機関とのあいだで満洲国経由の郵便物について関係が発生した場合には、それは機関と機関の関係であって、国と国の関係や政府と政府の関係と見なさないという決議であった。汪精衛は、国際連盟でこの決議が出たことによりやや見通しを楽観したようである。それでも行政院の提案のみでは「衆議紛々たる中央政治会議」を乗り切れるかどうか不安なので、常務委員の肩書きで蔣介石にも連名の提案者になってほしいと要請している。(12)汪精衛は、行政院長の権威では中央政治会議の多数の賛成を獲得する目算が立たず、常務委員筆頭としての蔣介石の権威に依存せざるを得なかったのである。中央政治会議は国民党・国民政府の政治上の最高意思決定機関であるから、中央政治会議で行政院長の提案が否決されるということは、行政院（内閣）不信任を意味する。したがって、汪精衛の提案が否決されることは、通車交渉を進める上で障害となるという以上に、汪精衛のリーダーシップの喪失を意味することになる。しかし、この段階では、通車交渉に向けての汪精衛・蔣介石・黄郛の協調関係はなお保たれていた。汪精衛は蔣介石に支援を求め、蔣介石はその要請に応え、黄郛は両者のあいだを仲介した。この点は後の通郵交渉の場合と大きく違っている。

汪精衛は、蔣介石名義の提案を中央政治会議で汪精衛が説明するという方法を採用した。汪精衛は、五月三〇日に中央政治会議を開き、通車交渉に関する蔣介石提案を原案どおり可決させることに成功した。この本文は、のちに殷同が引用しているものによれば、「偽組織を承認せず、偽政権の存在を否認するという原則のもとで、日本と関内外の客車の通行問題は、秘密に行政院院長・軍事委員会委員長に委ねる。この原則に依拠し、責任を持って考慮し、適切に処理せよ」というものであった。中央政治会議は、さらに、通車交渉を北平政務整理委員会・北寧鉄路局その他の管轄機関に委任することを決めた。また、通車交渉に西南執行部が反発することを憂慮して、この決議をすぐには公開しないことも決められた(13)。

しかし通車交渉をめぐる情勢はなお厳しかった。最大の問題は西南政権の反発である。立法院や交通部の抵抗は中央政治会議で抑えることができたが、中央政治会議とは独立の西南執行部を持つ西南政権の動きを封じることはできない。しかも、西南政権は、前年から、北平政務整理委員会による対日妥協外交に執拗に反対の主張を繰り返している。蔣介石・汪精衛は、この西南政権の動向を重視した。この過程で、蔣介石・汪精衛と、関東軍との交渉の都合を重視する黄郛との差異が明らかになる。通車提案の名義上の提案者となった蔣介石は、議決前に、協議の実行は八月末まで延ばすよう黄郛に要求してきた。しかし、黄郛は、西南執行部の反発を恐れて通車交渉に関する決定を秘密にするという方針に賛成ではなかった。黄郛は、中央政治会議にはさまざまなメンバーがいるので、決議どおり秘密を保つのはむずかしく、現に一夜明けた商会・反動派・日本人に漏れている兆候があると返答している。現に、黄郛がこのように返答したその日、華北で唯一の国民党機関紙（党報）『華北日報』が中央政治会議での通車提案審議の模様を詳しく報じるという事件が起こった。決議を公表しないという決定が党機関紙によって破られたのである。ただし、報道内容は審議の経過と結論を述べたもので、特定の政治的傾向は見られない(14)。

汪精衛は、『華北日報』報道の翌日の六月一日、通車・通郵問題については未決定であるという談話を発表して、この報道を打ち消そうとした。ところが、その結果、汪精衛の意図とは別に、黄郛が通車交渉を独断で進めているという見方が広がった。当時、上海に滞在していた黄郛のもとには匿名の脅迫文が舞いこみ、黄郛の家に爆弾が投げつけられるという事件が起こった。蔣介石は黄郛に見舞いの電報を送り、事件について調査を命じたことを黄郛に告げた。しかし黄郛は調査は不要だと返答した。この電報に黄郛と蔣介石との通車交渉に関する考えかたの違いがよく表れている。黄郛は、爆弾事件の原因は、政府が態度を明らかにしないことが世論の憶測を呼んでいることだとして、爆弾を投げた犯人に罪はないと蔣介石に訴えているのである。そして、中央が早く「痛切な声明」を出し、事実を公表し、新聞記者に対しても隠しだてしないで疑念を打ち消すようにすべきだと蔣介石に要請している。党内事情を考慮して秘密厳守に傾く汪精衛・蔣介石に対して、黄郛は世論に事実を公表することこそが紛糾を予防すると主張したのである。黄郛の一党支配批判・憲政早期移行論がこのようなかたちで表れたのである。中央政府側は、しかし、黄郛の北平帰任を求めるのみであり、決議の公表に踏み切ろうとしなかった。そのため、黄郛に関する根拠のない報道は過熱するばかりであった。黄郛は、このころ、上海の家の「裏口から出てひそかに殷同と会っている」、「朝早く家を出て夜遅く帰ってくることから見て、密議が進められているのだろう」などと報道されていたという。黄郛は、六月八日、上海の自宅に押し寄せた報道関係者に「ともに難関を切り抜けるために、国人には国難をよく理解してくださるよう願います、また、世論界の方がたには正常な言論を発してくださるよう望みます」と語るほかなかった。このような状況に耐えかねた黄郛は、六月一三日、蔣介石に早く通車関係の決議を公表するよう重ねて要請する電報を送っている(15)。

なお、華北での対日交渉を担当する黄郛に関する報道がエスカレートした背景には蔵本書記生失踪事件がある。六月八日、日本総領事館書記生の蔵本英昭が行方不明になる事件が起こった。蔵本書記生の失踪を暗殺事件と推定した須磨総領事が、海軍武官と協議して巡洋艦「出雲」を南京付近まで出動させるなどの措置をとったため、南京・上海の世論が対日問題に敏感になっていたのである。しかし、蔵本は、日常の勤務のストレスなどから自殺を図り、南京郊外の山に入っただけであった。蔵本は、自殺の決意がつかずにさまよいつづけ、空腹に耐えかねて地元の食堂に現れたところを通報されて、事件は解決した。黄郛は、対日関係の悪化を避けるために、心理的に追い詰められていても蔵本は地元住民への礼儀を忘れなかったとして「東方人の道徳」をたたえる談話を発表している。[16]

結局、殷同と関東軍側代表とのあいだで通車交渉の大筋が決められるまで、中央政府からは通車交渉に関する正式の発表は行われなかった。ただ、このなかにあって、蔣介石は、通車交渉の進展に合わせて国民党内の反対派の説得をつづけていた。囲剿戦争前線の南昌から六月一五日に南京に戻り、一七日には国民政府各院院長と協議し、さらに一八日には湖南省主席何鍵を西南執行部との協議に派遣している。白崇禧もこれとは別に西南に向かい、何鍵は二二日に蕭仏成・陳済棠・李宗仁・白崇禧・蔣伯誠と会談した。蕭仏成・陳済棠・李宗仁・白崇禧・蔣伯誠は、西南政務委員会・西南軍分会の主要メンバーである。蔣介石は、西南政権が通車交渉を理由に反中央行動に出ることを、通車協定公表直前に辛うじて抑制することに成功した。[17]

汪精衛・行政院はほとんどなす術のない状況で、蔣介石は、西南軍事勢力と中央軍との中間的立場にある何鍵・白崇禧を利用して西南政権の行動を抑制することができたのである。蔣介石が先に八月末までの交渉開始延期を要求したのは、このような手順を想定していたからではないかと思われる。殷同による通車交渉が六月一八日から具体的に進展し始めたため、蔣介石は戦場を離れて慌ただしく工作を行ったのであろう。蔣介石がこのような軍人の人間関係を利用できた点は汪精衛との大きな違いであった。

通車交渉の本格的協議は、南京で蔵本事件が解決した直後の六月一八日から、二四日にかけて、殷同が中心となって進めた。殷同の報告によれば、通車に関する具体的な条件は蔣介石とのあいだで決められていた。通車は、客車列車に限り、毎日一往復ずつとすること、通車の事務手続や切符の販売は商業機関が行うこと、その商業機関は中国の法律によって組織することなどがその条件であった。殷同は、中国の法律に基づく私企業として「東方旅行社」を設置し、この民間組織を通じて直通列車を運用するという方法での妥結を図った。東方旅行社は日本と中国が五割ずつ出資し、中国人が運営する合弁会社である。「満洲国と中国」ではないので満洲国不承認の原則には抵触しない。この東方旅行社が切符の販売を含む直通列車に関する手続きを行うというのである。直通列車は、北平・瀋陽間、一日一往復の客車列車に限られ、機関車は南満洲鉄道の車両を使うことが定められた。列車にはどこの国の国旗も「感情の衝動を引き起こす文字」も記してはならないこととされた。国旗を掲げないのは中国の満洲国不承認に抵触するからであり、客車列車としたのは、直通貨物列車を認めると通郵の問題に関係してくるからである。また、南満洲鉄道の機関車を使うのは、北寧線の機関車を関外（満洲国）に乗り入れることはやはり満洲国承認と解釈される可能性があるからであった。南満洲鉄道は、日本の権益鉄道であって満洲国の鉄道ではないという解釈が可能である。(18)

通車決定は六月二八日に発表され、七月一日から直通列車が運行されることとなった。七月一日の最初の北平発瀋陽行き列車は、北寧線の茶淀駅で爆破され、十数名の死傷者が出た。殷同は、北寧鉄路局長として、即日、引責辞任を申し出たが、鉄道部に慰留された。(19)

華北世論は通車交渉の妥結を歓迎した。以前から黄郛支持の立場を示している『天津大公報』は、社説として、黄郛・殷同を擁護する意見を発表した。線路は北寧線開通の段階でつながっており、山海関で乗り換えれば北平から瀋陽（奉天）まで行ける状態はすでに実現されていたのだから、そこに直通列車が走ったということを満洲国承認問題に結びつけることは誤りだというのがその論理であった。[20]華北社会にとっては、理念的な満洲国不承認の立場の維持よりも、関東軍との摩擦で華北の都市や戦区に混乱が生じるのを避けることのほうが重要だったのである。

通車交渉では、北平会議に見られた関東軍（満洲国）との交渉にくらべれば、関東軍側の態度は実際的であった。交渉では、中国側の「商業機関」提案が受け入れられて、さほど紛糾せずに妥結した。ところが、中国国内では、孫科をはじめとして、立法院に拠点を置く国民党内の勢力の執拗な反対があった。孫科らは、中央政治会議に通車・通郵交渉反対の立場から議案を提出し、それは中央政治会議参加者の多数の賛同を得る勢いであった。この孫科の動きは、一面では国民党内の権力闘争であった。しかし、その背景には、東北占領、満洲国樹立、満洲国帝制移行という日本・満洲国の動きを阻止できない中央政府に対する世論の厳しい批判が存在した。これに対して、汪精衛・蔣介石・黄郛は歩調を揃えて対応し、通車交渉推進を中央政治会議の決議として可決することに成功した。

しかし、この三者のあいだでも、主要な関心の向かう方向に食い違いがあり、それが中央政治会議・西南政権に対する対応の各局面で表面化している。黄郛は、関東軍との交渉を短期間で終わらせることを最優先の目標として考えた。天羽声明をめぐる混乱の一時期を除いて、黄郛は一貫して交渉早期妥結をめざしている。しかし、汪精衛は中央政治会議で孫科・立法院勢力の反対を排除することを最優先に考慮した。蔣介石も、また、西南政権への対応を最優先に考慮している。黄郛が通車交渉に関する方針を公開することが国民の支持を中央政府に集める最良の方法だと考えたのに対して、汪精衛・蔣介石は、国民党内の混乱を回避するために、その方針を秘密にすることに固執しつづけた。

このような状況のなかで、交渉妥結に向けて果たした蔣介石の役割は大きかった。汪精衛単独では通車提案を可決に持ち込めない情勢のなか、蔣介石は常務委員筆頭として提案を提出して汪精衛を支援した。また、殷同が実際に通車協議を始める段階になって、西南政権とのあいだで軍人の人脈を通じて協議を行って反対を封じたのは蔣介石であり、さらに、通車の原則を北平政務整理委員会・殷同（北寧鉄路局長）とのあいだで決めたのも蔣介石（名義は軍事委員会委員長）であった。協力し合った三者のなかでも、蔣介石の影響力と汪精衛の無力・無策が浮き彫りとなった。

この三者のうち、とくに蔣介石・黄郛と汪精衛とのあいだでは、対日政策をめぐる考えかたの違いが、この通車交渉の期間を通じて生じつつあった。蔣介石・黄郛は、対日政策に関する考えかたを変えつつあったが、汪精衛はそれに同調しなかったのである。この対日政策の変化と、それに関連する蔣介石の軍事政策の変化について、次の節で論じる。

◉注

（1）『黄膺白先生年譜長編』一九三四・四・三—四・六、七二〇—七二二頁、四・一一、七二三頁。黄郛「談話」『黄膺白先生年譜長編』一九三四・四・五、七二一頁。この時期の日中関係史に関する叙述では「通車・通郵交渉」がセットとして叙述されるのが普通である。島田、前掲論文、五七—六六頁、松本、松本重治『上海時代』（上）中公新書、一九七四年、二四九—二五二頁。しかし、通車交渉と通郵交渉では、中央政府の政策も黄郛の姿勢も異なっているので、本稿では別の事件として扱う。

（2）島田、前掲論文、五七頁、六一—六二頁。なお、通車・通郵交渉がやがて行われるということは、北平会議の時期から報道されていた。『申報』一九三三・一一・九。

（3）「関於停戦協定善後処理会談」『黄膺白先生年譜長編』一九三三・一一・九、六五八頁、一九三四・二・一〇、七一六頁。黄郛→蔣介石・汪精衛（電報一九三四・二・一〇）同頁。

（4）『黄膺白先生年譜長編』一九三四・三・一九、七一九頁、三・三一、七二〇頁、四・一三、七二三頁。柴山「声明」（中国文）『黄膺白先生年譜長編』七二二頁。開灤事件については『申報』一九三四・三・二〇―二三、四・二五。陶尚銘が河北省政府とともに解決にあたっている。
（5）『黄膺白先生年譜長編』一九三四・三・四、七一八頁。汪精衛「書面談話」同書、一九三四・四・一四、七二四頁。
（6）『黄膺白先生年譜長編』一九三四・四・五、七二二頁、四・一三、七二五頁。『申報』一九三四・四・一四。
（7）『黄膺白先生年譜長編』七二三頁。朱家驊は、後に見るように、通郵交渉でも強硬論を主張して蒋介石・黄郛の方針を頑なに拒否しつづけた。
（8）黄郛→汪精衛（電報、一九三四・四・一〇）『黄膺白先生年譜長編』七二八頁、汪精衛→黄郛（電報、一九三四・五・三）『黄膺白先生年譜長編』七三三頁。793.94/6717. Nanking, 1934.5.10., *FRUS*, 157 (1934vol.III), pp.173-174 に、通車問題についての汪精衛のジョンソン公使への談話が見える。
（9）黄郛→汪精衛（電報、一九三四・四・一八）『黄膺白先生年譜長編』七二八頁、汪精衛→黄郛（電報、一九三四・五・三）『黄膺白先生年譜長編』七三三頁。
（10）黄郛→汪精衛（電報、一九三四・五・四）『黄膺白先生年譜長編』七三三頁。
（11）黄郛→汪精衛（電報、一九三四・五・一〇）に引く蒋介石→黄郛（電報、一九三四・五・八？）『黄膺白先生年譜長編』七三四頁。なお、汪精衛から黄郛に情勢を報告した電報は、九日に発せられていることは黄郛の電報（同前）からわかるが、内容は不明。黄郛→汪精衛（電報、一九三四・五・一〇）『黄膺白先生年譜長編』七三四頁。蒋介石→黄郛（電報、一九三四・五・一九）『黄膺白先生年譜長編』七三五頁。
（12）蒋介石→黄郛（電報、一九三四・五・一九）『黄膺白先生年譜長編』七三五頁。『黄膺白先生年譜長編』一九三四・五・一六、七三四頁。島田、前掲、六一―六二頁。汪精衛→蒋介石（電報、一九三四・五・二〇）『黄膺白先生年譜長編』七三五―七三六頁。なお、汪精衛の電文によれば、この蒋介石宛電報の内容はあらかじめ黄郛の同意を得たものである。
（13）殷同→北平政務整理委員会（報告書）、『黄膺白先生年譜長編』一九三四・六・一四、七四五頁。『黄膺白先生年譜長編』

七三六頁。汪精衛→黄郛（電報、一九三四・五・三〇）『黄膺白先生年譜長編』七三六―七三七頁。
(14) 黄郛→楊永泰（電報、一九三四・五・三一）『黄膺白先生年譜長編』七三七頁、同書七三七―七三八頁。なお黄郛のいう「反動派」は具体的に何を指すかは不明だが、共産党系を指すと思われる。共産党は「国民革命」を基準にすれば反動・反革命に位置づけられるというのが国民党・国民政府の立場である。
(15) 『黄膺白先生年譜長編』七三八頁。黄郛→蔣介石（電報抄録、一九三四・六・五）同書、七三九頁。居正→黄郛（電報、一九三四・六・六）同書、七四〇頁、陳立夫→黄郛（電報、一九三四・六・八）同前。黄郛→楊永泰（電報、一九三四・六・一三）『黄膺白先生年譜長編』七四一―七四二頁。『華北日報』への情報のリークは、華北の党機関の主導権をめぐる争いの結果である可能性がある。
(16) 黄郛「談話」（一九三四・六・一五）『黄膺白先生年譜長編』七四二頁、同書、一九三四・六・八―六・一四、七四〇―七四二頁。松本、前掲（上）二四七―二四九頁。Coble,pp.175-178.『申報』一九三四・六・一〇―一四。上海の新聞『申報』は、事件解決まで、連日、ニュース面の一面で蔵本事件を報道し、一一日にはトップで報道、一四日には事件解決を一面全面を使って伝えている。その主要な関心は、蔵本の行方と、日本人居留民の動き、日本艦の動きに向けられていた。
(17) 『黄膺白先生年譜長編』七四四頁。
(18) 『黄膺白先生年譜長編』一九三四・六・一八、七四四頁、一九三四・七・二四、七四四―七四六頁、殷同→北平政務整理委員会（報告書）同書、一九三四・七・二四、七四五頁、北寧鉄路局「公告」『黄膺白先生年譜長編』一九三四・六・二八、七四七―七四八頁。*793.94/6745: Telegram, Peiping, 1934.6.30., FRUS, Vol.157 (1934vol.III), p.203.*
(19) 『黄膺白先生年譜長編』七四七―七四九頁。通車開始と爆破事件については、*793.94/6746: Telegram, Peiping, 1934.7.2., FRUS, Vol.157 (1934vol.III), pp.203-204.*
(20) 天津『大公報』「社論」一九三四・六・二八。

第二節　軍事政策と対日政策の転換

通車交渉への対応が中央政府で問題にされ始めた一九三四（民国二三）年の春～夏ごろから、蔣介石の軍事政策が、従来の囲剿戦争中心の政策から、将来の抗日戦争に備える政策へと転換し始める。蔣介石は、従来、関東軍が東北を占領し、満洲国を樹立するという情勢のもとでも、ソ連・共産党を軍事上の主要な敵と見なし、抗日戦争よりも囲剿戦争の遂行を優先してきた。しかし、現在、発表されている蔣介石の文章を見るかぎり、一九三四（民国二三）年の三月を最後に蔣介石はソ連非難を持ち出さなくなり、主要な敵を日本と見なすようになってくる。囲剿戦争に参加する軍人に対しても、蔣介石はむしろ「国難」を強調するようになる。これと並行して、黄郛は、塘沽協定廃止をその後の対日交渉の基本に据えるという構想を持ち始めるのである。

その契機となったものには、二つの条件が考えられる。

第一は、第五次囲剿戦争の展開である。蔣介石は、共産党の支配する中央ソビエト区（蔣介石側から言えば「匪区」）に対してドイツの支援を得つつ大規模な物量作戦を展開した。一九三四（民国二三）年からはトーチカ戦術が本格的に展開され始め、囲剿軍は紅軍の得意とする遊撃戦を封じることに成功した。四月中に、囲剿軍は、共産党が死守するとしていたソビエト区の北の入り口の広昌の奪回に成功している。このような成果から、蔣介石は、紅軍の遊撃戦と囲剿軍の紅軍への投降に悩まされた従来の囲剿戦と異なる展開に、共産党に対する勝利を確信したであろう。(1)

第二の契機は、日本での天羽声明の発表である。天羽声明は四月一七日（新聞などで一般に知られたのは翌一八日）の外務省の情報部長の天羽英二が記者に対して発表した発言である。「東亜」における日本の優越した立場を強調した発言は、海外にもいち早く伝えられ、国際的に大きな反響を起こした。天羽発言は、まず、「東亜における平和および秩序を維持する」のは「日本の責任において単独」で行うべき使命であるとする。日本が国際連盟脱退に至ったのは、この点で「列国」と意見を異にしたからである。したがって、「列国」が「支那」の「夷をもって夷を制する」策に呼応するかたちで東亜に干渉することを日本は黙視することができない。「列国」が「支那」援助に関して「共同動作」を行うことがあれば、それがたとえ財政援助や技術援助の名目をとって行われるものであっても、それは「支那においては、政治的意味を帯びることは必然」である。それは「東亜の保全」に反するから日本は反対せざるをえない。また、列国が個別に支那との経済貿易上から交渉することには日本は反対しない。しかし、それは「東亜ノ平和及秩序維持ニ支障ヲ及ホササル限リ」である。その限度を超えた武器・軍用飛行機の供給、軍事教官の派遣、政治借款などは「東亜の平和維持」に反するから「黙過スルコトカ出来ナイ」。発言内容は以上のようなものであった(2)。

この発言内容そのものは、広田外相から中国駐在有吉公使への訓令を敷衍するかたちで行ったものである。この訓令は、有吉に限らず、在外の大使・公使に宛てて発せられていた。したがって、声明の原型を作ったのは広田であり、この声明の内容が広田の対中国外交の一つの基本的な考えかたを反映していることは否定できない。広田外相が有吉公使を始めとする各国公使に訓令を発したのは、綿麦借款の成立につづいて、元国際連盟事務次長のモネーが中国で大々的な経済協力事業を始めようとしているという情報があり、これによって劣勢に立たされることを危惧したためであると言われる(3)。

しかし、外務省の内部の訓令を記者に発表したのはまったく天羽部長の独断による。声明を報道陣に公表することについては、斎藤首相・広田外相はまったく関与しておらず、外務省内部でも声明発表のコンセンサスはなかった。軍が関与した事実も認められない。また、天羽部長は自らこの声明を英訳して外国の通信社に発表したが、その際に

「訓令そのものの英訳を見せた方がまだ害がなかった」と言われるような不正確な部分があった。記者会見での外務省一部長の発言が、中国を含む外国に伝わり、大きな反響を巻き起こしたのは、この英語での発表があったからであろう。当時、斎藤内閣は、国内問題に神経をとがらせていた時期でもあり、内閣全体としてはこの「声明」の影響をさほど重視していなかった。しかし、中国の世論はこの発言に騒然となった。中国では、天羽は外務省のスポークスマンであると伝えられ、当然、天羽声明は外務省の公式声明として受け取られた。国民政府外交部は、発言が伝えられた日（一八日）の翌日の一九日、中国はある一国がある地方の平和維持に単独で責任を持つなどということは承認できず、他国を中傷したり東アジアの平和を乱したりする意図も持たないとして天羽声明に反論した。外交部は、汪精衛兼任部長・唐有壬次長のもとで対日妥協政策を進め、宋子文らの対日強硬外交の主張を抑制してきたのであるが、それでも東アジアでの日本の優越的な立場を一方的に宣言した天羽声明には反論を加えざるを得なかったのである。[4]

このような情勢を受けて、蔣介石は、ソ連よりも日本を主敵と見なし、とくに幹部候補の軍人に対してそのことを強調し始める。

蔣介石の対日警戒感がいつから高まったかを、蔣介石がこの時期に公表した文書から検討すると、それはやはり天羽声明を大きな契機としている。一九三四（民国二三）年三月までの蔣介石は、中国の外交上の最大の敵はソ連であるとしていた。一方で日本の東北侵略については暗示的に触れるにとどめている。ところが、天羽声明を境に、蔣介石の発言は大きく変わる。蔣介石は囲剿戦争を戦っている軍の幹部の集会で、日本の中国植民地化の動きに対抗して「救国」への準備を訴える演説を行ったのである。蔣介石は天羽声明を日本が中国植民地化を世界に向かって宣言したものだと解釈していた。ただし、この演説全体の内容は、そのころ蔣介石が展開していた「新生活運動」を反映し、「礼義廉恥」の徳目の実践を強調した道徳的な色彩の濃いものである。これが一時的な反発でなかったことは六月一六日に蔣介石が発表した「十年来の革命の経過についての回顧」からも読みとれる。この文章で蔣介石は九・一八事変以来の日本の侵略については詳細に言及している。一方で、それまで三民主義革命の最大の敵と位置づけてきた共産党とソ連については一言も言及していない。国民党の革命史の上で一九二七（民国一六）年の共産党・ソ連との決裂は重要な事件であり、従来、蔣介石は囲剿戦争を正当化するために、共産党の革命に対する裏切りを強調してきた。三月までとは、ソ連・共産党と日本に対する採り上げ方が逆転しているのである。(5)

一九三四（民国二三）年夏に蔣介石は廬山軍官団を開いた。一九三四（民国二三）年の軍官団は七月一〇日から九月二七日まで開かれ、このあいだに三期にわたる訓練が行われた。各「期」が終わるごとに学生は卒業し、次の「期」には新たな学生が訓練を受けるという制度である。「軍官団」（直訳すれば「将校連隊」）という名称だが、蔣介石がめざしたものは、北伐前の黄埔軍官学校と同じような幹部養成学校である。これは一面では中国軍全体の力倆の向上のために開かれたものであるが、同時に、蔣介石自身の軍の基盤の確立のために開かれたものでもある。黄埔軍官学校の卒業生を幹部とする軍が蔣介石の忠実な「中央軍」となったように、廬山軍官団の卒業生も、他の地方軍事勢力ではなく「蔣介石＝軍事委員会委員長」に忠誠を尽くす軍の幹部となるはずであった。廬山軍官団は前年の一九三三（民国二二）年にも開いていたが、一九三三（民国二二）年の廬山軍官団は囲剿戦争を指揮する幹部を養成するためのものであった。しかし、一九三四（民国二三）年の軍官団では、蔣介石はソ連ではなく日本を敵として念頭に置いた訓話を繰り返したのである。「軍人はいかに尽忠報国すべきか」（七月一二日）、「中国魂」（七月一六日）、「軍人救国の道」（七月二〇日）などがその演説である。これらの講演では、蔣介石は、「国難」の危機を強調し、軍人にその「国難」に備える必要を強調する。文脈から見て、「国難」は「日本の侵略」を指すことは明白である。しかし、これらの公演では日本を名指しすることをなお避けている。(6)

しかしこれらのなかで、もっとも長く、内容も体系的な「外侮への抵禦と民族の復興」という訓話（「抵禦外侮与復興民族」七月一三日、二〇日、二四日）では日本をやがて戦わなければならない敵であるとはっきり名指ししている。そのうえで、抗日戦争に向けての心構えと抗日戦争の戦略について具体的に説いているのである。[7]

この廬山軍官団での講演・訓話などから見て、蔣介石がその戦略の重点を「抗日」へと切り換えつつあったのは確かであろう。蔣介石はこの時点で「先安内後攘外」という「安内攘外」政策を「安内」（囲剿戦争）から「攘外」（抗日戦争）へと切り換えたのであった。

他方、天羽声明は、黄郛にも大きな影響を与えた。黄郛はこれまで塘沽停戦協定の枠組みを守り、その枠内での華北の安定を図ってきた。しかし、四月後半から黄郛は塘沽協定廃止を主張し始める。黄郛は、この見解を通車交渉の決着まで対外的には明らかにせず、そのため、黄郛は依然として親日派とみなされて上海を中心とする華中都市社会の世論の攻撃の対象になった。しかし、殷同とのあいだでは黄郛は四月から塘沽協定廃止の立場を明確にしており、七月の第二次大連会議で関東軍側に塘沽協定廃止論を提起することをめざしていたのであった。この転機となったのも、時期を考えると、やはり天羽声明であったと考えられる。

黄郛は、天羽声明が蔣介石・汪精衛・黄郛の南昌会談の直後に行われたことから、南昌会談の内容が天羽声明と関連づけられて世論の揣摩憶測を招いていることを憂慮した。黄郛の憂慮したとおり、日本の「外務省声明書」は有吉が黄郛の同意を得た後に発表したものだという報道が流れた。黄郛は、駐日公使蔣作賓から、広田は声明について知らさせておらず、じつは軍部が外務省情報部にひそかに命じて出させたものであるという情報を得ていた。黄郛は、この説を汪精衛に伝えて、このような報道には、黄郛個人ではなく、政府のレベルで毅然と対応するように求めている。黄郛は、広田は対中国親善派であり、東アジア独占を狙うのは軍の政策であると判断していた。一方で、黄郛は、陸軍と海軍、陸軍中央と関東軍・天津軍という区別はしていない。したがって、日本軍全体が関東軍・天津軍と同じ政策を持っていると黄郛は捉えていた。(8)

黄郛の行動を追うと、この天羽声明が黄郛の対日政策を変える大きな契機となったのは確実である。日本・関東軍（満洲国）側と早く交渉を行うことを主張するのが常の黄郛が、通車問題の交渉を一か月以上遅らせるように汪精衛に具申するのは天羽声明発表の翌日である。そのさらに翌日、当時、上海にいた黄郛を宋子文が訪問している。宋子文は、一九三三（民国二二）年前半には汪精衛・蔣介石・黄郛と鋭く対立した親米・対日強硬論者である。このような一連の慌ただしい動きの後、四月二二日、黄郛は、突如、塘沽協定廃止論を唱え始めるのである。黄郛が汪精衛に通車交渉延期を提案したのは、現地で関東軍との交渉を担当する殷同とのあいだで塘沽協定廃止の主張について調整を行う時間を稼ぐためであった。(9)

黄郛は、四月二一日に殷同に送った電報で、協定廃止を提起することを要請した。もし協定廃止ができないのであれば、少なくとも相互に善意によって協定を守るべきで、そのときどきに拡大解釈をすることがないように要求するよう要請していた。黄郛は、塘沽協定廃止の理由として、塘沽協定は日本側に一方的に拡大解釈されて、その権益拡張に利用されていることを挙げている。黄郛が重視しているのは、関東軍が、協定の適用範囲をチャハル省東部から渤海海上まで広げ、この範囲への中国軍（または中国艦）の立ち入りを拒否しようとする動きを示していることであった。このような考えかたの背後には、さきに見たように、天羽声明を軍部の対中国政策の代弁と捉え、広田外交とはまったく別のものであるとみなす黄郛の判断があった。この判断には蔣介石の影響があった。蔣介石は、黄郛に、日本の対中国政策について「日本軍部の対中国政策は、あるいは硬軟併用主義をとり、いままでどおりの面談の方法を使うことで、ひそかにこちらの力を弱める計略を行っていることを自分から示しているようだ」と、日本の意図に対して注意するように促している。この過程から、黄郛の塘沽協定廃止論の狙いを次のように考えることができる。軍当局のあいだで結ばれた塘沽協定の枠組みを固守しようとする限り、天羽声明に表れた日本の軍の対中国政策の影響を脱することができない。塘沽協定を廃止し、外交交渉を中央政府間の交渉に切り換えることによって、日本の軍部を対中国政策から切り離し、中国に理解を示す（と黄郛が考えた）広田外交をもとにした友好関係を実現できると期待した。このような黄郛の日本認識と対日政策についての考えかたは、翌年にかけても維持される。[10]

しかし、黄郛・殷同は、塘沽協定廃止論を日本側に提起するまでは外部にはその意向を漏らしていない。汪精衛・蔣介石などにも伝えなかったようである。黄郛に好意的な天津『大公報』の関係誌『国聞週報』は、一九三四（民国二三）年六月四日号で塘沽協定をとり上げ、「いま〔塘沽協定締結から〕一年の時が流れてみると、平津は他人のポケットのなかに入ったようなもので、華北の危機はますます深刻である」と塘沽協定の役割に疑問を投げかける記事を掲載している。後に見るように、この時期、『大公報』・『国聞週報』は黄郛の代弁者としての性格を強めており、これも、黄郛のために華北世論の動向を探る記事であった可能性も考えられる。

通車問題が解決した後、七月の第二次大連会議で、殷同は塘沽協定廃止を関東軍代表に提起することとなった。これに向けて、黄郛・殷同は、塘沽協定廃止に向けた中央政府との駆け引きを始める。通車交渉が決着した後、黄郛は北平政務整理委員会委員長辞任の意向を示して、北平への帰任を拒否しつづけていた。これに対して、蔣介石は、六月二六日、自ら杭州（莫干山への入り口にあたる）に飛んで黄郛の帰任を強く促した。通車問題解決後の七月六日にも、黄郛に「三人で一つの桶を担いでいるのに、一人がそれを肩から下ろせば、あと二人もそれを下ろさなければならなくなる」と書いた電報を送り、汪精衛―蔣介石合作政権の対日外交政策には黄郛の協力が不可欠だと説得しようとした。蔣介石が黄郛の北平帰任を促したのは、第二次大連会議について現地で指図してほしいという意図である。

しかし黄郛は莫干山を動かなかった。殷同も、「ただ、中央は、辞任〔の意向〕を明示して誤解を招いたりしないように、黄委員長に勧告している」と語っており、黄郛が北平政務整理委員会委員長辞任の意思を示したことを示唆している。この後、七月一二日に殷同が、翌一三日には唐有壬が莫干山に黄郛を訪ねた。第二次大連会議の打ち合わせのためである。このさい、唐有壬・殷同は黄郛に北平への帰任を強く要請したが、依然として黄郛は消極的であった。このときの模様について、殷同は、七月一九日に上海で発表した談話の冒頭で「黄委員長はきわめて消極的で、しばらくのあいだは北平に戻らず休むことに決められた」と語っている。このときの黄郛の心情を殷同は次のように説明している。「黄氏は、多くの人が華北の事件について全体的な計画をおろそかにしており、枝葉末節の問題にばかりこだわっていると感じ、その全部を解決することはできないのではないかと恐れ、精神に無限の苦痛を受けている」(11)。

ここからわかるように、黄郛の不満は、中央政府が華北に関して「全体的な計画」を持っていないことに向けられていた。黄郛は、華北の対日交渉のわずらわしさを恐れて「消極」的になったのではなく、黄郛の態度は中央に対日交渉の「全体的な計画」を求めるための条件闘争の一面を持っていた。黄郛は、中央に対して辞意をほのめかしながら、北平政務整理委員会委員長としての活動は実は莫干山でも積極的に継続している。この時期、「戦区救済」の枠組みを華北全体の農業合作会に移行させる手続きが進んでおり、これに関しては、黄郛はなんら消極的にならずに、現地の担当者に指示を出しつづけていたのである。

黄郛の求める「全体的な計画」の重点は塘沽協定廃止にあった。黄郛は、北平帰任を拒否することで、中央政府に、塘沽協定廃止に向けた対日交渉の「全体的な」プログラムを決定するように要請しているのである。

しかし、いずれにしても、この一連の駆け引きは第二次大連会議には間に合わなかった。七月二三日、殷同は大連で関東軍の岡村寧次・柴山兼四郎・喜多誠一と落ち合い、戦区問題のうち、未解決の問題を話し合った。これが第二次大連会議である。会議の主な内容は戦区接収問題のなかで未解決の問題の解決の方策についてであった。この会議の第二回の会合（七月二四日）で殷同は関東軍代表に対して塘沽協定廃止論を提起しようとした。しかし、関東軍側は、それを議題として話し合うこと自体を拒否した。関東軍側は、華北経済提携や日中鉄道連絡などの問題を解決するための適切な案を中国側が出さない限り、塘沽協定の廃棄は考えられないという意向をほのめかしたという。なお、これに合わせるように、天津『大公報』が塘沽協定廃止論を社説に採り上げている。[12]

関東軍の厳しい反応に直面して、殷同は関東軍に対して塘沽協定廃止交渉を提起することの無理を痛感したようである。翌日の記者に対する発表で、殷同は「塘沽協定の廃止については、わが方からはまだ正式に提起してはいない」と語り、あわせて、「日本人はたんに華北の経済合作を望んでいるだけではなく、さらに進んで中日全体の経済協力を行いたいという欲望を持っている」と語った。塘沽協定廃止の提案すら、以前から関東軍（満洲国）が求めている「経済合作」要求の交換条件にされてしまう。殷同は、塘沽協定廃止は中央が全面的な計画を立ててからではないと軽々しく提起することはできないと発表した。殷同は、塘沽協定廃止の目的を達するためには中央政府による外交交渉が必須だと確信を強めるようになる。これを受けて、黄郛は、この後、北平帰任の条件として、中央が日本との外交に対して「全体的な計画」を持つことをさらに強く求めるようになる。[13]

第二次大連会議で対日交渉の困難さを痛感した殷同は、七月二七日に莫干山を訪れ、翌二八日、再び記者に対して次のように発言した。「要するに、黄氏が早く北上してまとめ役を引き受けてくだされば、どの問題にも容易に光明の道が開け、大局はそう遠くない時期に落ちつくことだろう」。同じ日に、汪精衛は行政院での記者会見で「黄委員長はまもなく北上するであろう」と述べているが、これは黄郛の意思にはかかわりなく見通しを述べたものである。汪精衛は、その後、外交部次長の唐有壬を七月二九日に莫干山に送り、黄郛に北平への帰任を説得させた。その結果、黄郛はようやく積極的な態度を示し、北上するか否かについて汪精衛・蔣介石と話し合う決意を固めたという。[14]

殷同は黄郛の北平帰任の条件がどのようなものかを知っていた。また、この唐有壬の黄郛訪問に際して、汪精衛は「外交の原則に関しては、もとより中央が決定し中央が責任を負うべきものである。この原則を執行するためにも、すでに発生しあるいはこれから発生しかねない紛糾の処理に近づくためにも、黄委員長が北平に鎮座していることが必要なのである」と国民党機関誌『中央日報』の記者に語っている。この殷同・汪精衛・唐有壬の黄郛への働きかけに際して、中央政府が「全体的な計画」を示すことが条件として示された。唐有壬が黄郛をどのように説得したかは具体的にはわかっていないが、汪精衛の『中央日報』への談話から推測して、外交の「原則」を中央が自らの責任で決定すると黄郛に告げたのであろう。[15]

黄郛はそれを承けてようやく北平帰任を決意した。黄郛は、八月九日、莫干山を下り、国民党にとって特別の意味を持つ軍艦「中山」号に乗って江西省に向かった。一〇日には黄郛は牯嶺に到着し、一一日に蔣介石に会って「華北政情」について報告した。一二日には、黄郛と蔣介石・汪精衛・孔祥熙・張群・楊永泰・熊式輝・黄紹竑が会談を行い、翌一三日にも汪精衛・孔祥熙・張群・楊永泰・黄紹竑が熊式輝の宿舎で会談した。この一連の会議は廬山会議と呼ばれている。なお、この「会議」は、位置づけも曖昧で、決議も成文化されていない。このことが、のちの通郵交渉に大きな影響を与える。[16]

廬山会議は、蔣介石が本格的に囲剿戦争重視から抗日戦争重視へと軍事政策を転換した後に、はじめて蔣介石臨席のもとに国民党・国民政府首脳が一堂に会した会議となった。蔣介石は、これ以前に、南京で通車交渉に関して国民政府各院院長を集めて根回ししているが、この過程には汪精衛が関与していなかった。

この廬山会議の席で一九三四（民国二三）年後半の中央政府の政策の多くが決められた。まず、憲政移行の前提として、国民党五全大会の開催について決められ、汪精衛は南京に帰った後、その準備作業に着手している。次に述べる通郵交渉の方針についても話し合われたようである。おそらくこの通郵交渉と合わせて黄郛が北平に帰任することも決められた。すなわち、通郵交渉を指揮するために黄郛は北平に帰任するという条件である。[17]

ここで黄郛が不承不承ながら北平帰任を承諾したのは、中央政府（とくに外交部長汪精衛）が外交方針を確定して黄郛を支援することを約束したからである。廬山会議で、蔣介石の抗日への転換方針がはっきりと伝えられたことも、黄郛に、日本に対する「全体的な計画」への確信を深めさせたであろう。また、黄郛は、これまで一党支配反対と憲政早期施行を主張してきた。憲政移行のための国民党五全大会の開催決定はその主張に沿ったものであった黄郛のこれまでの主張から考えて、蔣介石の対日抗戦への決断と、憲政実施への道が開かれたことが、北平政務整理委員会の最後の仕上げの作業に取りかかる決意を黄郛に固めさせたのであろう。しかし、黄郛はそれでも依然として中央政府の幹部に対して不信感を持っていた。廬山まで来訪した天津『大公報』の記者（週刊評論誌『国聞週報』の編集責任者でもある）王芸生《うんせい》に対して「私はいま tennis をプレイするときの ball のようなものだ」〔英語綴りは原文のママ〕と語り、「相手方〔関東軍側〕は度量は小さいくせに力は強く、その欲はとどまるところを知らない。国人は視野が狭いくせに言うことだけは高飛車で、これでは私の肩では責任を負いきれない」と苦衷を語っている。華北に入れば欲の深い関東軍に強打され、南京・上海に来ればまた自尊心ばかり高い「国人」に強打される自分をテニスのボールに喩えたわけである。天津『大公報』は、これを承けて、八月一六日、黄郛の立場に沿って華北情勢の見通しを解説した社説を発表し、黄郛の北平帰任を支援する姿勢を示した。[18]

中央政府の「全体的な計画」の確約と、天津『大公報』・『国聞週報』の支援を得て、黄郛は、華北での最後に残された対関東軍交渉である通郵交渉を指揮するための作業に着手する。

囲剿戦争でのトーチカ戦術の展開によって、蔣介石が「安内」優先（囲剿戦争重視）政策から脱却する条件が整いつつあるときに、天羽声明が中国に伝えられた。天羽声明は、蔣介石に、日本の中国植民地化声明として受け取られ、蔣介石は急速に「攘外」優先（抗日戦争重視）へとその基本政策を転換する。一方の黄郛は、蔣作賓（駐日公使）からの情報をもとに、天羽声明は軍部の政策を代弁したものであると判断し、中国との親善を推進しようとする広田外交とはまったく別の政策であると考えた。そのため、軍部相手の交渉を中央政府相手の交渉に切り換えることが重要だと考え、その前提を整えるために、殷同に塘沽協定廃止交渉を要請した。しかし、この提案は、関東軍には、門前払いの扱いを受けたばかりか、華北経済提携交渉と結び合わされる危険性が出てきた。黄郛は、北平帰任を拒否するという「条件闘争」によって、中央政府に日本に対する「全体的な計画」の実施を求めた。廬山会議で汪精衛・蔣介石からその「全体的な計画」の確約を引き出した黄郛は、通郵交渉のために北平への帰任を決めた。

しかし、中央政府が確約した「全体的な計画」がどのようなもので、それを中央政府が実行に移せるかということについては、この時点ではまだ未知の状態である。とくに、通車交渉の過程で指導力の低下が明らかになった汪精衛は、中央政治会議以後、通車交渉に何のリーダーシップも発揮していない。この過程でリーダーシップを発揮し、中央政府の分裂を阻止し西南政権との対立を防いだのは、国民党常務委員筆頭と軍事委員会委員長を兼ねる蔣介石であった。その蔣介石が軍事政策・対日政策を転換したのである。中央政府が通車協定の場合のように協調して対日交渉に当たることができるかどうかが、通郵交渉に関する大きな問題となってくる。

◉注

（1）姫田、前掲書、一四三―一四七頁。この時期の紅軍の状況については、宍戸寛『中国紅軍史』河出書房新社、一九七九

年、三二四―三二五頁、三三一―三三二頁。

（2）島田、前掲論文、七四―七五頁に引く『東京朝日新聞』一九三四・四・一八および「対支国際援助ニ関スル情報部長ノ非公式談話」原田熊男『西園寺公と政局』三巻、岩波書店、一九五一年、四二一頁から構成。『東京朝日新聞』の報道では、列国の個別の交渉に関する部分が簡略化されている。天羽英二日記・資料集刊行会『天羽英二日記・資料集』二巻、同会刊、一九八九年、八〇一―八九三頁、とくに声明発表前後の事情は八三五―八四一頁に天羽自身の手記がある。声明の原型となった広田の電報は、「対支国際合作ニ関スル件」暗号第三〇二号、一九三四・三・一九、『現代史資料　八　日中戦争　一』みすず書房、一九六四年、三〇―三一頁。モネーの活動についての日本の外交官の関心については、同書、三一―三三頁。

（3）島田、前掲論文、七七―七八頁、原田『西園寺公と政局』三巻、二八七頁。天羽の中国観については、「外人記者トノ一問一答」『天羽英二日記・資料集』二巻、七五八―七六三頁に見える。

（4）島田、前掲論文、七五―七六頁、七八―八二頁。原田『西園寺公と政局』三巻、二八六頁（斎藤首相の発言）、二八七―二八八頁（重光外務次官からの情報）、二八八―二八九頁（重光次官の発言）。なお原田の情報源は広田外相・重光外務次官。中国側の反応は、『黄膺白先生年譜長編』一九三四・四・一七、七二六頁、七二九頁、一九三四・四・二一、須磨総領事→広田外相、三七二―三七三号電『現代史資料　八』三七―三八頁。793.94/6586: Telegram, Tokyo, 1934.4.18. *FRUS*, 157（1934vol.III）, pp.112-113, 893.01 Manchuria/ 1067: Telegram, Peiping, 1934.4.18. *FRUS*, 157（1934vol.III）, pp.113-114 は天羽声明に対する汪精衛の談話を伝える。Coble,pp.153-162.

（5）蔣介石「中国之外交政策」（秦孝儀（主編）『総統蔣公思想言論総集』）一二、一〇二頁。蔣介石「日本之声明与吾人救国之要道」『総統蔣公思想言論総集』一二、一九七―二〇一頁。天羽声明を中国保護国化・植民地化の声明として読んでいる部分は一九七―一九八頁。蔣介石「十年来革命経過之回顧」『総統蔣公思想言論総集』一二、二三六―二四三頁。このうち九・一八事変と日本の侵略に言及しているのは二三八―二四〇頁。

（6）「軍人応如何尽忠報国」『総統蔣公思想言論総集』一二、二九四―三〇一頁。「中国魂」『総統蔣公思想言論総集』一二、三四九―三五五頁。「軍人救国之道」『総統蔣公思想言論総集』一二、三五六―三六一頁。
(7)『総統蔣公思想言論総集』一二、三〇二―三四八頁。なお、廬山軍官団では黄郛も「自力更生と同族相愛」と題した講演を行っている。講演の内容は『黄膺白先生年譜長編』一九三四・九・四、七六八―七七〇頁。
(8) 汪精衛→黄郛（電報、一九三四・四・二二）『黄膺白先生年譜長編』七三〇頁、黄郛→汪精衛（電報、一九三四・四・二六）同書、七三一頁。黄郛は「わが政府はすでにこの事件の由来をはっきり知っているのですから、私が〔個人的に〕弁解するのを待つ必要はないでしょう」と汪精衛に書き送っている。
(9) 黄郛→汪精衛（電報、一九三四・四・一八）『黄膺白先生年譜長編』七二八頁。黄郛は五月初めには早期交渉開始の主張に戻っている。『黄膺白先生年譜長編』一九三四・四・二〇、七二九頁。
(10) 黄郛→殷同（電報、一九三四・四・二二）『黄膺白先生年譜長編』七三〇頁。これは殷同が前日に黄郛宛に送った電報への返電である。黄郛→汪精衛（電報、一九三四・五・四）に引く蔣介石→黄郛（電報、日付不明）『黄膺白先生年譜長編』七三三頁。
(11)『黄膺白先生年譜長編』一九三四・六・二六、七四六―七四七頁、七・六、七五〇頁。殷同「談話」（一九三四・七・一九）、『黄膺白先生年譜長編』七五三頁。
(12) 島田、前掲論文、六一頁。殷同の報告によれば、話し合われたのは、(1)（戦区内の）日本人・朝鮮人「浪人」取締の問題、(2)李際春・石友三などの保安隊の整理、(3)新編成の保安隊の戦区への参入、(4)馬蘭峪・東陵の接収、(5)日本軍・偽軍の撤退、(6)チャハル東区域の整理、(7)大東公司の取締。殷同「談話」（一九三四・七・一七）『黄膺白先生年譜長編』七五八頁、同書、一九三四・七・二三、七五五―七五七頁。
(13)『黄膺白先生年譜長編』一九三四・七・二四、七五六頁。殷同「談話」（一九三四・七・二七）同書、七五八―七五九頁。
(14) 汪精衛「談話」（一九三四・七・二八）『黄膺白先生年譜長編』七五九頁。殷同「談話」（一九三四・八・六）同書、七六一頁。
(15) 汪精衛談話（→中央日報記者、一九三四・七・三〇）、『黄膺白先生年譜長編』七六〇頁。

(16)『黄膺白先生年譜長編』七六二―七六四頁。なお、一三日の会談は、一二日に汪精衛・蔣介石・黄郛の三人の会談が予定されていたのが、蔣介石の過労という理由でキャンセルされたので、あらためて開かれたものである。また、「中山」号は、一九二三（民国一二）年、陳炯明が孫文に対して広州で「反乱」を起こした際、身の危険を感じた孫文が逃げこんだ巡洋艦である。当時は「永豊」号と呼ばれていたが、孫文の死後、孫文の通称を取って「中山」と改名した。一九二六（民国一五）年には、この軍艦の行動が蔣介石とソ連顧問・共産党とのあいだの紛争事件（中山艦事件）のきっかけとなったことでも知られる。

(17) 汪精衛「談話」（→天津大公報記者、一九三四・八・一三）『黄膺白先生年譜長編』七六四頁。記者はおそらく王芸生。

(18) 黄郛談話（→天津大公報記者王芸生、一九三四・八・一三）『黄膺白先生年譜長編』七六三頁。なお、この談話は、九月七日付の『国聞週報』一一巻三七期（期は号に相当）掲載の王芸生の署名記事で発表された。『黄膺白先生年譜長編』七六五―七六六頁。

第三節　通郵交渉

黄郛は、九月五日、牯嶺・廬山から上海への帰途に就いた（六日夜到着）。この日、黄郛は交通部長の朱家驊に電報を送り、「通郵」交渉の打ち合わせを始めている。[1]

通車交渉に際して先送りされた通郵交渉が急がれたのは、国際連盟理事会が五月一六日に満洲国経由で郵便を送ることを認める決議を行っていたからである。通郵に関しては前記の廬山会議での政府幹部の会談で話し合われ、国民党・国民政府指導部は通郵交渉実施の方向性が確認されたのであろう。ただし、そこでの結論の解釈について後に当事者間で食い違いが発生している。

通郵交渉は、郵便事務自体の複雑さ（書留をどう扱うか、料金不足の郵便物をどのように処理するかなど）に、鉄道と違って基本的に国家事業であるという性格も関係して、[2]交渉はこれまでの戦区保安隊再編交渉や通車交渉よりもさらに複雑なものとなった。ここでは提起された論点のすべてをとりあげることはせず、日本側代表・中国側代表・北平政務整理委員会・中国中央政府のあいだでとくに紛糾した問題のみに注目することとする。それは、第一に切手の問題、第二に消印の問題、第三に中国側（厳密には中国の関内側）の取扱機関の問題である。切手の問題とは、東北から関内への手紙にどのような切手を使うかである。「満洲国」の名称を印字した切手が使われ、それを中国が受け取ると、中国が満洲国を承認したととられる恐れがあることを中国側は警戒した。消印についての問題とは、東北で消印に使われる地名の問題である。東北（満洲国）では、関東軍占領後（満洲国建国後）に中国側が認めない地名が使われており、それを受け入れると中国が満洲国を承認したと解釈される恐れがある。満洲国で変更された地名は数少ないが、その代表例が中国の遼寧省省会の瀋陽（満洲国の奉天）と吉林省省会の長春（満洲国の新京）であったために問題が大きくなった。奉天は瀋陽の旧称でもあり、英語名称 Mukden は「瀋陽の通称」として受け入れることも可能である。しかし、新京は満洲国の首都として新たに設定された名称であるから、中国側としては認めることはできない。第三の中国側取扱機関の問題とは、中国の政府機関が直接に満洲国から郵便物を受け取ると、やはり満洲国の存在を追認することになるのではないかという危惧から発した問題であった。この点が、廬山会議の結論をめぐって、汪精衛・朱家驊と黄郛・蔣介石の解釈が食い違った点でもある。

九月七日、殷同から関東軍側との通郵交渉の準備が進んでいることの報告を受けた黄郛は、朱家驊に電報を送り、中国側も交渉に向けて態勢を整えるよう求めた。黄郛は、この朱家驊への電報で、通郵交渉に臨む中国側の段取りを四段階に分けて整理した。その第一段は交通部が郵政上の実際の責任を負える人物を委員に選定すること、第二段はその委員を北戴河に送って「初歩」の会談を行うこと、第三段は初歩会談で四つの原則を守って交渉を行うこと、第四段は初歩会談の結果を行政院から中央政治会議に提出し、それから技術的な問題についての談判を始めることであった。第三段で守るべき四つの原則には、満洲国不承認の態度を貫くこと、国際連盟の決議に準拠すること、「通郵」の範囲外の通信事項は討論の範囲に加えないこと、双方は完全に誠意を基礎とし、成文の規定を作成しないことが挙げられた。第一次大連会議からの原則を踏襲したものであり、また、範囲外の事項を討論しないことという項目には、北平会議で関東軍側に複数の議題を出されて難渋した黄郛の経験による。これらの「原則」は、九月二八日の通郵交渉開始の際に関東軍側委員にも伝えられた。(3)

黄郛は、ここで、通郵交渉を「初歩会談」と「技術談判」の二段階で行うことを提案した。二段階に分けることで、技術的な問題と原則の問題が絡められて会議が紛糾することを避けようとしたのである。交渉地点に北戴河が指定されているのは、殷同電報が関東軍との協議の上で「第一回」(中国語で「初次」)会合の地点として挙げているからである。黄郛は、殷同の「初次」を「初歩」と読み替え、なるだけ速やかに委員を指定して「初歩」の会談を開き、先に通郵の原則を決めてしまうことが中国側にとって有利であると見て、このような提案を行ったのである。(4)

しかし、朱家驊の返答は、そのような黄郛・殷同の意図に反するものであった。朱家驊は、翌八日には中国側郵政総局の代表として、郵政総局主任秘書の高宗武、山西省郵務長の余翔麟、天津副郵務長の曹鑑庭の三人を指定した(実際に交渉に参加するのは高宗武と余翔麟のみである)。しかし、日程については、朱家驊は上海の郵便労働者の争議を理由に通郵交渉の日程を二～三週間先に延ばすと通告してきた。なるべく早く「初歩会談」を始めたいとする黄郛・殷同の提案は無視された。黄郛の立場から見れば朱家驊は通郵交渉に関して国内事情への考慮を優先したのであった。[5]「初歩会談」のみ先に行うという黄郛の計画は崩れ、原則問題と技術的な問題が同時に話し合われることになり、黄郛が懸念したように技術的な問題と原則問題が絡められて中国側は対応に苦しむことになった。

交渉は、九月二八日、関東軍側首席委員の藤原保明と中国側首席委員の高宗武とのあいだで始められた。場所は北平の殷同の私邸であった。本交渉は翌二九日に開始され、関東軍側から藤原・儀我誠也・柴山兼四郎の三人が、中国側からは高宗武・余翔麟・殷同・李択一の四人が参加した。[6]

二九日の交渉では、関東軍占領地域（満洲国）から関内への郵便物について、双方の主張は真っ向から対立した。切手については、中国側が中国の現用の切手を使うよう求めたのに対して、関東軍側は、切手面の「満洲国」を「満洲郵政庁」に変更して溥儀の肖像を除いたうえで満洲国の切手を使うように求めた。消印については、中国側が、長春（満洲国の新京）の消印に「新京」を使わず「長春」を使うことと、日付は西暦を使うことを求めたが、関東軍側は拒否した。また、中国側は、直接に「偽満」と郵便物のやりとりはしないとしたが、これも関東軍側は拒否した。一〇月四日に開かれた会議でも主張の隔たりは埋まらなかった。[7]

四日の協議後、高宗武と余翔麟は朱家驊に電報を打ち、南京に戻って協議したいと申し出た。朱家驊は、汪精衛と相談し、一〇月五日、高宗武と余翔麟に南京に戻って協議することを許可した。なお、ここまでの交渉では黄郛は交渉そのものには参加していないが、この朱家驊の電報によれば、黄郛も通郵交渉に関して汪精衛と電報で連絡を取っていた。[8]

高宗武・余翔麟が南下した後の八日、黄郛は蔣介石から通郵交渉についての指示を受け取った。蔣介石は、この電報で、切手と消印の問題は「偽国」不承認の立場にかかわるので譲歩してはならないとする一方で、郵便物の受け渡しと郵便料金との問題では譲歩してもよいと指示した。蔣介石はその譲歩とひきかえに切手・消印問題で主張を貫徹させようとしたのである。黄郛はこの電報を汪精衛に転送して汪精衛の意見を求めた。これに対し、汪精衛は、自分の意見は蔣介石と同じであると回答し、その旨を高宗武・余翔麟にも伝えたと黄郛に告げた。ただし、ここで「蔣介石と同じ」ということばで汪精衛が追認しているのは「切手と消印の問題ではまったく譲歩できない」という部分だけで、郵便物の受け渡しなどの問題での譲歩とひきかえにその主張を貫徹せよという主張に関しては汪精衛は確認していない。高宗武と余翔麟が北平に戻った当日の一〇月一八日にも、蔣介石からの指示の内容をめぐって、朱家驊と黄郛とのあいだで行き違いが発生している。通郵交渉をめぐる指示には、実質交渉の開始直後から汪精衛・朱家驊、蔣介石、黄郛のあいだで細部の解釈をめぐる混乱が見られる(9)。

その原因の一つは、通郵問題の技術的な複雑さに加え、通郵交渉をめぐる指示の系統がこれまでの対関東軍交渉にもまして錯綜していたことが挙げられる。蔣介石は、一〇月五日から華北・西北歴訪に出発しており、この一連の指示が出された時期には武漢から陝西省をめぐりつつあった。汪精衛・朱家驊は南京で、黄郛は北平でそれぞれ蔣介石から送られてくる電報を受け取っている。蔣介石の指示の解釈をめぐって南京と北平のあいだで電報がやりとりされる。それどころか、黄郛・朱家驊は、自分に届いている蔣介石の電報が相手にも届いているかという点から確認している。また、高宗武と余翔麟は郵政総局の代表であり、黄郛とは直接の指揮関係はないのであるが、実際には黄郛からも指示を受ける立場にあった。このような蔣介石と汪精衛・行政院(朱家驊も含む)の食い違いは、この後、さらに広がっていく(10)。

高宗武・余翔麟は、一〇月一八日に北平に到着し、中央から持ち帰った「通郵談判大綱」と「関於郵票弁法」の両文書を黄郛に示した。この二つの文書は、それぞれの項目に譲歩案も記されているものの、高宗武・余翔麟南下以前の中国側の主張をほぼそのまま確認したものであった。切手については、「郵便料金支払い済み」〝郵資已付〟とだけ書いた切手を作り、これを「商営性質の第三者」の名義で発行させることとしている。消印については、西暦と、一九三二（民国二一）年七月以前（中国の東北郵便封鎖開始以前）の地名を用いることとする。郵便の受け渡しは、中国と東北（満洲国）のあいだに「商営性質の第三者」が入り、その第三者機関が転送することと定め、やむを得ない場合にはこの第三者として大連郵務局を指定するという譲歩案までが記された。なお「関於郵票弁法」は、切手に関する譲歩案を「通郵談判大綱」より細かく記したもので、「〔満洲国側で〕中国の切手を購入して使う」を最良としている。「談判大綱」本文の「郵便料金支払い済み」切手を作るという案は最大に譲歩した場合の案である。(11)

関東軍側委員はこのような中国側方針を拒否するとともに、一〇月一九日に再開された談判で、関東軍側（満洲国側）は、中国に満洲国承認を求めているわけではなく、国際連盟決議に合わせて満洲国の「郵政庁」の業務を認めてほしいのだと迫った。中国側が切手と郵便物の受け渡しの問題で示した第三者機関案を「世界にもそのような先例はない」と拒否し、このまま協議が平行線をたどるのであれば「もはや談判を継続する必要はない」と発言した。二一日の協議でもその溝は埋まらず、代表をはずして儀我・柴山・殷同・李択一のあいだでも協議が行われたが、依然として決着の見通しは立たなかった。つづく二四日の協議でも中国側は切手の第三者機関による発行に固執し、交渉は依然として妥結しなかった。なお、二四日には、華北歴訪中の蔣介石が北平に到着している。(12)

関東軍側委員は、一〇月二六日、関東軍（満洲国）側の「最後の希望」と称して譲歩案を提示した。関東軍側譲歩案は消印問題には触れず、関内向けの切手には「満洲国」と表示しないこと、ただし従来の（「満洲国」の文字が入った）切手を使っているものも郵便料金を支払っていれば郵便料金不足として処理しないこと、一二月二〇日（二か月足らず後）には通郵を実施すること、郵便物の受け渡しは両国の郵政機関が直接に行うことなどを要求していた。関東軍側は譲歩しないばかりか、交渉の日限を切り、さらに、満洲国の切手の受け入れをも迫る内容となっている。中国側はこれを拒否して対案を示したが、これも中国側の従来の主張の繰り返しであった。双方は互いに相手の提案の受け取りを拒否したため交渉に進展はなかった。この後、再び交渉は中断した。[13]

このような状況で黄郛がもっとも恐れたのは、日本側が交渉を決裂させ、代表委員を引き上げてしまうことであった。黄郛は、談判が決裂すれば華北の当局者が受ける痛手は計り知れないとして談判決裂回避を最優先とし、国際連盟が決定した原則を出発点として、切手の満洲国という記載を拒否する点だけを通せば他は譲歩してかまわないのではないかと高宗武・余翔麟に提案した。すなわち「第三者機関」に固執するのは交渉の障害となるばかりであり、廬山会議でも「第三者機関」については決められていないはずだという理由で、「第三者機関」の主張を取り下げようと提案したのである。高宗武・余翔麟はこの黄郛の意向をただちに汪精衛・朱家驊・唐有壬（外交次長）に打電し、中央の指示を仰いだ。しかし、朱家驊は、「第三者機関」案は廬山会議で決められたことであり、最低限の条件であると返電した。また、黄郛が華北の当局者としての苦衷を述べたのに対し、朱家驊は「南方と中央の情勢はさらに複雑である」と応じている。関東軍側との主張の隔たりは大きく妥協の余地はないというのが朱家驊の立場であった。「第三者機関」をめぐる廬山会議での決議の解釈をめぐって、黄郛の見解と朱家驊の見解は対立した。また、黄郛が対関東軍交渉の成立を最優先に考慮するよう主張したのに対して、朱家驊は、西南政権や中央政府内部の反対派の動向を優先して考えている。通車交渉で、汪精衛・蔣介石・黄郛の協力の影に見られた対立が表面化したかたちとなった。[14]

この対立には北平滞在中の蔣介石が仲介にあたった。蔣介石は、関内向けの郵便切手の発行は東北の郵政機関に「委託」すべきであるとし、通車の場合と違って郵便事業では郵便物の輸送以外に商業機関がかかわることはあり得ないとして「第三者機関」案を非現実的であると斥けた。また、国際連盟との協調政策をとる以上、国際連盟が認めている満洲国郵政庁の存在は認めても差し支えないとした。朱家驊が「第三者機関」が廬山会議での決議であると主張した点については、蔣介石は「朱部長の記憶違いであろう」と朱家驊の主張を一蹴した。しかし、朱家驊はこの蔣介石の仲介に納得しなかった。国際連盟は中東鉄道を使って郵便物を輸送することを認めたのみで、満洲国郵政庁を認めたわけではないと主張し、「商営機関」案にあくまで固執する姿勢を示したのである。(15)

対立点は廬山会議の結論の解釈にあった。朱家驊が示している廬山会議の結論によれば、廬山会議では通郵交渉を「通車交渉の先例に倣って」進めると決めたようである。対立点は、これを、第三者的な会社組織の「東方旅行社」方式で問題を解決するととるか、たんに満洲国不承認の原則を貫くととるかという点にあった。朱家驊は「東方旅行社」方式に固執し、蔣介石はたんに満洲国不承認の原則を貫くととったのである。蔣介石は、この後は北平での内外要人との儀礼的会合の日程に追われ、一一月三日にはチャハルへと出発してしまうので、これ以上の仲介は期待できなかった。

交渉が決裂すれば対関東軍関係がさらに紛糾することを恐れた黄郛は、速やかに通郵問題を解決することを最重要課題と考えている。これに対して、朱家驊が憂慮しているのは、通郵を認めることが政府攻撃の口実に使われることである。蔣介石は黄郛の立場に理解を示したが、高宗武・余翔麟はこの時点で黄郛の態度にとまどいを見せている。なお、ここまでの電報のやりとりには汪精衛は関与していないが、次に見る一一月七日電報で汪精衛は朱家驊と歩調を合わせていることが判明する。(16)

朱家驊と黄郛の見解の相違が明らかになったのをうけて、国民政府では、汪精衛が主宰する国防会議で通郵問題をとりあげ、一一月七日、「新方案」を策定した。「新方案」では、切手発行の主体の問題については第三者機関に言及せず、満洲国郵政庁発行という点で妥協を黙認することになった。しかし、郵便物のやりとりは「商業通信機関」が行うとしてなお第三者機関案に固執していた。また、消印の問題でも、新京などの「大きな地名」はAやBという無意味な符号で代用することを指示している。新京・奉天を無意味な符号で代用せよという指示は、一〇月二七日に朱家驊が高宗武・余翔麟に指示したもので、蔣介石もこの案を支持した。しかし、黄郛は、AやBではなく「新京」の当時のローマ字綴りHsinkingの略で「HK」を使うところまでは譲歩してもよいと提案していた。「新方案」はその黄郛案を否定したものである。しかも、この「新方案」に汪精衛はコメントをつけ、「この方案の内容は実にすでに最後の譲歩の限界に至っている」とし、「商業通信機関」の設立については中国側が一方的に設置するものだから関東軍側と協議する必要はないと黄郛に指示した。汪精衛は朱家驊の第三者機関案を指示し、それを固守するように指示したのである。(17)

しかし、黄郛は、これでは関東軍側委員が納得しないとして反対し、妥協案を探った。黄郛は、「商業通信機関」が「商営」であることをあいまいにすればあるいは両者の接近も可能かも知れないと汪精衛に提案している。朱家驊は、これに対して、「新方案」は修正できない原則であることを強調し、これ以上の妥協を探ることを強く否定した。商業機関は中国の商人が勝手に設置するものだから関東軍側に譲歩するいわれはないというのがその理由である。汪精衛の主張の繰り返しであった。一方、高宗武・余翔麟は、この問題での関東軍側の態度に関して、黄郛とは違った見かたを汪精衛に伝達していた。それはきわめて楽観的なものであった。関東軍側は実は一〇日以上も前から商業機関が仲介することを黙認しているというのである。確かに、関東軍側は仲介組織が「商営」かどうかという点にはあまり固執していない。この「第三者機関」に関しては、関東軍側・日本側の態度は一定しなかったようである。上海の須磨総領事が郵便受け渡しの機関として「東方民信局」を置くことを認めるような発言をしたり、藤原首席委員も東方旅行社の下に「郵政代弁（辦）所」を設置することを認めたりもしたと伝えられる。ただし、関東軍側・日本側は、どのような機関を置くとしても、通郵を双方の郵政機関が主体となって行うことを中国側に認めさせようとした点では一貫していた。今回の通郵は郵政庁どうしの正式の通郵であることを認めるようにと中国側に迫りつづけ、その立場はなんら変化していないのである。この点は実は高宗武・余翔麟も認識していた。(18)

中国側の意見がまとまらないまま、通郵交渉は一一月一〇日に再開された。この交渉では、切手に関しては中国側が切手の発行主体を商業機関とする案を主張しなかったようである。そのため、双方代表は、満洲国郵政庁が「満洲国」「満洲」などの文字の入らない切手を発行することでほぼ合意に達した。また、消印に関しても、関東軍側が「満洲方面では、可能な範囲でなるべく洋文を使うこととする」とし、中国側が「地名は慣行となっている西洋語の地名を使用する」として、あいまいな点を残したまま一応の決着に持ち込んだ。「AやBなどの無意味な符号」案は通らなかったが、「新京」は慣行となっている西洋語の地名ではないから、中国側が言い分を通したというかたちを作ることができたのである。(19)

そこで、最後に、双方の郵便物の受け渡しの主体が大きな問題として残った。交渉を始めてみると、関東軍側委員は「第三者」が仲介することを拒否し、「通郵は双方の郵政機関のあいだで行うべきものとする」という一文を会談記録に記入することを強く求めた。中国側委員は拒否し、協議はまたも物別れに終わった。会談が物別れに終わった後、中国側・関東軍側双方の委員は黄郛に調停を依頼した。黄郛は、妥協案として、民間組織であることが明らかな「東方民信局」ではなく、その点をあいまいにした「郵政代弁所」を設置することで対処してはどうかという解決策をまず中国側委員（高宗武・余翔麟）に示した。だが高宗武・余翔麟はその点について中央の指示を受けていないと妥協案を拒否した。中国側委員はあくまで「商業機関」の原則に固執したのである。その結果、日本側委員は一九日午後に北平を離れると伝えて交渉は決裂の危機に瀕した。(20)

黄郛は、ただちに唐有壬に電報を送り、次のような激越な調子で中央の姿勢を非難した。通郵を双方の郵政庁の関係とするという国際連盟決議の原則に準拠するということが廬山会議で決められたのに、中央政府はそれを無視し、高宗武・余翔麟にも国際連盟決議に準拠せよという訓令が出ていない。また、商業機関「東方民信局」はよいが「郵政代弁所」は認めないという点に固執しても、外交上、得るものは少ない。しかし、自分の汪精衛・朱家驊・唐有壬や高宗武・余翔麟への自分の提案はすべて無視されている。「『私はいったいどういう身分なのか』と思うと、昨夜は一晩中眠ることができなかった。私は当事者なのか？　当事者なのならどうして私には片言隻句も発言する権利が認められていないのか？　それとも私は局外者なのか？　ところが、最終的な責任は、相手方が私を行政院の北平駐在の代表者と認めているものだから、やはり私が負わなければならないのだ」。そのうえで、黄郛は、唐有壬自身が北平まで来て交渉を担当するように要請した。黄郛はすでに一一月六日に唐有壬自身が北平で交渉を担当するよう要請していた。しかし唐有壬はその要請を無視していたのである。それに対して、再度、黄郛が交渉担当を要請したのだったが、唐有壬ら中央政府側は、関東軍側が主張した交渉期限の一九日までにはこの黄郛の電報に返事を送らなかった。[21]

その結果、交渉は一九日に決裂した。しかし、黄郛は、唐有壬に北平に来るよう要請しているからしばらく待ってほしいと関東軍側委員を宥めた。結局、唐有壬は二一日になって北平に来、自ら交渉を担当し、交通部長朱家驊は交渉からはずれた。唐有壬の指揮下で、通郵は双方の郵政機関が行うことが明示されることになり、中国側の郵政機関の下に「転逓機関」を設置することと決められた。けっきょく、関東軍の主張を全面的に認めた決着だった。[22]

通郵談判の結果は、一二月一四日、中国側と関東軍側の代表委員・参加員のあいだで文書にまとめられた。ただし、初回の交渉で中国側が示した原則に従い、双方の代表はこの文書には署名しなかった。なお、文書は、「通郵大綱」と「通郵弁法之了解事項」の二文書から成っている。「通郵大綱」には、満洲国側が通郵用に「満洲国」・「満洲」の文字の入らない切手を作成すること、消印には欧文を用いること、日付は西暦を用いることなどが記載され、これらは、中国側が実質的に取り下げていた「商業機関による切手発行」の条件を除けば、ほぼ中国側の主張が容れられている。しかし、同時に、冒頭に「通郵は双方の郵政機関のあいだでこれを行う」と明記され、「転逓機関」も双方の郵政機関が設置すると読めるような文章にされた。ただ、「了解事項」で、「双方の郵政機関のあいだでこれを行う」は当事者以外に発表しないことが認められた。しかし、この「了解事項」では、同時に「甲〔上海郵政総局。中国側代表高宗武の所属機関。ここでは中国（関内）側〕に発送される郵便物については、乙〔関東軍。実質的には満洲国〕は〔通郵用の〕特殊切手を使用するよう誠意をもって努力する」、東北から関内への郵便物については「乙は「満洲国」および「満洲」の文字を表示しないように誠意をもって努力する」と決められていた。つまり、「誠意をもって努力」したが達成できなかった場合には、満洲国の切手や「満洲国」と書いた郵便物が関内に出回ることになる。実際に通郵が開始されてみると「満洲国」と書いた郵便物は少なくなかった。国際連盟決議で認められた満洲国「郵政庁」との関係を否認することに拘泥したこととひきかえに、中国側は、満洲国の国家を表象した郵便物が国内に出回ることを認めさせられたことになる。(23)

以上に述べた通郵談判の過程で、従来の塘沽協定交渉・北平会議・通車交渉などと著しく異なるのは、中央側の代表が会議に参加し、殷同・李択一ら政務整理委員会のスタッフは補助的な参加者にすぎなかったことと、従来はともかくも保たれていた汪精衛行政院と蔣介石との指示が今回はまったく相反したことである。塘沽協定交渉の際から見られた中央政府の指示系統の複雑さと政策的判断の原則・根拠のあいまいさ（通郵談判では廬山会議決議の解釈が大きな問題となった）のもたらす混乱は、この通郵交渉で頂点に達した。中央からの代表が直接に交渉に参加していたこともかえってその混乱を倍加させる原因となった。中央代表は直接の上下関係にない黄郛の指示を受けるように汪精衛行政院から指示されており、しかも、汪精衛行政院は黄郛とのあいだで方針を一致させる努力をしなかったからである。関東軍側が中国側に交渉決裂をつねに意識させて高圧的な態度で押し切ったという点は従来の交渉と変わりがないが、関東軍側と中国側のあいだで最大の争点となった「双方の郵政機関のあいだで」という規定については、蔣介石・黄郛は最初から争わない姿勢を示していた。ところが、その点に汪精衛（行政院長兼外交部長）・朱家驊（交通部長）・唐有壬（外交部次長）が最後まで固執した。高宗武・余翔麟は蔣介石・黄郛と行政院とのあいだに立って右往左往することになった。しかも、満洲国は否認しても満洲国郵政庁は認めるのが国際連盟の決議の内容であったから、行政院の立場は国際的な支援を期待することもできないものであった。

さらに、黄郛が何度も行政院の立場の非現実性を指摘し、蔣介石が黄郛の見解を指示したにもかかわらず、汪精衛行政院（汪精衛・朱家驊・唐有壬）はその立場を変えなかった。黄郛の主張は、なるべく早く解決すること、満洲国自体の不承認の原則を貫くことに交渉の重点を絞ることの二点で最初から最後まで一貫しており、蔣介石もそれを支持していた。しかし、高宗武・余翔麟には黄郛の指示を受けることを指示しながら、行政院自身は、これまで何度も関東軍側との交渉にあたってきた黄郛の意見をすこしも尊重しようとしなかった。

このような汪精衛行政院の頑なな姿勢は、朱家驊が表明しているように、行政院の立場の弱さに起因するものである。汪精衛行政院は、少しでも満洲国不承認に抵触すると疑われ、それを倒閣運動の口実に使われることを極度に恐れていた。汪精衛行政院と蔣介石との連絡は、蔣介石の西北・華北歴訪の途中もつづいていることが蔣介石の電報からわかる。だから、汪精衛行政院と蔣介石とは必ずしも対立していたわけではない。しかし、五全大会（途中で第四届五中全会に変更）を前にして、蔣介石の活発な活動に、汪精衛行政院は孤立しつつあった。蔣介石は、廬山軍官団で新たに軍を訓練して基盤を固め、また、自ら華北・西北を歴訪してこれらの地方の地方当局（各省政府、各省の軍部、剿匪司令部、太原綏靖公署、北平政務整理委員会、北平軍分会など）の支持を固めつつあった。また、蔣介石は一九三四（民国二三）年半ばから対日政策の基調を妥協から抵抗へと切り換えつつあった。その点で、対日妥協外交を主導してきた汪精衛・唐有壬が蔣介石の言動に警戒を強めていたことが考えられる。(24)

黄郛は、北平への帰任に対して、汪精衛から「外交の原則に関しては、もとより中央が決定し中央が責任を負うべきものである」という言質を得ていた。しかし、現実に通郵談判で汪精衛行政院が見せた「外交の原則」とは、実現可能であるかどうかにはかかわらず、行政院自身の保身のためのものに過ぎなかった。しかも、黄郛は、その責任は依然として黄郛が負わされていると感じていた。行政院、とりわけ外交部を握る汪精衛・唐有壬と黄郛との信頼関係は崩れた。黄郛は、これ以後、中央政府や華北の他の機関（北平軍分会など）に要請を受けても、対関東軍交渉の場に戻ることはなかった。黄郛は対日交渉は中央政府の役割だという立場を貫くことになる。

黄郛にとって、残された仕事は戦区を中心とする華北の社会建設であった。一九三四（民国二三）年の黄郛は、華北の社会建設を、これまでの戦争の「善後処理」からより恒久的な「建設」へと移行させようとしていた。それは、中央政府での憲政移行の動きと並行するものであった。

次節では、中央政府の憲政移行への動きとそこで蔣介石が示した「分治合作」解消への動きについて見る。それにつづいて、この章の最後に、黄郛の、「善後処理」から恒久的な社会建設への移行を、いったん北平会議後まで遡って検討する。

◉注

（1）黄郛→朱家驊（電報、一九三四・九・七）『黄膺白先生年譜長編』七七一頁。

（2）島田、前掲論文、六二頁。

（3）黄郛→朱家驊（電報、一九三四・九・七）に引用する殷同→黄郛（電報、日付不明だが九月七日当日かその直前）『黄膺白先生年譜長編』七七一頁、黄郛「通郵会商歩驟」同書、七七二頁、同書、一九三四・九・二八、七七七頁。
（4）黄郛→朱家驊（電報、一九三四・九・七）に引用する殷同→黄郛（電報）『黄膺白先生年譜長編』七七一頁。
（5）朱家驊→黄郛（電報、一九三四・九・八）『黄膺白先生年譜長編』七七二頁。
（6）『黄膺白先生年譜長編』七七七頁。
（7）『黄膺白先生年譜長編』一九三四・九・二九、七七七―七七八頁。
（8）朱家驊→高宗武・余翔麟（電報、一九三四・一〇・五）『黄膺白先生年譜長編』七七八頁。なお、この電報で言及されている黄郛→汪精衛電報の内容は不明。
（9）黄郛→汪精衛（電報、一九三四・一〇・一一）および同電報が引用する蔣介石→黄郛（電報、一九三四・一〇・八）『黄膺白先生年譜長編』七八六頁。汪精衛→黄郛（電報、一九三四・一〇・一一）同書、七八六頁。朱家驊→黄郛（電報、一九三四・一〇・一八）、黄郛→朱家驊（電報、一九三四・一〇・一八）同書、七八九頁。
（10）汪精衛→黄郛（電報、一九三四・一〇・一二）『黄膺白先生年譜長編』七八六頁、朱家驊→黄郛（電報、一九三四・一〇・一八）、黄郛→朱家驊（電報、一九三四・一〇・一八）同書、七八九頁。
（11）「通郵談判大綱」『黄膺白先生年譜長編』一九三四・一〇・一八、七八七―七八八頁「関於郵票弁法」『黄膺白先生年譜長編』一九三四・一〇・一八、七八八頁。「商営性質の第三者」とは「東方旅行社」を意識したものである。大連は満洲国成立より前から日本が権益を持っている都市なので、大連の郵便局であれば満洲国不承認の原則に差し支えないとしたのであろう。
（12）『黄膺白先生年譜長編』一九三四・一〇・一九、七八九―七九〇頁。
（13）関東軍側委員「最後希望」および中国側「最後希望」『黄膺白先生年譜長編』一九三四・一〇・二六、七九二頁。
（14）高宗武・余翔麟→汪精衛・朱家驊・唐有壬（電報、一九三四・一〇・二六）、『黄膺白先生年譜長編』七九二―七九三頁。なお、朱家驊宛にはさらに別に一本打電している。朱家驊→高宗武（電報、一九三四・一〇・二七）同書、七九三頁。

893.00/12882 Tientsin, 1934.11.1., *FRUS*, 157 (1934vol.III), pp.301-302 は、この時期の殷同・李択一・殷汝耕・陶尚銘らのアメリカのロックハート天津総領事への談話を伝えるが、通郵交渉には直接触れていない。

(15) 高宗武・余翔麟→朱家驊（転送依頼：朱家驊→汪精衛・唐有壬、電報、一九三四・一〇・三〇）二本、『黄膺白先生年譜長編』七九四頁。朱家驊→高宗武（転送依頼：高宗武→余翔麟、電報、一九三四・一〇・三一）同書、七九五頁。

(16) 高宗武・余翔麟→朱家驊（電報、一九三四・一〇・三一）、朱家驊→高宗武（転送依頼：高宗武→余翔麟、電報、一九三四・一〇・三一）『黄膺白先生年譜長編』七九五頁。高宗武・余翔麟→朱家驊（電報、一九三四・一〇・三一）同書、七九五頁。

(17)「新方案」汪精衛→黄郛（電報、一九三四・一一・七）『黄膺白先生年譜長編』七九七—七九八頁。ローマ字略号をめぐるやりとりは、朱家驊→高宗武（電報、一九三四・一〇・二七）同書、七九三頁、高宗武・余翔麟→朱家驊（転送依頼：朱家驊→汪精衛・唐有壬、電報、一九三四・一〇・三〇）同書、七九四頁、高宗武・余翔麟→朱家驊（電報、一九三四・一〇・三一）同書、七九五頁。

(18) 黄郛→汪精衛（電報、一九三四・一一・八）『黄膺白先生年譜長編』七九八頁。朱家驊→高宗武（転送依頼：高宗武→余翔麟、電報、一九三四・一一・九）同書、七九八—七九九頁。高宗武・余翔麟→汪精衛（転送依頼：汪精衛→朱家驊・唐有壬、電報、一九三四・一一・九）同書、八〇〇頁。同書、一九三四・一一・一七、八〇四頁。なお、松本、前掲書（上）、二五〇—二五二頁に通郵問題に関する記述があり、ここでは会議をリードした高宗武の役割を黄郛・唐有壬以上に高く評価している。しかし、電文類を見るかぎりでは、高宗武が会議を積極的にまとめようとした形跡はうかがえない。

(19)「関於通郵之申合事項」（関東軍側）『黄膺白先生年譜長編』一九三四・一一・一四、八〇二—八〇三頁（中国文）、「会談紀録初稿」（中国側）同書、一九三四・一一・一七、八〇三—八〇四頁。

(20)『黄膺白先生年譜長編』一九三四・一一・一四、八〇二—八〇三頁、一一・一七、八〇四—八〇五頁。

(21) 黄郛→唐有壬（電報、一九三四・一一・一八）『黄膺白先生年譜長編』八〇五—八〇六頁、一九三四・一一・一九、八〇六頁。黄郛の唐有壬来平要請は、黄郛→唐有壬（電報、一九三四・一一・六）『黄膺白先生年譜長編』七九六—七九七頁。

(22)『黄膺白先生年譜長編』一九三四・一一・一九、八〇六頁、一一・二二、八〇六—八〇七頁。高宗武・余翔麟→朱家驊(電報、一九三四・一一・二四)同書、八〇八頁。高宗武・余翔麟は汪精衛には交渉妥結の事実だけを伝える電報を送っている。高宗武・余翔麟→汪精衛(電報、一九三四・一一・二四)同書、八〇八頁。

(23)『黄膺白先生年譜長編』一九三四・一二・一四、八一四—八一五頁。「通郵大綱」同書、八一四頁、「通郵弁法之諒解事項」同書、八一五頁。

(24)朱家驊→高宗武(電報、一九三四・一〇・二七)『黄膺白先生年譜長編』七九三頁。蔣介石→黄郛(電報、一九三四・一一・一八)同書、八〇六頁。

第四節 「分治合作」解消への動き

一九三五(民国二四)年の年頭に国民政府は訓政から憲政への移行を果たさなければならなかった。また、蔣介石の軍事政策・対日政策の転換も体制変革につながる。国民政府の体制変革への動きは、廬山軍官団開学中の八月の廬山会議から始められた。

体制変革のためには国民党五全大会を開かなければならない。この五全大会をめぐる目立つ動きは二つあった。ひとつは、中国「統一」をめざす蔣介石による華北歴訪である。もうひとつは、五全大会の開催をめぐる西南政権との交渉である。従来、西南政権は、五全大会開催で蔣介石の権力強化と西南政権解消を決められることを警戒して五全大会開催に反対してきた経緯があるから、西南政権への働きかけは不可欠だったのである。一九三四(民国二三)年八月、廬山会議が開催された。この廬山会議で決められたことの一つが通郵交渉だったことはすでに述べたとおりである。しかし、それよりも重要な決定事項は、憲政移行への準備を議題の一つとした国民党五全大会の開催であった。

汪精衛は、これに先立つ七月二八日、行政院での記者会見で談話を発表し、「第五次全国代表大会は、すでに一年延期しているのだから、本年は予定どおりに挙行する」と明言していた。廬山会議から南京に戻った汪精衛は五全大会召集のための手続きを始めている。大会の議題には国民大会の開催が盛り込まれた。国民大会は憲政移行のための機関であり、孫文の「国民政府建国大綱」によれば、憲政移行後は全国民を代表して政府を管理する常設機関になるはずであった。(1)

蔣介石にとっては、この五全大会召集は憲政実施とは別の意味を持っていた。第二節で論じたように、蔣介石は、共産党に対する囲剿戦争を終結させ、日本と戦争ができる態勢を整えることを決意していた。そのための体制変革の機会としての意味である。蔣介石にとって、抗日戦争を戦い抜くために必要なのは強力な「統一」であった。一九三四（民国二三）年度の廬山軍官団の開講式典の訓話を「本団の同志は、一人ひとりがこれより刻苦勉励し、自分を鍛えることを一刻も怠らず、一つのまとまりのある国軍を打ち立て、統一中国を創造し、中央を擁護し、〔三民〕主義を実現し、それぞれが負っている重大な使命を完成させなければならない！」と、「一つのまとまり」・「統一」・「中央」を強調して力強く結んでいる。この「統一」の方針は、「分治合作」を容認してきたこれまでの蔣介石の姿勢とは大きく異なるものである。(2)

蔣介石は一〇月はじめから西北・華北地方歴訪に出発する。各省の主席・政府幹部や各地の軍幹部（華北ではこの両者は大きく重複している）と直接に会い、直接に報告を受け、直接に指示を与えることで、北平政務整理委員会のような公式の中間機関や、軍閥期からつづく「東北軍」・「山西軍」などの非公式の中間組織を通さないで、蔣介石と各省・各軍指導部との上下関係をはっきりさせることがその狙いであった。蔣介石は、西北・華北での「分治合作」の完全な解消に乗り出したのである。

一〇月五日、廬山を下りた蔣介石は武漢に向かい、ここで剿匪総司令部に属する軍幹部を召集した。武漢の剿匪総司令部には、張学良以下、王以哲・何柱国・董英斌など、華北を離れた東北軍幹部が多かった。蔣介石が召集したなかにもこれらの東北軍幹部が多く含まれている。蔣介石は、一〇月九日、張学良を伴って西北歴訪に出発する。一〇日の国慶（建国記念日）を洛陽で迎えたあと、一二日は西安に到着し、楊虎城らの歓迎を受けている。楊虎城は、旧国民軍（馮玉祥系）出身で、一九三〇（民国一九）年以来、陝西省の軍を掌握する実力者であった。一七日には宋美齢（蔣介石夫人）・張学良とともに甘粛省の蘭州に赴き、朱紹良・鄧宝珊・胡宗南など地元の軍の実力者（胡宗南のみ中央軍）の出迎えを受けた。蘭州には青海省からやはり地方軍事勢力の実力者の馬麟（省主席）・馬歩青らも来て、蔣介石に報告と請訓を行っている。一九日には蔣介石は張学良・馬麟とともに飛行機で向かっている。二一日には蔣介石は西安に戻り、翌二二日に張学良と別れて河南省の鄭州・開封へと向かった。なお、張学良はここで西安から直接に飛行機で武漢に戻っている。二四日、蔣介石は飛行機で済南に飛び、省主席韓復榘の出迎えを受けた。韓復榘は、前日、泰安で馮玉祥に会い、急いで戻ってきたばかりであった。韓復榘は軍隊の駐留状況と訓練について蔣介石に報告を行った。その日のうちに蔣介石は飛行機で北平に向かった。北平の南苑飛行場には、黄郛、沈亦雲（黄郛夫人）、袁良、余晋龢（公安局長）、宋哲元（チャハル省主席、二九軍軍長）、商震（三二軍軍長）ら華北の要人が揃って蔣介石を出迎えた。二六日、蔣介石は宋美齢・ドナルド（オーストラリア人、蔣介石の顧問、張学良の顧問を務めたこともある）とともに協和医院（北平にあるドイツ系の大病院）に入院して一〇月三一日までの日程で身体検査を受けた。

一一月一日には、黄郛とともに外交大楼（北平政務整理委員会所在地）で北平駐在の各国外交官を招いて「茶会」を催した。この「茶会」には、五全大会をめぐる胡漢民との意見の調整にあたり、南京に戻ったばかりの王寵恵が参加している。翌日は、呉佩孚・顔恵慶・王寵恵・蔣夢麟など、旧北京政府の関係者も含む華北の名士を招いて、黄郛の主催で宴席が設けられている。[3]

一一月三日に蔣介石は、北平に来ていた宋哲元とともに張家口へ向かった。四日、関東軍占領地域（満洲国）と接し、境界線（国境線）未確定の問題を抱える張家口北部を自ら視察した。五日には張家口に戻ってチャハル省の政治・軍事幹部と英米の牧師を引見している。六日、蔣介石は綏遠省の帰綏に到着した。綏遠省主席の傅作義をはじめ、チャハル省主席の宋哲元、山西軍の李服膺・趙承綬が同行している。帰綏では南モンゴルの雲王・徳王と、雲王を訪ねていた蕭振瀛（宋哲元の参謀格の人物）が出迎えている。八日、蔣介石は、傅作義と山西軍の王靖国を伴い、飛行機で太原に飛んだ。ここでは、太原綏靖主任の閻錫山、山西省主席徐永昌、閻錫山のブレーンを務めてきた儒学者の趙戴文、蔣介石の義兄で山西省出身の行政院副院長・財政部長の孔祥熙が出迎えた。蔣介石は、太原で、山西・チャハル・綏遠の三省主席と軍幹部を集めて時局を話し合う会議を開いた。出席者は正確に確定はできないが、ここまで蔣介石に同行してきた山西系（傅作義系も含む）の閻錫山・李服膺・趙承綬・王靖国や、宋哲元系の蕭振瀛などが参加したのであろう。この会議の終了後、蔣介石は飛行機で武漢に戻り、西北・華北歴訪の途を終えた。[4]

南京国民政府成立後、蔣介石が華北を訪れたのは、これが三度めである。最初は一九二八（民国一七）年五～六月の北伐の際、その次の一九三三（民国二二）年三月も長城抗戦を指揮するためであって、双方とも軍事行動を指揮するための北上であった。しかし、この三度めの北上は、軍事行動とは関係なく、西北・華北各省の視察そのものが目的であった。蔣介石は、各省で、駅や飛行場で各省幹部（省主席やその省に駐屯する軍の司令官）の出迎えを受け、視察を行い、蔣介石の訪問に合わせて開かれた「拡大紀念週」（西安）や軍校開学式典（洛陽）に出席して訓話を行った。遠隔地の各省からは幹部が蔣介石のもとに自ら出向き（青海省の馬麟・馬歩青。宋哲元も蔣介石のチャハル訪問前に北平まで出向いている）、現地の省幹部とともに蔣介石に報告を行い、指示を仰いだ。これらの地方での蔣介石の訓話は、当時、蔣介石が展開していた「新生活運動」を反映して儒教的徳目の実践を強調したものが多い。しかし、これと同時に、「国難」を強調し、その地方の歴史を振り返り、「救国」のためにその地方の指導者が団結して奮起することを求めているのが特色である。儒教的徳目の強調も、その実践によって国民を団結させ、「救国」に向かわせようという狙いがあり、蔣介石の訓話は、まず「国難」を強調して、「救国」の方法として儒教的徳目の実践へと進むのが一般的であった。(5)

この蔣介石の西北・華北歴訪と同時に、国民党・国民政府中央は王寵恵を香港・広東に派遣し、胡漢民と西南政権(とくに党組織である西南執行部)に対する工作を行った。

この西南執行部への工作は、西北・華北の場合と異なり、蔣介石の単独行動ではなく、汪精衛も参加して行われた。西南執行部に影響力を持つ胡漢民は、廬山会議が開かれていた八月六日、五全大会開催に反対する談話を発表した。胡漢民は、五全大会そのものに反対するのではなく、憲政への移行の機会を利用して汪精衛―蔣介石体制が固定化されることに反対したのである。蔣介石の側は、一九三四(民国二三)年三月には、この胡漢民・西南執行部の「半独立」状態を正常でないと見なし、その廃止をめざしていた。蔣介石は五全大会開催をそのための好機と捉えていた。(6)

王寵恵は一〇月一〇日の国慶節に香港に到着し、胡漢民と会談した。胡漢民は、政治的な立場の違いは強調したが、派閥抗争を行うつもりはないと王寵恵に告げた。西南執行部からは、通車交渉の際にも中央との調整役にあたった蔣伯誠が香港に出向いた。蔣伯誠は、王寵恵の記者会見に合わせて談話を発表した。談話は、西南執行部が反中央の立場であるという説を「流言」として否定するもので、中央との和解の可能性を探るものであった。一六日、王寵恵は広州に入り、陳済棠らに会い中央の意見を伝えた。陳済棠は、中央の提案に原則上は賛成という立場を表明した。ただし五全大会開催そのものへの賛成は取りつけられなかった。二三日、王寵恵は、南京で国民党・国民政府幹部の汪精衛・葉楚傖・居正・陳果夫と会い、その結果を報告した。それを承けて、二五日、五全大会の開催を延期し、そのかわりに第四届五中全会を一二月一〇日から開催することが国民党中央常務委員会で決議されたのである。一九二八（民国一七）年一～二月、国民党三全大会の開催へ向けての協議が、当時の国民党組織が三つに分裂していたことの影響で行き詰まり、かわりに第二届五中全会を開いた先例がある。この措置はこのときの対応に倣ったものである。(7)

五全大会が第四届五中全会に切り換えられた後も西南執行部への働きかけはつづいた。一一月二九日には国民党中央の使者が、再度、香港・広東へ向かった。今回は、王寵恵に加えて、汪精衛・蔣介石に対する体制内反対派であった立法院長の孫科も同行した。孫科・王寵恵は、胡漢民に北上（南京に来ること）を促す蔣介石・汪精衛の書簡を手渡し、広州では陳済棠・李宗仁・蕭仏成・鄧沢如・鄒魯らと会談している。一二月六日には孫科・王寵恵が西南政務委員会の会合に出席して、南京と西南執行部との「合作」問題について話し合った。胡漢民を南京に呼ぶことは成功しなかった。しかし、この話し合いの結果、西南執行部からは中央執行・監察委員の一部が五中全会に参加することになった。この西南代表は一二月一一日に孫科とともに南京に到着した。なお、王寵恵は胡漢民との話し合いのための中央政府「代表」として香港に残留した。(8)

この西南代表の到着後、五中全会で、中央と地方の権限・責任を改めて確定し直す決議が採択された。これは、蔣介石と汪精衛が、五中全会開会前に中央執行委員会に提案していたものをもとにしていた。蔣介石・汪精衛は、国内問題は政治的に解決するもので、武力で解決してはならないと声明している。あくまで独自機関の存続に執着する西南政権に対して、福建政府に対して執ったような武力解決の方針はとらないことを声明したものである。一方、西南政務委員会は、広東省財政庁長の区芳浦を南京に派遣し、広東省の財政状況と「建設」の状況を中央当局に報告した。独立性の強い西南政務委員会としては、管轄下の省についての報告を中央政府に対して行わせるというのは異例の措置であった。このように、汪精衛—蔣介石政権と西南政権とは、なお緊張をはらみつつも、五全大会での組織統一を視野に入れてたがいの関係を模索し始めた。(9)

蔣介石の西北・華北各省歴訪と、蔣介石・汪精衛の胡漢民・西南執行部に対する働きかけは、汪精衛・蔣介石が、五全大会を機に全国の「分治合作」を解消しようとしていたことを示している。西南執行部から中央執行・監察委員代表が南京に赴き、また広東省財政庁長が国民政府に報告を行ったことは、北平政務整理委員会より強い独立性を持つ西南執行部・西南政務委員会も、この動きに全面的に抵抗することはできなくなっていることを示している。そうである以上、当初から「分治合作」機関としての性格の弱い北平政務整理委員会が廃止の方向に向かうことは明らかであった。

黄郛は、北平政務整理委員会が存在しなくなっても、華北がひきつづき恒久的な社会建設を持続していけるような体制づくりを、一九三四(民国二三)年以後の最後の任務として、熱意を持って追求する。対関東軍交渉に際しては「消極」的な印象を与える言動を繰り返した黄郛は、この問題に関するかぎりは「積極」的に活動をつづけた。次節でこの点を見ておきたい。

◉注

(1) 汪精衛「談話」『黄膺白先生年譜長編』七五九頁、同書、一九三四・八・一五、七六四—七六五頁。
(2)「一つのまとまり」の原文は〝整個〟。「做人的根本大道」『総統蔣公思想言論総集』一二、一二八四頁。
(3)『黄膺白先生年譜長編』七九六頁。
(4)『黄膺白先生年譜長編』七九六—八〇一頁。
(5) 以上の蔣介石の談話は、「記念双十国慶的意義」(洛陽、軍校開学式典)『総統蔣公思想言論総集』一二、五六八—五六九頁、「我們要発揚軍隊和国家的霊魂」（洛陽、軍校党部開設に際して）同前五七〇―五七二頁、「陝遊之感想与対陝西之希望」（西安、拡大紀念週）同前五七三―五七四頁、「英雄之志業何在？」同前五七五―五七六頁、「唯時勢能造英雄」五七七―五八二頁。

（6）『黄膺白先生年譜長編』七六一頁、「中国之辺彊問題」『総統蔣公思想言論総集』一二、一〇九頁。

（7）王寵恵「談話」（要約）『黄膺白先生年譜長編』一九三四・一〇・二一、七九〇頁。同書、七八三頁、七八六―七八七頁、七九一頁。

（8）『黄膺白先生年譜長編』八〇九頁、同書、一九三四・一二・三―六、八一二―八一三頁。

（9）『黄膺白先生年譜長編』一八三四・一一・二七、八〇九頁、一二・一二―一六、八一三―八一六頁。

第五節　華北の社会建設

先に論じたとおり、黄郛は地方社会の建設を憲政移行のための重要な前提として捉えていた。黄郛は、農村の貧困や農村秩序の混乱を、長期的には軍閥の農村支配に見られる民国期の社会の構造、短期的には抗戦による農地の荒廃に原因を持つ構造的な問題であると捉え、それを再建するためには制度的な社会改革が必要であると考えていた。また、都市・農村の治安や麻薬蔓延の問題を、匪賊の存在や、その匪賊を生む母体となる弱小地方軍との関連で捉えていた。これらを構造的に改革し、憲政に適した社会に変革することを、黄郛は地方社会の建設の課題として取り組んでいた。

黄郛は憲政への早期移行を主張しつづけてきており、そのためにはこれらの社会建設を早期に完成する必要があった。一方で、国民党幹部も、それぞれ憲政移行を意識した動きを始めていた。

この節では、いったん一九三三（民国二二）年一〇月の黄郛の北上まで遡って、黄郛の戦区・華北全域の社会建設についての取組を検討することとする。

すでに論じたように、黄郛は、一九三三（民国二二）年一〇月四日、北平会議に備えるために北平に帰任した。このときの記者会見で発表した談話のなかで、黄郛は次のように語っている。

「……いま思えば、今年、最初に北平に到着したのは五月一七日であった。このときも私は〔記者の〕みなさんと談話を交わしたのだった。このときは、敵〔日本軍〕の飛行機が上空を旋回し、郊外では四方で砲声がとどろいていた。そのため、私は民衆を安心させることを考えて、とくに「人心を安定させる」という目標を提起したのである。現在もすべてが安定したとは言えないのだが、五月一七日とくらべればその変わりようは大きい。そこで、私は、この第二回の諸君との談話のなかで、「安定」ということばを「振興」と改めたいのである。…（中略）…わが国は、連年、対内的にも対外的にも多事であり、そのことが、農村の不安と商業の萎縮をもたらしている。そのため、一般の人びとは生活を維持する方法を失い、それがさまざまな紛糾を生んでいるのである。それはすべて経済に展望が持てない〔直訳すれば「出口がない」〕から起こったことなのである。もし展望が見えれば、政治・軍事などの方面も生き生きと動くことができるようになるはずである。そこで、私は、いまいちばん必要なことは華北経済のために展望を示すことだと思うのである(1)」。

もちろん、このときの黄郛の最大の任務は関東軍との交渉であり、「華北経済」のために専念できる環境はなかった。しかし、華北社会の最大の問題は「経済」にあり、「経済」問題を解決すれば政治・軍事上の問題も解決するという認識を黄郛は持っていたのである。黄郛にとっての「経済」とは農村を基礎とする経済を意味していた。黄郛が中国全体の問題として掲げた「農村の不安」と「商業の萎縮」のうち、このあとの黄郛が主体的に取り組んでいくのは「農村の不安」の解消のほうであった。このような問題意識は宋子文のような財政テクノクラートとは異なる。

黄郛がまず取り組んだのは、「戦区接収」の枠組みを戦区の行政督察専員制度に移行させることであった。戦区保安隊問題・北平市公安局長問題で東北系地方軍事勢力の支配下にある河北省政府との厳しい対立を経験した黄郛は、河北省政府との対立を回避しつつ、かつ、なるべく黄郛の意思が通るようなかたちで、戦区の地方建設を進めなければならないと考えていた。そのために選ばれたのが、複数の県の行政を監督する「行政督察専員」制度の活用であった。

黄郛が北平に到着してまもなく、汪精衛が、突如、戦区を河北省政府の下に置くのではなく、北平政務整理委員会直属にすべきだという内容の電報を送ってきた。先に見たように、戦区直属論は第一次大連会議で李際春が提起し、戦区保安隊問題・北平市公安局長問題が紛糾した際に汪精衛が持ち出した議論である。同じ問題の蒸し返しであった。黄郛はこれに対して「ご意見はきわめて正しいと思います。しかし、実現を急ぎすぎてはなりません」と婉曲に拒絶している。黄郛も汪精衛も懸念しているのは、河北省政府を通じて東北系地方軍事勢力の影響が戦区に及ぶことであるという点は共通している。しかし、汪精衛が河北省政府の影響力を排除するために戦区直属を主張したのに対して、黄郛は、それを実行不可能と考えたのである。(2)

これに替えて黄郛が採用したのが、河北省政府に二人の行政督察専員を設置し、戦区を灤楡区（冀東、沿岸・北寧線沿線地域。戦区接収の「東路」にあたる）・薊密区（平北、長城沿いの山岳地帯。戦区接収の「北路」にあたる）の二つに分けて監督させるという方法である。行政督察専員の設置であれば、形式上は河北省政府のもとに設置することになるから河北省政府との摩擦は回避できる。また、従来、河北省政府のもとで進めていた戦区接収の枠組みをそのまま利用することができる利点がある。(3)

黄郛は、灤楡区行政督察専員には陶尚銘を、薊密区行政督察専員には殷汝耕を任命した。陶尚銘は北路担当の戦区接収委員からの転任、殷汝耕は新任である。殷汝耕は中国同盟会の会員であり、黄郛とは旧知の関係だった。陶尚銘は、戸籍上の出身地は浙江省紹興であり、黄郛と同郷の関係ということになる。ただし、陶尚銘は東北への移民の子であり、紹興に暮らしたことはなく、黄郛の古くからの知り合いではなかったという。しかし、陶尚銘も、戦区接収委員として、事実上、黄郛のもとで働いてきたスタッフであり、于学忠との関係よりも黄郛との関係のほうが深かった。黄郛は、形式的に河北省政府のもとに行政督察専員を設置し、その行政督察専員に自分との関係の深いスタッフを任命することで、戦区を直接に掌握しようとしたのである。(4)

なお、行政督察専員公署が実際に設置されたのは、北平会議の影響などでやや遅れ、一九三三（民国二二）年一二月一八日であった。所在は灤楡区が唐山、薊密区が通県であった。

この行政督察委員制度は黄郛の意図どおりに機能し、戦区の農村に東北系地方軍事勢力の影響が広まるのを阻止することには成功した。しかし、後に見るように、そのことが自動的に戦区の安定につながったわけではなかった。東北系の排除には成功したが、戦区の軍事力を系統的に掌握する主体が存在しなかったため、無統制な状態が発生するとそれを抑止することができなかったのである。また、黄郛辞任後の一九三五（民国二四）年一一月には、この行政督察専員制度で河北省政府からの独立性を獲得した戦区が親日派半独立政権「冀東防共自治委員会」（殷汝耕委員長）を形成する基盤となってしまう。それは、戦区が河北省政府とそれを掌握する地方軍事勢力から独立性を獲得していたから可能なことであった。また、殷汝耕が冀東政権の委員長になったのも、殷汝耕が行政督察専員の職にあったからである。

行政督察専員制度の導入と同時に、北平政務整理委員会の機構改革も進められた。一一月一五日の中央政治会議の決議を経て、政務処と財務処が撤廃され、新たに参議庁・調査処が設置され、付設機関として華北建設討論会が設けられた。一二月一日には、参議庁の総参議に王克敏、調査処主任に徐鼎年、調査処副主任に周雍能、建設討論会常務委員に王樹翰・湯爾和・張志潭が黄郛によって任命され、新体制が発足した(5)。

調査処副主任の周雍能はこの改革の各点について次のように述べている。財務処を廃止したのは華北財政を中央に移管したからであり、政務処を廃止したのは、黄郛が各省の行政に過度に干渉したくないという意向を持ったからである。一方で、黄郛は、建設事業を行うには実情を調査することが必要だと考えていた。調査処を新設したのはそのためであるという。周雍能によると、調査処は民政組・財政組・教育組・建設組・経済組に分かれ、管轄の五省二特別市の実情を系統的に調査したという。この調査処が提案する計画を討論・審査するために設置されたのが華北建設討論会であり、建設討論会には各方面で社会建設事業に志を持つ人士が集められたという(6)。周雍能の回憶からわかるように、黄郛は、従来の「分治合作」政権から受け継いだ「政務処、財務処、秘書処」という体制を廃止して、北平政務整理委員会の独立性を弱めることをめざしていた。北平政務整理委員会を、超省レベル政治機関から、華北全域の社会建設のための構想立案とその前提となる調査とを主な任務とする機関として改造しようとしたのである。

行政督察委員制度の開設と政務整理委員会の機構改革で、黄郛のめざした「人心を振興する」政策を行うための体制整備は一段落した。

黄郛がそれにつづく改革に着手するのは、南下中の七月に、戦区救済委員会を廃止して「華北農業合作事業委員会」に移行させる手続きを開始してからである。

すでに述べたように、通車交渉決着後の黄郛は、北平帰任を拒否しつづけ、北平政務整理委員会委員長の職務に「消極」的な印象を与えていた。それに対して、七月六日、蔣介石・汪精衛から帰任要請の電報が発せられたのである。

しかし、この時期、黄郛はけっして北平政務整理委員会の活動から遠ざかっていたわけではない。黄郛は、戦区救済委員会秘書長の夏清貽に宛てて、七月六日、八日、一九日に一本ずつ電報を送り、指示を出している。その内容は、戦区救済委員会を廃止し、新たに農業合作会を組織して、従来の救済委員会の事業を農業合作会に引き継ぐことについての指示であった。戦区の農村社会の建設に関しては、黄郛はなんら「消極」的ではなかった。積極的に指示を出し、情報を集めているのである。(7)

黄郛は、戦区救済委員会を一年で廃止するという方針を厳格に守り、成立後満一年の七月二一日に廃止することをめざして、華北農業合作事業委員会（黄郛は「合作会」と略称している）への意向を進めていた。合作会の委員には張伯苓・陶孟和・蔣夢麟・周貽春・史靖寰・秦徳純・夏清貽・周作民・章元善が選出されている。このうち章元善のみが戦区救済委員会農賑組からの留任であった。このほかは華北社会の名士や実務担当者（夏清貽）であった。なお、秦徳純は宋哲元の側近の軍人である。戦区救済事業に関係のあったチャハル省の代表として加えられたものであろう。戦区救済委員会の事業のうち、「急賑」部門は終結し、「工賑」部門は河北省政府・チャハル省政府・華北水利委員会などに受け継がれたので、合作会が受け継いだのは基本的に「農賑」部門のみであった。戦区救済委員会は、予定どおりに七月二一日に廃止され、かわって華北農業合作事業委員会が二三日に成立している。合作会の第一届主席には張伯苓が選出された。農業援助金（農賑）の残りの貸出、期限の来た貸付金の回収、従来の「農賑」事業で設立された「互助社」（「社」は「組合」の意味）に対する「合作訓練」などが合作会の任務となっている。(8)

戦区救済委員会は、関内抗戦で苦境に陥った戦区の農業を復興させることが目標であり、状況に応じて解説された臨時組織であった。しかし、合作会は、その後の恒久的な農業建設を監督・指導する常設機関として構想されている。対象地域も、事実上は戦区が中心となるが、それに限定していない。「善後」のための機関を、恒久的な社会建設のためのより一般性の強い機関に移行させたのである。

黄郛は、北平帰任に際して、戦区の社会建設に関する決意を表明し、通郵交渉の大任を抱えていたにもかかわらず、帰任後すぐに北平政務整理委員会大会の開催を決定した。蔣介石が武漢から西北・華北歴訪に出発した翌日の一〇月六日、北平政務整理委員会の第五次全体大会が開催された。これが北平政務整理委員会としての最後の「大会」となる。

参加者は、于学忠（河北省主席）、韓復榘（山東省主席）、徐永昌（山西省主席）、宋哲元（チャハル省主席）、王樹翰、傅作義（綏遠省主席）、周作民、恩克巴図、蔣夢麟、張志潭、王克敏、張伯苓、劉哲、湯爾和、何其鞏、沈鴻烈（青島市市長）、袁良（北平市市長）であった。主席（議長）は黄郛が務め、会務報告は何其鞏が行った。黄郛のもとで活動しているスタッフは、何其鞏以外、一人もこの大会に参加していない。なお、この大会のあいだ通郵交渉は中断し、中国側代表委員の高宗武・余翔麟が南京に請訓に戻っている。今回の大会では、各省・各市の主席が「報告」を行い、それに対して黄郛が「総評」を述べるというかたちで会議は坦々と進められた。

黄郛は、吏治（官僚人事と官僚支配の成績）・自治・郷村建設・禁毒（アヘンなど薬物廃絶への取り組み）・民団（自警団）・財政・教育の七項目にわたって「総評」を述べた。この「総評」のなかでもっとも高く評価されているのは山東省である。山東省は、吏治、自治、禁毒、民団、財政の各項目でトップの成績であると評価されている。また、郷村建設では山東省の鄒平県が言及されている。韓復榘と関係の深い沈鴻烈が市長を務める青島市も、郷村建設の項目と教育の項目で言及されている。これに対して、他の省では、郷村建設で河北省の定県が、財政の項目で山西省が言及されているにとどまる。河北省の困難な状況については、同じように日本との戦場になった上海との比較を使って詳しく言及されている。それだけ戦区を抱える河北省の地方建設が困難だと強調しているのであるが、それにしても河北省（定県は除く）・チャハル省・綏遠省の地方建設はほとんど評価されていない。

山東省に対する黄郛の評価は黄郛の理想に近い地方建設を行っているという方向でなされている。

吏治・自治については、山東省が現実に即した政策を工夫しているという評価であり、禁毒についてはもっとも成績が上がっているという評価である。民団については、総指揮部——「路」（省内を五路に区分）——県長（大隊長を兼任）という系統が明確で指揮が機敏であるとして山東省を評価した。財政に関しては、山東省が「自給」によって収支が均衡しているという点で、山西省が軍隊縮小と政費節減でやはり収支均衡のために努力しているという点で、評価されている。山東省については、道路建設・治水・電話開設などの産業基盤整備と、綿農業の普及の面でとくに高く評価されている。綿農業の普及では、教育程度の高くない農民のために政策を工夫し、官民の連携で成績が上がっていると高く評価されている。教育については、黄郛は「職業教育」の必要を説き、沈鴻烈による教育の「職業化・平民化」の試みを評価している。(9)

以上の「総評」に見えるように、黄郛は、現実に適合した農村政策を行っているということと、効率的に行われて成果が上がっているということを評価している。韓復榘が高く評価されたのもそのような観点からであった。黄郛は、この後も韓復榘・沈鴻烈・徐永昌には好意を持ちつづけたようである。一九三五（民国二四）年に入ってから、日本の華北工作に関連して于学忠・宋哲元に不信の目を向けるようになってからも、黄郛は韓復榘・沈鴻烈・徐永昌を非難の対象に含めてはいない。

また、財政論には黄郛の考えがよく表現されている。黄郛は農村での倹約と自給自足を基礎として財政を均衡させるのを健全な財政と考えているのである。黄郛は、項目別の評価の後にとくに付したコメントで、さらに倹約に努力することを強調している。黄郛の「経済」論は、北平政務整理委員会の最後の段階まで、農本主義的な倹約論に終始したのであった。

この全体大会でも、黄郛は、華北の社会建設に向けた機関の設置を提案している。それは、県長と「警務人員」を訓練する地方行政人員訓練所と、農作業の実際に通じた農村の指導者を養成するための農村指導員養成所の二つの機関であった。提案は可決され、二つの機関の設立が決まった。決議によれば、地方行政人員訓練所は、県長と「警務人員」（警察官など）を訓練することを目的に設置される。県長に訓練を施すのは行政効率の向上させるためである。県長以外の「行政人員」のなかでは「警務人員」の訓練を優先させる。他の「行政人員」を無視しているわけではないが、それは後に徐々に訓練すればよいというのが黄郛の考えかたであった。「警務人員」は県長の施政に関係が密接だからというのが理由である。治安が確保されていなければ、いかに県長を訓練しても効率的な行政は実現できないと考えているからであろう。(10)

この地方行政人員訓練所は、現任の県長・「警務人員」と、法が定める県長・公務員の要件を満たしている者とを対象としており（他に、身体が健全であることなどいくつか条件がある）、三か月で一学期、学期末の試験で合格すれば卒業とし、現任の県長・「警務人員」であればもとの職に任用されることになる。農村指導員養成所は、一学期六か月、実習三か月で卒業するものとし、合格すれば各省・各市で任用されることとする。なお、このうち、地方行政人員訓練所のみ、北平政務整理委員会廃止までに二期の卒業生を送りだしたことがわかっている。(11)

黄郛は、この第五次全体会議を通じて華北各省の地方建設に評価を与え、指針を示し、県長・公安関係者・農村指導者の養成機関を設置することを決めた。しかし、それは黄郛からの一方的な評価と働きかけに終わった。河北省・チャハル省はもとより、山東省・山西省も、その地方建設の取り組みを、むしろ地方の自立性の確保の方向へと向けようとしていた。

黄郛が華北全域の地方建設に関与しようとしたのは、この第五次全体大会が最後となり、この後、黄郛は、通郵交渉を除けば戦区の地方建設の問題に専念することになる。

戦区には先に行政督察専員が設置されていたが、一〇月二五日、さらに戦区全体を管轄する戦区清理委員会の設置が決められた。戦区清理委員会は行政督察専員の権限が及ばない部分を処理するための機関とされた。

戦区清理委員会の役割は大別して二つの方面に分けられる。ひとつはこれまで大きく戦区「接収」の範囲で行われてきた作業である。これには、未接収の戦区の接収・地方的な対外交渉・戦区の保安隊や警団（「民団」と同様のもの。自警団）の整理などである。もうひとつは、地方建設に関係するもので、戦区各県の行政・治安・交通などの改良とそのために必要な調査といった事業であった。委員には、殷同、李択一、朱式勤、陶尚銘、殷汝耕、許同莘、岳開先が任命された。この戦区清理委員会は黄郛の発案で行政院の批准を経て設置されたもので、全体大会で決議されたものではない。この点は、地方行政人員訓練所・農村指導員養成所と異なる。戦区に関しては行政院との関係で処理し、委員会の委員には関与させないという方針を黄郛は最後まで貫いた[12]。

また、この戦区清理委員会の職掌を見ると、これまで北平政務整理委員会が行っていた戦区に対する施策とそれにあたってきたスタッフがそのまま移管されていることがわかる。

このような点から見て、戦区清理委員会は、社会建設のための恒久的な組織として構想されたのではなく、「善後」を恒久的な社会建設へと移行させるための移行機関であった。この点は、黄郛による改編後の北平政務整理委員会と同じであり、黄郛は、政務整理委員会の補完的な役割を戦区清理委員会に求めたのである。

一一月一日には戦区清理委員会の第一次会議が開かれ、殷同・李択一・朱式勤を常務委員に選出した。これまで戦区「接収」にあたってきた殷同ら黄郛の側近が、戦区の行政督察専員の陶尚銘・殷汝耕を指揮・援護するという体制が定められたのである。一二月一日～三日、委員会の第二次会議が開かれ、李択一・朱式勤・殷汝耕・陶尚銘・岳開先・許同龢・王弼侯（主任秘書）が参加した。[13]

この会議で積極的な提案を出したのは灤楡区督察専員の陶尚銘である。陶尚銘の提案は、戦区への官吏登用、戦区の警団、戦区保安隊の三項目に関するものだった。戦区への官吏登用に関して、陶尚銘は、東北四省（日本・満洲国側から言えば満洲国）に本籍がある者は戦区の官吏として登用すべきでないと提案する。一族を通じて東北四省当局（関東軍、満洲国）に情報を漏らし、それが利用されるかも知れないからである。陶尚銘は、東北出身者を、東北回復のために抗日を主張する者としてではなく、関東軍・満洲国に内通しかねない者として見ていた。次に、戦区の警団と保安隊に関しては、陶尚銘は積極的に戦区の実質的再武装を提案した。陶尚銘は、戦区の「警団」の現状に関して、警団が土豪劣紳に支配され、かえって農村を魚や肉のように食い物にしているという認識を示し、そのような実態を改善するために、戦区の警団を統一して将兵の数を削減し、訓練を施すべきだという。これによって、戦区の農村の混乱を収拾し、同時に戦区の「警隊」（警団を「隊」に組織したもの）の名のもとで「勁旅」（強力な軍隊）を創設できるというのである。一方の保安隊については、李際春部隊から改編した劉佐周・趙雷の部隊の将兵の素質がよくないという批判を意識して、陶尚銘は、司令部や将兵の入れ替えではなく、将兵の統率者を訓練して指揮系統を確立すればよいという提案を行っている。陶尚銘は、河北省政府のもとに「指揮部」を新設し、軍事的な学識のある人物を「総指揮」に選んで、その統率のもとに劉佐周・趙雷の部隊を置けばよいと提案しているのである。なお、河北省政府は、陶尚銘が信頼していない東北出身者が構成する東北軍の拠点そのものなのであるが、陶尚銘は河北省政府と東北軍とを区別して考えており、河北省政府自体は問題視していない。[14]

陶尚銘は、この警団・保安隊の改革を通じて実質的な戦区の再武装をめざしているのである。「勁旅」ということばを使っていることからも、警団の戦力化に大きな期待を持っていることがうかがえる。しかも、警団の組織化・再訓練と、保安隊を現状維持したまま指揮系統を再編するのであるから、塘沽協定には抵触しない。劉佐周・趙雷を交替させせないのも、これらの部隊の更迭を好まない関東軍の意向に配慮したものである。また、警団を系統的に再編するという案は、第五次全体会議で黄郛が評価した山東省の例に倣ったものと考えられる。

しかし、実際には、戦区清理委員会は戦区の治安悪化に振り回され、戦区の社会建設にはほとんど着手することができなかった。翌一九三五（民国二四）年一月一三日、戦区保安隊の馮寿彭隊と民団（警団と同じ）が戦区内の玉田県で衝突した。林南倉鎮に駐屯していた保安隊（中国側は「雑偽軍」とする）が、関東軍に対して玉田の民団の指導者を誣告し、玉田民団側がその報復に出たため、武力衝突が発生したとされている。このような状況では、陶尚銘が提案したような民団・保安隊の再編・再訓練は実行する余地はない。玉田事件から一か月が経った二月一三日、殷同と高橋坦武官との協議の結果、戦区の保安隊入れ換えに関する合意が成立した。保安隊の人数は五〇〇〇名を超えないこととすること、その入れ換えに際しては北平武官・天津軍・戦区清理委員会が共同で「点検」することが決められた。これによって、従来の素質不良の保安隊は再訓練ためにそれぞれ行政督察専員公署所在地の唐山と通県に移動させられ、戦区には、于学忠の指導下で訓練された新しい保安隊が入ることが決まったのである。なおこの時点ですでに黄郛は北平から南下しており、北平政務整理委員会は実質的な活動を停止していた[15]。

この保安隊入れ換えで問題になったのは、玉田事件の当事者となった馮寿彭隊である。三月三日、玉田県に関して、馮寿彭隊を趙雷の部下に組み入れてから保安隊を入れ換えることが決定された。この命令が発令される三月五日、玉田と付近の豊潤・灤県の民団は厳戒態勢をとった。玉田保安隊の再編で職を失った兵が地方を荒らすことを警戒したからである。この保安隊入れ換えは、日本軍の憲兵隊の監視下で、七日に実行された。本隊の入れ換えは無事に終了したが、心配されたとおり、一部の将兵が地方に残存し、これが三月二三日になって反乱を起こした。また、同じ日、王継宗の民団がやはり匪賊行為を行って討伐され、玉田・豊潤の県境に逃げ込むという事件が発生した。厳戒態勢をとり、日本軍の憲兵隊も動員したにもかかわらず、職を失った将兵の匪賊化を阻止することはできなかったのである。(16)

このような事件の続発には、玉田での最初の衝突に見るように、関東軍の存在が複雑に関係していた。同時に、戦区を地方軍事勢力の影響から隔離したことが、「民団」などを自称する武装団体の無秩序を増幅した。北平政務整理委員会・戦区清理委員会は、この無秩序を、関東軍の協力なしに収拾することはできなかった。

混乱の収拾をうけて、ようやく戦区保安隊の入れ換えに着手することができるようになった。四月一三日、新たに、薊密区には張硯田、灤楡区には張慶余の保安隊が入ることが決まり、名称も「河北省特区警察隊」と決まった。また、これに先立って、薊密区保安司令に殷汝耕、灤楡区保安司令に陶尚銘が就任することが決まった。それぞれ行政督察専員が保安司令を兼任するかたちである。五月六日、関東軍・天津軍とのあいだに保安隊入れ換えに関する最終合意が成立した。これを踏まえて、五月八日、河北省政府から保安隊交替令が発せられた。すぐ後に述べるように、この時点ではすでに戦区清理委員会は解散しており、その任務は河北省政府が引き継いでいた。(17)

一一日、張硯田隊が唐山に、張慶余隊が通県に集合し、日本軍と行政督察専員との監督のもと、任地へと展開していった。なお、張慶余隊は河北省特区警察第一隊として薊県に「総隊部」(司令部)を設置し、薊県・密雲・順義・懐柔・三河に展開した。張硯田は河北省特区警察第二隊で、留守営に「総隊部」を置き、昌黎・撫寧・遷安・豊潤・県に展開した。それぞれ一五〇〇名で、それぞれ軽機関銃を二五挺配備していた。なお、従来の保安隊は、周毓英が第三隊、劉佐周が第四隊、趙雷が第五隊となり、唐山・通県などで訓練を受けることとなった。(18)

なお、この戦区保安隊入れ換えは、のちに華北当局(最終的には北平軍分会委員長代理の何応欽が折衝を担当)と天津軍との対立の原因となる親日派新聞社社長暗殺事件が起こったあとに行われている。この時点ではまだ日本軍（関東軍・天津軍）と河北省政府や華北の実務担当者（殷同・陶尚銘・殷汝耕など）とのあいだでの協力関係が保たれているのである。

この保安隊入れ換えが完了する以前の四月二二日、戦区清理委員会の全体会議で、戦区清理委員会が四月末に解散することが決まった。三〇日、戦区清理委員会は決議した通りに解散し、処理未了の案件は河北省政府に引き継ぐことが決まった。[19]

戦区清理委員会は、戦区「接収」作業の残務処理と戦区の社会建設とを任務として設立された。一九三四（民国二三）年一二月の第二次会議の際には戦区の麻薬・アヘン問題など「社会建設」に関係する議論も行われている。[20] しかし、玉田事件を経て、戦区清理委員会は、戦区の保安隊の入れ換えにその任務を限定し、しかもその問題の解決の目途がついた段階で解散し、その任務を河北省政府に引き継いでいる。北平政務整理委員会の戦区管理の事務は、北平政務整理委員会から戦区整理委員会へと引き継がれ、河北省政府へと引き継がれたことになる。

ところで、黄郛は元来「多級制」論者である。省と県のあいだに行政督察専員を設置することでその「多級制」の主張の一部は実現された。しかし、「多級制」の主張を貫くのであれば、北平政務整理委員会を廃止する必要はないはずである。だが、行政督察専員制度の採用以後、黄郛は、中央―省間よりも、省―県間のレベルの意義を強調するようになっていた。[21] 黄郛が北平政務整理委員会の解消を考えた一つの動機は蒋介石の統一構想に歩調を合わせるためであろう。また、北平政務整理委員会が存在するかぎり、対関東軍交渉機関としての役割を中国中央政府と関東軍（満洲国）とから担わされざるを得ないと考えたからである。

黄郛は、戦区の「善後」を、華北の恒久的な社会建設へと移行させる措置を、北平会議の時期から始めている。黄郛は、北平政務整理委員会の活動停止までそのための活動を継続した。

しかし、同時に進められた通車・通郵交渉に関しては、対関東軍交渉の中心となることには消極的であった。黄郛は、中央政府が「全体的な計画」を持ち、日本の中央政府と交渉することを要求しつづけた。このように考えたのは、天羽声明に表れた、日本の中国保護国化・植民地化政策（と蔣介石・黄郛は解釈した）を関東軍を含む軍の政策と理解し、広田外交に代表される日本の中央政府の外交政策とは截然と異なるという認識に基づくものであった。黄郛はそのために北平帰任を拒否して、中央政府に日本に対する「全体的な計画」を認めさせることに成功する。けれども、それは、行政院の保身を第一に考えた実現不可能な強硬論に過ぎず、解決はすべて現地当局どうしの交渉に押しつけるものであった。黄郛はこのような中央政府の政策に失望し、以後、現地での交渉を担当することを拒否するようになる。

いっぽう、蔣介石は、軍事政策を囲剿戦争中心（安内）から抗日戦争中心（攘外）に切り換えつつあった。また、蔣介石は、西北・華北歴訪によって、西北・華北の党・政府・軍組織と、それを非公式に支える東北軍・西北軍・山西軍などの組織との上下関係を再確認し、憲政移行後の主導権掌握の布石とした。蔣介石との直属関係が確認されれば、超省レベル政治機関としての北平政務整理委員会は必要なくなる。

行政院の対日政策に失望したことと、蔣介石が各省を直接に掌握しようという動きに乗り出したことが、黄郛に、一九三五（民国二四）年に入ってすぐの北平政務整理委員会解消を決断させた。一九三五（民国二四）年には、国民党五全大会が開催され、それをうけて国民大会が開かれて、一党支配は廃止され、憲政への移行が実現するであろう。戦区の「善後」は戦区清理委員会の活動で完了し、華北で地方当局どうし（黄郛の立場からは、関東軍は、満洲国の代理ではなく、中国の一部である東北を支配している地方当局である）の外交交渉を行う余地はなくなる。中央政府どうしの外交が開かれるはずであった。

しかし、一九三五（民国二四）年の展開は、黄郛の期待を大きく裏切るものとなった。日本軍の対華北政策の突然の強硬化（華北分離工作）と、中国中央政局の不安定がその大きな要因である。次章では、北平政務整理委員会廃止と何梅協定（梅津―何応欽協定）から冀察政務委員会設立に至る流れを中心に、一九三五（民国二四）年以後の華北・日中関係について論じる。

◉注

(1) 黄郛「談話」（一九三三・一〇・四）『黄膺白先生年譜長編』六一九頁。

(2) 汪精衛→黄郛（電報、一九三三・一〇・六）『黄膺白先生年譜長編』六二一頁、黄郛→汪精衛（電報、一九三三・一〇・七）六二二頁。

(3) 『黄膺白先生年譜長編』一九三三・一〇・七、六二二頁。

(4) 陶尚銘については「亦雲回憶」『黄膺白先生年譜長編』八二三―八二四頁。

(5) 『黄膺白先生年譜長編』六六一頁、六六六頁。

(6) 周雍能「故都回憶」『黄膺白先生年譜長編』六九四―六九五頁。

(7) 『黄膺白先生年譜長編』七五〇頁、七五三頁。黄郛は、この戦区の農村社会建設と並行して、莫干山の農村救済事業に取り組んでいる。この年は江南地方が旱魃に見舞われ、莫干山でも被害が広がりつつあった。黄郛は、「莫干農村改進会」の資金を増資して救済事業を行わせることとし、その方法として「貸賑」（農業をつづけるための資金貸出）・「工賑」（ため池などの施設整備のための貸出）・「急賑」（弱者救済のための貸出）の三項目を設けることを指示した。『黄膺白先生年譜長編』一九三四・七・一二、七五一頁。これは章元善の発案による戦区救済事業の方法を応用したものである。この時期の黄郛が自分の使命と感じていたのは農村救済・農村社会建設の事業であった。それは対象が戦区の農村であろうと莫干山であろうと変わりがなかったのである。

(8)『黄膺白先生年譜長編』一九三四・七・二〇、七・二三、七五四―七五五頁。

(9) 黄郛「総評」『黄膺白先生年譜長編』一九三四・一〇・六、七七九―七八一頁。なお、山東省鄒平県では、「郷村建設」派の梁漱溟（新儒学の代表的な学者の一人）がその学説に従って地方建設を進めており、韓復榘もそれを支援していた。

(10)『黄膺白先生年譜長編』一九三四・一〇・六、七八一頁。

(11)「決議」『黄膺白先生年譜長編』一九三四・一〇・六、七八一―七八二頁。周雍能「故都回憶」同書、八三〇頁。周雍能は、これによって各県長に北平政務整理委員会の計画を徹底することができたと、この地方行政人員訓練所を評価している。

(12)『黄膺白先生年譜長編』一九三四・一〇・二五、七九一頁。なお、この時期まで接収が問題となっていたのは、馬蘭峪・東陵方面である。東陵は清朝（すなわち満洲国皇帝家）の陵墓であるため、関東軍（満洲国）は東陵の補修・保全に関心を持ち、東陵を適切に管理する態勢が整うまでは撤退しようとしなかった。一〇月二二日、殷汝耕と柴山武官（通郵交渉に参加中）が馬蘭峪・東陵を視察し、その接収に関して具体策が取り決められた。島田、六一頁、『黄膺白先生年譜長編』一九三四・一〇・二二、七九〇頁。

(13)『黄膺白先生年譜長編』一九三四・一一・一、七九四頁、一二・一、八一〇頁。

(14) 陶尚銘「三項建議」『黄膺白先生年譜長編』一九三四・一二・一、八一一―八一二頁。なお、陶尚銘は、東北出身ではあるが、本籍は東北にはないので、陶尚銘自身は戦区の官吏として登用されても問題ないことになる。華北農村の「土豪劣紳」についてはDuara,p.251参照。

(15)『黄膺白先生年譜長編』一九三五・一・一三、八四〇―八四一頁、八四八頁編註、二・一三、八四七頁、三・五、八五二頁。なお、『黄膺白先生年譜長編』では保安隊の人数を一五〇〇名（〝千五〟）とするが、従来の規模から見てあまりに少数であり、のちの実績から見ても不自然であるため、島田、前掲論文、六六―六七頁の記述に従い、〝千五〟は〝五千〟の誤植と解した。

(16)『黄膺白先生年譜長編』八五二頁、八五四頁。玉田保安隊の反乱部隊は密雲県に向かったところで迎撃され、強制的に解散させられた。民団側の反乱部隊の首領の王継宗も二五日に逮捕され、四月五日に処刑された。玉田事件の最初の当事者となった民団も翌六日に解散された。同書、八五四頁、八五七—八五八頁。
(17)『黄膺白先生年譜長編』八五七—八五八頁、八六二頁。
(18)『黄膺白先生年譜長編』一九三五・五・八、八六三頁。
(19)『黄膺白先生年譜長編』一九三五・四・二二、八五九頁、四・三〇、八六一頁。
(20)『黄膺白先生年譜長編』一九三四・一二・一、八一〇頁。
(21)『黄膺白先生年譜長編』一九三四・一〇・一一、七八三—七八六頁。

第五章　華北分離工作下の華北

黄郛は、一九三五（民国二四）年一月一八日、北平を離れ、南下した。黄郛が去った後、玉田事件が発生して戦区に混乱が生じた。しかし戦区の混乱は、戦区清理委員会・関東軍などの協力で収拾の方向に向かう。中央政府の「全体的な計画」のもとで、対日外交が一元化され、対関東軍交渉を担当する機関としての北平政務整理委員会の役割は終了するはずであった。しかし、黄郛の、対関東軍交渉の廃止と対日外交の中央への移管という構想は、天津軍を中心とする日本軍の華北政策の変化、中国中央政府の混乱と囲剿戦争の継続、日本の中央政府の無力（と黄郛が捉えたもの）によって実現しなかった。華北では、黄郛が二年近くをかけて否定しようとした地方軍事勢力による「分治合作」が復活することになる。

この章では、その過程を、黄郛の南下とそれに対応する中国中央政府の政策の変化、日本軍の華北分離工作の展開とそれに対する中国の対応、華北「中央化」の挫折の三つに分けて検討する。

第一節　黄郛の南下と国民政府の対日政策

黄郛は、戦区清理委員会が活動を開始するのを見届けて、一九三五（民国二四）年一月一八日、北平を離れ、南下した。今回は、北平政務整理委員会顧問の葛敬猷、政務整理委員会発足以前からの秘書の何傑才・王大綱らも黄郛に同行している。北平政務整理委員会は、機構としては秘書処など事務部門が残るのみとなった。他に、北平鉄路局の殷同が対関東軍・対日交渉の残務処理にあたることになる。[1]

一九三五（民国二四）年一月の黄郛の南下は、これまでの二度の南下と違い、中央政府側でも黄郛の辞任を認めた上で行われたものである。黄郛は、前年の一九三四（民国二三）年一二月五日、中央政治会議で内政部長に任じられることが決まっていた。汪精衛によると、この人事は、黄紹竑を浙江省主席に任命することと同時に決まった。内政部長を務めてきた黄紹竑を内政部長から解任して浙江省主席に任命し、その内政部長の後任に黄郛をあてるというのである。汪精衛・蔣介石ともに、黄郛には、北平政務整理委員会委員長を辞任しないまま、兼任内政部長として就任するよう要請している。しかし、沈亦雲（黄郛夫人）によると、兼任要請は、委員長更迭と解釈されないよう黄郛の立場に配慮して行われた形式的なものだったという。[2]

黄郛は、通郵交渉が決着した後の一九三四（民国二三）年一二月一六日、唐有壬に電報を送り、婉曲な表現で、汪精衛・蔣介石と「内外の政情」に関して協議したいという意思を伝えた。このなかで、黄郛は身体の疲労が激しいと訴えて、政務整理委員会委員長の職を辞任したいという意向をほのめかしている。中央は、黄郛の辞任を見越して、内政部長の職を提供しようとしていた。[3]

黄郛が北平を離れたのと同じ一月一八日、張学良らとともに漢口で囲剿戦を指揮していた蔣介石も南京に入った。一九日、黄郛は、汪精衛・蔣介石に職務報告を行っている。この時点では、汪精衛・蔣介石・黄郛のあいだに限らず、北平に残った何応欽とのあいだでも北平政務整理委員会の解消に関して一応の合意ができていた。二〇日付で何応欽が汪精衛・蔣介石・黄郛宛に送った電文は、今後の対日外交については中央が根本方針を示し、直接に日本の中央部門とのあいだで外交を「常態」に復するべきだと論じたものであった。汪精衛・蔣介石・黄郛・何応欽らは、これまで北平政務整理委員会が担ってきた関東軍（満洲国）との交渉は、両国中央政府どうしの交渉に移行させることをここで取り決めた。これまで黄郛の構想にすぎなかった外交の「中央化」は、汪精衛や何応欽を含めた中央政府指導部の合意となったのである。(4)

汪精衛・蔣介石・黄郛・何応欽の方針は、二月一日、蔣介石の意を承けて「敵か？　友か？」という文章で公にされた。「敵か？　友か？」は、徐道麟の名義で雑誌『外交評論』に日本に対する呼びかけとして発表された文書である。じつは、この文章は、蔣介石が、自らの考えを秘書の陳布雷にまとめさせたものであった。本名で発表しなかったのは、この文章が「中国の誤り」の指摘を含んでおり、満洲国の存在を黙認するなど、政府の責任ある人物の発言として公表するのは差し障りがあったからである。「敵か？　友か？」では、九・一八事変以来の日本と中国の対応にそれぞれ過失があったと指摘している。そのうえで、九・一八事変とそれ以後とを区分し、中日両国は、九・一八直後まで戻って日本と中国の新たな関係を模索しようと提案している。九・一八事変で時期を区切ったのは、九・一八事変以前には中国中央政府（国民党・国民政府）は東北を支配しておらず、東北喪失には関知していないという立場からであった。(5)

「敵か？　友か？」発表と同時に、蔣介石は「敦交睦隣」（隣国との友好）を強調する談話を行い、中日親善の方針を強調している。この「敵か？　友か？」の発表と「敦交睦隣」談話とを発表した蔣介石の意図は、九・一八以前を切り離すことで満洲国の存在を黙認し、それとひきかえに、九・一八事変後に華北で積み重ねられてきた「地方外交」の結果を清算することにあった。前年から黄郛が主張してきた塘沽協定廃止論と同じ内容である。華北での「地方外交」に区切りをつけ、今後は外交交渉はすべて中央政府が管掌するという方針の表明であった。

この汪精衛・蔣介石・黄郛・何応欽の方針を承けて、二月一九日から王寵恵が日本を訪問した。王寵恵は、当時、国際司法裁判所判事を務めていたが、この時期には中国に帰国していた。前年末の西南政権への工作の中心的な役割を担い、五中全会開催時も香港に残って胡漢民との連絡役を担任していたことは前述した。この王寵恵がハーグに帰任することになり、途中で東京に立ち寄ることにしたのである。王寵恵は、訪問前に、まず蔣介石と、つづいて汪精衛・黄郛と打ち合わせをしている。王寵恵は、形式的には「一中国人」(私人)としての訪日であったが、実質は汪精衛・蔣介石・黄郛の新たな外交方針を日本の政府・軍部に説明するための使者であった。(6)

二月二〇日、王寵恵が広田外相との会談を終えたあと、日本の新聞記者に談話を発表した。これは、ほぼ「敵か?友か?」に発表された蔣介石の考えを踏襲したものであった。この談話は、日本では「日中の平等互恵」という主張に重点を置いたものとして理解された。しかし、王寵恵談話の文脈をたどれば、この「日中の平等互恵」は、「国交の常軌回復」の前提として述べられたものである。これは、ここまでの汪精衛・蔣介石・黄郛・何応欽のあいだでの議論を踏まえて言えば、華北での「地方外交」の廃止と中央政府への移管を意味していた。これまで、第一次大連会議・北平会議・通車交渉(第二次大連会議)・通郵交渉と、塘沽協定交渉以来、積み重ねられてきた関東軍・天津軍と華北地方当局(実質的に北平政務整理委員会)との地方的外交交渉を今後は行わないということを意味していたのである。王寵恵は、「不脅威・不侵略の原則」を広田外相が議会で表明したことを「今後の両国の国交を新しい方面に導く外交の大道」と高く評価した。中国にとっては、「中日親善」は「地方外交廃止」と一体となった主張であり、王寵恵は広田演説をそれに応じる日本側の対応として歓迎したのである。汪精衛・蔣介石および黄郛・何応欽は、広田外相がリーダーシップをとって、関東軍・天津軍の「地方外交」を抑制し、華北をめぐる問題を両国の中央政府レベルの交渉で解決する方針を採ることを期待した。(7)

一方、日本側では、この汪精衛―蔣介石政権の「中日親善」の姿勢を、中国経済の危機的状況からの脱出策の一つであると位置づけて捉えていた。日本の中央政府は戦区善後問題や通車・通郵交渉に関してはあまり強い関心を持たず、中国市場がアメリカ合衆国・国際連盟列強諸国に奪われる可能性に主な注意を向けていた。いっぽう、汪精衛・蔣介石・黄郛・何応欽らは、中国経済に関する対外政策は宋子文ら行政院テクノクラートに任せており、その主要な関心は、関東軍の侵略拡大阻止と東北の主権回復にあった。王寵恵と広田では、「平等互恵」や「親善」ということばで表現する内容に大きな開きがあったのである。(8)

中国側にも、中央政府が対日外交について明確な方針を打ち出すのがむずかしい状況が生まれつつあった。蔣介石は、前年、第五次囲剿戦争で江西中央ソビエトの紅軍をほぼ撃滅した。蔣介石はそれを契機に「安内攘外」政策の重点を「攘外」に移すことを決意した。しかし、じつはこのとき、紅軍主力は江西中央ソビエトを脱出しており、一九三五（民国二四）年には湖南省・四川省・雲南省・貴州省など西南深部各省を転戦していた。国民党・国民政府側はこの行動を「大西遷」、共産党側では「長征」と呼んでいる。蔣介石が西北・華北歴訪に旅立ったことと、西北歴訪に長江中流域の囲剿戦争の指揮を担当していた張学良が西北歴訪に同行したことが、紅軍に湖南省突破の隙を与えたかたちとなった。この「長征」を追撃するため、蔣介石も四川省・雲南省・貴州省を転戦していた。これらの地域は通信網が未整備で、当時の主要な連絡手段であった電報も直接に届かない状態になっていた。しかも、中央政府で対日外交の中心を担っていたのは汪精衛と唐有壬であるが、通郵交渉の過程で見たように汪精衛はすでに政府内に影響力を発揮することができなくなっていた。汪精衛のもとで対日妥協外交を推進してきた唐有壬は、蔣介石が対日強硬政策への転換を図りつつあるなかで、辞任を考え始めていた。(9)

中国中央政府が抗日重視への政策転換を明確に打ち出せない状態のもとで、日本中央政府とのあいだでの親善ムードは高まっていた。同時に、華北では関東軍と戦区清理委員会とのあいだで「善後」の最終的な仕上げとしての保安隊の入れ換えが進んでいた。一九三五（民国二四）年の五月中旬までは、中央政府どうしの関係も、華北と東北の両地方当局（日本側から言えば「華北当局と満洲国」）の関係も、協調的なものであった。しかし、華北では潜在していた対立が表面化しつつあった。そして、それが、天津軍を中心とする華北分離工作につながっていくのである。

◉注

（1）『黄膺白先生年譜長編』八四一頁。

（2）汪精衛→黄郛（電報、一九三四・一二・五）『黄膺白先生年譜長編』八一二頁、「亦雲回憶」『黄膺白先生年譜長編』八二九頁。893.00/12946 Telegram, 1935.2.7.Peiping *FRUS*, 162 (1935, vol.III), p.43.

（3）年譜に掲載されているのは黄郛がみずから蔣介石に送った電文で、ここに唐有壬宛の電文も全文引用されている。黄郛→蔣介石（一九三四・一二・一六）に引く黄郛→唐有壬（日付不明）『黄膺白先生年譜長編』八一六頁。

（4）何応欽→汪精衛・蔣介石・黄郛（電報、一九三五・一・二〇）、『黄膺白先生年譜長編』八四一—八四二頁。

（5）「敵乎？　友乎？」『総統蔣公思想言論総集』第四巻「中国之命運」に「付録」として収録されたテキストに拠る。徐道鄰は民国前期の軍閥安徽派の名将だった徐樹錚の子である。

（6）『黄膺白先生年譜長編』一九三五・二・一、八四三頁、松本『上海時代』上、二七二頁。

（7）松本『上海時代』上、二七五—二七六頁収録の王寵恵談話、二七五—二七六頁。『黄膺白先生年譜長編』一九三四・二・二七、三・一、八五一頁。

（8）松本、前掲書（上）、二八六—二九三頁。なお、同書二九〇—二九二頁に談話が収録されている張公権は、黄郛の協力者の一人であり、「新中国建設学会」の同志でもある。

（9）黄郛→楊永泰（電報、一九三五・四・二六）『黄膺白先生年譜長編』八六一頁。この時期の黄郛の蔣介石宛電報の名義上の宛先が蔣介石秘書の楊永泰宛になっているのはそのためである。

第二節　華北分離工作と華北

一九三五（民国二四）年前半の華北は、戦区保安隊の交替に見られるように、中国の華北当局（戦区清理委員会、北寧鉄路局、北平軍分会、行政督察専員、河北省政府など）と関東軍代表との協調関係のもとにあった。しかし、戦区「善後」の解決を東北接収への一ステップと考える中国側と、それを日本・満洲国・中国の経済提携への条件と考える関東軍（満洲国）側とでは、構想の方向性が完全に逆であった。そのため、この協調関係のもとでも、華北当局と関東軍側との潜在的対立はつづいていた。問題の焦点は、一つは、華北に日本・満洲国の航空機路線を設定する「聯航」問題であり、いま一つは、関東軍の「内蒙」工作に伴う熱河省とチャハル省の省境問題であった。

黄郛が撤退し、北平政務整理委員会も事務部門を残すのみとなったため、従来は黄郛と北平政務整理委員会が引き受けていた関東軍・天津軍からの要求は、華北に残っていた北平軍分会の何応欽が引き受けざるを得なくなる。

関東軍・天津軍の圧力が何応欽にかかり始めると、何応欽は「地方外交」を中央政府どうしの外交に移管させる当初の方針にもかかわらず、黄郛の北平帰任を求め始める。

一月二〇日に何応欽が発した電報は、当時、関東軍とチャハル省の二九軍とのあいだで問題になりつつあった熱河省・チャハル省境界問題を報じたものであった。中国側がチャハル省東部としている沽源県の一部につき、関東軍側（満洲国側）がその地域は熱河省の一部であると主張したのである。この問題は、一月二三日、関東軍・親日軍と二九軍との衝突事件に発展する。中国側からは「チャハル省の東部」の事件として察東事件、日本・満洲国側からは「熱河省の西部」の事件として熱西事件と呼ばれる。しかし、この電報では、何応欽は外交の中央への一元化という方針を支持している。けれども、何応欽は、この事件については、北平駐在の高橋（坦）武官と、一度協議しただけで、解決に積極的に動いていない。(1)

この方針が揺らぐ契機となったのは、四月一七日に関東軍が航空路線を一方的に設定した「華北聯航」事件であった。日本は、一九三四（民国二三、昭和九）年二月より、アメリカ合衆国の中国の航空分野への進出を警戒し、対抗策を構想していた。この対抗策のなかで、「北支並ニ中支沿岸航路ノ獲得」は、九州―上海航路、台湾―福建航路と並ぶ重要性を与えられていた。この華北聯航事件の背景にはそのことがあった。(2)

関東軍による航空路線強行設定の報告に接した黄郛は、一九日付の電報で事件を汪精衛に報告した。このなかで、黄郛は、関東軍が一方的な措置をとった根本的な原因は、中国側が協議を開始する用意すら整えなかったことにあると指摘した。そして、「中央」に、この問題に関する政策を早急に決定するよう促している。黄郛も、華北聯航事件を中央政府が中心になって解決すべき事件だと位置づけていたのである。一方の何応欽は、二〇日に一本、二一日に三本と、立て続けに四本の電報を黄郛に寄せた。このなかで、何応欽は、事態に対処するために黄郛に北平へ帰任するよう求めている。黄郛は「今後の対日問題はすべて中央が枢要な部分を担うことになる」として、何応欽の求めに応じなかった。しかし黄郛は南下後も華北についての情報収集に努めていた。この華北聯航事件の直後、黄郛は楊永泰を通じて華北情勢を蒋介石に報告している。(3)

この報告は八項目から成っており、そのうち華北について触れたものは六項目である。この六項目の内容は、日本の華北工作と華北の地方軍事勢力との関係に関するものと、華北聯航事件に関連するものに分けられる。日本の華北工作と華北の地方軍事勢力との関係について、黄郛は、張学良・于学忠・宋哲元ら地方軍事勢力と日本との連携が形成されつつあるのではないかと強く疑っていた。張学良・于学忠は日本側を極力抱き込もうとし、日本側も「華北独立政権」実現は不可能と見てこの動きに乗ろうとしている。そればかりでなく、黄郛は、察東事件を機に、宋哲元が日本に接近の動きを見せ、同じ山東省出身の于学忠との関係を緊密化させていると見る。日本は、北平政務整理委員会よりも于学忠—宋哲元連合が利用しやすいと見ており、日本の「急進派」のなかには、政務整理委員会を「駆逐」し、殷同を暗殺すると公言している者がいる。黄郛の認識は以上のようなものであった[4]。

陶尚銘が、張学良・于学忠など東北派を、抗日派であるとしてではなく、ひそかに関東軍・満洲国に通じている者として警戒していたことはさきに述べた。黄郛もそれと同様の見かたをしており、しかも、宋哲元もそれに加わっていると疑っているのである。察東事件で宋哲元と関東軍の対立が激化したことを、黄郛は、逆に、この対立を通じて宋哲元が対日接近のルートを開いたと解釈したのであった。

蔣介石宛の電報のなかで、黄郛は、中央政府が速やかな決定を下すよう主張すると同時に、汪精衛行政院への不信を述べている。政府内部で「各自が自分の立場を気にして、たがいに譲り合いを繰り返し、何度、書簡・電報で協議しても、けっきょく話がばらばらなままで話がまとまらなかった」ことを厳しく非難しているのである。黄郛は、また、この政府内部の状況を「介公〔蔣介石〕は明確な主張を持ち、責任を持って〔交渉を〕自ら行おうとしている」という一句と対比させている。黄郛は、蔣介石自身が対日外交を強くリードすることを求めているのである[5]。

華北聯航事件を承けて、黄郛は、直接に日本の中央政府の対応を探るための動きを始めた。黄郛は、殷同を「観光会議」参加の名目で日本に派遣し、広田外相や近衛文麿と会談させている。黄郛が選んだ交渉相手は、黄郛がリベラル派と判断した相手であった。殷同は、四月二五日にまず瀋陽（満洲国側では奉天）に赴き、二九日、瀋陽から直接に日本に向かった。五月一日に外務省を訪問し、七日には広田外相を訪問し、一二日には近衛を訪問した。一三日、殷同は、黄郛に詳細な報告を送っている。殷同の報告は、日本の政情、日本の対中国政策決定過程についての印象、経済問題など多岐に及んだ詳細なもので、とくに広田・近衛との会談については詳しく報告している。[6]

この書簡から、殷同が東京で依然として塘沽協定廃止への努力をつづけていたことがわかる。しかし殷同はその成果には悲観的であった。「ほとんどすべての人が〔殷同の塘沽協定廃止論に〕共鳴する、しかし、結論となると、概して〔協定廃止論について、殷同が〕「関東軍と協議してもかまわない」という一語の範囲を出ない」と殷同は報告している。さらに、殷同は、華北に関する外交を中央政府どうしの外交に委ねるという黄郛の構想の成否についても懐疑的な情報をもたらした。「華北のすべての問題については、中央の各部〔各省庁〕はいずれも異常に〔話の内容の〕隔たりが大きく、ほとんど完全に関東軍と駐屯軍〔支那駐屯軍＝天津軍〕に処理を委ねているようである」というのが殷同の観察であった。[7]

これにつづいて、華北では、親日派新聞社社長暗殺事件が問題化した。天津軍の一部の軍人により、それが華北の体制変革の強制へと発展させられたからである。いわゆる華北分離工作の開始であった。これは、黄郛の北平帰任を求める圧力を強める結果となったばかりでなく、黄郛が築いてきた華北の「中央化」の実績を暴力的に無にするものであった。

殷同が日本を訪問していた五月四日、天津日本租界で、『振報』社長の白逾桓と『国権報』社長の胡恩溥が相次いで暗殺されるという事件が発生した。この二つの新聞の報道は国民党批判色が強く、また日本陸軍の特務機関から資金援助を受けていた。これに対して日本陸軍はこの暗殺事件は辛丑条約・塘沽協定を踏みにじるものとして抗議の姿勢を示した。[8]

しかし、五月中旬までの段階では、華北の中国側当局（河北省政府など）との関係のなかで天津軍・関東軍ともにこの事件をさほど重視していない。戦区清理委員会・行政督察専員と日本軍との協力で戦区の保安隊の入れ替えが行われたのは、この親日派新聞社社長暗殺事件の後の六日から一一日にかけてである。

一方で、殷同は近衛との会談のなかで近衛の側からこの話題が提起されたことを黄郛に報告している。したがって、暗殺事件がまったく問題にされなかったわけではない。しかし、このときは、殷同が「暗殺事件はどこの国も免れることのできないものである。日本にも五・一五事件が発生したことがあるではないか」と反論すると、話題は中国の「排日」風潮一般に移ってしまっている。日本側がこの暗殺事件を特別に重要視しているという情報は少なくとも中国側には伝わっていない。(9)

ところが、五月二一日、天津軍司令官の梅津美治郎が林銑十郎陸相・南次郎関東軍司令官と「河北事件」について協議したことが伝えられると、汪精衛は南京から上海に出向き、黄郛も莫干山から上海に出て、この暗殺事件の処理について協議した。このときの協議では林は南に「北支那のことは当分かれこれ事を起こさんように頼む、といふこと」を伝えたようである。この協議で陸軍・関東軍の中央が積極的に中国に圧力をかけることを指示したわけではないようである。少なくとも、次に述べる酒井参謀長の要求が出た後、広田外相も陸軍省もまったく事態を把握してはいなかった。しかし、汪精衛は、関東軍か天津軍が何かの動きに出ることを強く憂慮したようで、黄郛に北平への帰任を求めて説得に乗り出したのである。黄郛はこれについて明確な回答を示さず、実質的に北平帰任を拒否した。(10)

五月二九日、天津軍参謀長の酒井隆が、梅津司令官不在のもとで、高橋坦武官とともに何応欽・兪家驥（北平政務整理委員会秘書長）を訪問した。酒井・高橋は、高圧的な態度で、突如、梅津司令官名義で中国側に六項目の要求を突きつけたのである。この六項目とは、(一)河北省政府主席于学忠を罷免し、省政府を保定に移転すること、(二)天津市長張廷諤、公安局長李俊襄、憲兵第三団（団は連隊に相当）蔣孝先を辞任させること、(三)河北省の中央軍と于学忠の五一軍を撤退させること、(四)華北の各級国民党党部を廃止すること、(五)藍衣社を取り締まること、(六)

親日派新聞社社長暗殺犯を逮捕すること、であった。この要求は、名目上、酒井・高橋を派遣したことになっている梅津も知らないうちに、酒井が独断で発したものであるらしい。梅津が前記の林陸相・南司令官との協議のために新京（中国側からいえば長春）へ出発する際に、酒井が「貴下の留守中に、好意的に極めて軽い意味の警告を発したいと思ひますが、どうでせうか」と言ったのに対して、梅津が「それなら宜しい」と答えた。すると、梅津司令官不在のあいだに酒井はこの要求を中国側に突きつけるという行動に出た。日本の中央政府では、この酒井の行動を、満洲事変当時の関東軍の独断と同様のものと見て、警戒する動きもあったという。(11)

この後、関東軍・天津軍は親日派新聞社社長暗殺事件が解決に向かうと、次にチャハル省境界紛争事件を蒸し返した。チャハル省境界紛争事件が宋哲元の罷免で決着すると（土肥原—秦徳純協定）、次には『新生』誌の天皇侮辱事件を問題にした。この『新生』事件というのは、上海で発行されていた雑誌『新生』二巻一五期（「期」は「号」に相当）に「易水」名義で「間話皇帝」という雑文が掲載された事件である。この文章では世界各国の皇帝・国王が風刺の対象とされている。天津領事館はそのうち日本の天皇に対する風刺の部分を問題とした。この文章が上海で発表されたのは五月四日であったが、このときには問題にならなかった。梅津—何応欽交渉がいちおう決着した直後の六月一一—一三日に、この文章が天津の新聞に転載されているのを日本の総領事館員が「発見」した。これを口実に、川越天津総領事が市長商震との交渉に持ち込んだものである。この事件も華北で最初に問題にされた事件である。(12)関東軍・天津軍の態度は、戦区接収工作に協力してきた五月半ばまでとは大きな態度の変化であった。天津軍・関東軍による「華北分離工作」の本格的な始まりである。

黄郛が不在で、北平政務整理委員会は秘書長の兪家驥のもとで事務作業をつづけるのみの状態になっていたため、天津軍との交渉には何応欽があたらなければならなかった。五月三一日、中央政治会議は何応欽を交渉責任者に指定している。何応欽は酒井の要求を実質的に受け入れることで対処を図った。六月一日、何応欽は、北平軍分会の名で政治訓練所・憲兵第三団などの中央系機関の活動停止を命令した。河北省政府・五一軍軍部（軍司令部）の保定への移転も開始され、于学忠は三日に保定に移っている。六月四日、何応欽は酒井と高橋に日本側の要求をほぼ受け入れる内容の回答を示した。[13]

この何応欽の措置を承けて、六月四日当日、行政院は天津を行政院直轄市に改め、新たに市長に王克敏を任命した。また、商震を天津警備司令（のち津沽保安司令と改称）に任命している。六日には、国民政府が于学忠を川陝甘辺区剿匪総司令に任命して河北省主席から解任した。また、七日には、国民党が河北省党部を北平から保定に移している。中央政府も何応欽に歩調を合わせたのである。[14]

これらは、実質的に天津軍側の要求受け入れを意味するものであったが、形式上は北平軍分会・国民党・国民政府による「自発的」な措置であった。なお、天津軍の梅津・酒井・高橋の要求と北平軍分会・国民党・国民政府による「自発的」措置をまとめて「何梅協定」または「梅津─何応欽協定」と称する。[15]

何応欽は、電報でこの経過を黄郛に報告し、指示を求めている。六月一一日から一二日にかけても何応欽は四本の電報で情勢を報告し、このうち、一一日付の二本めの電報で何応欽は、黄郛が北平に帰任して交渉を主導するように強く要請した。「弟〔何応欽の自称〕はもとより軍人であって、受け答えの能力に欠けるので、外交の衝にあたってことばで言い表せないような苦しみを味わっています」と哀願に近い語調であった。蔣介石も、この天津軍の強圧的な態度に対して、かつての合意を翻し、黄郛に地方的な交渉を担当するように迫っている。蔣介石もすでに五月三一日に黄郛に電報を送っており、そのなかで、北平に帰任して交渉を主導するよう黄郛に促していた。[16]

一月の時点では、中央政府の汪精衛・蔣介石も、華北の黄郛・何応欽も、華北での「地方外交」交渉は廃止して、対日交渉は中央政府のもとで一本化するという方針で一致していた。しかし、四月一七日の華北聯航事件で、まず何応欽が黄郛の北平帰任を要請する方向に転じた。つづく親日派新聞社社長暗殺事件の重大化で、汪精衛・蔣介石も黄郛の北平帰任と日本側との交渉担当を強く望むようになったのである。「地方外交」交渉の放棄という当初の方針は、紅軍の「長征」を追撃するための軍事行動の長期化と天津軍の強圧的な態度によって転換を余儀なくされたのである。

しかし、何応欽・蔣介石の要請にかかわらず、黄郛は莫干山から動かなかった。何応欽は、六月一五日、北平軍分会の事務を鮑文樾に委ねて南京に南下する。北平政務整理委員会につづいて、北平軍分会の指導者も不在になった。何応欽の南下は、汪精衛・黄郛と、華北分離工作に対する対応を協議することが目的であった。何応欽は、交渉の経過を汪精衛に報告するとともに、黄郛に南京での協議を呼びかけた。何応欽の南下により窮地に立たされたと感じたのは北平に残された北平軍分会のスタッフである。北平軍分会委員は、一七日に連名で南京に電報を送り、何応欽の北平帰任を求めている。[17] 数日前まで黄郛の北平帰任を求めつづけた何応欽が、今度は北平帰任を求められる立場となった。何応欽に事態打開を求められた黄郛は、ここで、一時的に「地方外交」を復活させる方向を選択した。

新たな華北での「地方外交」担当者として黄郛が選定したのは王克敏である。王克敏は、一九三三（民国二二）年の華北財政中央化に際して黄郛を補佐した人物であり、何応欽―梅津交渉の過程で天津市長に任じられた人物でもある。王克敏は一九一〇年代から親日派として知られており、黄郛が王克敏を交渉の場に引き出したのはそのことを意識したからであろう。しかし、黄郛にとって王克敏の派遣はあくまで一時的な対策であった。しかし、汪精衛は、王克敏の代理任命を、一時的なやむを得ざる措置ではなく、華北の「善後措置」の第一歩であると解していた。この点でのちに黄郛と汪精衛との認識の違いが露呈する。六月一五日の何応欽の電報に答えて、黄郛は、一六日、王克敏を伴って南京に向かい、汪精衛・何応欽・黄郛・王克敏の四人で華北情勢への対応を協議した。協議の結果を承けて、六月一八日、国民政府は、王克敏を北平政務整理委員会委員長代理に任命し、あわせて、商震を天津市長代理に任命した。王克敏は、六月二二日、天津に到着している。なお、王克敏の天津到着後、天津市長には新たに程克が任命され、商震は河北省主席となった。これにより、日本側に対応できる態勢がいちおう整ったことになる。[18]

この王克敏の北平への赴任に伴って華北での関東軍との事務的交渉も再開された。六月三〇日には、殷同の主導で、関内と関外（満洲国）との電話が通じるようになった。七月一〇日、殷同は王克敏にこの交渉の経過を報告している。関東軍とは従来の協力関係が継続しており、日本軍側でも、これまで殷同との交渉を積み重ねてきた岡村ら関東軍の武官と、酒井を中心とする天津軍の武官とでは、華北に対する政策に違いがあったことがわかる。[19]

だが、王克敏は北平で華北分離工作の推進者である酒井参謀長に華北自治に関する言質を与えるような言動を行った。六月二二日、王克敏は酒井に会い、華北での軍事・政治・財政・外交などの「広汎ノ権限」を有する自治機関の必要性を認め、また、同時に日本の協力の必要性をも認めた。王克敏は、北平軍分会・北平政務委員会の撤廃と、中央軍・国民党の影響を受けない新たな自治機関の創設の必要を認めた。しかも、南京では「汪精衛以下大部ノ人々」もそれを支持していると発言したのである。[20]

しかし、王克敏の北平赴任後、華北の情勢は、王克敏を長とする新たな自治機関の創設策以上に大きく変わりつつあった。その契機となったのが、王克敏の赴任後間もない六月二八日未明に勃発した豊台兵変である。これは、対日協力者の白堅武が「正義自治軍」を称して平津線の装甲列車を奪取し、北平の南の豊台駅（現存）から永定門駅（現在の北京駅）へと進撃した事件である。白堅武は、一九三二（民国二一）年の呉佩孚擁立工作に関係した後、一九三三（民国二二）年の熱河抗戦・長城抗戦・関内抗戦期には天津特務機関と連絡して対日協力者として活動を開始し、塘沽協定成立後は満洲国に拠点を置いて親日派武装組織「正義軍」（白堅武自身は「正誼軍」と記している）の訓練にあたっていた。白堅武に装甲列車を奪われた豊台装甲車隊第六中隊は、第一次大連会議で再編された石友三の旧部隊を改編したものであり、事前に関東軍または天津軍を通じて白堅武と何かの連絡があった可能性もある。しかし、この決起は、万福麟軍に迎撃され、その日の午前中に白堅武隊は壊滅した。[21]

豊台兵変自体は対日協力者による小規模な冒険的軍事行動であった。ところが、この混乱に際して、北平にいた蕭振瀛が北平軍分会委員の資格でチャハル省主席の宋哲元に派兵を要請した。軍分会の正式決定ではなく、緊急事態を名目とした一委員の独断行動である。宋哲元はそれに応えて馮治安師（師は師団に相当）を北平に急派した。馮治安師は二九日に北平に到着し、北平の治安維持にあたっている。ところで、蕭振瀛という人物は、秦徳純と並んで宋哲元の参謀格を務める軍人である。宋哲元の参謀格の人物が、何応欽の南下で活動を停止している北平軍分会の名義で、宋哲元に派兵を依頼したわけである。すなわち、この派兵は宋哲元系地方軍事勢力の独断によってなされたのである。これによって、土肥原—秦徳純協定でチャハル省主席の地位を追われた宋哲元は、河北省に進出し、河北省にその基盤を移すことになる。[22]

関東軍・天津軍の謀略による豊台兵変自体は失敗したが、華北「中央化」の実績はまったく失われたことになる。于学忠は東北系地方軍事勢力の有力者であり、黄郛に警戒されていたのは前述の通りであるが、しかし、黄郛・北平政務整理委員会と于学忠・河北省政府は、相互に不信感を抱きながらも協力関係をつづけていた。于学忠撤退後、河北省主席となった商震や、北平の治安を担当していた万福麟は、いずれも軍隊の規模が小さく、地方軍事勢力としての独立性は弱かった。しかし、豊台兵変を契機とした宋哲元の進出によって、有力な地方軍事勢力が河北省を制圧するという事態が再現した。冀察政務委員会成立（一九三五（民国二四）年一二月）への基盤がここに成立した。

しかし、このような華北情勢の激変に、国民党・国民政府はなんら機敏な対応をとることができなかった。中央政局が流動化しつつあったためである。

豊台兵変直後の六月三〇日、かねてから体調を崩していた行政院長の汪精衛が、上海で病気療養のための休暇を申請した。七月一五日には、最高意思決定機関である中央政治会議の了承を得ないまま、汪精衛は療養のために青島に移ってしまう。汪精衛は七月二〇日にはあらためて電報で辞職を申請し、孔祥熙副院長に院長代理を要請している。一九三二（民国二一）年の「刺し違え通電」事件の再来のような突然の辞任申請である。[23]

黄郛は、華北情勢の激変と中央政局の混乱に危機感を募らせた。黄郛は、七月二二日、形式的に存続していた北平政務整理委員会の解消を蔣介石に提案する。黄郛は、王克敏を派遣したことで北平政務整理委員会が活動を再開し、これが日本軍に利用されて対日協力機関に変貌することを強く恐れたのである。黄郛は現状について「華北は一時的・局部的な利害・偏見にとらわれ、中央は多頭横議の組織環境に陥っている」と述べ、これらを「地方無恥の現象」、「中枢に主なし」と非難している。中央の「多頭横議」・「主なし」が汪精衛の辞任をめぐる混乱を指しているのは明らかである。華北に関する「地方無恥の現象」という表現は、宋哲元系地方軍事勢力の独断を非難したものである。このような認識を踏まえて、黄郛はさらに王克敏の政務整理委員会委員長代理としての活動に危惧を表明する。黄郛は、協力者であった王克敏への人格的な攻撃にならないように表現を選びながらも、「王〔克敏〕は、高齢であり、失明している」という理由から、王克敏は他人に動かされやすい環境にあると訴える。そして、王克敏がこのまま委員長代理をつづければ、「ただでさえ、無為のまま過ごし、巨額の経費を浪費することになるし、それどころか、人に利用されて、大きな弊害を醸成することにもなりかねない」と指摘する。黄郛は、王克敏による代理は一～二か月と汪精衛と約束していたのに、汪精衛の辞任をめぐる混乱で、この期限が守られないことを危惧していると述べ、蔣介石に、速やかに北平政務整理委員会そのものを解消することを訴えた。[24]

この電報につづいて、黄郛は、王克敏に電報を送っている。文面から見ると、この楊永泰宛（実質的に蔣介石宛）電報の内容が王克敏に伝わり、王克敏から電報が黄郛に寄せられ、それへの返電として書かれたもののようである。ここで、黄郛は、ひきつづき「全権を差配してほしい」と王克敏に要請しながらも、「ただ、中央と省側〔河北省〕に関係する方面では、まず事前に十分に相談していただきたい」と注意を促している。黄郛は、さらに、これまで黄郛の代表として日本側との交渉にあたってきた殷同に電報を送り、日本人とは「会議場内ではあまり主張を述べず、場外でもあまり話さず」消極的な態度を見せつづけるよう求めている。殷同・北寧鉄路局も対日協力機関として利用されることを黄郛は警戒していたのである。黄郛は、何梅協定後の天津軍の圧力に対応するために王克敏を華北に送ったが、その後の華北情勢の激変で、王克敏や殷同が日本軍や華北の地方軍事勢力に利用される危険をより強く感じたのであろう。[25]

汪精衛の辞任要請に伴う混乱は、八月一二日になって、中央政治会議が汪精衛を慰留し、八月一九日に蔣介石・汪精衛・黄郛が南京に会したことで、汪精衛の辞意撤回の方向が固まった。二二日、汪精衛は国民党中央常務委員会に蔣介石とともに出席し、翌二三日に辞意撤回を通電で表明する。[26]

混乱収拾後、黄郛の主張を容れるかたちで、中央政府はようやく北平政務整理委員会の撤廃へと動き始める。八月二八日、一時、北平を離れていた王克敏は北平に戻った。政務整理委員会廃止に伴う業務を行うためである。これにあわせて、翌二九日、国民政府から北平政務整理委員会廃止が正式に命令された。この国民政府命令は、各省・各市の治安や地方外交事件は各省・各市政府が、「地方的性質に非ざる外交事件」は中央が継承すると定めたものであった。これは、従来、「地方外交」として行われてきた交渉を「地方的性質に非ざる外交事件」として中央に移管することを意図した表現である。王克敏は、北平政務整理委員会の全職員に、一か月分の給料を退職金として支払い、解雇した。

九月一六日には、王克敏のもとから北平政務整理委員会に関する文書記録類（〝档案〟）が接収され、九月二〇日には王克敏も南京に引き上げている。これによって、北平政務整理委員会は、正式にその歴史に幕を閉じたのである。(27)

蔣介石・汪精衛・黄郛は、北平政務整理委員会を廃止することで、天津軍・関東軍および地方軍事勢力の圧力によって政務整理委員会が対日協力機関化することを防ごうとしたのである。天津軍・関東軍の交渉の相手方を省政府・市政府のレベルまで落とすことで、その影響を防ぎ止めようとしたのである。加えて、蔣介石には、新たに河北省政府主席に任命した商震への信頼があった。商震には、宋哲元・于学忠などと異なり、日本の自治工作の対象にされた経歴がほとんどなかったからである。

しかし、北平政務整理委員会の廃止は、黄郛が意図したような日本の華北分離工作の阻止にはつながらなかった。まず、戦区では、戦区清理委員会で実質的な戦区再武装を提唱するなど、戦区での中国の主権回復に熱心だった灤楡区行政督察専員の陶尚銘が、天津軍との関係の険悪化から辞意を表明した。陶尚銘は、すでに有名無実の存在となっていた北平政務整理委員会の参議に転任することとなり、後任の灤楡区行政督察専員には薊密区行政督察専員の殷汝耕が就任した。殷汝耕の後任の薊密区行政督察専員には蘇玉琪（蘇玉琦とも）が任命された。しかし、蘇玉琪は固辞し、戦区の行政督察専員職は殷汝耕が一人で兼任することとなった。この殷汝耕による戦区支配が、のちに、戦区に成立する独立政権「冀東防共自治委員会」（のち「冀東防共自治政府」）の基盤となる。(28)

また、北平政務整理委員会廃止が発令される前日の八月二八日には、宋哲元が平津衛戍司令に任命され、それまで宋哲元が務めていたチャハル省主席には腹心の秦徳純が任命された。平津衛戍司令は、一九二八（民国一七）年には、京津衛戍総司令として、第三集団軍総司令・太原政治分会主席・北平政治分会主席代理の閻錫山が就任した職であるが、一九三〇（民国一九）年には、張学良が関内に直率してきた軍の軍長二人が河北省主席と平津衛戍司令を分担した経緯があり、それ以後の華北の軍人にとっては省主席級の待遇を意味する職であった。これにあわせて、それまで、于学忠とともに華北の東北軍の中心としての役割を果たし、北平軍分会を支えてきた王樹常が、平津衛戍司令から軍事参議院副議長へと転任することになった。宋哲元は王克敏撤退の翌日に平津衛戍司令就任を宣言した。河北省にはなお商震と東北系の万福麟との勢力が残っていたが、これらは小勢力だったので、宋哲元は河北・チャハル両省の地盤をほぼ独占することができたのである。この地盤が、一九三五(民国二四)年一二月の冀察政務委員会の成立へとつながっていく。冀東防共自治委員会と冀察政務委員会は、日本の華北分離工作に対応して成立した華北「分治」の二大機関である。結果から見れば、黄郛の意に反して、北平政務整理委員会の廃止過程は、まさにこれらの華北「分治」機関の成立過程と並行して進んだのである。

◎注

(1)何応欽→汪精衛・蔣介石・黄郛(電報)『黄膺白先生年譜長編』八四一頁。同書、一九三五・一・二九、八四三頁。793.94/6858 Telegram, 1935.2.6., Peiping, *FRUS*(162, 1935vol.III), pp.42-43. なお、893.00/12946 Telegram, 1935.2.7.Peiping *FRUS*, 162(1935, vol.III),p.43 は、何応欽の後任に閻錫山が北平に来るとの情報を伝えている。関東軍のチャハル政策については「対察施策」(一九三四・一・二四)『現代史資料 八』四六八―四七一頁。

(2)「米国航空勢力の対支進出阻止と我が勢力扶植に就ての方策」『現代史資料 八』五七―五八頁。

(3)島田、前掲論文、五九頁(同論文では一九三四年の事件となっているが、一九三五年である)。黄郛→汪精衛(電報、一九三五・四・一九)『黄膺白先生年譜長編』一九三五・四・一九、八五八頁。黄郛→汪精衛(電報、一九三五・四・一九)同書、一九三五・四・一九、八五八―八五九頁、黄郛→何応欽(電報、一九三五・四・二二)、同書、八五九頁、黄郛→楊永泰(電報、一九三五・四・二六)、同書、八六〇―八六一頁。なお、このとき、蔣介石は、江西中央ソビエトで取り逃がした紅軍に対する追撃戦を自ら指揮するため、四川省の重慶の「行営」にいた。楊永泰はその蔣介石への電報の取り次ぎ役となっていた。

（4）黄郛→楊永泰（電報、一九三五・四・二六）、『黄膺白先生年譜長編』八六〇―八六一頁。

（5）同上。

（6）『黄膺白先生年譜長編』八六〇―八六三頁。殷同→黄郛（書簡、一九三五・五・一三）同書、八六三―八七三頁。

（7）前掲殷同→黄郛書簡八六四頁。

（8）『黄膺白先生年譜長編』八六二頁、島田、前掲論文、一〇〇頁。川越総領事→広田外相（一九三五・五・四、一〇七号電）『現代史資料　八』七七頁。

（9）前掲殷同→黄郛書簡八六四―八六五頁、八七二頁。

（10）『黄膺白先生年譜長編』一九三五・五・二三、八七四頁。原田『西園寺公と政局』四巻、二六〇―二六一頁。軍令部「北支における反満抗日策動に基づく日支軍の交渉」『現代史資料　八』六〇―六一頁。

（11）『黄膺白先生年譜長編』一九三五・五・二六、八七四頁。793.94/6983-6985, 1935.5.30, Peiping, *FRUS*, 162(1935vol.III), pp.187-189, No.297, Piking, 1935.5.31.*DBFP*., pp.519-520. この際の日本側の動きやその意図については、島田一〇二―一〇三頁、松本、前掲書（上）、三〇五―三〇六頁。793.94/7067, 1935.5.15., Dairen, *FRUS*,162(1935vol.III), pp.167-168は、華北に関する酒井の大連駐在アメリカ領事グルモンに対する談話を報告している。天津市長張廷諤は、一九三四（民国二三）年一一月九日に就任。行政院は、天津市を特別市とし、張廷諤を市長に任命していた。『黄膺白先生年譜長編』八〇一頁。中央軍とは、熱河抗戦以来、華北に駐屯している楊杰・黄杰・関麟徴の部隊である。「藍衣社」は蔣介石系の秘密結社の俗称であり「青シャツ隊」の意味。中国側は藍衣社という組織は存在しないとしていた。『黄膺白先生年譜長編』一九三五・六・四、八七五頁、島田、前掲論文、一〇五頁。酒井の独断に対する懸念は、『西園寺公と政局』四巻、二七〇頁に見える岡田首相の談話による。Coble, 1991, pp.200-206.Cobleは関東軍と天津軍の一体性をより強調している。Dryburgh, 2000, pp.43-45.

(12)『黄膺白先生年譜長編』一九三五・五・四、八六二頁、島田、前掲論文、九五頁、松本、前掲書(中)、二二―二三頁。なお「易水」がだれかは不明である。本名を艾寒松(艾逖生)といい、共産党員(またはそのシンパ)だとする説もある(黄郛年譜編者)。しかし、松本(前掲箇所)は、この艾逖生は『新生』事務所の家主であり、「易水」とは別人とする。

(13)『黄膺白先生年譜長編』一九三五・六・一、六・三、八七五頁、島田、前掲論文、一〇六―一〇七頁。793.94/6997, 1935.6.1., Peiping, ***FRUS***, 162(1935Vol.III)pp.196-197 で、アメリカのジョンソン公使は、河北省政府の保定移転とともに黄郛の北平復帰の可能性が高くなったと報告している。

(14)『黄膺白先生年譜長編』一九三五・六・一四、八八一頁、同書、八七六―八七七頁。793.94/7002, 1935.6.4., Nanking, ***FRUS*, 162(1935vol.III), pp.199-200.**

(15)日本と中華人民共和国ではこの名称が使われているが、中華民国(台北政権期を含む)の歴史学界では、これを「協定」と捉えることを強く拒否してきた。これは、従来の大連会議以来の条件に則り、日本軍と成文協定を結ばないという原則を何応欽が貫いたことを強調するためである。

(16)何応欽→黄郛・蔣介石・汪精衛(電報、一九三五・六・四)、『黄膺白先生年譜長編』八七五―八七六頁、同書、八七九―八八〇頁。

(17)『黄膺白先生年譜長編』八八一頁。なお、一九三五(昭和一〇)年六月一七日付天津軍参謀長→参謀次長電は、何応欽の不在に乗じて、王樹常・万福麟など七名の東北軍幹部が河北(華北?)独立を策していると伝えている。酒井参謀長は、この動きを張学良の勢力保持策と見なして相手にしなかったが、何応欽南下の背後には、このような東北系軍事指導者の華北独立策動があった可能性もある。

(18)松本、前掲書(中)、一九頁。『黄膺白先生年譜長編』八八二―八八三頁。

(19)『黄膺白先生年譜長編』一九三五・六・三〇、八八五頁、七・一〇、八八七頁。

(20)天津軍参謀長→参謀次長(一九三五・六・二四)『現代史資料 八』九七―九八頁。

(21)以上の経過は、『黄膺白先生年譜長編』八八四頁と島田、前掲論文、一四四―一四五頁により構成した。白堅武部隊の自称名を島田、一四四頁は「東亜同盟自治軍」としているが、ここでは『黄膺白先生年譜長編』に従った。

(22) 陳世松「対宋哲元抗日事迹的考察」(陳世松(編)『宋哲元研究』(前掲))一五頁、林頓「宋哲元与南京国民政府」(同前書)六九—七〇頁、『黄膺白先生年譜長編』八八四—八八五頁。793.94/7141, 1935.7.1., Peiping, *FRUS*, 162(1935vol.III), p.288. なお、『黄膺白先生年譜長編』は北平軍分会による正式の要請と読めるように書いているが、緊急の際に行われた派兵要請に委員会内部でどの程度の合意があったかは疑問である。陳世松と林頓は蕭振瀛の独断と記している。

(23)『黄膺白先生年譜長編』八八五頁、八八八頁、八九一頁。松本、前掲書(中)、二八—三一頁。

(24) 黄郛→楊永泰(電報、一九三五・七・二二)『黄膺白先生年譜長編』八八八—八八九頁。なお、王克敏による代理は一〜二か月を限度とするという取り決めが黄郛・汪精衛間に存在したかどうかは確認できない。前述のように、汪精衛は王克敏派遣をむしろ黄郛撤退後の新たな華北政策の第一歩と位置づけていた。

(25) 黄郛→王克敏(電報、一九三五・七・二四)『黄膺白先生年譜長編』八八九頁。黄郛→殷同(電報、一九三五・七・二五)、同書、八八九—八九〇頁。

(26)『黄膺白先生年譜長編』八九二—八九四頁。

(27)『黄膺白先生年譜長編』八九四頁、八九八—八九九頁。

(28) 島田、前掲論文、一二一—一二二頁、『黄膺白先生年譜長編』八九〇頁。蘇玉琪は、一九三四(民国二三)年二月一〇日、陶尚銘のもとで山海関公安局長を務め、陶尚銘とともに楡関接収を行った人物である。岡村寧次の旧知でもあった。『黄膺白先生年譜長編』一九三四・二・一〇、七一六頁、稲葉正夫(編)『岡村寧次大将資料・戦場回想編』原書房、一九七〇年、三八一頁。なお、この直後、陶尚銘が天津軍に監禁される「陶尚銘事件」が起こった。陶尚銘は、王克敏に加えて商震・殷汝耕による現地での措置と外交部の抗議で釈放されている。王克敏指導下で北平政務整理委員会が処理したほとんど唯一の事件である。島田、前掲論文、一二二—一二三頁、『黄膺白先生年譜長編』一九三五・八・四—八・一七、八九一—八九三頁。

第三節　冀東政権と冀察政務委員会の設立

華北の二省を支配下に収めた宋哲元の支配を中央政府がどのように位置づけるかということが次に問題となった。中央政府の選択肢は、事実上、宋哲元を抑え得る中央化機関を新たに華北に設置するか、それとも宋哲元による「分治合作」を認めるかの二つに限られていた。天津軍は華北自治の実現を求め、チャハル省を失った宋哲元は河北省に新たな地盤を求めていた。しかし、華北の「中央化」を実現し、四川省・雲南省・貴州省などの「中央化」を進めている蔣介石は容易に「分治合作」を容認できなかった。

これを、華北の中心部である河北省・チャハル省での「分治合作」の再現に衝き動かしたのは、四届六中全会から五全大会に至る中央政府（国民党・国民政府）の憲政移行への動きと日本軍の華北分離工作のいっそうの進展であった。

中央政府が宋哲元に対する対応を変える契機となったのは、日本の天津軍や特務機関の強い影響下に一〇月ごろから活発となった華北自治運動である。

一〇月に入って、塘沽協定停戦ライン上の香河県で、日本の特務機関の影響下にあると思われる農民自治運動が活発化した。運動は二〇日から始まっていたが、二三日、農民団が、県の有力者武宜亭（武桓ともいう）らの煽動で「苛捐雑税撤廃」や「土地公有反対」などのスローガンを叫びつつ県城（県庁所在地）に押し寄せ、県長を追い出すという事件に発展した。その後、自治運動に参加した民団が治安維持の任務に就き、さらに県長を民選して県自治政府を組織した。河北省主席商震は、所属の三二軍の部隊二個大隊を香河県の周辺に派遣し、圧力を加えた。しかし、香河県は停戦ライン上にあるので、事件の起こっている県の内部には商震の軍隊は進入できなかった。商震はその軍隊を背景に農民側と交渉を行い、事態の収拾にあたった。その後、戦区保安隊の張慶余が商震軍にかわって県城に入ったところ、武宜亭ら首謀者はすでに逃走しており、商震が派遣した県長が事態を収拾して事件は終結した。(1)

この香河自治運動事件は、日本の示唆のもとに起こされたものであり、商震軍と張慶余保安隊の圧力で自治政権が脆くも瓦解してしまった点から見て、地方社会から強く支持されていた運動とは思えない。だが、苛捐雑税撤廃を強調する香河自治運動事件の背後には当時の河北省農村の窮状があったのも確かである。しかも、この自治運動の論理は、国民党の主張である「耕者有其田」・「平均地権」を国民党政府が実行していないこと、民権主義に定める四権の参政権を民衆に行使させることで共産主義を防ぐべきであるのに、国民党政府がそれを実行していないこと、訓政終結の期限を過ぎて七～八年になろうとしているのに県民には自治の権利が与えられていないこと、考試院による人事制度がまったく機能していないこと、建国大綱は県を自治単位と定めていることなど、国民党自身の論理を用いて国民党を批判するものであった。(2)それは、国民党自身が定めた訓政から憲政への移行のプログラムを国民党政府自身が実行していない矛盾を衝いたものであった。

しかし、それは、国民党が五全大会を開いて国民大会の開催を決め、憲政への道筋を確定すれば、問題にならなくなるはずだった。その五全大会の準備会合としての国民党四届六中全会が香河事件が解決に向かっていた一一月一～六日に開かれた。国民政府は、この五全大会の期間中に、袁良が北平市長を辞任し、行政院は秦徳純を北平市長に、蕭振瀛をチャハル省主席に任命する措置をとった。蕭振瀛は秦徳純と並ぶ宋哲元の側近である。宋哲元の河北省での地盤固めに配慮した結果である。しかし、宋哲元にはなお平津衛戍司令以外の職は与えられなかった。しかも、この六中全会開催と、つづいて一一月一五日から開かれた五全大会開催に時期を合わせて、日本の華北自治促進運動も活発化していた。宋哲元は、華北に十分な地盤を持たないまま、その中央政府と日本軍とのあいだに立たされることになったのである。

汪精衛は四届六中全会中に狙撃され、行政院長を辞任していた。そのあと、蔣介石は、五全大会で行政院長（兼任）の地位を確保し、国民政府内部では汪精衛派の影響力が著しく低下した。汪精衛が、国民政府内で蔣介石・宋子文らとの軋轢を起こしつつもこれまで推進してきた親日外交の時期は終結し、行政院は軍とともに蔣介石派の指導下に入った。

その蔣介石は、国民党五全大会で、一一月一九日、「内には自存を、外には共存を求める」という趣旨の演説を行った。このなかで、蔣介石は、「和平については、完全に絶望に到る時期までは決して和平を放棄しない、犠牲についても、最後の関頭に到る時期まではけっして軽々しく犠牲になることを言わない」と述べた。のちにしきりに引用される「最後の関頭」（瀬戸際）という表現がここで使われたのである。この演説の原稿を書いたのは黄郛である。この「最後の関頭」を含む結論の部分は黄郛の原稿にはなく、最後に蔣介石との話し合いでつけ加えられた部分であった。黄郛は明らかに日本を指しているとわかる表現を避けていたのであるが、蔣介石はあえてはっきりとそれを盛りこんだ。演説の全体としては、対日戦争に慎重さを求める姿勢に終始している。しかし、場合によっては「犠牲」もあり得ることを明らかにしたことで、蔣介石は、場合によっては日本に対する強硬政策に転じることを示唆した。いっぽう、この大会の「宣言」（一一月二三日発表）では、困難な時期のなかで（国際社会のなかでの）「中国の自由平等」を求める孫文の原点に帰ることを強調し、次のような一〇項目を「同志」に呼びかける内容となっている。(3)

一　道徳を尊んで人心を振興せよ

二　実学によって国本を安定させよ
三　教育を普及させて民力を培養せよ
四　経済を発展させ民生を豊かにせよ
五　人材評価を慎重にし、実績を厳しく評価して、国家の人事行政の基本を整えよ（＝考試制度の充実）
六　司法を尊び、訴訟に至る紛争を拡大させないようにし、人民の生命財産の権利を尊重するようにせよ（＝司法制度の充実）
七　監察を重視し、政治を監視する官の活動を活発にし、官僚を抑えて民意を伸張させよ（＝監察制度の充実）
八　辺境政治を重視し、「教化」をすすめ、「国族」の団結を固めて統一を達成せよ（＝少数民族政策の充実）
九　憲法による支配を開き、内政を整え、民国の基礎を確実に固めるための基礎を確立せよ（＝憲政移行と地方自治の充実）
十　総理の遺教を遵守し、民族の自信を回復し、正当な対外関係を確立して、国家の独立平等の尊厳を保持し、世界大同の目的を達成せよ

孫文の民族主義革命の伝統の強調や「正当な対外関係」は明らかに日本との関係を意識したものである。この動きと対抗するように、華北では日本軍の華北「自治」への圧力が強まりつつあった。その中心は土肥原賢二大佐であった。

土肥原は宋哲元に「華北高度自治方案」を突きつけ、五省二市を範囲とし、宋哲元を首領、土肥原を顧問とする華北共同防共委員会の結成を要求した。ここでは、中央の税収（統税・関税・塩税）を華北で截留すること、五省で独

立の通貨を設定して日本円とリンクさせることなどが要求されたという。南京政府の華北に対する権利は「宗主権」と規定していた。実質的な独立である。一方、参謀本部では、宋哲元の「自治」計画として、次のような計画の存在を把握している。

一　北支に親日反蘇〔ソ連〕の政権を樹立す而して南京政府の政策は反日なるに鑑み其拘束より脱する為自治（半独立）の形態を採る

二　地域は北支に於ける五省三市とす

三　南京政府の宗主権を認むるも外交、内政、経済等に関し高度の自治を保持す

しかし宋哲元がこのような自治が実現可能だと考えていたとは考えられない。南京政府からの離脱を考えた可能性がかりにあるとしても、宋哲元は、この時点で、北平市と、北平から離れたチャハル省の南半分にしか地盤を持たない勢力に過ぎない。韓復榘や閻錫山を抑えて「五省三市」を支配できる可能性など絶無だったからである。参謀本部が把握していた宋哲元の自治計画は、土肥原の要求した内容そのままか、日本側に遷延策として宋哲元が話した内容にすぎなかったのであろう。(4)

また、一一月一一日、宋哲元は、五全大会を意識して、「訓政終了、憲政実現、政権を国民に奉還せよ」という趣旨の電報を送った。宋哲元は、憲政に伴う地方自治の実現によって省自治への道筋を開き、それを二九軍の地盤確保に利用しようとしたのである。(5)

香河自治運動事件、五全大会、宋哲元の自治計画と憲政要求運動を対比すると、この時期の華北が憲政の実現と自

治の実施を軸に進んでいたことが理解できる。国民党は一九三六（民国二五）年のあいだに国民大会を開き、憲法を制定して憲政へと移行することを決めた。それには県を単位とする自治の実行を伴うものだった。五全大会の決定は、宋哲元の憲政要求や香河自治運動の「自治」要求を、一定程度満足させるものであった。五全大会の決定は、その憲政・自治に「抗日」と「幣制改革」を組み合わせたものだった。なお、幣制改革は、それまで統一貨幣のなかった中国で、銀を中央政府に集中して政府で統一貨幣（法幣）を発行するという改革である。一九三五（民国二四）年三月に、それまで綿麦借款を管理していた全国経済委員会委員長の宋子文が中国銀行董事長（理事長）に就任してこの改革に着手し、一一月、財政顧問のフレデリック・リースロスの支援で実行に移されたものである。財政の「中央化」政策であった。中央政府は、憲政・自治を抗日・幣制改革と結びつけることで、憲政と県自治によって「中央化」を完成させようと意図したのである。(6)

これに対して、憲政・自治を「華北自治」へと結びつけようと意図する日本も、地方の地盤を確保しようとする宋哲元も、新たな対応を求められる。中央政府が憲政移行に踏み切った以上、香河自治運動のように「建国大綱」の「自治」論励行を提起するだけでは、中央政府に対抗できないからである。

その動きのひとつは幣制改革に伴う現銀の南京への集中阻止のための実力行動としてあらわれた。平津衛戍司令宋哲元・山東省主席韓復榘・河北省主席商震・天津市長程克などが、銀の省有化などの方法で対策を講じ、また銀の南京への発送を実力で阻止したのである。これは日本軍の強い影響下で行われたものであったが、財政基盤の薄弱な地方軍事勢力自身にも現銀発送阻止の動機があった。(7)

五全大会が終わりに近づくにつれて日本軍の「華北自治」への圧力も強まり、宋哲元は一一月二〇日以前の自治実行を迫られた。日本の要求する「華北自治」に呼応することには、宋哲元は当初から慎重であった。宋哲元は、日本側に対して時日を遷延するとともに、中央政府には「日本軍の圧迫により一一月二〇日から二三日の間に於て自治を宣言せざるべからざる苦境にあり」という趣旨の電報を送りつつ、日本側には二五日以後に自治を宣言すると通告した。(8)

宋哲元の態度を煮え切らないと感じていた日本側は、一一月二四日（自治宣言発表は二五日付）、戦区行政督察専員の殷汝耕に冀東防共自治委員会を組織させ、中央政府から離脱させた。なお、日本の参謀本部では、この殷汝耕の行動を宋哲元の了解のもとに行われたものとしているが、中国側には宋哲元側が明確に了解を与えたという記録はないようである。また、平津衛戍司令にすぎない宋哲元に殷汝耕の自治を認める権限はない。(9)

この冀東防共自治委員会は、華北の従来の分治合作機関とは明確に異なる独立政権であった。また、それは、香河自治運動とはまったく別の理論的根拠の上に成り立つ「自治」政権でもあった。

冀東防共自治委員会は、国民政府や三民主義の正統性を否認していた。成立宣言で冀東防共自治委員会は「孔子の道」と農本主義を掲げ、国民党を正面から批判している。(10)

たしかに三民主義は北伐後の華北にとっては国民政府によって押しつけられた外来の思想である。また、中央化機関の北平政務整理委員会の委員長だった黄郛でさえ、孫文の絶対化や三民主義への無条件服従には賛成ではなかった。しかし、閻錫山にせよ張学良にせよ黄郛にせよ、三民主義を明確に否定することはなかった。冀東防共自治委員会に先立つ香河自治運動でも、国民党支配の正統性は疑われていない。冀東防共自治委員会で一転して自治運動の理論が国民党否定に変化したのは、五全大会の結果、国民党理論に即した「自治」の主張では国民党中央政府に対抗できない状況が生じたからである。しかし、そのために、冀東防共自治委員会は、中央政府から満洲国と同等の反逆集団として扱われることとなったのである。国民政府は、自治宣言が発表された直後の一一月二六日、殷汝耕逮捕令を発し、つづいて日本大使にも二九日に殷汝耕逮捕令に関する照会を送っている。[11]

冀東防共自治委員会でもう一つ特徴的なことは、殷汝耕が文官であって、軍事的基盤を持たないということであった。殷汝耕は、これまで見たように、黄郛の協力者として華北で活動した人物であり、河北省の地方軍事勢力とは関係を持っていなかった。そのため、殷汝耕は、冀東防共自治政府（一二月二五日に「自治委員会」から「自治政府」に改編、以下両者をまとめて「冀東政権」と呼ぶ）の基盤として戦区保安隊に頼らなければならなかった。ところが、この戦区保安隊の張慶余総隊・張硯田総隊は、前章で述べたように、于学忠が訓練した部隊であり、戦区の素質不良な旧保安隊と交替して戦区に入っていたものである。抗日意識が高く、宋哲元・商震などに親近感を持っていた。[12]

軍事的基盤の弱さにくらべて、冀東政権の財源は比較的潤沢だった。この地方の主要産業である製塩業は景気に左右されにくい産業だった。また、冀東の海岸を利用した密貿易が、その後の冀東政権を支えることになる。冀東政権の税収は政権成立後一年の時点で二六七万元（／月）である。のちの冀察政務委員会が使いうる費用が三八七・五万元（／月）と言われる。中央政府や省政府との関係などがあるので一概に比較はできないが、政権が自由に処分できる収入は、支配領域の広さを考えれば、冀東政権の方が潤沢であると言える。これが「冀東特殊貿易」として問題になるのは翌一九三六（民国二五）年のことであるが、密貿易自体は一九三五（民国二四）年から中国側には問題にされ始めていた。[13]

しかし、この冀東政権独立は、宋哲元の態度を「華北自治」に対していっそう慎重なものにした。国民政府は宋哲元を冀察綏靖主任に任命した。軍事委員会北平分会の先行組織が張学良の北平綏靖公署であったから、一九三二（民国二一）年前半の張学良の地位にまで宋哲元の地位は引き上げられたのである。しかし宋哲元はこの職を辞退した。その動機は、この職に就いてしまえばいっそう日本側から自治への圧力を加えられるからだとも言われるが、その後、冀察政務委員会委員長に就任していることから考えると、むしろ、日本の自治圧力を利用して、中央政府からさらに譲歩を引き出そうとしたものと考えるほうが妥当であろう。冀東政権独立は、宋哲元に、自治を宣言しなくても、自治に準じる確実な地盤を中央政府から保障される機会を作ったのである。(14)

蔣介石の主導する国民党・国民政府は、宋哲元が「華北自治」への態度をはっきりと明言しない状況で、「分治合作」の復活を含めた二段計画の華北政策を打ち出すことになる。これは、前北平軍分会委員長代理の何応欽を「北平弁事長官」として北平に派遣することによって具体化した。宋哲元が何応欽の新たな華北支配機関を受け入れるのであれば、北平政務整理委員会と同様の「中央化」組織を北平に設置するが、宋哲元がそれを受け入れなければ宋哲元を長とする「分治合作」組織を組織するというものである。いずれにしても、華北に超省レベル支配機関を復活させることを前提とした構想であった。

何応欽は、一二月二日に、日本の自治への圧力を避けて保定に逃れていた商震と保定で会い、商震とともに一二月三日に北平に到着している。宋哲元は、何応欽に会い、一　他人（日本）には屈服しない、二　絶対に中央の命令に従う、三　対外的な秘密協定は絶対にない（結ばない）という三原則を表明した。ところが、その直後、北平・天津の治安維持を商震・何応欽に委ねたと称して、宋哲元は西山に休養に出かけてしまう。取り残された何応欽のもとには、「北平市各自治区民衆代表」と称する者たちが自動車を連ねて押し寄せ、「自治断行」を訴えた。秦徳純の指揮下にある北平市の軍警はそれを阻止しようとせず、北平市は騒然とした空気につつまれた。宋哲元は「華北自治」運動を野放しにすることで、何応欽に圧力を加えたのである。(15)

宋哲元の代理として、蕭振瀛（チャハル省主席。秦徳純の北平市長への転出で後任となっていた）が、一二月六日、北平に来た。この蕭振瀛と何応欽の話し合いで、七日、宋哲元を委員長とする冀察政務委員会の設立が決められた。

河北省・チャハル省・北平市・天津市の「すべての政務」を統括（〝綜理〟）すると定められた「分治合作」機関である。一二月八日に河北省主席商震が辞任を発表した。これにより、北平に宋哲元を委員長とする冀察政務委員会が設立されることが確定する。一二日には、中原大戦後、国民政府の命令により、一貫して河南省主席の地位にあった劉峙（蔣介石系軍幹部）が豫皖綏靖主任に転出し、その後任に商震が任命された。すでに万福麟は張学良のもとで囲剿戦争に従事していたので、河北省に残っていた宋哲元系以外の地方軍事勢力は河北省外に転出したことになる。また、河北省主席には宋哲元が、天津市長には蕭振瀛が就任した。宋哲元とその側近の秦徳純・蕭振瀛で河北省・北平市・天津市を掌握したわけである。この蕭振瀛の人事をめぐっては、それまでの天津市長の程克が冀察政務委員に転出し、空席となったチャハル省政府主席は宋哲元の二九軍の幹部である張自忠が代理するという人事が伴っていた。(16)

この何応欽派遣から冀察政務委員会成立決定に至る過程を、蔣介石は中央政治会議で一二月一二日（河南省・河北省などの人事が発令された日）に報告している。この報告によって、一連の措置が中央政府レベルでどのように決められたかを知ることができる。これによると、この何応欽派遣は、国民政府主席林森および五院の院長の協議によって決められたもので、中央政治会議の議決を経たものではないとされる。すなわち、華北情勢の緊急性を理由に、蔣介石が主導権を採って正式の決定を待たずに決めたものである。また、蔣介石によれば、何応欽には、次のような「原則」が指示されていたという。

一　情勢が許せば、（何応欽が）行政院駐平弁事長官の職に就任する。そうでなければ、西南政務委員会の現状を斟酌して、冀察政務委員会を設立する。

二　冀察政務委員会の組織は、何よりもまず北方の特殊情勢に適合するようなものにしなければならない。その委員は中央が委任し、宋哲元を委員長とする。

三　冀察のいっさいの内政・外交・軍事・財政は正常の状態を保持しなければならない。中央の法令の範囲外に逸脱してはならない。

四「自治」の名義や独立状態は絶対に避ける。

何応欽は、「情勢が許せば」北平政務整理委員会と同様の「中央化」組織の長官として北平に復帰し、「そうでなければ」「分治合作」機関（「北方の特殊情勢に適合するようなもの」）として宋哲元を委員長とした冀察政務委員会を設立するという、二段構えの策略を授けられていた。そして「情勢が許」さなかったために冀察政務委員会の設立を決断したことになる。(17)

しかも、蔣介石は、この報告のなかで、「率直に言えば、華北の情勢については、私たち中央はもう宋哲元ら何人かが命令に従ってくれるのを希望することしかできなくなっている。彼らに命令などできないのだ」と語っている。また、蔣介石は、この冀察政務委員会設立の決断を「退却」と表現している。蔣介石・何応欽にとっても、またこの報告の聞き手である国民政府にとっても、宋哲元を委員長とした冀察政務委員会設立による分治合作の復活はけっして好ましい選択ではなく、「戦略」上やむを得ないものでしかなかったことが理解できる。(18)

けれども、一面では、中央政治会議に諮らず、独断でこのような決断を行っても、国民党・国民政府内部で混乱を引き起こさない程度には、蔣介石の主導的地位は確立されていたということも、この経過から看取できる。通車・通郵交渉や華北聯航事件の際の汪精衛―蔣介石合作政権の指導部が国内の反対運動の可能性に常に気を配っていたのとは対照的である。前年の西北・華北歴訪から五全大会に至る一年間で、蔣介石の権力基盤はそれだけ強固なものになっていた。

なお、冀察政務委員会の支配範囲として明示されたのは河北・チャハル両省のみであり、山東・山西・綏遠の各省の地位は未定である。しかし、一九三五（民国二四）年末の段階では、山西・綏遠の両省に対して中央が直接の支配を及ぼすことは不可能であり、これらの省は閻錫山の分治合作支配のもとに置かれることになった。山東省には、中央政府はいわゆるＣＣ系などを使って圧力を加えつづけたようであるが、韓復榘を中央化に同意させることはできなかった。

以上のように、華北は、黄郛が撤退してから一年も経たないうちに、軍閥色の強い宋哲元・二九軍による「分治合作」のもとにふたたび置かれることになったのである。

中央化の達成を目標とする中央政府にとってはこれは明らかに後退（蔣介石の表現によれば「戦略的退却」）を意味する。

このように華北が再び分治合作のもとに置かれることになった大きな要因は、天津特務機関が中心となった華北自治運動であった。しかし、同時に、その「華北自治」運動に対して明確な態度を示さず、それを中央政府との交渉に利用した宋哲元の態度が、中央政府から分治合作の承認を引き出したのである。中央政府にとって、冀察政務委員会には、囲剿戦が終結するまで日本の圧力を受けとめさせる緩衝機関として意味があった。

したがって、張学良政権との「分治合作」が国内政治への配慮のもとに行われたのに対して、宋哲元政権との分治合作は対日関係に関する配慮のもとに行われたのであった。

この冀察政務委員会の成立と前後して、華北政治には新たなアクターが登場する。華北の民衆運動である。その背後には、「長征」の結果、華北に隣接する地域に到達した中国共産党組織による指導があった。何梅協定（梅津―何応欽協定）で北平の憲兵隊が撤退したことが、華北での共産党組織の活動を活発化させていたのである。

宋哲元は、中央政府・日本軍に加えて、この民衆運動・中共組織との関係にも意を用いなければならなくなる。また、逆に、華北民衆運動にとっても、運動を持続させ、共産党の地方社会や軍（二九軍）への影響力を確保するためには、宋哲元との関係をどう保つかが重要な問題となる。

宋哲元のもとで華北は「分治合作」段階に「逆戻り」したように見える。しかし、民衆運動と共産党の登場で、華北社会を動かす原理は、いまや黄郛が北平政務整理委員会委員長を務めていた時期とも、それ以前の張学良支配の時期とも大きく異なったものになりつつあった。

◉注

（1）島田、前掲論文、一四六—一四七頁、『国聞週報』一二巻四二期「一週間国内外大事述評」『抗戦前華北政局史料』五六六—五六八頁、李雲漢（主編）『中国現代史資料選輯　抗戦前華北政局史料』正中書房、一九八二年、五七五—五七八頁、**Dryburgh, pp.72-75**、参謀本部（日本）「北支自治運動の推移」（『現代史資料　八』）一二九頁。なお、商震軍にかわって香河の治安回復にあたった張慶余（保安隊総隊長）は、のちに冀東政権を支える中核部隊になり、七・七事変後には、反日・反冀東政権の決起事件である通州事件の中心になる。南開大学歴史系、唐山市档案館（合編）『冀東日偽政権』档案出版社、一九九二年、四九—五五頁。
（2）前掲『抗戦前華北政局史料』五七〇—五七五頁。訓政終結期限については、国民党の決定に拠るのではなく、北伐から起算している。考試院については、「戴季陶が念仏に忙しすぎるためか？」と揶揄している。考試院長戴季陶は熱心な仏教徒として有名であった。なお、**Dryburgh,pp.74-75**も香河自治運動と国民党の政綱との関連に注目している。
（3）『黄膺白先生年譜長編』一九三五・一一・一九、九〇九—九一一頁、『革命文献』六九輯、二八二—二九四頁。
（4）代山「華北事変中的宋哲元」（陳世松（主編）『宋哲元研究』（前掲））一六二頁、参謀本部「北支自治運動の推移」（『現

代史資料　八』）一三〇頁。なお、当時の華北の特別市級の大都市は北平・天津・青島であるので、「五省二市」は誤りか、または河北省省会となっていた北平を除外したものか。
（5）代山、前掲論文、一六二頁。李雲漢『宋哲元与七七抗戦』（前掲）一〇三頁。
（6）島田、前掲論文、一三七―一四〇頁。日本の幣制改革に関する考えは、「支那幣制改革に関する大蔵省湯本国庫課長談話要領」（一九三五・一一・二〇）（『現代史資料　八』）一二〇―一二四頁。
（7）参謀本部「幣制改革（対英借款）問題と支那の情勢」（『現代史資料　八』）一一八頁、代山、前掲論文、一六一頁、島田、前掲論文、一四八頁。
（8）李雲漢『宋哲元与七七抗戦』（前掲）一〇四―一〇五頁、参謀本部「北支自治運動の推移」（『現代史資料　八』）一三一頁。
（9）参謀本部「北支自治運動の推移」（『現代史資料　八』）一三二頁、李雲漢『宋哲元与七七抗戦』（前掲）一〇七―一〇八頁。
（10）『冀東日偽政権』三―六頁。
（11）『冀東日偽政権』二九―三二頁。
（12）『冀東日偽政権』四九―五〇頁。
（13）『冀東日偽政権』四一〇頁。久保田（久晴）海軍大佐「天津鎖聞」（『現代史資料』）一三八頁。
（14）李雲漢『宋哲元与七七抗戦』（前掲）一〇六―一〇七頁、一一五―一一六頁、代山、前掲論文、一六七―一六八頁。
（15）『国聞週報』一二巻四八期「一週間国内外大事述要」。
（16）『国聞週報』一二巻四九期「一週間国内外大事述要」。一二・九運動はこの発表を「華北自治実行」と解釈して起こされたものである（次章）。なお、冀察政務委員会の権限が正式に定められたのは一九三六（民国二五）年一月一七日の「冀察政務委員会暫行組織大綱」（『抗戦前華北政局史料』一六七―一六八頁）によってであるが、権限に関する合意は蕭振瀛との会談ですでにできていたものと思われる。No.422, 1935.12.9., Peking, *DBFP*, Second Series, vol.XX, pp.713-714.

(17) この報告は『総統蔣公思想言論総集』に「論「政略」与「戦略」之運用」と題して収録されている(一三巻、五五六―五六三頁)。以下の引用はこのテキストに拠る。『総集』には蔣介石の講話という形式で収録されているが、一連の華北人事の発令に関する中央政治会議への報告であったと思われる。

(18) 蔣介石は、ここで「いま、私たちの国家には〔日本と戦うための〕何の基礎もない、何の準備もない、国際情勢も有利な時機に達していない。それでは退却して準備するしかないではないか。戦略の上から言えば、退却は敗北などではない、今日、後退しても、明日になれば進撃することだってできるのだ。戦略上、もっとも重要なのは主動的な地位にいることである。私たちの退却は主動的なものであり、また進撃するにしても主動的なのだ。主動的に後退できるようでいてはじめて、主動的に前進することもできるのだ」と語っている(「論「政略」与「戦略」之運用」五六一頁)。重要な相違もあるが、毛沢東の持久戦論とも共通する蔣介石の対日持久戦の理論がここによく現れている(さらに、蔣介石はそれを台湾からの大陸奪還の理論に発展させ、それが「能く屈し能く伸ぶ」ということばを残して死去したという蔣介石の最期にまつわる「伝説」に反映することになる)。

第六章　冀察政務委員会と中国共産党

宋哲元・冀察政務委員会による華北の「分治合作」復活は、その成立当初、華北の都市部を中心にわき起こった抗日民衆運動からの挑戦を受ける。

抗日民衆運動の中核となったのは、一九三一（民国二〇）年末の激しい学生運動以来、不活発な状態がつづいていた大都市の学生運動である。これらの学生運動は、一方では中国共産党組織に支えられ、一方では、上海を中心に活発化していた「民主人士」（国民党にも共産党にも属していない進歩派言論人、運動家、作家などの知識人）の抗日運動に支えられていた。

この学生運動の視点には、宋哲元による冀察政務委員会の成立は、日本の要求に屈して「華北自治」が実現されたものと映った。冀東防共自治委員会（のち「自治政府」）と同様の組織が、より広い範囲を管轄範囲として樹立されるのではないかという危機感を、学生運動の指導層は持ったのである。冀察政務委員会が華北の抗日運動の標的となったのはそのためであった。

一方の宋哲元・冀察政務委員会側も、自らの存在を否定しようとする華北抗日民衆運動に厳しく臨んだ。宋哲元の参謀格の秦徳純が率いる北平市警察は学生運動に苛酷な弾圧を加えた。これに対して、急進的な一部の学生の運動は過激化し、華北社会からの孤立を強めた。苛酷な弾圧と運動の過激化の悪循環となったのである。

しかし、宋哲元にとって、冀察政務委員会の存立基盤は必ず十分なものではなかった。冀察政務委員会は、「華北自治」を求める日本の動きを背景に中央政府に認めさせたものである。その存立は中国中央政府と関東軍・天津軍との力のバランスに依存していた。「中央化」を進めることが北平政務整理委員会期の基本的な方針であり、それがつづけられるならば、「分治合作」機関である冀察政務委員会存立の正統性はいずれ失われることになる。それを避けようとして天津軍・関東軍への依存を強めれば、今度は溥儀や殷汝耕のように主体性のない対日協力政権と化してしまいかねない。

他方、華北抗日民衆運動にとっても、一部の学生の過激化と孤立は望ましいことではない。また、その「一部の学生」に影響力を持っていた中国共産党組織にとっても、そのような運動の動向はけっして望ましいものではない。中国共産党も国民党による「囲剿」の続行で存亡の危機に立たされていたからである。

ここに、冀察政務委員会・変化の契機があった。一九三六（民国二五）年三月、大規模なデモ行進に対する弾圧事件を契機に、冀察政務委員会・華北抗日運動・中国共産党は関係改善を模索し始める。それは、華北で起こっただけではなく、「抗日」へと向かう全国的な動きの一環でもあった。

この章では、最初に、華北抗日民衆運動・冀察政務委員会・中国共産党の三者の関係について検討する。つづいて、国共合作体制への流れと冀察政務委員会の関係を論じ、冀察政務委員会の性格についても論じる。

第一節　一二・九運動と抗日民族統一戦線論

まず、共産党の活動について、国共合作崩壊後までさかのぼって検討する。

一九二七（民国一六）年に国民党から排除された共産党は、その直後、一九二七年八月の南昌決起で独自の軍隊「紅軍」（赤軍）を持ち、独立の根拠地を築く。その根拠地は省境山岳地帯に小規模に点在していた。これに対して、蔣介石は囲剿戦（包囲撃滅戦争）を展開した。しかし、共産党は第一次から第三次にわたる囲剿を撃退し、逆に支配範囲を拡大して、一九三一年には江西省瑞金を中心とするまとまった地域を中央ソビエト区として確保した。(1)

一九三一年一一月には、共産党は、この中央ソビエトで中華工農ソビエト共和国の成立を宣言し、共産党政権支配地域が中華民国から独立した勢力であることを明らかにした。共産党の主張は、反帝国主義と「耕者有其田」を中心とする国民革命は、国民党によってではなく、共産党によって継承されているとするものである。共産党の革命は、労働者・農民を主体とする革命であり、対外的にはすべての帝国主義と戦い、対内的には革命を裏切った蔣介石・国民党と戦うとともに、その支配地域では徹底した階級革命を遂行するという方針を共産党は持っていた。実際に、その支配地域では、地主の打倒、富農からの土地を中心とする財産没収などの急進的な土地改革が進められた。これが共産党のいう土地革命である。

共産党政権の政策は九・一八事変勃発当初は「反日反蔣」政策であった。日本をはじめとする帝国主義勢力に対抗するためには、まず帝国主義勢力に投降し、その手先（走狗）となった蔣介石を撃破しなければならないというのが「反日反蔣」の基本的な論理である。それは、ちょうど蔣介石の「安内攘外論」（日本と戦うためにはまず共産党勢力を撃滅しなければならない）を裏返しにしたものであった。第四次・第五次囲剿戦による劣勢に際して、共産党は「即時停戦、一致抗日」を主張し、反日統一戦線を主張する。しかし、その「統一戦線」の相手方は、「あらゆる勢力」という表現が使われるにしても、具体的には、ソビエト区以外の労働者・農民と国民党軍（国民革命軍）の兵士という「下層」に限定されたものであった。これを「下層統一戦線」（「下からの統一戦線」）と呼ぶ。また、反日戦争の目的は、中国の防衛という目標が掲げられるにしても、具体的目標は、中国革命の策源地であるソビエト区の防衛に置かれていた。この下層統一戦線政策は、張家口の抗日同盟軍への関与や、福建事変に際する「反日反蔣初歩協定」を経ても、基本的には変わっていない。(2)

この政策に変化が現れるのは、第五次囲剿戦（共産党側からは反囲剿戦）に敗北して中央ソビエトを喪失した後である。第五次囲剿戦に敗北した中央ソビエト軍は、江西省から西へと脱出し、湖南省を経て、四川・雲南・貴州省境山岳地帯を転戦しつつ新たな支配地域を模索する。その途上、一九三五年（中華民国側から言えば民国二四年）年頭に、紅軍第一方面軍が一時的に占拠していた遵義で政治局会議が開かれた。これが遵義会議である。

この遵義会議で、これまで名目的なソビエト政府主席だった毛沢東が、紅軍第一方面軍に随行する党・軍組織の主導権を確保した。しかし、当時の共産党組織には、この紅軍第一方面軍の党組織と駐コミンテルン代表部のほかに、国民党弾圧下に息をひそめつつ上海になお残存していた上海党部や、一九三五年の夏に実質的に復活する北方局、さらに毛沢東とは独立行動をとる紅軍第四方面軍を率いる張国燾らの勢力が存在し、それぞれ独立性を持って行動していた。なかでも第四方面軍の張国燾は、自ら「中央」を自称し、中央軍事委員会主席朱徳を強制的に同行させて、毛沢東ら第一方面軍と対抗して独自の勢力拡張を図った。毛沢東の主導権は、そのうちの紅軍第一方面軍系の中央に及ぶに至ったのみである。毛沢東の権威はなお限られたものだった。毛沢東が、紅軍第一方面軍の範囲を超えて、党内で主導権を確立するには、なおコミンテルンと駐コミンテルン代表部の権威が必要だった。実際、第一方面軍が第四方面軍に対して優位に立つことができたのは、第一方面軍に博古・洛甫らが同行していたからであった。(3)

一九三五年八月一日、共産党は「八一宣言」を発した。梅津―何応欽協定と土肥原―秦徳純協定が結ばれ、白堅武事件を契機に宋哲元が北平に進出したものの、宋哲元の処遇がまだ決まっていない時期である。モスクワでは七月二五日からコミンテルンで第七回大会が開催されていた。「八一宣言」は、この第七回大会での中国に関する討論をもとに、駐コミンテルン代表部が、八月一日付で発表したものであった。八一宣言は、これまでの下層統一戦線の考えかたを一変させ、国民党上層部との統一戦線（これを「上層統一戦線」という。「上からの統一戦線」に相当する）を含む抗日のための統一戦線を提起する宣言文であった。八一宣言のなかで、共産党は、この抗日統一戦線のための組織として、「国防政府」と「抗日聯軍」を組織することを提唱していた。(4) 八一宣言は、これまで基本的に下層統一戦線に固執してきた共産党が上層統一戦線の呼びかけに踏みこんだという点で画期的な文書と評価される。

しかし、八一宣言はモスクワの駐コミンテルン代表部が発したものであり、長征途上の毛沢東ら第一方面軍系共産党組織や張国燾らの第四方面軍系共産党組織は、この八一宣言をまったく知らなかった。また、八一宣言の発表は、梅津―何応欽協定に端を発する華北情勢の急展開とは直接には関係ない。八一宣言は、その文章のなかに華北情勢の展開を掲げてはいるけれども、その情勢認識は、従来の駐コミンテルン代表部の文書と同様、大局的なものであって具体性に乏しいものであった。八一宣言はコミンテルンの統一戦線政策を中国に反映させるために発せられたものである。しかも、八一宣言は、上層統一戦線を主張しながら、蔣介石・張学良・閻錫山らの国民党・国民革命軍有力者を「売国賊」と認定し、統一戦線の対象からはずしていた。八一宣言が統一戦線の相手方と考えた軍事指導者は、抗日同盟軍・福建人民政府関係者と東北抗日聯軍指導者のみであり、当時は蔣介石中央政府によって権力を奪われていた指導者にすぎなかった。

囲剿・反囲剿戦を戦っている紅軍系の党組織には八一宣言はすぐには伝わらず、内戦はつづけられた。

八一宣言にいち早く対応したのは、むしろ八一宣言で「売国賊」と規定された蔣介石の国民政府であった。国民政府は、八一宣言を含むコミンテルンの統一戦線政策への転換を中ソ軍事同盟実現の好機と捉え、この時期から、駐ソ大使蔣廷黻を通じたソ連との関係改善を推進し始めるのである。蔣介石は、「コミンテルンの支部としての共産党」と「軍事勢力としての共産党」を峻別し、「コミンテルンの支部」とは提携しつつ「軍事勢力」は撃滅するという方針をこの時期から打ち出している。したがって、蔣介石にとってスターリンと王明は妥協・提携の相手であったが、毛沢東・朱徳・張国燾・賀龍・彭徳懐など国内の紅軍の指導者層はあくまで撃滅の対象であった。中国国内の「軍事勢力としての共産党」の頭越しに、また張学良・閻錫山などの国民党側の地方軍事勢力の頭越しに、スターリン・王明との提携関係を築くことを蔣介石は目指した。[5]

一一月、紅軍第一方面軍に八一宣言が伝えられた。毛沢東らはこれを具体的方針に反映させようとした。その主張は、一方で抗日のための広範な統一戦線を主張しつつ、蔣介石を明確に敵と明示するものであった。八一宣言では、実質的に蔣介石を敵と規定しながらも、蔣介石をいちど「売国賊」と言い換えることで名指しを避けていたのであるが、紅軍第一方面軍系中央は蔣介石を明確に名指しした。その一方で、毛沢東らは、張学良・閻錫山などは敵と明示することを避けた。東北軍捕虜を通じた東北軍に対する和平工作という戦略上の配慮からである。[6]

毛沢東は、国民党中央の蔣介石を明確に「敵」とし、それ以外の地方軍事勢力は「統一戦線」参加に含みを持たせるというかたちで差異を設けたのである。このような区別は、駐コミンテルン代表部の作成した「八一宣言」には存在しない。蔣介石が「コミンテルンの支部としての共産党」と「軍事勢力としての共産党」を峻別したのに対応して、毛沢東は「国民党中央」と「国民党地方軍事勢力」を峻別したのである。この方針は「抗日反蔣」と整理することができる。

毛沢東が「抗日反蔣」方針を打ち出した直後の一二月九日、北平で大規模な抗日学生運動が発生した。これを一二・九運動と呼ぶ。

一二・九運動は、冀察政務委員会成立阻止を直接の目標として起こされた学生運動である。秦徳純を市長とする北平市当局はこの運動の情報を掌握していた。市当局は、北平市の城門（当時の北平には城壁と城門が残っていた）を閉鎖し、憲兵・警察によって大学を封鎖するなどして、運動を阻止しようとしたのだが、学生はその封鎖網を打ち破って大規模なデモ行進を敢行したのである。これが、華北の抗日学生運動、さらには、知識人や都市の名士を巻き込んだ華北抗日民衆運動の発端となる。(7)

一二・九運動が可能になったのは、梅津―何応欽協定によって国民党中央政府の華北への掌握力が低下したからである。

華北の学生運動は、九・一八事変当時の抗日請願運動以来、不活発な状態がつづいていた。一九三三（民国二二）年の長城抗戦・関内抗戦の危機や、一九三五（民国二四）年の梅津―何応欽協定前後の危機のような大きな危機があったにもかかわらず、大規模な抗日運動は起こされなかった。その一つの原因は、運動を指導する中枢が存在しなかったためである。共産党組織は、蔣孝先憲兵隊が北平に北上したことによって監視を強化され、幹部も収監されて、ほとんど活動を封じられた状態になっていた。また、国民党は民衆運動停止という原則を持っており、デモ・請願などによる自発的なナショナリズム運動に対しては抑圧的な態度で臨んでいた。この政策は、広東国民政府期（一九二六～二七（民国一五～一六）年）の活発な「反帝国主義」（実際は反英）民衆運動が、国民党・国民政府の対外関係を悪化させ、地元の商工業者層からも浮き上がらせてしまったことへの反省にもとづく。この動きを変えたのが梅津―何応欽協定による蔣孝先憲兵隊の華北撤退であった。これにより、北平で収監されていた共産党員が「反省」（転向）を表明して出獄し、華北社会での活動に復帰していったのである。これによって、壊滅状態だった北平の共産党北方局が再結成され、活動を再開する。ちょうどこの時期に八一宣言が華北にもたらされた。紅軍系中央とはちがって、華北の活動家が八一宣言に接したのは発表直後だったと考えられている。華北の大学でも学生組織が共産党の主導のもとに再編されていった。学生組織の運動目標は、一九三五（民国二四）年の秋以後は、華北自治反対へと収斂していく。このなかで、北平の学生会聯合会（「学聯」）が成立し、これが一二・九運動の母体となるのである。(8)

北平学聯を主導したのは薄一波らを中心とする共産党系学生であったが、国民党系の学生もこの運動に参加していた。北平学聯の華北自治反対運動は冀東防共自治委員会（殷汝耕）に対する反対運動として計画された。そこへ、冀察政務委員会の成立の情報がもたらされ、学生たちは、運動方針をめぐる論争を棚上げにして、当日に自治反対請願運動を決行することに決めたのである。この運動が一二・九運動である。先に述べたように、秦徳純市長指揮下の北平市当局は、憲兵・警察・消防隊を動員して、デモに大規模な弾圧を加えた。弾圧にもかかわらず、大規模なデモは、冀察政務委員会成立大会が予定されていた一二月一六日にも繰り返された。なお、一二・九運動と共産党との関係について重要な点は、この運動が紅軍第一方面軍系の中央組織とはほとんど無関係に起こされたという点である。北平と陝西・甘粛・四川とでは連絡が困難だったからである。(9)

以上が、一九三五年一二月に至るまでの共産党の政策と、一二・九運動に始まる華北抗日学生運動の初期の展開の概要である。この両者は、いずれも中国共産党駐コミンテルン代表部による「八一宣言」の影響を受けている。しかし、紅軍第一方面軍と北平学聯とが緊密に連絡を取り合って起こしたものではない。「八一宣言」から個別に導き出された行動であった。

そこで、「抗日反蔣」方針の明確化と一二・九運動につづいて、中国共産党の紅軍第一方面軍系組織と北平指導部（北方局と、その指導下にある北平学聯内の学生共産党員）とのあいだで、互いの動きを意識したリアクションがつづく。その双方が全体として蔣介石と対立し、宋哲元・冀察政務委員会とも対立する。「中国共産党・華北抗日学生運動対蔣介石中央政府・宋哲元」という構図が一九三六（民国二五）年三月末まで継続するのである。
一二・九運動から中国共産党中央（紅軍第一方面軍）への影響は「瓦窰堡《がようほ》決議」として現れた。一二・九運動後の一二月下旬、瓦窰堡で、共産党政治局の会議が開かれた。毛沢東は、この一二・九運動を新たな革命の展開の重要な指標と捉え、瓦窰堡会議の決議にその認識を反映させつつ、八一宣言の紅軍系中央の革命理論への取り込みを図った。これが瓦窰堡決議と呼ばれるものである（一二月二五日）[10]。

瓦窰堡決議は、抗日民族統一戦線政策を提起したという点では八一宣言をなぞったものである。しかし、その情勢認識は、当時の紅軍第一方面軍の置かれた状況を反映したものであり、その点が八一宣言とは大きく異なっていた。八一宣言はコミンテルンの統一戦線政策から導き出されたものであったが、瓦窰堡決議は、当時の軍事情勢を踏まえて、「共産党が主導権を握る統一戦線」を結成するための論理を構成することが目的であった。理論構成の中心となったのは毛沢東である。そのための梃子として毛沢東が注目したのが一二・九運動だった[11]。

瓦窰堡決議は、一二・九運動を「疑いもなく新しい民族革命」の運動であると規定し、これによって中国革命は新たな段階に入ったとする。これによって、従来の工農ソビエト革命から、抗日のための「人民」を主体とする民族主義革命への転換を正当化する。従来の「土地革命」は、労働者・農民階級の帝国主義・資産階級（ブルジョワジー）・地主・富農に対する闘争と性格づけられた。それは、「囲剿─反囲剿」戦争のかたちで具体化するものと捉えられた。帝国主義・資産階級・地主・富農を代表する国民党・国民政府・国民革命軍と、労働者・農民を代表する共産党・ソビエト政府・「工農紅軍」との闘争であった。そのような形態での「土地革命」の段階は終わった。新たに「民族革命」の段階が始まったのである。瓦窰堡決議を支える基本的な認識はそのようなものである[12]。

瓦窰堡決議によれば、「民族革命」は「土地革命」の一部の要素を引き継いでいる。その中核となるのは引きつづき労働者・農民であった。しかし、「民族革命」では、それに「堅固な同盟者」として小資産階級（小ブルジョワジー、「プチブル」に相当する訳語）と知識人が加わる。この四者で「人民」という階級集団が構成される。この「人民」が新しい「民族革命」の主力であるとされるのである。では、それ以外の階級はどう位置づけられるか。人民と呼ばれる主力に、革命への適合性によってランクづけされたその他の階級が連合し、これに積極的に加わることが想定されていることに特徴がある。この「人民」にいちばん近いのが民族資産階級と「軍閥」である。「軍閥」とは国民党系地方軍事勢力を指す。大資産階級や日本以外の帝国主義がさらにその外縁を形成する。人民に、その他の集団が加わり、協力できる局面では協力する。協力できない局面では、その他の階級や帝国主義を「中立」または「革命と戦わない」という立場に立たせる。これによって民族主義革命を遂行する。帝国主義・（小資産階級以外の）資産階級・地主には、なお革命の主力としての資格は認めないが、総体として敵に回すことはしない（なお、この時期、富農は敵対階級からはずしている）。「抗日」というスローガンを掲げることで、帝国主義・（小資産階級以外の）資産階級・地主を分化させ、味方につける、または中立化するというのが、瓦窰堡決議の基本的な階級戦略であった[13]。

従来の「土地革命」期の「反日反蔣」政策では、「反日」は「反帝国主義」の一環であった。しかし、瓦窰堡決議で決められた「民族革命」では、「抗日」の目的のためであれば一時的にであれ「日本以外の帝国主義」とは連合することも考慮されている。階級闘争優先から「抗日」優先への転換であった。毛沢東は、このような民族主義革命の遂行主体として国防政府・抗日聯軍を位置づける。現在の「中華ソビエト工農共和国」（つまり共産党の支配地域、根拠地）は、労働者・農民・小資産階級・知識人の「人民」を主体とする「ソビエト人民共和国」へと性格を変える。紅軍も「工農紅軍」から「人民紅軍」へと変える。そして、このソビエト人民共和国が参加するかたちで国防政府が、人民紅軍が参加するかたちで抗日聯軍が作られるという論理である。つまり、中国には「人民ソビエト政府（ソビエト人民共和国）」以外の政府も「人民紅軍」以外の軍隊も存在することを認め、国防政府・抗日聯軍はそれに「参加」することで「抗日」・「民族革命」の主導権を握る。[14] しかし、瓦窰堡決議では、国防政府・抗日聯軍論は、まだ毛沢東のオリジナリティーの強い「ソビエト人民共和国」論と八一宣言との辻褄合わせという性格が強い。十分な具体性を持った構想には至っていない。国防政府・抗日聯軍にソビエト政権・紅軍が「参加する」というだけでは、決議が重視しているはずの共産党の主導権（「領導権」）が確保できる保障がないからである。

瓦窰堡決議は、従来の「土地革命—反日反蔣」論を、新しい「民族革命」の理論に切り換えた画期的なものであった。国民党側の「安内攘外」論を裏返した「反日反蔣」の論理は放棄された。ここに本格的な「抗日民族統一戦線」論が成立したのである。しかし、それはいまだに蔣介石を敵と捉えていた。すなわち、蔣介石はすでに日本に投降していると見なし、「民族革命」の打倒対象としていたのである。この論理は依然として「抗日反蔣」色の非常に強いものだった。

瓦窰堡決議に示された抗日民族統一戦線政策は、一二・九運動以降の華北抗日学生運動の展開と、運動に抗して冀察政務委員会が成立したことによって、実質的に抗日戦争が勃発したという情勢認識によって支えられていた。一二・九運動が民族革命運動であり、それを弾圧した冀察政務委員会は完全に日本に投降した「華北自治」のための機関であり、したがって華北での両者の対立は日本帝国主義と中国民族革命の戦争の始まりであると毛沢東は認識したのである。したがって、毛沢東のいう民族革命は、必然的に抗日民族革命戦争そのものであった。[15] 革命と戦争の対応関係としては、「土地革命」と「囲剿—反囲剿」戦争の対応と同様の関係である。革命にとっての最重要課題は依然として「戦争」であると認識されたのである。

その情勢下において、紅軍の任務は、その抗日戦争の戦場である河北省にいち早く進出することであった。紅軍第一方面軍系中央が、この時期、独立傾向を強めて第一方面軍の主導権を否認する傾向の強かった張国燾の第四方面軍系中央と妥協し、東北軍との和平を進めつつあったのは、紅軍第一方面軍が河北省へ進撃する際の背後の安全を確保するためである。

毛沢東は、紅軍第一方面軍の戦力を東側に集中し、閻錫山の支配する山西省への進撃を構想した。いわゆる紅軍東征である。山西省を抗日根拠地として確保し、河北省で遊撃戦を展開しつつ河北省にも共産党・紅軍の根拠地を拡大するというのが、この毛沢東の戦略であった。ここで紅軍第一方面軍は東北軍との和平の方針を確定した。蔣介石の地方軍差別待遇政策によって東北軍が消滅させられることを恐れた張学良と、東征の背後の安全を確保したい毛沢東との利害が一致し、両者の統一戦線工作はこの東征の時期に飛躍的に進展する。[16]

華北抗日運動に大きな影響を与えたのは、瓦窰堡決議よりも、その決議を具体化するものとして始められた東征のほうであった。

華北抗日学生運動の目標は、日本軍に投降した（と学生が考える）冀察政務委員会の華北自治を阻止することであった。しかし、その目標はたんなる華北自治の阻止ではなかった。日本軍の手先としての華北自治を否定しつつ、ここを抗日自治区として南京中央政府から独立した根拠地として確保することが華北抗日学生運動の目標とされたのである。そのためには、北平をまずその華北抗日根拠地の核として確保し、そこから鉄道沿いに天津・唐山・石家荘・保定などの都市を根拠地の中心として確保していき、これらの都市を中心に抗日自治区を拡大するという戦略が定められた。冀察政務委員会を「親日的な華北自治」と捉え、それに対して「抗日の華北自治」を対置したのである。これは、河北省を抗日戦争の戦場として想定し、そこへの進出を意図する東征軍の動きに呼応しようとするものであった。[17]

しかし、このような運動の急進化は、現実には運動の孤立化をもたらした。運動が共産党主導のものになることを恐れつつも学生運動のナショナリズムに理解と共感を示していた華北世論は、運動への批判を強めた。冀察政務委員会や二九軍、秦徳純が握る北平市当局の弾圧も苛烈化した。冀察政務委員会の成立を日本の華北占領と見なす共産党の認識と、北平・天津を中心とする華北世論とのあいだの落差は大きかった。この運動の急進化によって、広範な「民衆運動」への発展の可能性はなくなった。そればかりか、学生運動のなかでも、一部の共産党系学生だけの運動になってしまったのである。紅軍が山西省西部から中央部への進出に手間取っていた一九三五（民国二四）年三月三一日、北平で、獄死した学生を追悼するとして大々的なデモ行進を行った学生に対して、冀察政務委員会側が実力でデモを弾圧するという三・三一事件が発生した。華北抗日学生運動はこれによって大きな痛手をこうむったのである。華北社会から孤立し、冀察政務委員会・二九軍の強い弾圧のもとで、運動方針の再検討が必要なのは明らかであった。[18]その時期に、第一方面軍系中央から、華北抗日運動の立て直しのために北平に派遣されたのが劉少奇であった。

他方、紅軍東征は、宋哲元・冀察政務委員会・二九軍にも大きな影響を与えていた。

宋哲元は華北抗日学生運動への弾圧を強めた。しかし、一方では、宋哲元は、この紅軍東征がもたらした別の問題にも対処しなければならなかった。その問題とは、日本による華北防共協定締結へ向けての圧力である。

華北防共協定締結は、防共の名のもとに、日本軍の華北への影響力を強めるものであった。宋哲元は、日本軍の華北自治謀略を利用して冀察政務委員会樹立の目標を果たした。しかし、冀察政務委員会の成立後は、二九軍の拠点として確保した華北への日本軍の影響拡大には一貫して非協力的な態度で臨んでいた。

日本側はそれを宋哲元の「弱腰」と受けとめ、冀察政務委員会の親日派委員への働きかけを強めた。それによって、宋哲元を日本との協力関係に導こうとしたのである。宋哲元は、冀察政務委員会内での委員長の指導力を強化し、親日派委員の活動の余地を封じた。

　だが、閻錫山の支配地域の内部に、紅軍の支配地域が深く食い込むという事態に直面して、宋哲元は防共協定の交渉を打ち切ることができない情勢となっていた。河北省に紅軍が進出することになれば、宋哲元は日本軍と紅軍との二つの正面から圧力を受けることになるからである。宋哲元は、日本の意向を受け入れる可能性を示しつづけることでその圧力を回避するという、長城抗戦期と同様の遷延策をとることになった。(19)

　華北で紅軍東征によって宋哲元以上に強い打撃をこうむったのは、東征の正面の敵とされた閻錫山である。

　その打撃は、たんに紅軍の軍事力や、紅軍占領地での宣伝工作や紅軍兵力拡大工作によるものばかりではなかった。閻錫山は、紅軍の侵入に対して、陳誠の率いる中央軍の援軍が山西省に入ることを拒否できなかったのである。

　閻錫山の軍隊は、北伐後は、閻錫山と出身地を同じくする直系部隊、同じ山西省出身の準直系の傅作義部隊、馮玉祥軍から閻錫山軍に転じた徐永昌部隊、北洋軍主流からの外来部隊の商震軍の四系統から構成されていた。しかし、楊愛源・趙承綬・孫楚などの直系部隊は、中原大戦敗北後の張学良による山西軍再編の際に大幅に縮小されていた。商震は、一九三一（民国二〇）年の石友三の反乱事件をめぐる動きのなかで山西省を離脱していた。商震軍はこの時期には蔣介石系の有力部隊となっている。徐永昌は、商震離脱後、山西の政治・軍事の中心となって閻錫山を支えていたが、この時期にはやはり山西を離脱して蔣介石に投じている。傅作義は綏遠省で日本軍や蒙疆政権軍との緊張を抱えていて動きがとれない。

　その結果、閻錫山直系軍が単独で紅軍に対する戦線を支えていた。しかも、閻錫山は孫楚を陝北に派遣して紅軍と戦わせており、戦線が延びきっていた。紅軍は、閻錫山軍の抵抗に焦燥しつつも、山西省西南部を確保し、三月末には省会の太原に迫りつつあった。このような事情から、閻錫山は中央軍の援軍を受け入れざるを得なかった。閻錫山の「山西モンロー主義」は崩れたのである。[20]

宋哲元は日本の華北分離工作と抗日学生運動とによって、閻錫山は紅軍東征とそれを利用した中央軍の山西省入りによって、それぞれ苦境に立たされていた。それが一九三六（民国二五）年の三月末までの情勢である。しかし、共産党系学生が指導する急進的な華北抗日学生運動は社会から孤立していた。

中央軍の山西進入が今度は紅軍第一方面軍に戦略上の打撃を与えた。紅軍第一方面軍は戦略の再検討を迫られることになる。中央軍の山西進入は、それまでの戦闘で疲労していた紅軍第一方面軍にとっては大きな打撃であった。毛沢東の認識によれば、中央軍・山西軍は、山西省中央部で陣地戦の構えを見せている。陣地戦は、第五次囲剿戦（紅軍にとっては反囲剿戦）で蔣介石の中央軍が採用した戦術であり、紅軍はその前になすすべもなく敗北したのである。しかも、閻錫山は、黄河沿いに山西軍を進出させ、紅軍の陝西省への退路を断つ動きを見せ始めていた。ここで毛沢東は東征の継続に消極的となった。

毛沢東が東征継続を断念したいま一つの理由は、冀察政務委員会と華北抗日学生運動との関係が、毛沢東の予期したような全面的な抗日戦争、すなわち毛沢東のいう民族革命戦争に発展しなかったからである。毛沢東は、瓦窰堡決議から東征に至る時期には、冀察政務委員会成立と同時に、日本は九・一八事変と同様の軍事力を用いた中国侵略に転じるものと考えていた。しかし、防共協定交渉などその後の展開を見るなかで、毛沢東は、日本は、従来どおりの、軍事力を直接に用いないで外交などの手段を利用した華北侵略を進めるつもりであるという見通しを持つようになった。日本帝国主義と、中国民族主義を主導する共産党との対決は、軍事力による対決ではなく、なお宣伝と外交（共産党は国民党系勢力との交渉を「外交」と呼んでいた）によって行われるものだと考えたのである。日本側の「広田三原則」を、毛沢東は、日本が中国で「反共統一戦線」政策を展開し、共産党を孤立させる政策に進んだものと解釈した。共産党と日本は河北省で軍事的に対決する段階ではなく、「抗日統一戦線」か「反共統一戦線」かをめぐる「外交」の戦いを展開する時期であると、毛沢東は認識を改めたのである。(21)

したがって、共産党の孤立を避けるためにも、日本の「反共統一戦線」政策（日本―蔣介石―宋哲元を「反共」勢力として統一する）に対して、共産党は「抗日統一戦線」政策を展開していかなければならない。そのためには、これまでの敵味方の枠組みをいったん取り外して考える必要がある。抗日戦争が勃発して華北情勢が流動化するという情勢認識に依拠し、紅軍が東征によって華北の抗日戦争に参加するという構想のもとでは、蔣介石・閻錫山・宋哲元は明確に敵と位置づけてもかまわなかった。抗日戦争のなかでは、これらの「売国賊」勢力は最初から日本の手先だというのが毛沢東の認識だったからである。しかし、日本が、外交交渉を通じて「反共統一戦線」政策を展開してくる以上、共産党の側から閻錫山・宋哲元を敵として関係を絶つことは、自らを孤立に追いやることにつながる。共産党・紅軍が華北の政治・軍事情勢に影響を与えられないなかで、閻錫山・宋哲元・韓復榘らが「反共」陣営に組織されることは、紅軍第一方面軍が陝西に孤立し、華北の共産党組織も再び圧殺されることにつながる。「外交」交渉――すなわち統一戦線政策によって、これらの勢力を中立化させ、場合によっては味方にすることが、日本の「反共統一戦線」による共産党孤立化政策に対抗するために必要な政策であると毛沢東は考えた。

一九三六（民国二五）年三月末～五月前半にかけての時期には、華北抗日学生運動、宋哲元・冀察政務委員会・二九軍、閻錫山、紅軍第一方面軍系中央のすべての勢力が孤立し、状況を打開できずにいた時期であったと言える。そのなかで、一九三六（民国二五）年四月～五月に、これらの勢力間の関係が大きく変化していくことになる。その最初は、劉少奇を新たに指導者として迎え入れた中国共産党北方局と、その指導下にある華北抗日学生運動であった。

◎注

（1）共産党は、その支配地域で、労働者・農民・兵士の代表を選出して「ソビエト」を結成するという形式で政府を設立していた。そのため、この時期の中国共産党政権は、政府としては「ソビエト（蘇維埃）政府」と名乗っていた。レーニン主義の原則により、「ソビエト」は共産党の指導下にあるという形式で、共産党の主導権が確保されていたのである。国民党政権が、国民党（党）・国民政府（政府）・国民革命軍（軍）によって政権を構成していたのに対抗するかたちで、共産党政権は共産党（党）・ソビエト政府（政府）・工農紅軍（軍）によって政権を構成していた。「中央ソビエト」とは、地域ごとに設立された諸ソビエトの中央政府という意味である。

（2）一九三〇年代前半の共産党の「反日反蔣」政策を表現した文書としては、「共同抗日宣言」（中共中央党史史料徴集委員会（編）『中国共産党歴史資料叢書　第二次国共合作的形成』（以下『第二次国共合作的形成』と略する）中共党史資料出版社（北京）、一九八九年）三八―三九頁、「反日反蔣初歩協定」（『第二次国共合作的形成』）四〇―四一頁がある。後者は第三章で触れた福建人民政府と中国共産党との協定である。

（3）拙稿「東征と中国共産党の「統一戦線」政策――『毛沢東年譜』所収の史料を中心として」（『立教法学』四八号、一九九八年）一九八頁。

（4）「八一宣言」（『第二次国共合作的形成』）五五―六〇頁。第七回大会については、E・H・カー／内田健二（訳）『コミンテルンの黄昏』岩波書店、一九八六年（原書　E. H. Carr, *The Twilight of Comintern:1930-1935*, Macmillan, 1982）三七七―三九九頁。中国問題についての討議は同書の三八九―三九二頁。

（5）井上久士「国民政府と抗日民族統一戦線の形成――第二次国共合作論への一視角」（中国現代史研究会（東京）『中国国民政府史の研究』、一九八六年）、三二九頁。

（6）「抗日反蔣宣言」（『第二次国共合作的形成』）六一―六二頁。

（7）平野正『北京一二・九学生運動――救国運動から民族統一戦線へ』研文出版、一九八八年、三一―三二頁。李全中「一二・九運動与宋哲元」（陳世松（主編）、前掲『宋哲元研究』）九三―九四頁。なお、一二・九運動を主導した学生は、農村にまで運動を広げようと宣伝隊を派遣した。この農村宣伝は一定の成果は挙げたとされているけれども、農村にまで大々的に運動を広げることはできなかった。平野、前掲書、七三―七九頁。なお、後述の一二月一六日の運動を「一二・一六運動」と呼んで狭義の「一二・九運動」と区別することもあるが、ここでは、この二つの大規模なデモを含んだ一連の学生・知識人の運動を総称して「一二・九運動」と呼んでおくことにする。

(8) 以上の一二・九運動に至る過程については、徐新生「『一二九』運動史述」(『抗戦前華北政局史料』)六六三頁、平野、前掲書、二二―三〇頁。

(9) 平野、前掲書、二九―三〇頁。

(10) 『第二次国共合作的形成』六七―八四頁。「当面する政治情勢と党の任務に関する中央の決議」が正式名称。瓦窰堡は、当時、紅軍第一方面軍が本拠地を置いていた土地である(陝西省)。この瓦窰堡での政治局会議での決議なので瓦窰堡決議として呼ぶ。

(11) カー『コミンテルンの黄昏』一九〇―一九一頁によれば、王明をはじめ、中共からの出席者は中国情勢をほとんど知らなかったと言われる。ここに記されている出席者の発言を見るかぎりでは、駐コミンテルン代表部では当時の中国情勢をソビエト区・紅軍にあまりに有利なように認識していたようである。

(12) 「瓦窰堡決議」(『第二次国共合作的形成』)六九頁。

(13) 同上、七六―七九頁。

(14) 同上、七三―七五頁。

(15) 同上、六七―七三頁。

(16) 拙稿「東征と中国共産党の「統一戦線」政策」一九四―一九八頁。

(17) 「論平津学生之抗日反国民党漢奸闘争与平津党的任務」(中共北京市党史史料徴集委員会(編)『中国共産党歴史資料叢書 一二九運動』(以下『一二九運動』と略す)中共党史資料出版社(北京)、一九八七年)、四四―四七頁。

(18) 「平津院校教職員聯合告学生書」(三月九日)(『抗戦前華北政局史料』七一二―七一七頁)では、行政院が学生の「請願」

を聴こうとしているのにそれを無視するのは矛盾であるとし、真の敵は土地を侵擾する共産党であるとして、学生が団結して共産党と対決するよう強く訴えた。また、張季鸞「再論学生問題」（『天津大公報』一九三六（民国二五）年二月二〇日「社論」、『抗戦前華北政局史料』七一七―七二〇頁に採録）は、学生に「集団行動には統一的な指導が必要だ」と訴え、「少数〔中共系学生〕が多数を支配する」ことのないようにと述べた。三・三一運動については、李全中、前掲論文、一〇四―一〇五頁。

(19) 龍岱「論冀察政務委員会及其主持者宋哲元」（陳世松『宋哲元研究』）二〇〇頁。

(20) 蔣順興、李良玉、前掲書、一四一―一四三頁。

(21) 「彭徳懐毛沢東関於目前不応発布討蔣令等問題致張聞天電」（『第二次国共合作的形成』）九三頁。また、以上の東征断念の事情に関しては、拙稿「東征と中国共産党の「統一戦線」政策」二一〇―二一二頁。

第二節　華北での地方的国共合作の成立

一九三五（民国二四）年末から一九三六（民国二五）年初頭にかけては、華北にかぎらず、中国の政治・軍事勢力がそれぞれ孤立を深め、断片化していた時期であった。

一九三五（民国二四）年には、憲政施行と「中央化」が行われるというプログラムが、日本の華北分離工作と華北・西北での紅軍の活動によって実現できなくなった。にもかかわらず、その中で蔣介石中央政府の権限強化が進められていた。憲政なき「中央化」は、地方軍事勢力の発言力が蔣介石中央軍によって完全に封じられることを意味し、地方軍事勢力としては受け入れがたいものであった。地方軍事勢力は進むべき方向を見失った。

蔣介石は、汪精衛にかわって行政院を掌握すると、憲政移行の準備を進めた。しかし、それは一九三一（民国二〇）

年の「訓政時期約法」制定と同様、蔣介石独裁色の強い「憲政」の性格を強く示していた。

同時に、一九三五（民国二四）年の中国政治全体に強い影響を与えた日本軍は、宋哲元を日本軍が望むような「華北自治」へと進ませることに成功しなかった。

紅軍は東征が成功せず、陝西省に帰還した。それは、紅軍と東北軍が陝西省・甘粛省の地盤を東北軍と奪い合うことを意味した。紅軍と東北軍の同盟関係は危機に瀕し、紅軍はかえって軍事的な窮地に追い込まれていた。紅軍内部の対立も依然として根強かった。

このような各勢力の断片化を統一することができるかも知れぬ有力な目標が「抗日」であった。「憲政」を軸とした統合が挫折した後の一九三六（民国二五）年の中国政治は、「抗日」を軸にした統合へと向かい始める。それは、華北抗日運動も中国共産党も、また国民党中央政府も同様であった。

この節では、一九三六（民国二五）年の断片化から「抗日」による「統一」への転換過程を華北・冀察政務委員会を中心に見る。

最初に華北抗日学生運動の指導方針が大きな転換を果たした。

劉少奇の指導のもとで、学生を主体とした急進的な運動から、党組織が主導し、広く華北世論に訴えかけて、運動を広い範囲に及ぼしていこうという統一戦線論が主導権を握ったのである。

この転換を主導したのは紅軍第一方面軍から派遣されてきた劉少奇であった。劉少奇は、三・三一運動に見られる過激な運動を、「李立三路線」の残滓としてきびしく批判し、華北世論に支持されるような運動へと変化させていくことを主張した。劉少奇によれば、三・三一運動のような過激なデモ行進は無意味であり、獄中で死亡した学生のために花を捧げたり、大学教授に講演をしてもらったりするほうが有意義だったとする。劉少奇は、非暴力の運動を主張し、また華北世論を主導する知識人層への働きかけを重視したのである。[1]

北方局の内部には、この劉少奇による非暴力統一戦線への転換にはなお抵抗があったようである。紅軍第一方面軍系中央の支持を得て、この非暴力・上層統一戦線の方針はその後も貫かれた。ここで、華北抗日学生運動は、広く華北抗日民衆運動へと向かう姿勢を明確にしたのである。[2]

劉少奇が留意したのはとくに世論を主導する華北知識人への働きかけである。劉少奇は、変名を用いて張東蓀と積極的な論戦を展開した。張東蓀は、五四運動期以来、非共産主義系の社会主義の論客として活躍し、華北社会に影響力を持っていた知識人である。また、劉少奇は、胡適の国民政府擁護論への反論に力を入れるように指示している。胡適は、当時『独立評論』誌を主宰し、華北社会に強い影響力を持っていた。冀察政務委員会には、名目的存在とはいえ華北知識人が参加しており、それに対する胡適の影響力も無視できなかった。胡適の主張は自由主義的であり、蔣介石や国民政府の専制への傾斜などには厳しい批判を寄せている。しかし共産主義には反対の立場であったし、暴力的な運動には一貫して反対してきた。華北抗日学生運動にも日本を挑発するという意味で危険な運動であるときびしい批判を浴びせていた。劉少奇はそのような胡適の言論を日本の「反共統一戦線」論を代弁するものと位置づけた。それに対して抗日統一戦線論で対抗することを劉少奇は求めたのである。[3]

劉少奇は、また、冀察政務委員会・二九軍に対しても、これまでのように冀察政務委員会を売国的な「華北自治」組織と決めつけて「打倒」を叫ぶのではなく、「宋哲元将軍の抗日を擁護する」というスローガンを採用するように指示した。宋哲元を華北防共協定に走らせないための配慮である。[4]

北平・天津など都市部を中心とする華北情勢は落ちつきを取り戻した。過激な抗日運動は影を潜めた。宋哲元は「華北防共協定」を正式に締結するまでに至らなかった。上海を中心とする全国的抗日運動の高まりと歩調を合わせながら、知識人・学生は抗日運動の基礎を広げる活動をつづけた。

この間に国民党・国民政府も政策を転換しつつあった(5)。

この政策転換は、コミンテルンの統一戦線への転換を受けて、中ソ軍事同盟を模索し始めたことから始められた転換である。一九三五(民国二四)年の末には、国民党・国民政府側の使者が、スターリンの意向でモスクワに入れなかったことから交渉はいったん停頓していた。この時期に五全大会が開かれ、国民政府の人事が大幅に刷新された。汪精衛派は実権のある地位から排除され、外交部長には張群が就任していた。張群は蔣介石の側近の中堅政治家であり、黄郛とも親しかった。ソ連との交渉の停滞と五全大会による抗日・憲政への政策転換を経て、蔣介石周辺から中国国内の共産党組織との和平を模索する動きが出始める。ただし、この和平は、「コミンテルン中国支部」としての共産党との和平ではあっても、紅軍との和平を必ずしも意味するものではなかった。あくまで中ソ同盟の一環として、コミンテルンの一支部としての共産党との和平を求めたものである。したがってその相手方としては駐コミンテルン代表部が重視されていた。だが、中国に存在する共産党組織が紅軍とともに活動している以上、国内の共産党組織を無視した和平には実効性がない。

ソ連との交渉の停滞によって、蔣介石周辺は、中国国内でもっとも強い軍事力を持つ紅軍第一方面軍系組織との和平交渉をめざして動き始める。しかし、紅軍東征などの事情から、その動きは、内戦を継続しつつ和平交渉をめざすという限定的なものであった。直接に共産党指導部の博古に働きかけ、毛沢東・周恩来らとも連絡をとった宋子文の工作は、共産党指導部側が条件を提示した段階で中断されている。これにかわって、前年からスターリンとの接触を試みてきた陳果夫・陳立夫兄弟が、上海を舞台にした共産党組織との交渉を主導することになる。しかし、紅軍東征や後述の両広事変のような情勢の変化や、陝西省の紅軍と直接連絡が取れないことなどの技術的な困難のため、交渉

は依然として難航した。(6)

中国での中国共産党組織との交渉が進展を示さない間にモスクワ駐コミンテルン代表部との交渉が先に進んでいた。モスクワでは、国共関係の調停役として、中国共産党党員の潘漢年が中国に派遣されることが決められた。(7)

このような情勢下に起こったのが両広事変である。

両広事変は、一九三六（民国二五）年六月一日、西南政権が「抗日」を主張して起こした反中央運動である。西南政権を指導してきた元老の胡漢民が死去し、西南政権の基盤が弱体化したことがその背景にある。(8)

この両広事変に対して、同じ超省レベル地方政権を指導する宋哲元は一貫して慎重な立場を示し、呼応の動きを見せなかった。それに対して、両広事変への積極的な呼応を画策したのが毛沢東の指導する紅軍第一方面軍系中央である。

紅軍第一方面軍は、一九三六年六月には、軍事的な苦境に立たされていた。閻錫山軍が反撃に転じたうえに、東征の時期には停戦状態にあった張学良・楊虎城が、蔣介石の命令を理由に、紅軍の根拠地への進出を再開したのである。張学良はこの後もエドガー・スノーの紅軍支配領域への立ち入りに便宜を図ったりしているから、紅軍と東北軍とが完全な対立関係になったとはいえない。しかし、現地の部隊のレベルでは、東北軍・楊虎城軍と紅軍は豊かとはいえない陝西省・甘粛省の地盤を奪い合う関係にあり、東北軍・楊虎城軍と紅軍との関係はかならずしも円滑ではなかったようである。また、通信環境の悪さは、国民党側だけではなく、紅軍第一方面軍の意思決定にも制約を加えていた。毛沢東は、政治力学的な分析から両広の決起の可能性を認識していた。にもかかわらず、両広事変が実際に勃発したことを紅軍第一方面軍が察知するまでにはかなり時間がかかっている。(9)

毛沢東は、西南政権に対しては、民衆の武装抗日の自由を認め、抗日のために初歩的な民主的権利を認めるように要求しながらも、この西南政権との連合による「抗日反蔣」の具体化に期待をかけた。毛沢東は、紅軍・東北軍・楊虎城などの連合によって、陝西省・甘粛省・寧夏省一帯に「西北国防政府」を樹立し、西南政権を「西南国防政府」へと発展させることによって、この地方国防政府を連合させ、蔣介石国民政府を屈服させるという構想を持った。毛沢東は、瓦窰堡決議の「抗日反蔣」政策のなかで、国防政府をこのような「抗日反蔣」のための、地方軍事勢力の連合政府として捉えたのである。[10]

しかし、蔣介石国民政府は、西南政権に対して、軍事力行使を含めた強い態度で臨んだ。西南政権は分裂し、八月には西南政権はほぼ完全に屈服する。この時期に国民党第五届二中全会が開かれ、蔣介石の主導する国民党は、西南政権の屈服を西南政権が「みずから」中央への統一を求めてきたものとして評価した。[11]

この西南政権の屈服によって、陝北ソビエト区を含む「国防政府」連合によって蔣介石国民政府を包囲し屈服させる可能性はなくなった。これが、紅軍第一方面軍系共産党中央を国民政府との合作に踏み切らせる。これまで地方政府の連合による「抗日反蔣」を求めてきた毛沢東は、陝西省の保安に到達した後、徐々に国民党中央政府との合作への動きを強める。

毛沢東らが国民政府中央との合作に踏み切った他の大きな要因は、コミンテルンから八月一五日付で国民党中央政府との合作を求める指令が届いたことである。毛沢東はコミンテルンによる国民党中央政府との合作という方針に従わざるを得なくなった。それは、コミンテルンが共産党の上部機関であるからというだけの理由ではなく、コミンテルンから潘漢年を通じた中央政府への工作がすでに始まっていたからでもある。ただし、毛沢東は、国民党中央政府との和平と地方軍事勢力とを二者択一のものとしては考えていなかった。宋哲元・韓復榘・閻錫山らとの提携工作も活発に進められた。それには紅軍をめぐる軍事情勢が背景にある。国民党軍との戦闘は、和平呼びかけにもかかわらず激しさを増していた。国民党側・共産党側とも、「和平」を有利に進めるためにかえって戦闘への姿勢を積極化させたのである。毛沢東は、その際、張学良・宋哲元・韓復榘・閻錫山らの行動が重要になると考えていた[12]。

他方、同じ西南政権屈服の時期に、宋哲元は、共産党との合作を求める方向に動き始める。その背景には、中央政府との摩擦と日本軍との紛争の多発があった。

五全大会の時期以後の国民党・国民政府は日本への対応を強硬化させ始める。日本側が華北経済提携による華北分離を求めてくるのに対して、国民政府は、華北体制の刷新という日本の主張を逆手に取るかたちで、塘沽協定や冀東政権のような日本の既得権益を解消することを求めた。

しかし、それは、華北からの日本勢力の撤退を正面から要求するものではなく、逆に、形式面では、日本の主張を受け入れる傾向も持っていたのである。形式として日本の主張を受け入れ、実質的に塘沽協定・冀東政権撤廃をめざし、最終的には東北回収を実現するという取引を図ったのである。この構想では、冀察政務委員会の存在は軽視され、たんなる日本との取引の手段として位置づけられる傾向があった。

ことに華北に強い関連を持ったのが華北五省に「特政会」を設置するという構想である。これは、日本側が、冀察政務委員会が日本との政治的・軍事的合作に慎重な姿勢をとりつづけたことに対して、より全面的な華北自治機関として構想し提起したものであった。冀察政務委員会は河北・チャハルの二省を支配するにすぎない。そこで、華北五省（河北・チャハル・山東・山西・綏遠）の自治機関として特政会を設置することを日本側は提起したのである。この特政会が実現すれば、冀察政務委員会は、解消するか、その下属機関として位置づけられることになる[13]。

国民党・国民政府がこの特政会構想を現実に設置するという方向で検討したとは思えない。蔣介石国民政府にとっては冀察政務委員会ですら「退却」の結果の妥協策であり、国民政府は超省レベル機関解消に動いていたからである。

だが、国民政府は、この特政会構想を正面から否定はせず、それを受け入れることに含みを持たせつづけた。特政会設置の可能性を冀東政権解消や塘沽協定解消を引き出すための取引材料として利用したのである。

しかし華北政権の当事者である宋哲元にとっては「取引材料」ではすまない。特政会が実現すれば、それは冀察政務委員会の解消（または冀察政務委員会の「特政会」下部機関化）を意味するからである。特政会が実現すればもちろん宋哲元の地盤は不安定なものになる。また、特政会構想を利用して、国民政府が華北への直接支配を強化し、冀察政務委員会の権限を解消する政策を展開すれば、やはり宋哲元は存在基盤を脅かされることになる。(14)これがいわゆる「以王代宋」事件の背景となる。

蔣介石は、親日派と目される王克敏を北平に派遣することで日本に妥協しようとした。王克敏は、政整会の残務処理の後、冀察政務委員会の委員に選ばれていた。しかし、王克敏は上海に残っており、一度も北平に来ることなく名目上の委員にとどまっていた。蔣介石は、この王克敏を、一九三六（民国二五）年八月になって、北平に赴任させたのである。宋哲元・二九軍は、この王克敏の北上に際して、冀察政務委員会を親日派の王克敏のもとに改組し、宋哲元を追放するという「以王代宋」の意図が中央政府にあるのではないかと疑った。両広事変の失敗による西南政権解消は宋哲元にそのような危惧を強めさせた。宋哲元は、一方では、側近の蕭振瀛が占めていた冀察政務委員会経済委員会主席のポストを王克敏に譲らせた。しかし、実際には、二九軍軍人を使って王克敏を脅迫し、北平に入ることを阻止した。実際に宋哲元が採った対応はかつての余晋龢事件の際の東北軍の対応とまったく同じであった。王克敏は北平入りを断念する。これがいわゆる「以王代宋」事件である。(15)

その一方で二九軍と日本軍との衝突は相次いでいた。宋哲元・冀察政務委員会・二九軍は、一九三六（民国二五）年以来、日本の軍とは潜在的な敵対関係にあった。二九軍と天津軍とのあいだには、一九三六（民国二五）年の六月二六日には第一次豊台事件、七月九日には大沽事件、七月二一日には天津での衝突事件、九月一八日には第二次豊台事件などの衝突事件が発生している。なかでも、第二次豊台事件では、二九軍の駐屯地は豊台の鉄道線路から二キロ以上離れることが取り決められた。平津線の北側は冀東政権の支配範囲である。これによって平津線は日本軍の勢力範囲に取り込まれることになった。日本軍によって二九軍の存立が脅かされるに至り、宋哲元は「抗日」の立場に踏み切らざるを得なかった。そのなかで、宋哲元がとった選択は、華北抗日民衆運動を指導する共産党との関係強化であった。宋哲元は、すでに五月の段階で、張慕陶・宣侠父らの共産党秘密党員を二九軍に招聘し、「政治」の講義を担当させ、また軍事教練に参加させるようになっていた。張慕陶は燕京大学教授であり、宣侠父は、かつて抗日同盟軍に参加しておりここから二九軍に移った党員である。八月には、宋哲元は、劉子青を宋哲元の「代表」として紅軍第一方面軍に派遣し、両者の直接の定常的な交流が開始された。(16)

毛沢東にとっても、この宋哲元との交流には大きな意味があった。

中央政府との合作の方針を明らかにしたものの、毛沢東はなお反蒋派地方軍事勢力との提携の方向を放棄していなかった。宋哲元との交流によって、宋哲元を通じて韓復榘・閻錫山との合作の可能性が生じた。毛沢東は、宋哲元に書簡を送り、このなかで、韓復榘・閻錫山との連絡の仲介役を務めるよう宋哲元に求めている。紅軍第一方面軍系中央と冀察政務委員会の提携は、北平を中心とする華北抗日民衆運動と冀察政務委員会・二九軍との関係を好転させた。平津線沿線で発生する二九軍と日本軍の紛争事件には、共産党系学生が二九軍を支援する立場で参加するのが常となった。中央政府レベルでは、国民党と共産党がまだ対立をつづけている。その段階で、宋哲元支配下の華北では事実上の国共合作が実現したのである。(17)

国共両党の中央が合作に踏み切れないでいた段階で、華北で実質的な国共合作が実現したのはなぜであろうか。

第一の要因は日本軍の存在である。二九軍上層部にとっては、日本軍はこの段階ではまだ敵とは言い切れない存在であったが、二九軍部隊はときおり日本軍と衝突事件を起こしていた。抗日を掲げる学生運動・民衆運動の支援を受けて不自然でない局面があったのである。

第二の要因は共産党北方局での劉少奇の指導である。毛沢東が「反蔣」に強く固執したのに対して、劉少奇は、公然の運動としては「反蔣」のメッセージを強く発することをせず、「抗日」に主題を絞って世論工作などの活動を展開した。劉少奇の工作は紅軍第一方面軍系の共産党中央の方針に歩調を合わせていたのであるが、軍隊を持った共産党中央の側は中央軍・東北軍との戦闘と統一戦線工作を並行して進めなければならなかったために、軍隊を持たない劉少奇の工作が先んじたのである。

第三の要因は、宋哲元・二九軍も毛沢東・紅軍第一方面軍もともに地方軍事勢力であり、その点で利害が一致したことである。紅軍第一方面軍は、国民党中央政府に合作を呼びかけると同時に、共産党と宋哲元・韓復榘・閻錫山との連合工作（いわゆる北方大連合）も進めていた。宋哲元・冀察政務委員会・二九軍と共産党との協力はその一環として位置づけられたのである。

一九三五（民国二四）年末の「憲政実施―中央化」の失敗で、中国国内の政治勢力は断片化した。東征失敗後、内戦から「外交」（統一戦線工作）へという紅軍第一方面軍の方針転換が、華北の地方軍事勢力と紅軍との連携の余地を作った。日本の特政会工作、天津軍による軍事的な圧力と、それに呼応するかに見えた蔣介石の「以王代宋」の動きとに孤立感を深めた宋哲元は、共産党およびその影響下の華北抗日民衆運動との提携へと動き、華北では事実上の国共合作が成立したのである。

国民党・共産党の中央による国共合作工作と北方大連合の両方の動きの延長線上に発生するのが一九三六（民国二

五）年一二月の西安事変である。この西安事変は、共産党の追求した中央政府との国共合作が成立する契機を作った。しかし、そのことは、逆に北方大連合の方針の行方を難しいものにした。共産党にとっては、国民党中央政府に有利な条件での「合作」を承認させてしまえば、他の地方軍事勢力との提携は必ずしも必要ではないからである。一九三七（民国二六）年に入って、冀察政務委員会にもその問題が跳ね返ってくることになる。

注

（1）劉少奇「論北平学生紀念郭清烈士的行動」（『一二九運動』）六二―六五頁。
（2）「中共中央書記処給北方局及河北省委的指示信」（『一二九運動』）九六―一〇〇頁。
（3）劉少奇（署名は陶尚行）「関於共産党的一封信」（『一二九運動』）七五―八四頁、劉少奇（署名は莫文華）「関於人民陣線問題的両封信」（『一二九運動』）八五―八八頁、劉少奇「関於人民陣線問題的両封信」（『一二九運動』）八八頁。野村『蔣介石と毛沢東』一一一―一一三頁。
（4）「中共中央書記処給北方局及河北省委的指示信」（『一二九運動』）九六頁。
（5）以下、国民政府の対共産党統一戦線工作については、井上久士「国民政府と抗日民族統一戦線の形成」三二三―三二五頁に拠る。
（6）中共との間には、(1)ソ連ルート、(2)呂振羽―諶小岑―北方局―陝北ルート、(3)宋子文―董健吾ルート、(4)諶小岑―左恭―張子華（国民党系労働組合）ルート、の四つのルートが開かれていた。このうち、(3)は、東征の時期に行われた工作だったので、東征の当面の敵であった閻錫山が抗議して中止に追い込んだと言われる。これらは、潘漢年の帰国を経て、一九三六（民国二五）年八～一〇月に、陳立夫―曽養甫―潘漢年ルートに収斂する。『第二次国共合作的形成』（綜述）八―一七頁。
（7）潘漢年については、戦後の活動も含めて『潘漢年在上海』が詳しい。

（8）Lloyd E. Eastman, *The Abortive Revolution: China under Nationalist Rule, 1927-37*, Harvard University Press, 1974, pp255-256.

（9）拙稿「「逼蔣抗日」政策への転換過程——中国共産党一九三六年五〜八月」（『立教法学』五〇号、一九九八年）、三一四—三二三頁。

（10）「中央対両広出兵北上抗日的指示」（『第二次国共合作的形成』）一〇四—一〇五頁。

（11）五届二中全会「宣言」（『中国国民党宣言集』）二九六—二九七頁。

（12）この指示の背景をなすコミンテルンおよび駐コミンテルン代表部（王明）の情勢判断については、田中仁「中国共産党における抗日民族統一戦線理論の確立」（池田誠（編著）『抗日戦争と中国民衆』一九八七年）、九一—九三頁。拙稿「「逼蔣抗日」政策への転換過程」三三一—三三二頁。

（13）「北支五省特政会設置に関する件（大田一郎試案）」（『現代史資料　八　日中戦争　一』島田俊彦・稲葉正夫（編）、みすず書房、一九六四年）、二三八—二三九頁（二四四—二四五頁にも重出）。

（14）龍岱、前掲論文、二一二—二一三頁。

（15）同上、二一二—二一四頁、二一六—二一七頁。

（16）同上、二一六—二一七頁、李全中、前掲論文、一一一—一一三頁、唐純良（主編）『中共与国民党地方実力派関係史』三三七—三三九頁。

（17）李全中、前掲論文、一〇八—一一三頁。

第三節　冀察政務委員会の終焉

一九三六（民国二五）一二月の西安事変により、蔣介石の主導する国民政府は国共合作へと踏み切る。共産党中央も「抗日反蔣」・「逼蔣抗日」から「聯蔣抗日」へと方針を転換する。その半年余り後の一九三七（民国二六）年七月七日、盧溝橋で日中両軍が衝突したことが抗日全面戦争の直接の原因となった。このときの中国軍が宋哲元の二九軍である。二九軍は華北から撤退する。八月八日には、北平に残って冀察政務委員会を維持していた張自忠が撤退し、これに伴って冀察政務委員会は廃止される。しかし、実際には、これ以前に、冀察政務委員会は、国民政府の代行として行っていた行政事務を除いて活動を停止していた。

宋哲元は以前から紅軍との関係を強化していたのだから、国共合作は宋哲元・二九軍・冀察政務委員会にとって有利な状況のはずである。それなのに、なぜ、冀察政務委員会は中央政府レベルでの国共合作の成立と抗日全面戦争を前にして活動を停止したのか。ここでは、西安事変との関係も念頭に置きつつ、その要因について検討する。

最初に、西安事変をその頂点とする国共合作の進展について検討する。

一九三六（民国二五）年一二月一二日早朝、囲剿戦を監督するために西安を訪れていた蔣介石が、張学良・楊虎城によって監禁された。これが西安事変である。張学良・楊虎城は内戦停止、各党各派を含む政府を組織すること、救国大会の召集などの八項目の要求を提出した。国民政府は、張学良武力討伐と蔣介石の和平救出のどちらの方針を採るかということについて内部で議論があり、対応は揺れた。国民党・国民政府の方針は話し合いによる蔣介石の和平救出に決し、張学良・楊虎城、共産党（周恩来）、蔣介石・宋美齢・宋子文の間で協議が重ねられた。結果、蔣介石は解放され、一二月二五日には南京に帰着することができた。この際、南京に同行した張学良は国民政府に捕えられ、その後、一九九〇年代まで自由を回復することはなかった。しかし、この西安事変を契機に国共両党の話し合いが進み、一九三七（民国二六）年二月には国共合作の方針が国民党側でも決まり、八月の第二次国共合作成立への道を整えた。(1)

しかし、第二次国共合作が実現し、共産党の主張する抗日民族統一戦線が成立したのは、西安事変だけが要因ではない。

第二次国共合作への方針は、さきに述べたように、すでに五全大会後には決まっていた。ただ、そこでは、共産党組織として想定されたのは駐コミンテルン代表部であり、紅軍系共産党組織は依然として敵視されていた。この国民政府と紅軍系共産党組織の関係が変わり始めるのが、一九三六（民国二五）年の夏以後に本格的に始められた潘漢年工作の展開である。駐コミンテルン代表部の使者である潘漢年は、国民政府と陝北共産党組織との媒介役を果たした。その結果、潘漢年は、駐コミンテルン代表部の使者であると同時に、紅軍第一方面軍系中央の代表者の立場をかねることになった。これによって国民政府は紅軍第一方面軍系中央との交渉が避けられなくなった。[2] これが、国民党中央政府が国共合作に踏み切ることになった第一の要因である。

ただし、この第一の要因だけでは、国共合作を実現するには不十分であった。蔣介石とその側近である陳立夫にとっての目標は、国共交渉は、交渉を通じて紅軍を解体することにあった。それに対して、毛沢東にとっては、蔣介石に紅軍の存在を認めさせることがその目標であった。蔣介石は、国共合作について、共産党組織との合作には問題がないとしながらも、紅軍は解散させるか、自発的に解散しないのであれば撃滅するという方針を持っていた。存続を許すとすれば、その規模は三〇〇〇人、しかも現在の指導者は少なくとも一年間は外遊するという条件をつけていた。紅軍側は拒否し、交渉は決裂した。[3] 蔣介石は、この決裂を受けて紅軍撃滅へと動き、張学良に囲剿を進めるように厳しく督促した。これが西安事変の遠因になるのである。

第二に綏遠抗戦の展開がある。一九三六（民国二五）年夏以後には、日本軍の進出は、河北省などの華北中枢部では、二九軍との紛争の頻発などはあったが、大規模化することはなかった。これとは対照的に、チャハル省北部（土肥原—秦徳純協定で中国側が警備権を喪失していた）に隣接する綏遠省が日本軍と綏遠省政府軍（傅作義軍）との衝突の場となった。日本軍の次の侵略目標は綏遠省であるという見方が国民党中央政府側でも紅軍第一方面軍でも強くなってきたのである。一一月には、綏遠省で日本の傀儡色の強い王英軍と傅作義軍が衝突し、綏遠の戦闘は全面戦争の様相を見せ始めた。対日「退却」政策によって、華北ばかりではなく上海などの都市社会から強い批判を浴びていた蔣介石政権は、これ以上、綏遠省まで喪失するわけにはいかなかった。また、綏遠は陝西省北部に隣接しており、陝北の共産党根拠地とモンゴル（モンゴル人民共和国）とを繋ぐ重要な地域だったから、紅軍第一方面軍としても重視せざるを得ない。綏遠危機に関しては国共両党の利害が一致する素地があったのである。これが国共両党を国共合作の実現へと踏み切らせた第二の要因である。

しかし、これも国共合作へと直結したわけではなかった。王英軍の侵攻によって綏遠抗戦が激化した一一月に、蔣介石が自ら洛陽に飛び、洛陽からさらに西安に入ったのは、この綏遠抗戦の支援の意味もあった。蔣介石は、日本軍が綏遠—寧夏—陝西と侵入してきた場合のことを想定し、むしろ紅軍撃滅を急いだのである。

紅軍撃滅を急ぐ蔣介石の動きが、張学良・楊虎城と蔣介石との対立激化の要因となった。それが西安事変の直接の原因であった。その西安事変が、国共合作を導く決定的な要因となったのである。

張学良の意図は内戦停止による抗日への体制を整えることであった。しかし、その目的はただちに受け入れられたとは言いがたい。西安事変は綏遠抗戦との関連で捉えられた。それは、抗戦の最高責任者を監禁するという利敵行為と捉えられたのである。(4)

「綏遠抗戦の後方での利敵行為」という西安事変観は、国民党・国民政府側が宋子文・宋美齢を代表に立てた交渉によって解決を目指したことで変化した。共産党も、西安事変を、蔣介石打倒の好機としてではなく、国共和平の実現の機会として捉え、蔣介石の利益をも考慮して行動した。この交渉によって、国民党側は、これまで越えられなかった「紅軍撃滅の上での国共合作」という一線を越えたのである。西安事変は、紅軍を温存したままでの第二次国共合作の実現を決定した。国民党は、西安事変解決後の五届三中全会の「宣言」で国内政策として「和平統一」を強調した。ここでは、その和平統一へのこれまでの過程として、「去年七月以後、統一事業はようやく形を成すようになってきた。地方割拠の傾向も、すでに過去のものとなった」としたうえで、「共産分子ですら、近日、にせの共同禦侮のスローガンを主張している」と共産党の主張に言及している。「にせの」といういきめつけにかかわらず、この宣言は、共産党の主張を国民党が受けとめたことを公に示したシグナルでもあった。そして、和平統一は、一九三七（民国二六）年一一月に開催予定の国民大会（当初の予定から延期された）を必ず召集し、憲政に移行することで成し遂げられるのだと論じている。[5]

この宣言の注目すべき点は、共産党を「地方割拠」勢力の一部として位置づけていることである。両広事変の解決、共産党の「和平統一」政策への屈服（と国民党は位置づける）、国民大会の開催による憲政の実施の三つが、一連の「和平統一」の過程として位置づけられている。蔣介石の主導する国民党・国民政府は、共産党の「内戦停止、一致抗日」の主張を、「憲政―中央化完成」というみずからの「和平統一」論へと取り込んだのである。

この過程は、宋哲元・冀察政務委員会・二九軍による地方的な国共合作にも強い影響を及ぼした。[6]

冀察政務委員会下での国共合作は、抗日という目標に中央政府が転換しきらない条件のもとで、宋哲元が抗日民衆運動に支持を求めたことによって得られた成果である。しかし、国民党中央政府が明確に抗日に転じたことで、この状況は一変する。国民党中央政府は抗日政策を主導する存在として地方軍事勢力に臨み始めたのである。

このような条件下では、逆に冀察政務委員会のほうが抗日に徹底しきることのできない不利を抱えることになった。

宋哲元・冀察政務委員会・二九軍は、現地の天津軍部隊とは対立を深めながらも、華北経済提携には積極的であった。とりわけ、天津軍・関東軍などの関与を経ない、日本本国の経済界との直接提携には宋哲元は積極的であった。広田外交から佐藤外交への転換には、宋哲元は大きな期待を抱いた。

宋哲元が華北経済提携に期待を抱いたのは、華北独自の経済基盤を確立するためである。国民政府が幣制改革で財政権を握った後に、華北で経済的に自立していくためには、華北独自の経済を発展させる必要があったのである。そのために、宋哲元は、日本との緊張関係が高まりつつあった一九三七（民国二六）年三月に、日本に蕭振瀛を団長とする交渉団を送り、華北への経済支援を要請している。これ以前に進められていた経済提携交渉には、開灤炭鉱・龍烟鉄鉱の開発や、山西省の天津への積み出しを有利にする滄石線（滄州―石家荘）の開設およびその天津への延長などが含まれていた(7)。

ところが、宋哲元の天津軍との紛争の多発には何の援助も行わなかった国民党中央政府は、この経済提携には明確に反対の意思を示し、提携の中止を求めてきたのである。この動きは一九三六（民国二五）年の一〇月ごろから活発化した。蕭振瀛代表団の派遣は、そのような国民政府の干渉にもかかわらず強行されたものである(8)。

けれども、抗日の方向を明確化させた国民政府と、経済分野のみの提携に飽きたらずいっそうの華北分離を求める天津軍とのあいだに立たされた宋哲元は、どちらの立場にも徹しきることができなかった(9)。抗日の必要性は痛感しているが、独自の経済基盤を失うわけにもいかないからである。困難な立場に立たされた宋哲元は、一九三七（民国二六）年五月に冀察政務委員会を投げ出し、国民政府に休暇を申請して山東省の楽陵に隠退する。委員長の指導力が強化されていた冀察政務委員会は、宋哲元が北平を離れたことで機能を停止した。逆に、蔣介石は「抗日」方針を明確化することで、一九三五（民国二四）年の苦渋の「戦略的退却」を取り返して、華北の「中央化」を実現する一歩手前まで到達したのである。
一九三七（民国二六）年七月七日に盧溝橋で日中両軍が衝突したとき、北平を離れていた宋哲元は、事変解決に遅れをとることになった。宋哲元は偶発的衝突事件として現地での和平の可能性を信じていた。一九三六（民国二五）年夏の一連の衝突事件の例が念頭にあったのだろう。そのなかで、二九軍の歴戦の指揮官であった趙登禹は戦死し、二九軍は北平を明け渡して南下する。一九三七（民国二六）年末、宋哲元の南下によって華北に取り残された韓復榘が、四川省の劉湘とともに、宋哲元に反蔣決起を持ちかけた。宋哲元は、この決起計画に途中まで態度を明らかにせず、途中で決起計画をすべて蔣介石側に打ち明けた。これによって韓復榘は逮捕されて処刑された。一九三五（民国二四）年以来の河北・チャハル・山東の三省の体制はこの宋哲元の南下と韓復榘の処刑で一挙に崩壊した。取り残された山西・綏遠の両省は、日本軍の攻撃の前線に取り残されながら、しばらくは陝西省の新たな地方軍事勢力として成長してきた八路軍とともに日本軍の攻撃に対処することになる。[10]
冀察政務委員会が事実上の国共合作を実現したのは、中央政府が抗日への転換を断行しない段階で、現実に日本軍との衝突・紛争を抱えた冀察政務委員会の必要から生じたことであった。これは、共産党側の北方大連合構想にも呼応したものであった。国民政府側からの「分治合作」と、共産党側からの「北方大連合」とが、宋哲元・冀察政務委員会のもとで重なり合った。その結果として、宋哲元は華北での事実上の分治合作を実現することができた。しかし、西安事変の勃発による国民党中央政府の抗日への明確な転換は、そのような冀察政務委員会と共産党との協力関係の意義を失わせるものであった。宋哲元は、二九軍を失い、しばらく抗日戦争の指導者として転戦するが、病気のため引退し、国民政府とともに重慶に退く。[11]
蔣介石にとっては、華北中央化は北伐終了後からの悲願の目標であった。一九二九（民国一八）年には編遣会議の失敗によって華北中央化を阻まれ、一九三〇（民国一九）年には閻錫山が反蔣派を糾合したことで阻まれた。その閻錫山を打ち破った後は、蔣介石は華北を張学良との「分治合作」のもとに置かざるを得なかった。一九三二（民国二一）年の「刺し違え通電」の機を捉えて華北を中央化しようとした際には、宋哲元を筆頭とする華北軍事勢力の反対で失敗した。一九三三（民国二二）年、熱河抗戦の敗北で張学良が去った後に黄郛を送りこみ、黄郛の活動によって華北の「中央化」への準備は整えられた。しかし、それも、黄郛が去った直後の一九三五（民国二四）年の梅津—何応欽協定によって白紙に戻され、一九三五（民国二四）年には宋哲元に「分治合作」の復活を許すという「戦略的退却」を選択せざるを得なかったのである。宋哲元の隠退によって華北中央化の目標が実現したとき、その華北で日本軍との衝突が発生した。国民党・国民政府を主導する蔣介石には最終的に妥協の余地はなく、日本側の対応とも相まって、七・七事変は抗日全面戦争へと発展する。その結果、蔣介石は、「中央化」の一歩手前まで行った華北を失うのである。

抗日全面戦争は蔣介石が達成寸前まで達していたもうひとつの目標への歩みも挫折させた。憲政の実現である。蔣介石は、日本との全面抗戦に先んじて、孫文から受け継いだ目標を達成することができなかった。その結果、孫文から受け継いだ「憲政」ではなく、共産党の主張してきた「抗日のための民主主義」が抗戦を導く民主化の論理の地位を得た。抗戦が終わって蔣介石が憲政実現へと踏みだそうとしたとき、それは、国民党外の多くの人士に支持された共産党の「抗日のための民主主義」の論理（それを発展させた連合政府論）によって孤立化に追いやられたのである。

❖注

（1）西村、前掲書、一八九—二〇一頁、野村、前掲論文、二四三—二四五頁。

(2) 井上、前掲論文、三二七―三二九頁。
(3)『第二次国共合作的形成』(綜述) 一八―二〇頁。
(4)「中国国民党中央宣伝部為討伐張逆学良告全国同胞書」(『革命文献　六九』) 三〇〇―三〇二頁。
(5) 五届二中全会「宣言」(『革命文献　六九』) 三〇五―三〇八頁。
(6) 地方軍事勢力のなかでも西安事変の影響をいちばん強く受けたのは、西安事変を起こした東北軍自体である。東北軍は、西安事変後、指導者である張学良を失い、その後の再編をめぐって内部対立を起こした。その結果として、東北軍全体の指導者であった王以哲は殺害され、東北軍は分裂する。中央政府はこれに乗じて再編を進め、東北軍は悲願であった東北回収の夢の果たせないまま分解されてしまうことになった。西村、前掲書、一三七頁。
(7) 毛承豪「宋哲元与〝華北経済提携〟」一八三―一八四頁、一九〇頁。
(8) 龍岱、前掲論文、二二〇頁。
(9) 冀察政務委員会の副秘書長だった王式九によると、宋哲元は、西安事変の際に蔣介石の身の安全を第一とする言動をとったことで、一九三七(民国二六)年には蔣介石に接近していったという。王式九「宋哲元対西安事変的態度」(陳世松『宋哲元研究』) 三二一―三二二頁。
(10) 龍岱「論冀察政務委員会及其主持者宋哲元」二二二―二二三頁、呂偉俊『韓復榘』山東人民出版社(済南)、一九八五年、四一六―四一九頁。
(11) 宋哲元の晩年については汪蜀翘・濮実「晩節無虧死猶栄――宋哲元的晩年」(陳世松『宋哲元研究』) 参照。

結論・展望

一九二八〜一九三七（民国一七〜二六）年の前期南京国民政府期は、大清帝国の統一が失われてから、現在の中華人民共和国の統一が達成される間の一つの重要な時期である。

大清帝国の統一は、王朝体制という強い原理が支えていた。中華人民共和国も、同様に、後期帝制とはべつの強い原理、すなわち政治面での中国共産党の一党独裁によってその統一を支えてきた。前期南京政府期は、大清帝国の統一と中華人民共和国の統一の間に位置する分裂と混乱の時期の一局面である。それは、中国を再び統一するための原理の試行錯誤が行われた時期であった。

南京政府を樹立し、南京政府のもとに中国を統一した蔣介石は、中国を支配するために二つの問題を成功裡に成し遂げなければならなかった。一つは、孫文の指定した「軍政→訓政→憲政」という順序によって憲政を実現することである。もう一つは、成し遂げたばかりの統一を維持することであった。

南京政府による統一は、蔣介石と、蔣介石が黄埔軍官学校で育成した中央軍とだけによって成し遂げられたものではなく、広東政府時代から国民党に協力してきた華南・西南の軍事勢力や、華北国民革命に関係してきた華北の軍事勢力も、その統一に貢献している。ことに、華北の軍事勢力は、一九二〇年代はじめ以来、北京政府の改革運動になんらかのかたちでかかわってきている。自ら政府を樹立した蔣介石と、華北軍事勢力とでは、理想とする統一像に違いがあって当然であった。

この統一像の違いが、政治分会制度として実現した「分治合作」の解釈の違いに発展する。蒋介石にとっては、新たに占領した地域に設置する政治分会は、統一達成前の軍政期から統一達成後の訓政期への過渡期に設置される一時的な機構にすぎない。したがって、統一達成と訓政への移行と同時にそれは解消されるべきものであった。しかし、地方軍事勢力にとっては、政治分会制度こそが、新たな統一中国の制度であるべきものであった。

その違いを認識した地方軍事勢力は、汪精衛の理論的な支援を得て「分治合作」から「反蒋」内戦へと突き進む。蒋介石は、一九三〇（民国一九）年の中原大戦を頂点とする一連の内戦を勝ち抜き、地方軍事勢力の反蒋運動を敗北に追いやることに成功した。だが、蒋介石も性急な統一政策を見直さざるを得なくなる。それが、一九三〇（民国一九）年から一九三三（民国二二）年までの張学良・東北軍との「分治合作」として実現する。

張学良・東北軍との「分治合作」は、困難が予想される華北軍隊の再編作業を張学良に分担させ、蒋介石自身は、長江流域を脅かしつつあった中国共産党・紅軍に対する囲剿戦に専念するためのものでもあった。しかし、この張学良による華北「分治合作」の時期に九・一八事変が勃発した。蒋介石は、共産党・紅軍とともに、日本軍とも戦わなければならない立場に立たされた。張学良が熱河で日本に対する抵抗に失敗した後、蒋介石は、張学良のもとで軍事勢力による統合が進みつつあった華北を黄郛と政整会（北平政務整理委員会）に委ねる。

黄郛に与えられた第一の役割は、日本との停戦を成し遂げ、少なくとも中央政府が日本に抵抗し得る体制を整えるまでその停戦を維持することであった。また、黄郛に与えられた第二の役割は、軍事勢力による統合を排除して、華北社会を中央化に適した状態に「整理」することであった。北京政府の元官僚で、同盟会員でありながら国民党員でなく、かつ、蔣介石の支持者でありながら分権論者という黄郛は、華北の諸軍事勢力に、積極的に歓迎されなくても消極的に受け入れられる人物であった。

黄郛は、決定が遅くしばしば一貫しない命令を送る中央政府、高圧的で強硬な関東軍（およびそれに協力する天津軍や日本の華北駐在外交官）、黄郛に不信感を抱いている地方軍事勢力という、まさに四面楚歌の状態のなかでその役割を果たさなければならなかった。

黄郛は、関東軍に対して譲歩を重ね、塘沽停戦協定を締結し、それを維持することはできた。しかし、譲歩しつづけることでその停戦を維持することの困難さを自覚し、通車交渉の始まる一九三四（民国二三）年には黄郛は塘沽協定の廃止を構想する。また、一九三三（民国二二）年に地方軍事勢力との衝突を何度も経験した黄郛は、一九三四（民国二三）年に入ると、蔣介石の憲政への移行と歩調を合わせて、農村を中心とする地方行政の整備を進める。それによって、社会が軍事勢力を再生産する悪循環を断ち切り、農村を憲政実施に適した社会に移行させることが目的であった。

その一方で、黄郛が対応に追われる原因となった抗日同盟軍事件と福建事変とは、蔣介石が日本との停戦を維持しようとするかぎり、軍事勢力が「抗日」のスローガンを掲げることが「反蔣」の意味を持つことを示した。

憲政実施と同時に西南政務委員会と北平政務整理委員会を解消し、超省レベルの地方支配機関を廃止するのが、一九三五（民国二四）年はじめの蔣介石と黄郛の構想であった。しかし、共産党・紅軍の撃滅に失敗したことで、この構想は、北平政務整理委員会の解消だけで終わってしまい、西南政務委員会の解消も、憲政の実施も実現しない。しかも、蔣介石が四川・雲南・貴州など南京から遠い地方を、紅軍の「長征」を追って転戦している間に、日本は黄郛撤退後の華北に対する「華北分離工作」を強めた。

中央政府は梅津―何応欽協定によって華北中央化の成果をすべて放棄せざるを得なくなった。その華北を支配したのが宋哲元の二九軍である。華北は再び軍事勢力による支配のもとに置かれることになった。宋哲元と、日本の影響下にある華北農民自治運動とは、どちらも国民党が憲政に移行しないことを批判して、中央政府からの自立を図った。しかし、五全大会で憲政への移行が決められると、日本の影響下の華北自治運動の論理は国民党の政策を根底から否定する論理へと転換した。宋哲元はこの点に同調せず、日本の華北分離工作とも距離を保つ。そして、その不安定な立場を逆に利用して、中央政府から冀察政務委員会委員長の地位を獲得し、それを二九軍の地盤とすることに成功したのである。華北は再び「分治合作」下で軍事勢力による統合へと向かい始めた。蔣介石・中央政府は、表面的にはその宋哲元を支持しつつ、実際には宋哲元への不信を持ちつづけていた。

しかし、一九三五（民国二四）年末の華北では、中央政府（国民党・国民政府）・地方軍事勢力・日本軍だけが主要アクターではなくなっていた。抗日ナショナリズムに基づく学生運動・民衆運動と、それに強い影響力を持つ紅軍系共産党組織とが無視できないアクターとして登場したのである。

学生運動・民衆運動の復活は、学生運動・民衆運動を抑圧してきた蔣孝先憲兵隊が梅津―何応欽協定によって華北から撤退したためである。また、紅軍系共産党組織については、長征で華北に隣接する陝北地区に進出したことと、コミンテルン第七回大会の方針の影響下に統一戦線政策を追求し始めたこととが、華北への影響力を持つ契機となった。

一九三五（民国二四）年四～五月ごろまでは、宋哲元・冀察政務委員会・二九軍と、華北学生運動・紅軍（第一方面軍）とは、たがいに対立し、それによって孤立を深めていた。しかし、宋哲元が日本の防共協定工作と中央政府とのあいだで孤立していた時期に、華北学生・民衆運動と紅軍系共産党組織は姿勢を改め始める。

劉少奇の指導を受けた華北学生・民衆運動は、宋哲元に敵対するのではなく、逆に宋哲元を支持することで抗日の目標を達成する方向に方針を転換した。紅軍系共産党組織では、毛沢東が、各地の地方軍事勢力が「抗日」を掲げて「国防政府」を組織し、その地方国防政府の連合によって蔣介石中央政府を孤立させようという「抗日反蔣」政策を推進し、宋哲元をもその一翼に加えるべく運動していた。

この華北抗日学生・民衆運動と紅軍系共産党組織の運動とによって、宋哲元は、共産党との連絡を強め、華北学生・民衆運動との連携を強化する。これは、一九三六（民国二五）年夏に頻発した天津軍とのトラブルに対応するために学生・民衆の支援が必要だったことにもよる。

しかし、共産党は、同じ一九三六年夏に、「抗日反蔣」論を「逼蔣抗日」論へと転換し、国民党中央政府との合作を追求し始める。潘漢年工作の進展によって、駐コミンテルン代表部（モスクワ）の王明による統一戦線工作と、紅軍系共産党組織を率いる毛沢東の統一戦線工作、それに加えて中ソ軍事同盟を追求する国民党・国民政府の統一戦線工作という三つの統一戦線工作が統一されたためである。この工作は、国民党・国民政府が「共産党」と「紅軍」を峻別し、コミンテルン支部としての共産党との合作を求めつつ、紅軍の撃滅を図るという方針を保っている間は、合作へと進展することはなかった。しかし、一九三六（民国二五）年一二月の西安事変で、国民党・国民政府が紅軍撃滅の条件を撤回する方向へと動いたことで、国民党中央政府と紅軍系共産党組織との合作への方向が確定する。なお、蔣介石が監禁されるという非常事態に際して、華北の地方軍事勢力が「抗日反蔣」論による巻き返しに出ずに慎重な姿勢に終始したのも、逆に国民党・国民政府が最終的に「内戦停止」へと態度を軟化させたのも、それが綏遠抗戦の前線に隣接した地域で起こった事件だったからである。

共産党による国民党中央政府との合作方針の選択によって、宋哲元は、「分治合作」を利用して地方的な共産党との提携を進めるという方針をつづけることが困難になった。共産党が蔣介石を支持する以上、宋哲元も蔣介石を支持せざるを得ない。しかし、経済基盤に不安を抱える宋哲元は、関東軍・天津軍とは対立しても、対日関係を全面的に悪化させることを望んではいなかった。しかし、蔣介石は、一九三六（民国二五）年の両広事変以来、「地方割拠」の廃絶を本格的に進める姿勢を見せ、また、日本に対する政策を全面的に強硬化させつつあったのである。

宋哲元は蔣介石との対立を恐れて冀察政務委員会を投げ出して山東省に帰郷した。このため、一九三七（民国二六）年七月七日の盧溝橋事件（七・七事変）の解決に失敗する。蔣介石による中央化工作の進展と日本の華北分離工作とのあいだにもはや妥協の余地はなかった。張学良との「分治合作」下で発生した九・一八事変が全面戦争に発展しなかったのに対して、七・七事変は日本と中国との全面戦争に発展したのである。蔣介石の一九二八（民国一七）年以来の悲願であった中央化の進展は、かえって日本との全面戦争による華北喪失に結びついたのであった。

華北は、南京政府にとっては、名目的に支配が及んでいるだけの周縁でも、実質的に完全な管制下に収めた中央でもなく、中央とかかわらざるを得ないが実質的に支配を及ぼすことのできない中間地帯であった。蔣介石・中央政府の中央化への努力にかかわらず、華北が「分治合作」へと向かう傾向を常に持っていたのは、閻錫山・張学良・宋哲元らの資質によるのではなく、「分治合作」がそのような中間地帯に適した支配体制だったからである。

蔣介石は、中華民国の国家意思を、そのような中間地帯の存在を許さないものとして解釈した。それは、直接には、孫文の求めた国際社会のなかでの（国家・国民共同体（国族）としての）中国の自由と平等を実現するためには、周縁や中間地帯の存在しない完全な統一を必要としたからである。しかし、より根本的には、それは後期帝制の崩壊で失われた統一のための原理を模索しなければならないという、歴史的な使命感に基づいていた。蔣介石が憲政を急いだのも同じ理由からである。直接的には孫文のいう民権主義と民生主義を達成するためであり、より根本的には、民主化と社会改革が新たな統一原理として必要とされていたからである。蔣介石にとって、中央化の達成と憲政の実現、それに領土内に進入している外敵の排除は、中華民国の国家意思を実現するためには必須の事業なのであった。どれが欠けても中華民国の国家意思（蔣介石にあっては孫文の遺志と同一視される）は実現されない。蔣介石は、前期南京政府期を通じてその目標を追求しつづけた。

しかし、華北は、関東軍の東北長期占領（日本からいえば満洲国の成立）によって、「危険で重要な辺境」としての性格をも持っていた。華北を「分治合作」下に置くことで、かえって中間地帯としての性格が緩衝剤となってその「危険」さを吸収していた。華北の中央化とは、その緩衝剤を失わせる結果となり、蔣介石は、自分の使命と感じていた中華民国の国家意思の達成に失敗する。

憲政の実現と中央化と抗日をあくまで一体のものとして追求する蔣介石に対して、毛沢東はより柔軟であった。毛沢東は、ナショナリズム（民族主義）がすべてに優先するとして、しかもナショナリズムのなかでも「抗日」が最も優先するとして、「抗日」をすべての基本に据えた論理を組み立てたのである。毛沢東は、中間地帯の外側の線に沿うように（「長征」と称する）逃走をつづけているあいだは、国民党中央政府とは相いれない土地革命論を堅持していた。しかし、華北で一二・九運動が起こり、西北で張学良・楊虎城と接触すると、瓦窰堡決議に表現された抗日民族統一戦線論によって、中間地帯や中央の勢力との提携を模索し始めるのである。

この抗日民族統一戦線論によって、毛沢東は、まず張学良・宋哲元との連携に成功し、つづいて蔣介石との提携に踏み切り、抗戦後にはそれを連合政府論に切り替えて、蔣介石との関係が悪化したときには多くの民主人士（中間派）を自分の陣営に取り込むことに成功したのである。抗日全面戦争の勃発の時期には主導権は蔣介石が握ったが、毛沢東は、この「統一戦線」の発想によって自らの支持層を増やしていく政策をねばり強く進めた。中国統一は、毛沢東が一二・九運動に直面して樹立した「統一戦線」の理論が基礎になって成し遂げられたのである。

中間地帯の地方軍事勢力は、中央が憲政を実現していないと見れば憲政実現を求め、中央が抗日を実行しないと見れば抗日を求めて、自らの生存基盤を確保しようとしてきた。毛沢東の発想や行動はこの中間地帯の地方軍事勢力の発想や行動と一致する。

馮玉祥・張学良・宋哲元・閻錫山・韓復榘・楊虎城といった東北・西北・華北の地方軍事勢力の代表者は、蔣介石と毛沢東との角逐のなかで次つぎに歴史の舞台から退場していく。しかし、蔣介石に対して最終的に勝者となった毛沢東・紅軍（人民解放軍）は、じつは、これら中間地帯に生きた地方軍事勢力の後継者の最後の一人だったとも言えるのである。

あとがき

本書は、著者が二〇〇一年に東京大学に提出した博士論文をもとにしたものである。提出の直前にアメリカ合衆国で九月一一日の大規模テロ事件が起こり、テレビをつけっぱなしにしてテロ事件のニュースを聴きながら、この論文の最後のつじつま合わせをしていたのをよく覚えている。もちろん、本書でつじつまが合っていないところが残っているとすれば、それはブッシュの責任でもテロリストの責任でもないけれども。

さて、この論文の最初の原稿は、「天下の勢は、分かれて久しければ必ず合し、合して久しければ必ず分かれる」ということばで始まっていた。『三国志演義』の冒頭の一文である。中学生のころから、私は、学校の休みのたびに『三国志演義』と『水滸伝』を読みかえしている生徒だった。

それが昂じて、ついに「民国時代は軍閥が割拠していて『三国志』みたいでおもしろそう」と民国政治史を研究したいと考えるようになった。『三国志』ではやっぱり曹操のような悪役がおもしろいから、研究するなら袁世凱か蔣介石だと考えた。当時はまだ共産党中心の革命史観の勢力が強く、袁世凱や蔣介石は悪役扱いされていたからである。それが私の中華民国史研究の出発点であった。このような善玉・悪玉史観が克服されて、私のようないい加減な動機で民国史研究を始めようと考える学生は現在ではいなくなっただろうと思う。

そのような、不埒で、「おもしろ半分」な動機で研究を志した私に、「研究する」ということの意義を教えてくださったのが東京大学法学部・大学院法学政治学研究科の三谷太一郎先生である。はじめて先生の研究室を訪れたとき、先生のご質問に私はことごとくきちんとお答えすることができなかった。どんなご質問をいただいたのかはじつはほとんど覚えていない。ただ、最後に「君は何も知らないのだね」とおっしゃったことはいまでも鮮明に覚えている。このとき、私は、「もの好きでさまざまな知識をかき集める」ことと「研究する」こととは別のことなのだということを思い知ることになった。三谷先生は、北岡伸一先生が『日本陸軍と大陸政策』のあとがきにお書きになっているとおり、テーマの選択についてはまったく私の自由を尊重してくださったが、研究の方法や議論の進めかた、それに研究生活の態度については厳しくご指導いただいた。その後、三谷先生には、成蹊大学法学部で、大学教員としての研究・教育の方法やその心構えについてご指導をいただくことになった。どれだけ感謝しても感謝しきれないほどお世話になっている。また、東京大学大学院では、松浦正孝先生、陳肇斌先生をはじめとする三谷先生門下の先生方、同じ近代中国政治史を研究対象としておられた塚本元先生にもたいへんお世話になった。

他方、研究の内容については野村浩一先生と近藤邦康先生のご指導をいただいた。野村浩一先生の前では、私は、幼さゆえの無鉄砲さに任せて、しろうと的な思いつきをさまざまに並べ立てた。先生は、それを否定なさらず、私が自分で試行錯誤を繰り返すのを見守ってくださった。野村浩一先生には立教大学法学部助手としても研究・教育の両面にわたってご指導をいただいた。また、近藤邦康先生からは、論文自体のテーマの広がりとは別に、問題意識を大きく持ち、つねに大きな枠組みで政治・歴史を考えることを繰り返し教えていただいた。

東京大学教養学部の小島晋治先生には、中国社会・中国史の奥深さ、その中国を研究することの愉しさを教えていただいた。また、法学部の政治思想史の渡辺浩先生と、文学部中国哲学科（当時）の溝口雄三先生と佐藤慎一先生には、政治史にとっての思想の重要性について、また、当時、私がステレオタイプ的な知識しか持っていなかった儒教・儒学のさまざまな性格について教えていただいた。中国の政治史を、西ヨーロッパ・北アメリカ世界で成立した枠組みをあてはめて説明するのではなく、「中国自身に即した」方法で研究しなければならない、しかもそれは独善的なものになってはならず、他の地域の政治史や政治理論とも対話可能なものでなければならないということを、私はこの思想史の先生方に教えていただいた。

一九九一～一九九二年に私は中国天津の南開大学に留学した。ここでも、私は、魏宏運先生、兪辛焞先生をはじめとする多くの先生方のお世話になった。魏宏運先生からは、やはり、歴史を大きく把握することの重要さを教えていただいた。また、魏宏運先生や兪辛焞先生の授業で、ゼミの参加者として出会った宋志勇先生、祁建民先生、小林元裕先生にも、たいへんお世話になった。

一九九四～一九九五年度、私は立教大学法学部で助手を務めることとなった。立教大学の先生方にはいろいろと教育・研究の両面でご指導をいただいた。なかでも、三谷先生の最初の弟子であり、高校の先輩にもあたる北岡伸一先生には多くのご恩をいただいている。学生への接し方から、学問の方法、論文のプレゼンテーションのしかた、学術報告のしかたまで、非常にていねいに教えてくださった。北岡先生は、その後、東京大学法学部・大学院法学政治学研究科に移られ、この論文の主査を担当してくださった。例によって、呑み込みが遅く、そのうえお調子者で言うことをきかない学生で、ほんとうにお手数をおかけしたと思う。

二〇〇〇年に私は成蹊大学法学部に職を得た。成蹊大学法学部の先生方、とくに政治学科の先生方からは、教育と研究について多くのことを教えていただき、いまも教えていただいている。とくに、三谷先生と、田中治男先生、富田武先生、亀嶋庸一先生には、この論文の出版についてたいへんご心配いただき、櫻田會の出版奨励制度に応募するようにお勧めくださった。

そのほかに、日本現代中国学会、中国現代史研究会（東京）、中央大学人文科学研究所の「国民党期中国」研究会、東洋文庫を拠点とする日中現代史研究会、中国現代史研究会（関西）の先生方にも多くのご恩を被っている。なかでも中央大学の土田哲夫先生は、研究分野が近いこともあり、つねに私の研究に関心を持ってくださり、また、定職を持っていなかった時期に東京学芸大学・中央大学での非常勤講師の職を紹介してくださるなど、私の研究を全面的に支持してくださった。「国民党期中国」研究会にお誘いくださったのも土田先生である。また、土田先生は、謝国興先生の黄郛研究や黄郛日記など、貴重な文献・史料を私にご紹介くださった。それにもかかわらずその文献・史料を結果的に本書に反映できなかったことを、私は土田先生に深くお詫びしなければならない。なお、本書第二章第三節は、修訂した上で、「国民党期中国」研究会の研究成果として、中央大学人文科学研究所『民国後期国民党政権の研究』に発表した（本書に収めたもののほうが原型である）。また、関西の西村成雄先生と安井三吉先生は、お会いする機会が少ないにもかかわらず、いつも私の研究について気にかけてくださった。ほかにも、中央大学の研究会では斎藤道彦先生や姫田光義先生、東洋文庫の本庄比佐子先生と滝下彩子先生、また東洋文庫の研究会では中村義先生や藤井昇三先生をはじめとする多くの先生にお世話になった。さらに、同じ「駒場のＥ（中国語）クラス」の出身者として、中国法の高見澤磨先生、中国近代史の吉澤誠一郎先生・平野聡先生にもさまざまなご恩をいただいた。中国語履修者が増えて、最近ではそのような「中国語クラス」の一体性も失われているときく。中国語履修者が少数であった時期に中国語を学んだこと、伊藤敬一先生、傳田章先生、高橋満先生をはじめとする各分野の第一線の研究者の先生方に中国語を学べたことは私のたいへんな幸運であったと思う。

二〇〇三年度から二〇〇五年度まで、私は歴史学研究会の委員を務めさせていただいた。ここでは、専門分野の異なる多くの歴史家の方が、ベテラン・新進の区別なく、どんな問題についても熱心に討論するという場に参加させていただくことができた。とくに、同じ分野の多くのすぐれた若い研究者と同席し、また、編集活動では明清史研究の第一人者である岸本美緒編集長（当時）の教えを受けることができた。研究上の多くの刺激や示唆を得、歴史研究に向かう姿勢も教えていただいた。法科大学院設立の前後の時期で、大学の役職が多かった時期でもあり、三年間在任したにしては働きのよくない委員であったことをお詫びしたい。

本書は、ここに名を挙げた方がた以外にも、さまざまの方のおかげで成り立ったものである。心から感謝したいと思う。

そのわりには本書は欠陥の多いものになってしまった。執筆していたときには博士論文として提出するときに修正すればいいと思い、提出したときには出版のときに直せばよいと思い、出版社に原稿を渡したときには校正で直せばいいと思い（けっしてよいことではない）、初校を出したあとは再校で修正すればよいと思い（さらによいことではない）、ついに根本的な修正を施すことができなかった。その結果、執筆当時ですら不十分だった内容が、その間の民国政治史研究の進展から取り残されて、さらに不十分になってしまっている。これはすべて私の怠惰と「もの好きだけれどもいい加減でお調子者」な性格によるものである、私の責任である。

とくに、本文中にも記したように、ほぼ同じ対象を扱った内田尚孝先生の『華北事変の研究』（汲古書院）が出版された以上、この本は、同書の内容を前提に徹底的に書き直さなければならないと思いつつ、それをまったく果たすことができなかった。内田先生と本書を手にされた読者の方にはまことに申しわけなく思う。

さて、本書は、先にも記したとおり、財団法人櫻田會の政治学術図書出版助成をいただいたことで出版が可能となった。この助成申請の件では、櫻田會の各位にもいろいろとご迷惑をおかけした。申しわけありません。

櫻田會では、汪精衛と中国・台湾の民主化についての研究に熱心に取り組んでおられる政治学者の土屋光芳先生とお会いした。土屋先生もさまざまな機会に私の研究に関心を持ってくださり、また、ご著書をお送りいただき、書評の機会も与えてくださるなど、さまざまなご恩をいただいている。

また、櫻田會でこの出版助成を含む研究助成の授与式が行われた席で、私は内田満先生ご逝去の報をきいた。内田先生にも本書の出版についてたいへんお世話になっている。ご冥福をお祈りしたい。

本書は、御茶の水書房の小堺章夫さんに担当していただき完成したものである。作業が遅れがちな私につきあってくださったことについて、心から感謝したい。

最後に、この本を、私の父母と、伯父・伯母、叔父・叔母に捧げたいと思う。私の父母は、私が身勝手にも研究者の道に進むことを黙って見守ってくれた。叔父は、分野はまったく違うけれども、研究者の先輩として、私のいい加減な研究姿勢を容赦なく批判してくださった。また、私がそもそも中国に関心を持ったのは、若いころを満洲国で過ごした私の伯父と伯母からいろいろと中国の話を聞かせてもらったからだと思う。書物の上でしか中国を知らなかった私をはじめて中国に連れて行ってくれたのも伯父である。

心からの感謝とともに、この本を捧げたいと思う。

二〇〇七年七月七日

光田　剛

人 名 索 引

あ

か

た

な

は

ま

や

ら

事 項 索 引

あ

か

さ

た

な

は

ま

や

ら

わ

文　献

原則として、著者名のローマ字表記のタイトル順に、日本語、英語、中国語の区別をつけずに配列した。著者名以外の基準で配列したものは、その基準になったタイトルを【　】で囲んで表示した。

B

白堅武『白堅武日記』江蘇古籍出版社、1992年

坂野正高『近代中国政治外交史――ヴァスコ・ダ・ガマから五四運動まで』東京大学出版会、1973年

フィル・ビリングズリー『匪賊――近代中国の辺境と中央』山田潤（訳）、筑摩書房、1994年（原書　Phil Billingsley, <i>Bandits in Republican China</i>, Stanford University Press, 1988.）

C

E. H. カー／内田健二（訳）『コミンテルンの黄昏』岩波書店、1986年（原書　E. H. Carr, <i>The Twilight of Comintern:1930-1935, </i> Macmillan, 1982.）

蔡徳金『汪精衛評伝』四川人民出版社、1988年

ユン・チアン／土屋京子（訳）『ワイルド・スワン』講談社、1993年（ハードカバー版）（原書　Jung Chang, Wild Swans—Three Daughters of China, Globalflair Ltd., 1991.）

ジェローム・チェン／北村稔・岩井茂樹・江田憲治（訳）『軍紳政権――軍閥支配下の中国』岩波書店、1984年（原書　陳志譲 Jerome Ch'en 『軍紳政権――近代中国的軍閥時期』三聯書店（香港）、1979年）

陳世松（主編）『宋哲元研究』四川省社会科学院出版社（成都）、1987年

陳世松「対宋哲元抗日事迹的考察――兼論宋哲元的歴史地位」（陳世松（主編）『宋哲元研究』1987年）

陳天秩「抗日同盟軍成立前後我党与馮玉祥先生的聯繫」（『馮玉祥与抗日同盟軍』1985年）

Hsi-sheng Ch'i〔斉錫生〕, <i>Warlord Politics in China, </i> Stanford University Press, 1976.

中国現代史研究会〔東京〕『中国国民政府史の研究』汲古書院、1986年

D

代山「華北事変中的宋哲元」(陳世松（主編)『宋哲元研究』1987年)
【第二次国共合作的形成】中共中央党史史料徴集委員会（編)『中国共産党歴史資料叢書　第二次国共合作的形成』中共党史資料出版社（北京)、1989年
Prasenjit Duara, <i>Culture,Power,and the State: Rural North China,</i> Stanford University Press, 1988.

E

Lloyd E. Eastman, <i>The Abortive Revolution: China under Nationalist Rule, 1927-37, </i> Harvard University Press, 1974.

F

フェアバンク／大谷敏夫・太田秀夫（訳)『中国の歴史——古代から現代まで』ミネルヴァ書房、1996（原書　John K. Fairbank, <i>China: A New History, </i> Harvard University Press, 1992.)
方正（編)『張学良和東北軍（1901－1936)』中国文史出版社、1986年
【馮玉祥与抗日同盟軍】中国人民政治協商会議河北省委員会文史資料研究委員会（編)『馮玉祥与抗日同盟軍』河北人民出版社、1985年
福本勝清『中国革命を駆け抜けたアウトローたち——土匪と流氓の世界』中公新書、1998年

G

『現代史資料　7　満洲事変』小林龍夫・島田俊彦（編)、みすず書房、1964年
『現代史資料　8　日中戦争　1』島田俊彦・稲葉正夫（編)、みすず書房、1964年
郭剣林『呉佩孚大伝』天津大学出版社、1991年
郭緒印、陳興唐『中華民国史叢書　愛国将軍馮玉祥』河南人民出版社、1987年
『国聞週報』国聞社（天津)

H

浜下武志『近代中国の国際的契機――朝貢貿易システムと東アジア』東京大学出版会、1990年
波多野善大『中国近代軍閥の研究』河出書房新社、1973年
姫田光義「抗日戦争前、南京国民政府の軍事政策――蒋介石の軍事思想・軍事指導を中心に」（中国現代史研究会〔東京〕『中国国民政府史の研究』、1986年）
平野正『北京一二・九学生運動――救国運動から民族統一戦線へ』研文出版、1988年
黄東蘭「民国期山西省の村制と日本の町村制」（『中国――社会と文化』13号、1998年）
【黄郛年譜】『黄膺白先生年譜長編』沈雲龍（編著）、聯経出版事業公司、1976年（1～471頁 上冊、472頁～下冊）
黄征、陳長河、馬烈『中華民国史叢書　段祺瑞与皖系軍閥』河南人民出版社、1990年

I

伊原弘、梅村坦『世界の歴史　7　宋と中央ユーラシア』中央公論社、1997年
池田誠（編著）『抗日戦争と中国民衆――中国ナショナリズムと民主主義』法律文化社、1987年
井上久士「国民政府と抗日民族統一戦線の形成――第二次国共合作論への一視角」（中国現代史研究会〔東京〕『中国国民政府史の研究』、1986年）

J

【冀東日偽政権】南開大学歴史系、唐山市档案館（合編）『冀東日偽政権』档案出版社、1992年
【蒋介石】『総統蒋公思想言論総集』中国国民党党史委員会、1984年
蒋順興、李良玉（主編）『中華民国史叢書　山西王閻錫山』河南人民出版社、1990年
金観涛、劉青峰／若林正丈、村田雄二郎（訳）『中国社会の超安定システム――「大一統」のメカニズム』研文出版、1987年（原書　金観涛『在歴史

的表象背後——対中国封建社会超穏定結構的探索』四川人民出版社、1983年）

K

岸本美緒、宮嶋博史『世界の歴史　12　明清と李朝の時代』中央公論社、1998年

L

李俊龍「張学良在中原大戦時的地位」（方正（編）『張学良和東北軍（1901－1936）』1986年）
李全中「一二・九運動与宋哲元」（陳世松（主編）『宋哲元研究』1987年）
『李石曽先生文集』中国国民党中央委員会党史委員会（編）、中央文物供応社（台北）、1980年
李雲漢（主編）『中国現代史資料選輯　抗戦前華北政局史料』正中書房、1982年
李雲漢『宋哲元与七七抗戦』伝記文学出版社、1973年
林頓「宋哲元与南京国民政府」（陳世松（主編）『宋哲元研究』1987年）
劉広有、馬瑞林「抗日同盟軍収復塞外重鎮——多倫」（『馮玉祥与抗日同盟軍』1985年）
龍岱「論冀察政務委員会及其主持者宋哲元」（陳世松（主編）『宋哲元研究』1987年）
呂偉俊『韓復榘』山東人民出版社（済南）、1985年
呂偉俊『張宗昌』山東人民出版社（済南）、1989年

M

毛承豪「宋哲元与“華北経済提携”」（陳世松（主編）『宋哲元研究』1987年）
【毛沢東】『毛沢東文集　第一巻』中共中央文献研究室（編）、人民出版社、1993年
光田剛「『白堅武日記』に見る九・一八事変——国民党批判と対日協力」（『立教法学』42号、1995年）
光田剛「東征と中国共産党の「統一戦線」政策——『毛沢東年譜』所収の史料

を中心として」(『立教法学』48号、1998年)
光田剛「「逼蔣抗日」政策への転換過程——中国共産党1936年5～8月」(『立教法学』50号、1998年)
宮脇淳子『最後の遊牧帝国——ジューンガル部の興亡』講談社叢書メチエ、1995年
並木頼寿、井上裕正『世界の歴史　19　中華帝国の危機』中央公論社

N

南桂馨「閻錫山在大連時期山西各派的闘争」(『文史資料選輯』3輯、1989年合訂本)
NHK取材班〔長井暁、塩田純〕、臼井勝美『張学良の昭和史最後の証言』角川書店、1991年(ハードカバー版)
西村成雄『現代アジアの肖像　3　張学良——日中の覇権と「満洲」』岩波書店、1996年
日本国際政治学会太平洋戦争原因研究部『太平洋戦争への道——開戦外交史　3　日中戦争　上』朝日新聞社、1962年(1987年新装版)
野村浩一『近代中国の思想世界——『新青年』の群像』岩波書店、1990年
野村浩一『現代アジアの肖像　2　蔣介石と毛沢東——世界戦争のなかの革命』岩波書店、1997年

O

尾形勇、平勢隆郎『世界の歴史　2　中華文明の誕生』中央公論社、1998年
尾形洋一「華北における東北軍」(『早稲田大学大学院文学研究科紀要別冊』3集、1977年)

P

【潘漢年】中共上海市委党史研究室(編)『潘漢年在上海』上海人民出版社、1995年

S

澁谷（しぶたに）由里「張作霖政権下の奉天省民政と社会――王永江を中心として」（『東洋史研究』52－1、1994年）
島田俊彦「華北工作と国交調整（1933年～1937年）」（日本国際政治学会太平洋戦争原因研究部『太平洋戦争への道　3』1962年）
『支那時報』
司馬桑敦〔王光逖〕『張学良評伝』星輝図書公司（香港）、1986年
宋聿修「抗日同盟軍成立前後見聞」（『馮玉祥与抗日同盟軍』1985年）
蘇友文「伴随方振武将軍脱険記」（『馮玉祥与抗日同盟軍』1985年）
杉原正明、北川誠一『世界の歴史　9　大モンゴルの時代』中央公論社、1997年

T

田中仁「中国共産党における抗日民族統一戦線理論の確立」（池田誠（編著）『抗日戦争と中国民衆』1987年）
唐純良（主編）『中共与国民党地方実力派関係史』人民出版社、1995年
陶柏康「潘漢年伝略」（中共上海市委党史研究室（編）『潘漢年在上海』1995年）
栃木利夫、坂野良吉『中国国民革命――戦間期東アジアの地殻変動』法政大学出版局、1997年
戸川芳郎、蜂屋邦夫、溝口雄三『世界宗教史叢書　10　儒教史』山川出版社、1987年
礪波護、武田幸男『世界の歴史　6　隋唐帝国と古代朝鮮』中央公論社、1997年
土田哲夫「南京政府期の国家統合――張学良東北政権（1928～31年）との関係の例」（中国現代史研究会〔東京〕『中国国民政府史の研究』、1986年）
塚本元『中国における国家建設の試み――湖南1919－1921年』東京大学出版会、1994年

U

内田知行「1930年代における閻錫山政権の財政政策」（『アジア経済』25巻7号、

1984年)
宇野重昭「中国の動向(1933年～1939年)」(日本国際政治学会太平洋戦争原因研究部『太平洋戦争への道　3』1962年)

W

汪蜀翹・濮実「晩節無虧死猶栄——宋哲元的晩年」(陳世松(主編)『宋哲元研究』1987年)
呉成方「抗日同盟軍的醞釀和成立」(『馮玉祥与抗日同盟軍』1985年)
呉福章(編)『西安事変親歴記』中国文史出版社、1986年

X

謝本書、牛鴻賓『中華民国史叢書　蒋介石和西南地方実力派』河南人民出版社、1990年

Y

山田辰雄『中国国民党左派の研究』慶応通信、1980年
【閻錫山統治山西史実】山西省政協文史資料研究委員会『閻錫山統治山西史実』山西人民出版社、1981年。
【閻錫山年譜】『民国閻伯川先生錫山年譜長編初稿』閻伯川先生紀念会(編)、台湾商務印書館、1990年
楊大辛(主編)『北洋政府総統与総理』南開大学出版社、1989年
【一二九運動】中共北京市党史史料徴集委員会(編)『中国共産党歴史資料叢書　一二九運動』中共党史資料出版社(北京)、1987年
于学忠「東北軍入関和“拡大会議”的解体」(方正(編)『張学良和東北軍(1901－1936)』)
阮玄武「回憶察哈爾民衆抗日同盟軍」(『馮玉祥与抗日同盟軍』1985年)

Z

【中国国民党宣言集】『革命文献　第69輯　中国国民党宣言集(増訂本)』中国国民党中央委員会党史委員会(編)、中央文物供応社(台北)、1975年

【中華民国史档案資料彙編】『中華民国史档案資料彙編　第三輯　政治（2)』江蘇古籍出版社、1991年
【中華民国重要史料初編】秦孝儀（主編)『中華民国重要史料初編　対日抗戦時期　緒編』中国国民党中央委員会党史委員会・中央文物供応社、1981年

著者紹介

光田　剛（みつた　つよし）

1965年、奈良県に生まれる。

1988年、東京大学法学部卒業、1996年、同大学院法学政治学研究科博士課程単位取得退学。立教大学法学部助手、成蹊大学法学部専任講師、助教授を経て、現在、成蹊大学法学部教授。

中国国民政府期《ちゅうごくこくみんせいふき》の華北政治《かほくせいじ》――1928－37年――

2007年9月25日　第1版第1刷発行

著　　者　光田　剛

発行者　橋本盛作

〒113-0033 東京都文京区本郷5-30-20

発行所　株式会社 御茶の水書房

電話　03-5684-0751

本文組版　スタジオ・ウイング

Printed in Japan　印刷・平河工業社　／製本・東洋経済印刷

ISBN978-4-275-00541-0　C3031

石井知章著
中国社会主義国家と労働組合
――中国型協商体制の形成過程
A5判／五〇四頁／本体七八〇〇円／二〇〇七年

中国の政治協商体制において中心的な役割を果たしている労働組合（工会）を媒介にしつつ、政治協商体制をとりまく政治構造の全体像を国家と社会との関係論としてはじめて描き出す。

ISBN978-4-275-00519-9

李廷江著
日本財界と近代中国《第2版》
――辛亥革命を中心に
菊判／三二八頁／本体四八〇〇円／二〇〇三年

渋沢栄一と孫文との関係を中心に、日清戦争から民国初期に至る二〇年間の日中関係を、独自の対中経済活動を進めた日本財界の視点から分析し、日本の「大陸進出政策」の原型を解明する。

ISBN978-4-275-00306-5

殷燕軍著
中日戦争賠償問題
――中国国民政府の戦時・戦後対日政策を中心に
A5判／四七四頁／本体八〇〇〇円／一九九六年

日本の一五年戦争の相手国である中国国民政府の対日賠償政策の中身とその展開過程を解明。冷戦史観とは別に、中国の戦争被害状況等の新しい視点から問題を提起する。

ISBN978-4-275-01639-3

李恩民著
転換期の中国・日本と台湾
――一九七〇年代中日民間経済外交の経緯
A5判／三六六頁／本体六二〇〇円／二〇〇一年

日中国交正常化三〇年、はじめて明かされる日本・中国・台湾三者間の民間外交と経済外交の実像。日中関係と台湾問題を解読する新しい視座を提供する。●第一八回「大平正芳記念賞」受賞

ISBN978-4-275-01892-2

李恩民著
「日中平和友好条約」交渉の政治過程
A5判／二六四頁／本体四三〇〇円／二〇〇五年

日中平和友好条約の締結に至る六年間の外交交渉において「公式交渉と非公式交渉」「政界と財界」「政治判断と民衆運動」がどのように連動し条約の締結に影響を与えたかを実証的に分析。

ISBN978-4-275-00361-4

内山雅生著
現代中国農村と「共同体」
――転換期中国華北農村における社会構造と農民
Ａ５判／二七八頁／本体六二〇〇円／二〇〇三年

伝統的農業慣行から「改革・開放経済」下の中国農村社会を解明する。戦前・戦中の『中国農村慣行調査』と現代の再調査から、農村社会の構造を「共同体」をキーワードとして分析。

ISBN978-4-275-01949-3

祁建民著
中国における社会結合と国家権力
――近現代華北農村の政治社会構造
Ａ５判／四〇〇頁／本体六六〇〇円／二〇〇六年

戦前の「農村慣行調査」と現代の再調査に基づき、村落内における人々の間の結合関係（血縁、地縁、信仰や同業）を取り上げ、中国社会における深層の政治社会構造と国家の関係を分析。

ISBN978-4-275-00416-1

金美花著
中国東北農村社会と朝鮮人の教育
――吉林省延吉県楊城村の事例を中心として（一九三〇～一九四九）
Ａ５判／四三〇頁／本体八〇〇〇円／二〇〇六年

満洲国成立以前から中華人民共和国成立に至る時期、植民地下にあった朝鮮人の国境を越えた移住と定着過程を「楊城村」とその周辺の朝鮮人農民の生活と教育状況から実証的に解明する。

ISBN978-4-275-00505-2

楊麗君著
文化大革命と中国の社会構造
――公民権の配分と集団的暴力行為
Ａ５判／三九二頁／本体六八〇〇円／二〇〇三年

文化大革命における派閥分化と集団的暴力行為の発生要因を分析し、その後の改革開放期における国家建設と社会運動の形成に文革が与えた影響を政治社会学的に解明。
●**第二一回「大平正芳記念賞」受賞**
ISBN978-4-275-00301-0

張文明著
中国村民自治の実証研究
Ａ５判／三九〇頁／本体七〇〇〇円／二〇〇六年

一九八〇年代から中国農村に導入された直接選挙を特徴とする村民自治制度の実施実態とその影響を分析。農村における〈静かな革命〉といわれる村民自治の「真の姿」を初めて実証的に研究。

ISBN978-4-275-00504-5